JUNG H. PAK

HOE JE KIM JONG-UN WORDT

EEN VOORMALIGE CIA-MEDEWERKSTER BESCHRIJFT
NOORD-KOREA'S RAADSELACHTIGE LEIDER

VERTAALD DOOR
MARIO MOLEGRAAF

2020 Prometheus Amsterdam

Voor J.B.H., N.E.H. en W.B.H. en Joomi

Oorspronkelijke titel *Becoming Kim Jong Un*

Omslagontwerp Tessa van der Waals
Foto omslag AFP Photo/Ed Jones/ANP
Foto auteur Paul Morigi
Cartograaf Yde Bouma
www.uitgeverijprometheus.nl
ISBN 978 90 446 4106 6

Hoe je Kim Jong-un wordt

Hoe je Kim Jong-un wordt is non-fictie. Ten tijde van eerste publicatie wordt verwezen naar bestaande sites op internet. Gedeeltes van dit boek zijn gebaseerd op een essay van Jung H. Pak, getiteld *The Education of Kim Jong Un*, uitgegeven door het Brookings Institution in februari 2018, en op andere artikelen van de auteur. Alle feitelijke uitspraken, meningen of analyses zijn die van de auteur en weerspiegelen niet de officiële standpunten of opvattingen van de CIA of enige andere Amerikaanse overheidsinstelling. Niets in deze uitgave mag worden opgevat als instemming of betrokkenheid van de Amerikaanse regering bij het bevestigen van informatie of ondersteuning door de CIA van de standpunten van de auteur. Het werk is nagezien door de CIA om te voorkomen dat geheime informatie openbaar wordt gemaakt.

INHOUD

KAART VAN HET KOREAANS SCHIEREILAND
*In Zuid-Korea noemen ze de Japanse Zee de Oostzee en de Gele Zee de Westzee

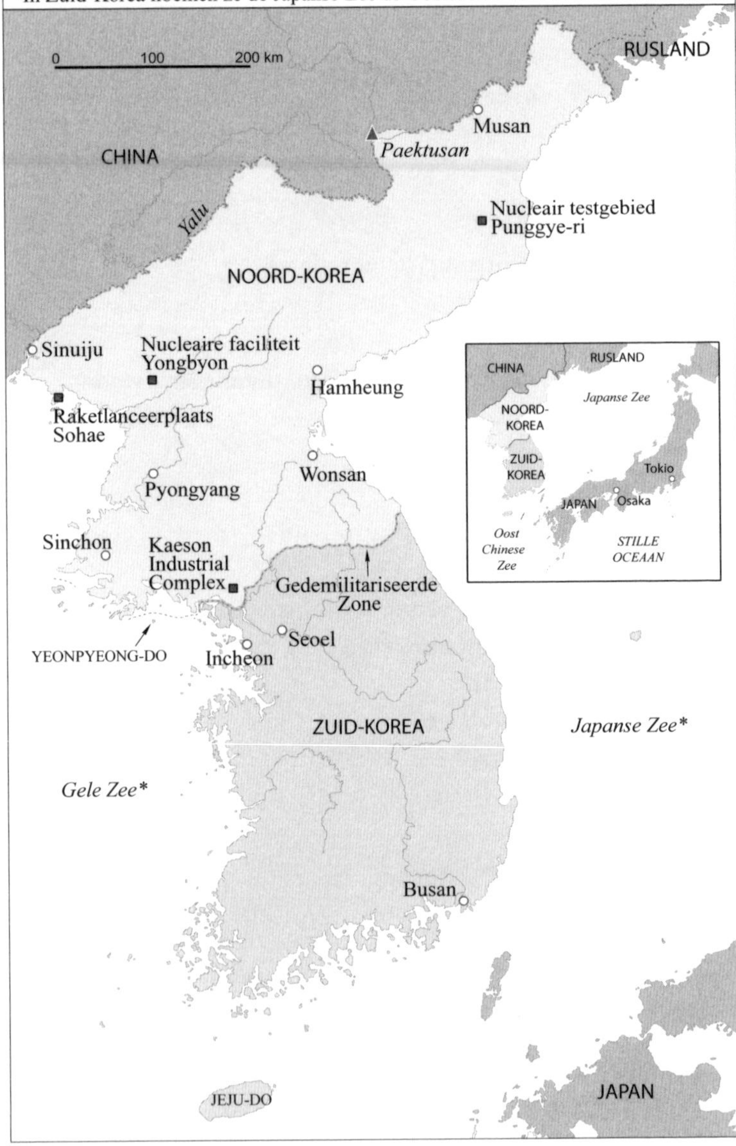

PROLOOG

ZELFS NAAR DE maatstaven van Noord-Korea – volleerd verspreider van propaganda – had je geen beter weer kunnen wensen voor de begrafenis van Kim Jong-il op 28 december 2011. Het was koud, somber en het sneeuwde. De witte sneeuw contrasteerde perfect met het zwart van de lijkwagen en de kist erop en de kleding van de rouwenden, passend bij de melancholie in de harten van de mensen die afscheid namen van hun geliefde leider, die over hen had geregeerd sinds 1994, toen de stichter van het land, Kim Il-sung, was gestorven. Toen de begrafenisstoet zich door de sneeuw voortbewoog, huilden de Noord-Koreaanse mensen die langs de straten stonden, ze vielen flauw en werden aangegrepen door verdriet, echt of anderszins. Mannen en vrouwen, soldaten en arbeiders, jong en oud, klopten op hun borsten en grepen elkaar vast voor troost, of stampten gekweld op de grond. De herrie van deze collectieve demonstratie van rouw was oorverdovend, en raakte waarschijnlijk zelfs de mensen in de menigte die niet deze passie voelden voor de leider die hen met ijzeren hand had geregeerd.

Prominent voorop in de stoet ging Kim Jong-un met zijn kindergezicht – de nieuwe leider van Noord-Korea. Hij bleef beheerst, liep stil en treurig, al verrieden zijn strakke gezicht en tranen het oprechte verdriet dat hij moet hebben gevoeld. Uiteindelijk was hij nu een wees, zijn moeder was aan borstkanker gestorven toen hij twintig was.

Kim Jong-il, de dictator, vader en filmimpresario, zou tevreden zijn geweest over alle aspecten van deze slotproductie.

De dood van Kim Jong-il op 17 december 2011, aan 'uitputting' zoals de Noord-Koreaanse staatsmedia het omschreven, kwam niet als een verrassing. Iedereen wist dat Kim gezondheidsproblemen had[1] – eind 2008 had hij een beroerte gehad – en dat de tijd waarschijnlijk zou komen dat zijn familieverleden met hartkwalen en zijn dagen van roken, drinken en feestvieren zich zouden wreken. Zijn vader, Kim Il-sung, was ook aan een hartaanval gestorven. Toch was het overlijden een schok.

Ten tijde van de begrafenis was ik een relatief nieuwe analist bij de CIA. Ik was mijn werk daar begin 2009 gestart, kort na de beroerte van Kim. Toen hij voor het eerst in het openbaar was verschenen bij de voorjaarsbijeenkomst van de jaknikkers van de Opperste Volksvergadering was hij onthutsend mager, zijn vroeger mollige wangen waren nu rimpelig en liepen over in zijn vooruitstekende jukbeenderen. Hij liep langzaam en oplettend.

Bij de dood van Kim heerste op de wereld een voelbare angst. Zuid-Korea riep de Nationale Veiligheidsraad bijeen, en bracht leger en burgerbescherming in paraatheid. Japan installeerde een team voor crisismanagement,[2] en het Witte Huis kwam met een verklaring waarin stond dat men nauw contact hield 'met onze bondgenoten in Zuid-Korea en Japan'. Op het hoofdkwartier van de CIA in Langley (Virginia) was ik, herinner ik me, gespitst op aanwijzingen voor instabiliteit in Pyongyang, en ik begon mijn ideeën te ontwikkelen over welke kant Noord-Korea op zou gaan met de jeugdige en onervaren nieuwe leider.

Het Noord-Koreaanse regime rekende snel af met elke twijfel of verwarring over de volgende leider. De staatsmedia verkondigden onmiddellijk, na plichtsgetrouw het 'briljante' leven en leiderschap van Kim Jong-il en zijn rol als de 'ouder van de natie en een leidstar van de hereniging van het vaderland' te hebben verheerlijkt, dat de toekomst veilig was onder Kim Jong-un.

> Aan het hoofd van onze revolutie staat vandaag Kameraad Kim Jong-un, de grote opvolger [...] Alle partijleden, de manschappen en officieren van het volksleger, en het volk moeten trouw het leiderschap steunen van Kameraad Kim Jong-un, ze moeten fel de eensgezinde eenheid verdedigen van de partij, het leger en het volk, en moeten die verder versterken, als staal [...]
> Het pad voor onze revolutie is lastig en de huidige situatie is zwaar, maar er is geen kracht ter wereld die de revolutionaire opmars kan stuiten van onze partij, ons leger en ons volk dat voorwaarts gaat onder het wijze leiderschap van de grote Kameraad Kim Jong-un.[3]

Het Noord-Koreaanse regime was niet zuinig met het verafgoden van de jeugdige en onervaren nieuwe leider.

Voor Kim Jong-un was de begrafenis van zijn vader de climax van een slechts een paar jaar eerder serieus begonnen openbare opvolging. De Engelse ambassadeur in Pyongyang[4] berichtte dat functionarissen bij nationale evenementen een toost uitbrachten op Kim Jong-il en zijn zoon, de 'jonge generaal'. Vooraanstaande tachtigers bogen diep voor Kim Jong-un op de staatstelevisie.[5] Het regime jubelde niet alleen over de continuïteit van Kim op Kim, maar prees de jongeman ook aan als een reïncarnatie van zijn vereerde grootvader, tot aan hetzelfde zwarte kostuum en kapsel, en zelfs het buikje toe.

Maar het was niet duidelijk of Kim Jong-un de last van het leiderschap van Noord-Korea wel wilde. Als de elite hem niet aanvaardde, konden instabiliteit, enorm veel overlopers, een stroom vluchtelingen, bloedige zuiveringen en zelfs een militaire staatsgreep volgen. Zou een onbezonnen, roekeloze, ongebonden Kim zijn recente macht, waaronder een geërfd nucleair arsenaal, aanwenden voor een uitbarsting van militair avonturisme? Was zijn doel het beleid en gedrag van Noord-Korea te domineren, of zou hij meer openstaan voor raad van mensen uit zijn omgeving?

Aziëkenners voorspelden Kims snelle val, afzetting of overlijden: 'Noord-Korea zoals we het kennen is afgelopen. Of het regime nu de komende weken uiteenvalt of in de loop van een aantal maanden, het zal niet kunnen standhouden.'[6] Iemand van half de twintig zonder ervaring als leider zou stellig snel door ouderen worden verslagen en aan de kant gezet. Het was uitgesloten dat de Noord-Koreanen een tweede dynastieke opvolging, ongehoord in het communisme, zouden dulden. En bovendien was zijn jeugd een beslissend nadeel in een samenleving waar men de wijsheid prijst die met ouderdom en rijpheid komt. Noord-Korea was arm en geïsoleerd, niet in staat de bevolking te voeden. Zelfs als Kim zijn positie wist te behouden door zich voor zijn legitimiteit en prestige vast te klampen aan de kern- en raketprogramma's van het land, leek de instorting van Noord-Korea waarschijnlijker dan ooit.

Toen Kim plechtig naast de lijkwagen van zijn vader marcheerde, werd hij vergezeld door een groep belangrijke functionarissen van partij en leger, de zogenoemde Bende van Zeven. Hun prestigieuze rol bij de begrafenis en symbolische opstelling rond de nieuwe opvolger wezen erop dat Kim Jong-un de steun had van de oude garde en de status quo zou voortduren. Volgens de meeste experts[7] waren deze zeven veteranen van het regime waarschijnlijk mentors voor de jonge leider, in elk geval voor de nabije toekomst, en sommigen voorzagen een evolutie in de persoonlijkheidscultus rond de familie Kim: Kim Jong-un zou een zetbaas zijn, en deze 'regenten' zouden uiteindelijk in Noord-Korea aan de touwtjes trekken.

Zo zag men het toen. In de jaren erna zou Kim het systeem van autoritaire controle – onderdrukking en angst, coöptatie van de elite, en controle over leger en veiligheidsdiensten – gebruiken om zijn macht te consolideren en de persoonlijkheidscultus te versterken die de legitimiteit had ondersteund van zijn grootvader en vader als enige leiders van Noord-Korea. Maar Kim nam er geen genoegen mee slechts deze geërfde machtsinfrastructuur te handhaven. In het tijdschrift *Asian Perspectives*[8] bespreekt Patrick McEachern, analist bij het Amerikaanse ministerie van Buitenlandse Zaken en een scherpzinnig volger van Noord-Korea, hoe Kim zijn macht centraliseerde door de institutionele rollen van leger en kabinet te beperken, en de Koreaanse Arbeiderspartij helemaal onder zijn leiding te brengen. In de eerste twee jaar van zijn bewind werden door Kim vijf leden van de Bende van Zeven gezuiverd, geëxecuteerd, gedegradeerd of op andere wijze verwijderd of gemarginaliseerd,[9] terwijl hij belangrijke leidende posities zelf inpikte. Zijn aangeboren flexibiliteit en aanpassingsvermogen kwamen aan het licht toen hij zijn instrumenten voor dwang aanscherpte, met nieuwe (cyber) en oude (chemische en biologische wapens) technologie, en op gespierde wijze Noord-Korea naar voren schoof in de wereld als een kernmacht die de mogelijkheid had de Verenigde Staten te treffen.

Ondanks de enorme invloed van Kim Jong-un op de huidige wereldpolitiek en het gevaar dat hij vormt voor de wereldvrede, weten de meeste mensen ongeveer niets van hem. De fascinatie voor Noord-Korea heeft geleid tot een stortvloed aan artikelen, documentaires en gesprekken met deskundigen om tegemoet te komen aan de vraag van een publiek dat snakt naar informatie over de jonge dictator die het nieuws overheerst en naar interpretatie van zijn daden. Jammer genoeg zijn de meeste beschouwingen en berichten simplistisch, een diepgaande analyse en inzicht in de historische en geopolitieke context ontbreken. In de verhaaltjes uit Washington over nationale veiligheid laat men Kims individualiteit en stijl, én de Noord-Koreaanse cultuur en politiek buiten beschouwing, alsof Kims persoonlijkheid, percepties en voorkeuren geen rol spelen wanneer we bespreken hoe het lastige probleem met kernwapens moet worden opgelost.

Ik zat in de voorhoede bij het scheppen van de inzichten van de Amerikaanse regering en buitenlandse partners over het Koreaans schiereiland, eerst bij de CIA en later als plaatsvervangend verantwoordelijke voor Korea bij de National Intelligence Council. Ik ging voor in het produceren van strategische analyse bij de Amerikaanse inlichtingendiensten en zette onze standpunten over Korea uiteen in beleidsvergaderingen in het Witte Huis. Ik gaf ook directe analytische steun aan de Nationale Veiligheidsraad en adviseerde de directeur nationale inlichtingen en zijn belangrijkste stafleden over essentiële ontwikkelingen en opduikende kwesties. Mijn eigen evolutie als analist viel helemaal samen met Kims machtsovername. Ik werkte samen met getalenteerde collega's, hun toewijding aan de nationale veiligheid en analytische grondigheid inspireren me tot de dag van vandaag, en ik ben hun heel dankbaar omdat ze me leerden hoe te schrijven, te denken, opnieuw te denken en het goede voorbeeld te geven. Dit boek is gebaseerd op die verzamelde kennis over de ontwikkeling van Noord-Korea onder deze nieuwe leider en hoe hij de Kim Jong-un van vandaag werd. Het vertelt het verhaal van het regime, de nucleaire crises inclusief, door een toegankelijke biografische lens, en legt de ambities bloot van de leider, diens zienswijze en zelfbeeld, en ook hoe hij waarschijnlijk de plaats van Noord-Korea in de wereld ziet. Ik sluit af met aanbevelingen over hoe de Verenigde Staten en de wereldgemeenschap het probleem Noord-Korea zouden moeten benaderen.

Terwijl de sneeuw viel en de treurige fanfaremuziek bleef klinken, ging de jonge opvolger voor in de begrafenisstoet naar het Kumsusan Paleis, waar het gebalsemde lichaam van zijn vader voor eeuwig naast dat van zijn grootvader zou rusten. Kims zus, Kim Yo-jong, stond naast hem, haar bleke gezicht en schouders treurig ingezakt.

Kim Jong-un was geslaagd in zijn eerste taak – het organiseren en leiden van een goed geregisseerde begrafenis, zoals zijn vader dat voor Kim Il-sung had gedaan.

Toen ging hij aan de slag als nieuwe leider van Noord-Korea.

1

VAN BABY VAN DRIE METER TOT INTERNATIONALE STAATSMAN

NOORD-KOREA IS WAT analisten van de CIA 'het moeilijkste van de moeilijke doelen' noemen. Het van kernwapens voorziene land is een voortdurende bedreiging voor de nationale veiligheid, maar de ondoorzichtigheid van het regime, het zelfopgelegde isolement, de harde contraspionagepraktijken, en de cultuur van angst en paranoia zorgen voor op zijn best fragmentarische informatie, een hinderpaal voor de CIA om op zeer betrouwbaar niveau te informeren, voorspellen en waarschuwen. Zelfs de meest alledaagse informatie, zoals geboortedagen van belangrijke leiders van het regime of de verblijfplaats van Kims familie op een bepaalde dag, vallen lastig te verifiëren of zelfs maar te verkrijgen. Hoewel Noord-Korea buitenlandse journalisten tot het land heeft toegelaten, worden hun verplaatsingen en berichtgeving strikt gecontroleerd en doorgelicht. Kernen van wat misschien waarheid was, zijn vaak begraven onder lagen mythen van het regime, waardoor een en ander niet is te ontcijferen.

Moeilijk doel of niet, dit is ons werk bij de CIA. Onze taak is het waarschuwen van beleidsmakers over bedreigingen van onze nationale veiligheid, het wijzen op mogelijke kansen om Amerikaanse belangen te bevorderen, en soms 'de knoop doorhakken' – de president en andere Amerikaanse functionarissen een ongenuanceerd antwoord zonder mitsen en maren geven om hen te helpen dringende besluiten te nemen. We analyseren een enorm scala aan informatie, vanaf geheime tot en met openbare bronnen, waarbij we onze kennis betrekken van de geschiedenis, cultuur en taal van de tegenstander, en eerder overleg met de VS. In de afdeling 'werken bij ons' op de website legt de CIA uit dat inlichtingenanalisten 'snel gegevens moeten verwerken die vaak onsamenhangend en onvolledig zijn. Het is zoiets als het stukjes leggen van een puzzel die is ontvangen op verschillende momenten, uit verschillende plekken en met stukjes van andere puzzels ertussen.'[1] Gegadigden moeten 'de puntjes verbinden' omdat het land en de president daarop vertrouwen om de informatie te analyseren en tot objectieve oordelen te komen, die veelal ingrijpende gevolgen hebben voor de richting van het beleid.

In het geval van Noord-Korea-analyse is het leggen van de puzzelstukjes extra moeilijk. Je weet hoe het plaatje eruit moet zien wanneer je bezig bent met een legpuzzel. Je kunt kleuren verbinden en de hoeken en rechte randen onderscheiden om de contouren te construeren. Naarmate het plaatje vorm krijgt, wordt het steeds gemakkelijker om de puzzel te voltooien.

De puntjes verbinden lijkt doodeenvoudig. Maar hoe weet je welke puntjes je moet verbinden en in welke volgorde? Wat moet je met een dolend puntje (of twee of een dozijn puntjes) dat niet in het grote plaatje past, maar op een andere vorm lijkt te wijzen? Kim Jong-uns besluit begin 2018 om de leiders te ontmoeten van Zuid-Korea, China en de Verenigde Staten, en zijn verklaringen dat hij vrede wilde na jaren van zelfopgelegd isolement en oorlogszuchtig gedrag, zijn een voorbeeld van puntjes die afwijken van de bestaande contouren. Vele analisten vragen zich af welke puntjes je nu moet volgen.

Inlichtingenanalyse is moeilijk, en het is geen kwestie van intuïtie. De analist mag geen problemen hebben met ambiguïteit en tegenspraak, haar geest voortdurend trainen om aannames in twijfel te trekken, alternatieve hypothesen en scenario's te bekijken, en de knoop door te hakken als voldoende informatie ontbreekt, vaak als er veel op het spel staat, zodat beleidsmakers in de hoogste rangen van onze regering beslissingen kunnen nemen over onze nationale veiligheid.

Ik kwam er al snel achter dat de training als CIA-analist een proces is dat nooit eindigt. Mijn collega's op Langley en ik moesten cursussen volgen om ons denken te verbeteren en gewoontes te cultiveren die het potentieel voor te veel zelfvertrouwen en zelfgenoegzaamheid in onze analyses beperkten. Loop het kantoor van elke huidige of vroegere CIA-analist binnen en je stuit op *Psychology of Intelligence Analysis*, een paars boekje van Richards Heuer, die vijfenveertig jaar bij de CIA heeft gewerkt, bij operaties en bij analyse. Heuers doel is dat inlichtingenanalisten de 'zwakheden en vooringenomenheden' in hun denkprocessen kunnen overwinnen, of in elk geval herkennen en beheersen. Een van zijn hoofdpunten[2] is dat analisten ertoe neigen te zien wat zij *verwachten* te zien, en 'verwachtingspatronen zeggen analisten, onbewust, waarnaar ze moeten zoeken, wat belangrijk is, en hoe het geziene te interpreteren'. De gevestigde mindset van een analist maakt haar er vatbaar voor op een bepaalde manier te denken en beïnvloedt de wijze waarop zij nieuwe informatie verwerkt.

Heuers boek is zo'n beetje de bijbel voor ons soort werk. We kregen het tijdens onze eerste lessen als nieuwe CIA-beambten en bij latere training werd er vaak naar verwezen. Het staat nog steeds op mijn plank op het Brookings Institution, binnen handbereik. Wanneer ik naar het paarse boekje kijk, word ik eraan herinnerd dat nederigheid inherent is aan inlichtenanalyse – zeker wanneer je een moeilijk doel als Noord-Korea bestudeert. Het boekje dwingt me mijn twijfels onder ogen te zien, te bedenken hoe ik weet wat ik weet en wat ik niet weet, aanwijzingen af te wegen, mijn betrouwbaarheidsniveau van mijn oordelen te bepalen en te evalueren hoe deze onbekende factoren mijn perspectief zouden kunnen veranderen.

KIM JONG-UN: DWAAS DIK JOCH OF REUS ZONDER VREES?

Wat zijn de verwachtingen en percepties die we moeten overwinnen om een accuraat oordeel te vormen over Kim Jong-un en zijn regime? Wanneer het over Kims uiterlijk gaat, bestaat de neiging hem voor te stellen als een stripfiguur. Door de overdreven retoriek van de Noord-Koreaanse staatsmedia, Kims eigen vaak buitensporige uitspraken, en de hyperbolische beelden en opschepperige platitudes van de alomaanwezige socialistische kunst en architectuur is het maar al te eenvoudig Kim terug te brengen tot een karikatuur. Het babyvet dat nog zichtbaar was op zijn gezicht van indertijd twintigplusser, een niet elegant maar in de westerse pers opzienbarend kapsel, vormeloze colbertjes en omvangrijke te korte broeken die zijn buikje amper verborgen, droegen bij aan het medianarratief dat dit een joch was dat je niet serieus moest nemen. Kim is – ook door Amerikaanse presidenten en andere gekozen functionarissen – 'Little Rocket Man', 'ziek hondje', 'dwaas dik joch' en 'varkensventje uit Pyongyang' genoemd. In een artikel in *The Washington Post* van 23 december 2011[3] – slechts een paar dagen voor Kim Jong-un het leiderschap van zijn overleden vader overnam – werd een neuroloog aangehaald die opperde dat de hersenen van Kim niet tot volle wasdom waren gekomen. Volgens deze expert is als je half de twintig bent het voorste deel van de hersenen, van belang 'om impulsen te bedwingen en plannen voor de lange termijn te maken', nog niet helemaal uitgegroeid en ontwikkeld. Dit was angstaanjagend nieuws, gezien het feit dat een man met blijkbaar onontwikkelde hersenen over het nucleaire arsenaal van zijn land ging.

Noord-Koreaanse humor is zelfs een complete industrie. De blog 'Hoe Jong-un de dingen ziet' bestaat helemaal uit foto's van Kim die, tja, op allerlei plekken naar dingen kijkt – een schoenfabriek, een bedrijf voor visverwerking, een fabriek voor smeerolie waar ze iets produceren wat als vettig softijs oogt – terwijl hij zijn inmiddels bekende 'raad ter plaatse' geeft. Je hebt

Kim op de top van een berg, terwijl hij heldhaftig en peinzend naar de zonsondergang kijkt. Je hebt Kim die majestueus op een hengst poseert. Op 18 januari 2016, kort na de vierde nucleaire test van Noord-Korea – Kims tweede als leider, en naar zijn zeggen de eerste keer dat zijn land een waterstofbom tot ontploffing bracht, verwoestender dan een atoomexplosie – werd hij op het omslag van *The New Yorker* geportretteerd als een mollige baby die bezig is met zijn 'speelgoed': kernwapens, ballistische raketten en tanks. Het beeld suggereert dat hij net als een kind last heeft van driftbuien en grillig gedrag, hij geen rationele keuzes kan maken, en geneigd is zichzelf en anderen in de problemen te brengen.

Een volgende veronderstelling die uit zijn jeugdigheid voortkwam, was het idee dat hij in zijn hart een hervormer was en dat vanwege zijn leeftijd zijn houding jegens de buitenwereld via contact door machten van buitenaf kon worden gevormd. Toen Kim Jong-il begin jaren tachtig aan de macht kwam, had de buitenwereld ook gespeculeerd dat hij een hervormer kon zijn die het land zou willen moderniseren. Don Oberdorfer, journalist bij *The Washington Post* en auteur van het boek *The Two Koreas*, schreef op basis van een inschatting van de ambassade van Oost-Duitsland,[4] dat Kim een modieuzere keuze voor kleding steunde en meer alcoholconsumptie. Deze vroege signalen bleken louter cosmetische veranderingen, geen aanwijzingen dat het regime naar fundamentele hervormingen streefde.

Er waren meer verleidelijke signalen dat Kim Jong-un Noord-Korea wilde laten integreren in de internationale gemeenschap en zijn land wilde bevrijden van het isolement dat door het regime in vijfenzestig jaar tijd was verdiept. Anders dan zijn grootvader en vader was Kim een paar jaar opgeleid in Zwitserland. Noord-Koreaanse media kwamen met een video waarin hij te zien is tijdens een concert in Pyongyang, met Disneyfiguren die over het podium dartelden.[5] Intussen werden videoclips uit *Dumbo* en *Sneeuwwitje en de zeven dwergen* op enorme schermen geprojecteerd en bespeelden vrouwen met korte rokjes de viool. Hij verscheen ook in het openbaar met zijn vrouw, Ri Sol-ju, iets nieuws voor een Noord-Koreaanse leider: Kims vader en grootvader vermeden in het openbaar met hun vrouw te worden gezien of te veel over hun persoonlijke leven te onthullen. Al deze gebaren werden uitgelegd als een hoopvol teken dat Kim met Noord-Korea een nieuwe richting op wilde. Door zijn toenadering tot China, Zuid-Korea en de Verenigde Staten sinds januari 2018 is deze lijn van denken opgeleefd, ook al waren er nieuwe berichten over de vorderingen van Noord-Korea met de programma's voor ballistische raketten en kernwapens. Waarnemers vinden de cognitieve dissonantie van Kims acties zowel verontrustend als veelbelovend.

Maar tegenover deze hoop staat het gevoel dat we beslist op een catastrofe afstevenen. Wanneer je de beangstigend snelle opmars van de digitale, nucleaire en conventionele slagkracht van Noord-Korea in ogenschouw neemt, de talloze rijen soldaten die in onmogelijke eenheid marcheren tijdens militaire parades, de oorlogszuchtige dreigementen, is Kim ineens niet meer het dwaze dikke joch maar een reus van drie meter met ongehoorde en onbegrensde macht: niet te stuiten, niet te voorspellen, niet te peilen, almachtig. Zijn intercontinentale ballistische raketten kunnen Los Angeles bereiken. Hij dreigde het Blauwe Huis, de residentie van de president van Zuid-Korea, in een 'vuurzee' te veranderen.[6] Hij heeft een leger van een miljoen manschappen paraat om zuidwaarts te marcheren om hereniging af te dwingen. Hij heeft tientallen kernwapens tot zijn beschikking. Hij heeft gezegd dat de president van de VS 'geestelijk gestoord' is[7] en met kernoorlog gedreigd.

HET RAADSEL KIM

Terwijl het tromgeroffel van een mogelijke tweede oorlog op het Koreaans schiereiland eind 2017 crescendo klonk, na de onbeschaamde tests met intercontinentale ballistische raketten door Noord-Korea, de grootste kernproef van het land en de daaropvolgende woordenstrijd met president Trump, besloot Kim in 2018 een omslag te maken naar diplomatie. Hij kondigde in zijn jaarlijkse nieuwjaarstoespraak aan grote hoeveelheden kernwapens te gaan produceren, maar zei ook de Olympische Winterspelen te willen bezoeken. Voor de eerste maal sinds de deling van het schiereiland in 1945 zette een lid van de familie Kim voet op Zuid-Koreaanse bodem – zijn zus, Kim Yo-jong. Die doorbraak leidde snel tot een reeks topontmoetingen, met president Xi Jinping van China, president Moon Jae-in van Zuid-Korea en president Donald Trump van de Verenigde Staten – de eerste top van een Noord-Koreaanse leider en een zittende Amerikaanse president.

Bij deze omslag naar toenadering – en terwijl al zijn bewegingen intens door de media werden gevolgd – transformeerde Kim zichzelf van een baby van drie meter in een echt mens, die loopt, praat en net als iedereen naar bijeenkomsten gaat. Doordat we nieuwe inzichten vergaren door hem te bekijken zonder het zachte, propagandistische filter van de Noord-Koreaanse media, vermeerderen de stukjes van de Kim-puzzel zich. Daar nipt hij thee met president Moon, luistert hij aandachtig naar president Xi, en maakt hij opmerkingen tegen journalisten in Singapore terwijl hij naast president Trump zit, alsof hij dit al jaren doet. Hij heeft gevoel voor humor. Hij eet met zijn vrouw als iedere andere echtgenoot. Hij doet aan sightseeing in Singapore en maakt selfies. Hij zegt vrede te willen en welvaart voor zijn volk en het Koreaans schiereiland.

Maar de topconferenties uit 2018 hebben tot hartstochtelijke discussies geleid over Kims intenties. Zijn internationale debuut gaf steun aan mensen met duifachtige neigingen die zeiden dat Washington het beleid moest veranderen en garanties moest bieden voor veiligheid en economische voordelen om Pyongyang langzaam los te weken van de kernwapens. Stemmen in heel het politieke spectrum hebben de verbetering in de inter-Koreaanse betrekkingen toegejuicht en prezen de rollen van de twee Koreaanse leiders als voornaamste spelers in de gang van zaken in de regio zonder de bemoeienis van Washington. Langdurige Koreawatchers hebben gesteld dat Kims toenaderingstactiek niets meer is dan een trucje om de aandacht af te leiden van het bezit en de voortgaande ontwikkeling van ballistische raketten door Noord-Korea, van de productie van splijtstoffen, en om de internationale neiging sancties te implementeren te verzwakken. De meeste voormalige regeringsfunctionarissen en doorgewinterde onderhandelaars met Noord-Korea zijn het erover eens dat het hoogst onwaarschijnlijk is dat Kim zijn arsenaal wil opgeven, tenzij en tot hij gelooft dat zijn vasthouden aan kernwapens riskant is voor zijn eigen overleven.

Kims zetten maken wel duidelijk dat hij bepaalt welke puzzelstukjes we krijgen om aan elkaar te passen en welke puntjes verschijnen om weer te verdwijnen. Kims nieuwe zichtbaarheid heeft mij en vele anderen – óók, neem ik aan, mijn voormalige collega's in de inlichtingenwereld – gedwongen onze belangrijkste veronderstellingen na te lopen. Zijn wij te veel belast door de geschiedenis van mislukte onderhandelingen en de dubbelzinnigheid van Noord-Korea om een duidelijk beeld van de huidige ontwikkelingen te hebben? Is Kim Jong-un als leider fundamenteel anders dan zijn grootvader en zijn vader, die allebei probeerden Noord-Korea afgegrendeld te houden? Zijn de mensen die voor toenadering tot Noord-Korea pleiten en Kim het voordeel van de twijfel geven – onder wie president Trump die hem 'eerzaam' noemde[8] – ten prooi gevallen aan wat Richards Heuer 'zelf-gezien-vooroordeel' noemde, waarbij je directe interactie met Kim hoger aanslaat dan de andere soorten tegenargumenten over Kims intenties?

De belangen zijn groot. Of Kim een te groot geworden baby is dan wel een ambitieuze internationale staatsman die snakt naar vrede in de regio heeft enorme implicaties voor onze nationale en wereldwijde veiligheid. We onderschatten en overschatten tegelijk Kims slagkracht, verwarren zijn slagkracht met zijn intenties, en trekken zijn rationaliteit in twijfel, en nemen intussen aan dat hij een strategisch plan heeft en de middelen om zijn doelen te bereiken. Juist door de ambiguïteit van Noord-Korea en Kims manipulatie daarvan blijven we bezig met de puzzel die zijn regime vormt. Als we niet de echte Kim begrijpen, de wortels van de dynastie die zijn kijk, en zijn persoonlijkheid en ambities bepaalden, lopen we het risico beleidsbeslissingen te nemen die ons doel van een kernwapenvrij Noord-Korea kunnen ondermijnen.

2

GUERRILLA'S EN GODEN

KIM JONG-UN WAS tien toen zijn grootvader Kim Il-sung op een benauwde dag in juli 1994 overleed aan een hartaanval. Bijna vijftig van zijn tweeëntachtig jaar had de oude Kim Noord-Korea geleid als de vader van het land. De persoonlijkheidscultus rond Kim Il-sung was diep verankerd, en zijn zoon Kim Jong-il werd erkend als de enige legitieme erfgenaam van de revolutie. 'Voor Noord-Koreanen was Kim Il-sung meer dan zomaar een leider,' schreef Bradley Martin, een van Kims biografen.[1] 'Hij overgoot zijn volk met vaderlijke liefde.' Het was duidelijk dat Kim een religie was geworden. De Noord-Koreaanse bevolking geloofde oprecht in zijn grootheid, en zoals Helen-Louise Hunter, de top-Noord-Korea-analist van de CIA, het noemde in haar boek uit 1999, *Kim Il-song's North Korea*, 'hebben ze misschien zoals vele religieuze gelovigen hun twijfels, maar houden ze ondanks deze twijfels vast aan hun geloof'.[2]

De geest van Kim Il-sung sijpelde door in alle aspecten van het leven van een Noord-Koreaan. Alle zintuigen werden erdoor geraakt. Zijn portret bevond zich in alle huizen, kantoren, winkels, klaslokalen en gebouwen. In opera's, musicals en televisieprogramma's werd uitgedragen dat hij een genie was. Duizenden monumenten en musea zorgden ervoor dat Noord-Koreaanse burgers voortdurend in aanraking kwamen met zijn geest en er volledig door werden omringd. Hij zat in hun voedsel en de lucht die ze ademden – en, zo geloofden ze, zijn landbouwexperimenten hadden tot overvloed geleid (vergeet de gulle hulp maar die binnenstroomde vanuit de Sovjet-Unie, China en het socialistische blok, vooral Oost-Duitsland). Uiteraard was door zijn krijgshaftige bekwaamheid en genialiteit het Koreaans schiereiland bevrijd van de Japanse imperialisten en het land teruggegeven aan de boeren en het proletariaat. Hij was de *suryong*,[3] de Opperste Leider, en het 'hart en enige middelpunt' van Noord-Korea. Zijn verjaardag, 15 april, werd in de jaren zestig tot nationale feestdag uitgeroepen, en kreeg een kerstachtige tint met festivals, vuurwerk en door de staat verstrekte geschenken. Zelfs toen hij dood was, wist de 'Eeuwige President' de tijd te ontstijgen: de Noord-Koreaanse kalender begon voortaan in 1912, zijn geboortejaar, dat Jaar 1 werd. Maar de cultus rond Kim Il-sung was geen natuurverschijnsel, er waren tientallen jaren zorgvuldige indoctrinatie voor nodig.

De gekwelde kreten 'vader' die te horen waren op de uitvaart van Kim Il-sung weerspiegelden het succes van het regime bij het instellen en bevorderen van een persoonlijkheidscultus en een paternalistische staat. In deze 'familie' is het gezag van de vader van het hoogste belang, en worden geen vraagtekens gezet bij zijn liefde en goedheid. In ruil daarvoor moeten de kinderen loyaal zijn, respectvol en alleen in het belang van de familie en de vader handelen, door zichzelf ondergeschikt te maken aan het hogere collectieve goed. Kim had de wettelijke macht kinderen te straffen die niet loyaal waren of niet loyaal genoeg, en ook om de kinderen te helpen het goed te maken. Zonder Kim Il-sung zouden zij nu eenmaal als natie en als volk niet bestaan, zoals kinderen leerden in hun schoolboeken en via verhalen over de heroïsche daden en avonturen van hun 'vader'.

Omdat kinderen eerder geneigd zijn in legendes te geloven dan volwassenen was voor de tienjarige Kim Jong-un zijn grootvader waarschijnlijk een heel belangrijke figuur. Maar anders dan andere kinderen moet Kim het revolutionaire bloed door zijn aderen hebben voelen stromen, en ervoer hij niet alleen trots, maar ook een soort weerspiegelde grootheid vanwege zijn afkomst en biologie. Het moet overweldigend zijn geweest, zoiets als het besef dat je familie bent van George Washington of Abraham Lincoln, de Kerstman of Jezus Christus.

Het was een geluk voor Kim Jong-un dat zijn grootvader de geestelijke, ideologische en feitelijke fundamenten legde voor de macht, door zich zo nodig van brute onderdrukking te bedienen. Maar hoe succesvol hij ook was, Kim Il-sung had waarschijnlijk geen god kunnen worden zonder eerst een guerrilla te zijn geweest.

HET BELEG VAN KOREA

Vandaag de dag ziet Amerika Noord-Korea als een topprioriteit voor de nationale veiligheid, maar vijftig jaar geleden zouden de meeste Amerikanen zo'n idee hebben weggewuifd: dat een land met ongeveer de omvang van Mississippi of Pennsylvania (en half zo groot als het Verenigd Koninkrijk), bijna 11.000 kilometer van Washington vandaan, een middelpunt is van geopolitieke zorg en een belangrijke bron van spanning in Noordoost-Azië.

Voor 1945 was er geen Noord- of Zuid-Korea – alleen één natie op een schiereiland dat uitsteekt vanuit het oosten van China, met Rusland in het noorden, in het oosten door de zee van de Japanse archipel gescheiden. Een Amerikaanse zendeling die in 1885 verscheen, toen Korea nog een soeverein land was, al werd het belegerd door de machtigere buren, kreeg het gevoel plotseling terug te zijn gegaan naar de Middeleeuwen.[4] Een andere zendeling overwoog dat Korea '2000 jaar van de twintigste eeuw leek te zijn verwijderd'. Isabella Bird Bishop, een onverschrokken Britse ontdekkingsreizigster, schrok van de overweldigende stank en smerigheid in Korea. De 'armzaligheid' van Seoel, de hoofdstad, was onbeschrijflijk en haar beschrijving van de omstandigheden was genadeloos.[5]

> Naar schatting wonen een kwart miljoen mensen 'ter plaatse', vooral in labyrintachtige stegen, vaak niet eens breed genoeg dat twee beladen stieren elkaar kunnen passeren [...] en nog smaller door een reeks smerige gaten, of groene, modderige greppels waar het vaste en vloeibare vuilnis van de huizen in terechtkomt. De gore en riekende randen ervan zijn de favoriete plek van halfnaakte kinderen, helemaal bevuild, en van grote, schurftige honden met waterige ogen, die zich in de modder wentelen of in de zon soezen.

Paradoxaal genoeg horen bij de indrukken over Korea niet alleen negatieve omstandigheden, maar ook geromantiseerde eigenschappen. Volgens Amerikaanse zendelingen, die hun lezers thuis graag optimistisch stemden – deels om donaties aan te moedigen – waren de Koreanen aardige mensen, buitengewoon gastvrij, een volk dat rijp was voor Christus. Het land zelf was, naar hun zeggen, werkelijk Gods schepping, met een overvloedige flora en fauna. Horace Underwood, een van de eerste Amerikaanse zendelingen in Korea, schepte op over de opmars van het christendom en schreef in 1908: 'Het leek werkelijk een hoofdstuk uit de Handelingen van de Apostelen.'[6]

Deze opvatting over Korea – achterlijk, maar buigzaam en snakkend naar onderricht – rechtvaardigde de status als geopolitieke voetbal en uiteindelijk als kolonie van Japan, door Bishop netjes en schoon genoemd in vergelijking met de Koreaanse straten die vol ontbindend afval lagen. Het terrein van het Japanse gezantschap binnen de muren van Seoel vertoonde 'een scherpe tegenstelling met alles in Korea', met keurige en bedrijvige winkels, en schone en smaakvolle huizen 'waar aandacht heerst'.[7]

De eerste helft van de twintigste eeuw was Korea een slagveld waar China, Rusland, Japan en Westerse machten streden om overheersing, met economische, politieke en militaire middelen. Japan botste met China in de Eerste Chinees-Japanse Oorlog van 1894-1895 en vervolgens met Rusland in 1904-1905 vanwege zeggenschap over Korea. In heel de geschiedenis van het land heeft Korea geprobeerd buitenlandse invasies af te slaan, westerlingen te verdrijven, Japan te negeren en lauwe betrekkingen met China te onderhouden, wat tot de bijnaam 'heremieten-koninkrijk' leidde. Maar terwijl naties in de negentiende eeuw naar markten en hegemonie streefden, vergrootte deze imperialistische neiging de eigen binnenlandse problemen van Korea. Boerenopstanden, revoltes van soldaten, intellectueel rumoer en mislukte pogingen tot hervorming leidden ertoe dat het schiereiland vanaf 1910 tot 1945 uiteindelijk werd gekoloniseerd door Japan.

De Verenigde Staten hielpen[8] het fundament te leggen voor de Japanse annexatie van Korea in het tweede jaar van de Russisch-Japanse Oorlog, toen president Theodore Roosevelt de overheersing van Japan over Korea erkende in de geheime Taft-Katsura Overeenkomst van juli 1905 – deels om de Russische expansiedrift te beteugelen en om de erkenning van Tokio te krijgen voor Amerikaanse zeggenschap over de Filippijnen. Dat Roosevelt Japan de macht liet grijpen in Korea weerspiegelde zijn over het algemeen gunstige indruk van het land. Voor de Amerikaanse president was Japan, vanwege de onmiskenbare moderniseringen, het representatieve parlement, de geschreven constitutie en de militaire kracht, een uitblinker tussen de Aziaten. Roosevelt kreeg in 1906 de Nobelprijs voor de Vrede vanwege zijn rol bij het tot stand komen van het Verdrag van Portsmouth dat een eind maakte aan de Russisch-Japanse Oorlog maar veertig jaar inluidde van brute Japanse kolonisering van het Koreaans schiereiland.

Door de beproeving van de Japanse overheersing van Korea en het latere Japanse streven naar militaire en politieke overheersing van Oost-Azië kon Kim Il-sung opkomen.

ONTSTAAN EN OPKOMST VAN EEN GUERRILLA

De Eeuwige President van Noord-Korea werd geboren als Kim Jong-su – Kim Il-sung was zijn nom de guerre – in Pyongyang, slechts twee jaar na de annexatie door Japan in 1910. Zijn vader, Kim Hyŏng-jik, werd geboren in 1894 tijdens de laatste stuiptrekkingen van de Joseon-dynastie en vóór Korea zwichtte voor buitenlandse machten. Hij trouwde met Kims moeder, Kang Pan-sŏk, toen hij vijftien en zij zeventien was.

Zoals veel andere Koreanen die zich tegen het Japanse kolonialisme verzetten, sloot Kim Hyŏng-jik zich aan bij de onafhankelijkheidsbeweging en werd hij bestraft wegens zijn activisme. Zijn zoon zag[9] zowel zijn geliefde vader als zijn oom de gevangenis in gaan vanwege hun nationalistische activiteiten en lijden onder de effecten van hun opsluiting. Kim herinnerde zich zijn eerste bezoek aan de gevangenis, 'een oord van de dood en dodelijk gif'. Hij herkende zijn vader amper, elk zichtbaar deel van zijn lichaam was opgezet en blauw. Die aanblik raakte Kim diep en hij schreef in zijn autobiografie[10] dat het zien van zijn vader in de gevangenis een van de belangrijkste ogenblikken van zijn leven was, en dat de 'littekens en wonden op Vaders lichaam me lijfelijk pijn deden en ik zwoer af te rekenen met de Japanse duivels, die helemaal geen mensen waren, maar Satan'. Om de patriarch van de familie te eren, zwoer Kim 'alles te geven voor de strijd om het land tot iedere prijs te bevrijden'.[11]

Door de politieke en economische omgeving van destijds hadden Kims ouders een kort, zwaar leven – zijn vader stierf op zijn eenendertigste en zijn moeder op haar veertigste. Ze lieten weinig geld na als steun voor hun kinderen. Maar welke legitieme connectie de Kims ook hadden[12] met het nationalistische en revolutionaire vuur van destijds, hun zoon maakte hun rollen en die van zijn hele voorgeslacht groter. Hij beweerde bijvoorbeeld dat zijn overgrootvader had meegedaan aan de strijd om het onzalige Amerikaanse koopvaardijschip General Sherman te verjagen, dat in 1866 in Pyongyang werd aangevallen en verwoest bij een poging het land open te stellen voor handel. Ook zou zijn grootvader tegen het keizerlijke Japan hebben gevochten.

Hoewel het beeld en de geschiedenis van Kim Il-sung zijn opgepoetst en verfraaid in de hagiografie van het regime, was hij volgens alle objectieve berichten een bonafide Koreaanse nationalistische strijder, een meedogenloze moordenaar van de gehate Japanners, een van een aantal leiders die faam en volgelingen verwierven tijdens deze zware tijd in de Koreaanse geschiedenis. Hij kreeg zijn reputatie als efficiënte moordenaar van Japanse politiemensen en soldaten in Mantsjoerije, sinds 1931 bezet. In de jaren dertig en veertig was hij aanvoerder van bendes guerrilla's van vijftig tot driehonderd man, in hete en vochtige zomers en ijzige, genadeloos koude winters. Naar verluidt brachten Kim en zijn brigade[13] van Chinezen en Koreanen de leider om van de Japanse Bijzondere Politie, die had geprobeerd hem op te sporen in Mantsjoerije, samen met vijfenzeventig Japanse officieren en andere ordehandhavers.

Volgens de historicus Bruce Cumings vertegenwoordigde Kim 'een jongere generatie van revolutionaire nationalisten, vol minachting voor het falen van hun vaders, en vastbesloten een Korea te smeden dat opgewassen was tegen buitenlandse overheersing'.[14] In zijn autobiografie van meer dan tweeduizend bladzijden formuleerde Kim het zo:

> Mijn leven begon in de jaren tien toen Korea onder de grootste tragische rampen leed. Toen ik werd geboren, stond Korea al onder Japans koloniaal bewind. [...] Het Koreaanse volk ziedde van woedde en huilde van verdriet over het verliezen van hun natie. [...] Korea was destijds een hel op aarde, ongeschikt voor menselijke bewoning. De Koreanen waren, in alle opzichten, wandelende lijken, hun geesten waren dood.[15]

Dit enorme boek, vlak voor zijn dood verschenen, krijgt een bijna homerisch ritme, met de verhalen over de heldendaden van

Kim en zijn volgelingen, de dieptes van zijn wanhoop toen hij zonder deken rilde op het slagveld in Mantsjoerije, en de hoogtes van zijn optimisme wanneer hij met de vriendelijkheid van dorpelingen te maken kreeg. Zijn verhalen zijn pakkend en tekenend, hij gaat in op de geuren en geluiden van veldslagen, de gebroken lichamen, de wreedheid tegen Koreanen – ogen met scherpe stokken doorstoken, vingers en hoofden afgehakt door rondzwervende bandieten of als straf voor revolutionaire activiteiten, afgehakte hoofden op staken als waarschuwing voor anderen. 'Het was mijn ongeluk,' schreef hij, 'te worden geboren in een tijd van vreselijke gebeurtenissen en volwassen te worden terwijl de ergste Japanse wreedheden plaatsvonden. Dit liet onuitwisbare indrukken na in mijn geheugen en bepaalde mijn latere activiteiten.' Kim, die van jongs af aan onderdrukking had meegemaakt en gruwelijkheden had gezien, ging tekeer tegen de 'elite van Korea' die de natie had laten vallen.[16]

> Terwijl andere naties zich voortbewogen in machtige oorlogsschepen en in blinkende treinen, reden onze feodale leiders op smerige scharminkels van ezels, ze droegen hoeden van paardenhaar en verspilden honderden jaren in een verschaalde staat van verdoving en verstikkende economische stagnatie. Ze gingen door het stof voor buitenlandse machtspolitiek en openden de poort voor buitenlandse invasie en exploitatie. Korea werd een gemakkelijke prooi voor de imperialisten.

Maar in plaats van het op te nemen tegen de Japanse troepen die vastbesloten waren de Koreaanse guerrilla's uit te roeien – velen van hen sneuvelden – vluchtten Kim en zijn kleine groep strijders in 1940 naar de Sovjet-Unie. Daar studeerde hij bij Sovjetofficieren en klom op tot de rang van kapitein in de 88ste Brigade van het Rode Leger. Hoewel Kim kennelijk gedurende de Tweede Wereldoorlog bij een achterhoede-eenheid hoorde, ver van de strijd[17] – in tegenstelling tot de verhalen van het regime over zijn onverschrokken en genadeloze aanvallen op Japanse troepen – kwam de ambitieuze, brute anti-Japanse guerrilla met zijn mollige gezicht op de prille leeftijd van drieëndertig jaar zegevierend terug naar Noord-Korea, erop gebrand de nieuwe leider te worden.

Na uitgebreid geharrewar met andere Koreaanse nationalisten werd Kim in 1945 door de Sovjet-Unie geïnstalleerd als leider van de noordelijke helft van het Koreaans schiereiland, dat voorlopig werd verdeeld langs de achtendertigste breedtegraad. De Verenigde Staten hadden het in de zuidelijke helft voor het zeggen. De verdeling was arbitrair,[18] doorsneed vijfenzeventig beken, twaalf rivieren, meer dan honderd landwegen, acht snelwegen, en zes spoorlijnen, volgens de geschiedschrijving van de oorlog in Korea door het Amerikaanse leger. De charismatische Kim met zijn nationalistische en communistische achtergrond was twintig jaar uit Korea weg geweest,[19] maar omdat hij uit Pyongyang kwam – maar zeker ook omdat hij loyaal leek aan de Sovjet-Unie – vonden ze hem in Moskou de geschikte man. Op 9 september 1948 riep Kim de Democratische Volksrepubliek Korea uit,[20] na het wegwerken van mogelijke tegenstrevers. Om tegenstemmen te smoren zette hij een stevig stelsel van surveillance en beveiliging op, waarbij systematisch geweld werd gebruikt, en begon hij met heropvoedingsprogramma's om zijn macht te bestendigen. Maar hij was niet louter een Sovjetmarionet, en het feit dat hij een overlever was, een gehaaide politieke figuur en een bekwame manipulator van Peking en Moskou droegen bij aan zijn opkomst en lange volhouden.

Kim, net van de slagvelden af, voorzien van de nieuwe bevoegdheden die hij aan zijn tegenstrevers had ontworsteld, en vol vertrouwen dat zijn Sovjethelpers hem zouden steunen, probeerde het Koreaans schiereiland te herenigen. Misschien droeg zijn nog jeugdige enthousiasme bij aan dit zelfvertrouwen, zag hij zijn kans schoon voor de verdeling definitief was, of zat er een messianistisch vuur achter dat alleen hij Korea weer bijeen kon brengen. Waarschijnlijk lag het aan al deze dingen. De internationale omgeving leek inderdaad zijn overtuiging te steunen dat hij vrijheid van handelen had. De belangen van Washington lagen op het westelijk halfrond, zoals het herbouwen van Europa en het beperken van de expansie van de Sovjet-Unie. Amerika zag de veiligheid van Zuid-Korea niet als een strategische zorg. George Kennan, de architect van de naoorlogse containmentpolitiek, stelde in 1948 dat de VS 'op nette wijze maar zo snel mogelijk' Korea uit moest.[21] Zijn conclusie dat het schiereiland strategisch niet van belang was, werd later onderschreven door Dean Acheson, minister van Buitenlandse Zaken, en de Joint Chiefs of Staff. Vanuit het perspectief van Kim leek het communisme aan de winnende kant van de geschiedenis te staan, terwijl Europa in puin lag. Mao Zedong en de Chinese communisten wonnen uiteindelijk hun burgeroorlog, door in 1949 de door Chiang Kaishek geleide nationalisten te verslaan. Datzelfde jaar bracht de Sovjet-Unie met succes een atoombom tot ontploffing, waardoor het land zich naast Amerika plaatste als kernmacht.

Voor Kim Il-sung leek de tijd rijp om het verdeelde Koreaans schiereiland onder het communisme te verenigen.

KIMS HYBRIS

Noord-Korea viel op 25 juni 1950 het zuiden aan.[22] Honderdvijfendertigduizend goed uitgeruste en goed geoefende manschappen van het Koreaanse Volksleger, onder wie duizenden veteranen uit de guerrillacampagne in Mantsjoerije, stroomden zuidwaarts de achtendertigste breedtegraad over en namen binnen drie dagen moeiteloos Seoel in. Aan het eind van die zomer[23] had het Noord-Koreaanse leger vrijwel heel Zuid-Korea in handen genomen, afgezien van een hoekje land in Busan, aan de zuidoostelijke kust van het schiereiland. Slechts een week voor de invasie[24] had de CIA een strategische waarschuwing uit laten gaan over de plannen van Noord-Korea voor een invasie en gezegd dat het Noorden de militaire superioriteit had om het Zuiden te overweldigen om te komen tot 'het belangrijkste externe doel: machtsuitbreiding over zuidelijk Korea'. President Truman liet Amerikaanse troepen in actie komen, en binnen drie maanden hadden de strijdkrachten van de Verenigde Naties Kims legers overvleugeld en begonnen ze een opmars noordwaarts de achtendertigste breedtegraad over. Dat volstond om een reactie uit te lokken van China:[25] gedurende het conflict zette de pas gevestigde communistische natie liefst drie miljoen manschappen in om Noord-Korea te steunen. Op 27 juli 1953 werd een wapenstilstand getekend, en de eerste 'warme oorlog' in de beginnende Koude Oorlog eindigde met een patstelling die de deling van het Koreaans schiereiland verdiepte en de Amerikaanse wil verstevigde om Zuid-Korea te verdedigen. Zoals de journalist David Halberstam, winnaar van de Pulitzer Prize, in zijn boek *The Coldest Winter* concludeerde: 'Korea was een plek waar vrijwel elke belangrijke beslissing van beide kanten een misrekening bleek.'[26]

Misrekening, gebaseerd op foute aannames en hybris, leidde tot het felle conflict, en deze acties van zeven decennia geleden klinken vandaag de dag nog na. Kim Il-sung dacht dat zijn leger door juichende menigtes zou worden opgewacht, een revolutie zou uitbreken, en hij en zijn Sovjetbazen gingen ervan uit dat Amerika niet terug zou vechten. Zonder acht te slaan op Chinese waarschuwingen of de aanwezigheid van Chinese strijders op het slagveld rukte Amerika, onder leiding van generaal Douglas MacArthur, vol zelfvertrouwen op ten noorden van de achtendertigste breedtegraad, naar de rivier de Yalu toe. Dat lokte een enorm Chinees tegenoffensief uit, waardoor de legers van de VS en Zuid-Korea waren gedwongen zich naar het zuiden terug te trekken. Het Chinese offensief en de escalatie van de oorlog in de winter van 1950 legden zo veel politieke druk op president Truman dat hij overwoog de atoombom te benutten om het conflict kort en beperkt te houden. Generaal MacArthur pleitte er nadrukkelijk voor de bom in te zetten, desnoods in China, en trok openlijk het gezag van Truman in twijfel. Al werd MacArthur vanwege zijn herhaalde insubordinatie vervangen, Truman hield tot ver in 1951 de nucleaire optie op tafel.[27]

De cijfers over de slachtoffers van de oorlog[28] getuigen slechts oppervlakkig van de menselijke prijs en tragedie. Bijna drie miljoen Koreanen – 10 procent van de totale bevolking van de beide Korea's – waren dood, vermist of gewond. Omstreeks 900.000 Chinese strijders,[29] 500.000 Noord-Koreaanse soldaten en 400.000 troepen van de Verenigde Naties kwamen om of raakten gewond. Bijna 34.000 Amerikaanse militairen lieten het leven,[30] ongeveer 110.000 raakten gewond, bleken vermist of werden gevangengenomen. Alle partijen begingen wreedheden, waaronder massale executies van politieke gevangenen en het ombrengen van burgers. Noord-Korea ontvoerde Zuid-Koreanen en liet ze dienst nemen in het Noord-Koreaanse leger, terwijl aan het thuisfront mensen die volgens het regime anticommunistisch waren werden geëxecuteerd. De VS liet meer bommen op Noord-Korea neerkomen dan gedurende de Tweede Wereldoorlog in heel het gebied van de Stille Oceaan. De historicus Charles Armstrong schreef[31] dat de Amerikaanse luchtmacht 635.000 ton bommen gebruikte voor Noord-Korea, en 503.000 ton tijdens de Tweede Wereldoorlog in het gebied van de Stille Oceaan. Zelfs de in de strijd geharde generaal MacArthur getuigde, kort nadat hij door Truman van zijn plichten was ontheven, in de Senaat: 'Ik heb nooit zo'n verwoesting gezien. Ik heb [...] meer bloed en rampspoed gezien dan wie ook, en mijn maag draaide ervan om, de laatste keer dat ik er was. Nadat ik die puinhopen had gezien en die duizenden vrouwen en kinderen enzovoorts, moest ik braken.'[32] Een oud-strijder uit de Koreaanse Oorlog, die betrokken was bij de beruchte slachtpartij in Nogeun-ri – waar Amerikaanse soldaten honderden Koreaanse burgers ombrachten – vertelde tientallen jaren later: 'In zomernachten, wanneer de wind waait, kan ik hun kreten nog horen, het geschreeuw van de kleine kinderen.'[33]

Door de oorlog werd alles verwoest in Noord-Korea. Door Amerikaanse bombardementen werden fabrieken, ziekenhuizen, scholen, wegen, huizen, dammen, boerderijen en overheidsgebouwen van de kaart geveegd. In 1952 was er niets meer over om te bombarderen. Zoals Armstrong stelde,[34] waren de drie jaar met aanvallen van B-29's – en de angst dat Washington misschien de atoombom zou inzetten – diep verankerd in het collectieve bewustzijn van Noord-Koreanen, en dit gevoel van angst en beven voor dreigingen van buitenaf bleef tientallen jaren na de oorlog heersen. Miljoenen mensen raakten ontheemd, gezinnen zochten wanhopig naar vermiste geliefden, wezen huilden boven de levenloze lichamen van hun ouders, en tieners die amper puber waren werden verantwoordelijk voor hun jongere broers en zussen. De wapenstilstand van juli 1953 maakte een einde aan de strijd – die volgens Kim door de Verenigde Staten was begonnen – maar liet de twee Korea's tot de dag van vandaag formeel in oorlog en maakte de wrede scheiding van families permanent.

Terwijl mensen in tunnels en grotten woonden[35] om aan de bombardementen te ontsnappen, was Kim Il-sung druk bezig de dood en verwoesting voor te stellen als een overwinning in de 'Vaderland Bevrijdingsoorlog'. Hij beweerde te zijn geslaagd in het verdrijven van de Amerikaanse imperialisten en Zuid-Koreaanse kruipers die 'overal alles vertrapten en in brand staken [...] massaal onschuldige mensen afslachtten [en] kinderen en zwangere vrouwen de vlammen in trapten en oude mensen levend begroeven'. Als er iets was misgegaan, lag dat niet aan hem maar aan de mensen die onvoldoende trouw waren aan de revolutionaire geest, zoals belichaamd in zijn ervaring als guerrilla in Mantsjoerije. De bevolking van Noord-Korea geloofde dit. Ze hadden de aanvallen meegemaakt en eronder geleden, en vertrouwden erop dat hun enige redder Kim Il-sung was. Maar ja, ze hadden geen andere keus dan het verhaal van het regime te aanvaarden en te helpen bij de herbouw van het land.

Dus tegen de tijd dat hij veertig werd, was Kim Il-sung, volgens het verhaal van het regime, als enige verantwoordelijk geweest voor het verdrijven van de Japanse imperialisten van het Koreaans schiereiland. Hij had de Amerikaanse 'jakhalzen' en de Zuid-Koreaanse 'marionetten' in Seoel verslagen, en hulde zichzelf in reddersmythologie. Sung-Yoon Lee, docent aan de Fletcher School of Law and Diplomacy van Tufts University, schreef[36] dat Kim Il-sung 'zelfs door niet zijn ultieme doel te bereiken – het Zuiden bevrijden en het schiereiland onder zijn bewind verenigen – diepgaand het geostrategische belang "herzag" van het Koreaans schiereiland, van een onbelangrijke, vergeten buitenpost op het puntje van het Aziatische vasteland naar een belangrijk kruitvat op een zeer strategisch stukje land in Noordoost-Azië'. Lee voegde eraan toe dat Kims oorlogszuchtige aanpak in de decennia van zijn bewind zijn steunpilaren in Peking en Moskou er slechts toe brachten 'hem met nog meer vleierijen te sussen'.

Kim Il-sung trok ongetwijfeld ook enkele waardevolle lessen uit de Koreaanse Oorlog. De VS vond voortaan het Koreaans schiereiland van strategisch belang voor de nationale veiligheid en besloot Zuid-Korea zo nodig met militaire middelen te verdedigen. Ook was gebleken dat China terug zou vechten tegen een Amerikaanse opmars. Kim besefte nu dat de positie van Noord-Korea te midden van China, de Sovjet-Unie en de Verenigde Staten hem de kans bood de machtige spelers tegen elkaar op te zetten en dat Pyongyang daar beter van zou worden.

Maar door de rampzalige oorlog en de afhankelijkheid van zijn land van China – dat het voortouw nam in het conflict en tot 1958 troepen in Noord-Korea legerde – was Kim gedwongen zijn inspanningen te intensiveren om zijn macht te bezegelen. Vanaf ongeveer 1955 tot 1960 versterkte Kim zijn campagne om zichzelf de enige leider van Noord-Korea te maken, door zich te ontdoen van bedenkelijke tegenstrevers wegens 'gebrek aan loyaliteit' en de rol te verdonkeremanen van het Chinese Vrijwillige Volksleger bij het verdedigen van het regime. Intussen verwijderde, verbande of executeerde hij functionarissen die pro-China en pro-Sovjet waren. De steun van Jozef Stalin had het voor Kim gemakkelijker gemaakt een zeer persoonlijke autocratie te creëren, maar de afwijzing door de nieuwe Sovjetleider, Nikita Chroesjtsjov, van de persoonlijkheidscultus rond zijn voorganger, diens schrikbewind en falende beleid, voorspelde problemen voor Kim. Zoals de Russische geleerde Andrei Lankov heeft beschreven,[37] schaarden hoge Noord-Koreaanse partijleden zich in 1956, tijdens wat de enige belangrijke interne strijd voor Kim Il-sung zou zijn, achter de post-Stalin Sovjet-Unie én China in een veroordeling van Kim wegens zijn opeenstapeling van macht. Ze betichtten hem ervan af te dwalen van het socialisme voor persoonlijk gewin. Toen Kim zijn tegenstanders bleef vervolgen, kwamen Moskou en Peking nog eens tussenbeide door het sturen van een delegatie die er bij Kim op aandrong de zuiveringen ongedaan te maken en de pro-Sovjet- en pro-Chinahouding van zijn bewind te herstellen. Wat Kim nu net de speelruimte gaf om zijn tegenstanders af te schilderen als opruiers die door buitenlandse invloeden waren aangetast.

Tegelijk was Kim realistisch over zijn afhankelijkheid van de vrijgevigheid van Moskou en Peking. Hij wist zich uit de problemen te praten door verbeteringen te beloven om aan hun zorgen tegemoet te komen. Kim had ook door dat de nervositeit van zijn beschermers over de stabiliteit van Noord-Korea, de positie van Pyongyang als een bastion van communisme in Oost-Azië, en de Sovjet-Chinese breuk van 1956 om redenen van doctrine en de uiteenlopende geopolitieke belangen van de twee machten, hem de vrijheid gaven te manoeuvreren en zijn autonomie te handhaven. Met eigendunk, nationalisme, paranoia en corrupt opportunisme als drijfveren greep Kim de kans zijn bewind te verstevigen en zijn eigen ideologische koers te varen – James Person, docent Koreaanse studies, noemde het een ‘inheemse versie van marxisme-leninisme’.[38]

DE CULTUS VAN KIM IL-SUNG OPBOUWEN

In 1955 kwam Kim in een toespraak[39] met zijn concept van socialisme in Koreaanse stijl en begon hij de bevolking te indoctrineren met het idee van *juche*, wat ruwweg autarkie betekent, teneinde zijn bewind te verstevigen. Om te beginnen gebruikte hij het idee om de nadruk te leggen op zijn 'Koreaansheid' en de onzuiverheid en de veronderstelde slaafsheid aan buitenlandse machten van de oppositie, en voor het schragen van zijn zelfverklaarde positie als de suryong, de eenheidsleider van Noord-Korea. In de tweede plaats rechtvaardigde juche ontberingen en motiveerde die het volk ijveriger te werken om het land na de oorlog te herbouwen. Verder kanaliseerde juche het nationalisme en de xenofobie van de Noord-Koreanen in de richting van verering van Kim als degene die hun levenswijze verdedigde. Naar buiten toe stelde Kims nadruk op de autonomie van zijn land, maar zonder met het socialistische kamp te breken, hem in staat Peking en Moskou tegen elkaar uit te spelen, hij vleide zijn machtige buren en voegde zich naar hen wanneer dat hielp meer steun los te krijgen.

Juche en suryong lijken, zoals die zich hebben ontwikkeld, een hutspot van bestaande concepten: christendom (Kim was uit een christelijke familie afkomstig, een weerspiegeling van de aanwezigheid van zendelingen in Korea), respect voor de ouders, de hiërarchie en familiebetrekkingen van het confucianisme, en communisme (met name stalinisme en de persoonlijkheidscultus). Maar tegelijk was de fel nationalistische inslag van Kims juche een verwerping van Stalins internationalisme, en zijn vergoddelijking van de suryong vertoonde overeenkomsten met de keizercultus in Japan na de Meiji-restauratie van de keizer die het nationalistische ethos van Japan voor en tijdens de oorlog ging bepalen. Achter deze ideeën zat ook Kims verlangen ideologische en institutionele muren te bouwen om bemoeienis van buitenaf te verhinderen en zijn eenheidsleiding te handhaven.

Misschien was Kim Il-sungs beeld van de wereld als een vijandig oord een overtuiging waaraan hij niet kon ontsnappen, gezien de omgeving waarin hij opgroeide. Hij, geboren ten tijde van het imperialisme, had nooit een soeverein, onafhankelijk Korea meegemaakt of een stabiel huiselijk bestaan, omdat zijn ouders vroeg stierven. Hij kende ontbering en verlies, angst en onzekerheid. In de worsteling voor nationale en individuele overleving – die vaak botsten – was het lastig te achterhalen wie betrouwbaar was. Om het langer uit te houden dan bekendere en beter opgeleide Koreaanse nationalisten moest Kim dwingen, vleien, stelen en moorden op de politieke en militaire slagvelden. Hij promoveerde zijn groepje guerrilla's uit Mantsjoerije, gaf ze macht en voorrechten, weefde webben van politieke en militaire loyaliteit om zijn toonaangevende positie voor de voorzienbare toekomst te garanderen. Toen hij het eenmaal voor het zeggen had, herstructureerde hij de samenleving en alle aspecten van relaties daarin, wat familie en instituties betreft, om de band van zijn volk met de leider te verstevigen.

Vanaf eind jaren vijftig zette Kims obsessie met macht en loyaliteit het regime ertoe aan alle burgers te categoriseren op grond van hun *songbun*, oftewel achtergrond. Ze werden in drie grote groepen verdeeld – de 'kern', de 'weifelende' en de 'vijandige' klassen – op basis van het feit of ze loyale revolutionairen waren (de kern), dan wel landeigenaren, kapitalisten, dan wel collaborateurs van het Japanse imperialisme. Dit plan vergde allerlei onderzoeken van de overheid om de achtergrond van ieder individu na te trekken.[40] Deze classificaties waren erfelijk en dicteerden welk soort voorrechten je kreeg of werden onthouden. Je kaste bepaalde waar je naar school zou gaan, met wie je zou trouwen, waar je zou werken. Het zou bijvoorbeeld onverstandig zijn met iemand uit een lagere categorie te trouwen, want dat zou je familie aantasten en effect hebben op de kansen die je nakomelingen zouden krijgen. Het was dus in het belang van het individu om je persoonlijke wensen ondergeschikt te maken en je loyaliteit aan Kim te tonen om te overleven en te slagen.

Maar ondanks het rigide classificatiesysteem dat Kim zijn burgers oplegde, geloofde hij ook dat onderwijs een belangrijk instrument was voor het opbouwen van een stabiele natie van hem toegewijde volgelingen. Vanaf het allereerste begin richtte Kim zich op het benutten van onderwijs om de verhalen van het regime te verspreiden waarin hij en zijn aanhangers werden verheven, en intussen werd de massa onderricht over de juiste socialistische ideologie. In de loop van de tijd richtte het onderwijssysteem zich minder op het communisme en verschoof steeds meer naar de vergoddelijking van Kim Il-sung, zijn familie en de guerrilla's die aan zijn zijde hadden gevochten. De verschuiving bleek vooral nadat Kim Jong-il op het politieke podium was verschenen, en de zoon gretig voorzag in de hang naar loftuitingen van zijn vader en de rol van de familie Kim enorm uitbreidde.

Dat de stichter zich richtte op kinderen en onderwijs zegt veel over de weloverwogen inspanning van het regime goede, loyale Noord-Koreanen op te voeden. De CIA-analiste Helen-Louise Hunter stelde[41] dat het onderwijssysteem van Noord-Korea, volgens Kim Il-sung zelf, was bedoeld, om 'het bestaande sociale systeem te dienen'. Kang Chol-hwan, de prominente overloper en auteur van *De Aquariums van Pyongyang. Tien jaar in de Noord-Koreaanse goelag*, herinnerde zich zijn kindertijd in de jaren zestig als gelukkig. Kim Il-sung was 'een soort Kerstman', die taartjes en snoepjes stuurde, en elke drie jaar zorgde voor een schooluniform, een pet en een paar schoenen. Op school kreeg hij gewoon rekenen, muziek en kunst, maar vooral werd kinderen geleerd Kim Il-sung te vereren.

> Wij leerden uit het hoofd antwoorden op vragen als: op welke dag en hoe laat werd Kim Il-sung geboren? Wat voor heldendaden verrichtte hij tegen de Japanners? Welke toespraak gaf hij op die en die conferentie, op die en die datum? Net als mijn

> medeleerlingen vond ik het erin stampen van zulke belangrijke feiten volkomen normaal, en beleefde ik er veel plezier aan. Dergelijk onderwijs resulteerde in een bron van bewondering en dankbaarheid jegens onze politieke leiders en de bereidheid alles voor hen en het eigen land op te offeren.[42]

Hunter schreef[43] dat Kims onvermoeibare reizen door heel het land om zo veel mogelijk mensen te ontmoeten – hij stapte in bussen en metro's, bezocht collectieve boerderijen, fabrieken en scholen – 'zijn bijzondere talent' liet zien 'voor het aangaan van persoonlijke betrekkingen met zijn volk' en hij palmde hen in met zijn indrukwekkende persoonlijkheid. In een document van de CIA uit januari 1983 werd Kims campagne om de harten en de geesten te winnen vergeleken met die van een Amerikaanse politicus: 'Als je bedenkt dat Noord-Korea ongeveer even groot is als Pennsylvania kun je je gemakkelijk de relatie voorstellen die een charismatische gouverneur van zo'n staat in een periode van 40 jaar met zijn bevolking kan opbouwen, als hij ieder jaar 150 tot 200 dagen onderweg is.'[44] Dergelijke inspanningen loonden: ze versterkten de persoonlijkheidscultus en de blijvende verering die zelfs Noord-Koreaanse overlopers voor de stichter van het land voelen.[45]

In het Noord-Korea van Kim Il-sung was het voor de kinderen ook belangrijk voorbereid te zijn hun vijanden van buitenaf te bevechten. Kang herinnerde zich dat hij, net als al zijn klasgenoten, bij het Rode Scholierenleger ging. De kinderen liepen in het gelid en marcheerden met nepmachinegeweren. 'We kregen meteen het gevoel Kim Il-sungs kleine soldaten te zijn,' schreef hij[46]. Middelbare scholieren, zei hij ook, werden beter getraind, 'ze dienden noodinstructies voor luchtaanvallen uit het hoofd te kennen, leerden zich te verschuilen voor vijandelijke vliegtuigen en hoe ze de bevolking naar de dichtstbijzijnde bomkelders moesten dirigeren'. Victor Cha, de voormalige adviseur Azië van de regering van George W. Bush, heeft erop gewezen[47] dat

Noord-Koreaanse kinderen vervoegingen leren door op te zeggen 'Wij hebben Amerikanen gedood', 'Wij doden Amerikanen' en 'Wij zullen Amerikanen doden', en leren rekenen door het optellen of aftrekken van het aantal dode Amerikanen.

Deze stijl van onderwijs is de generaties door blijven bestaan. Yeonmi Park, een overloopster die geboren werd in 1993, een jaar voor Kim Il-sung stierf, zei dat zij en haar klasgenoten in de pauze in de rij gingen staan 'om om beurten poppen te slaan of te steken die als Amerikaanse soldaten waren gekleed'.[48] Het proces van het ontmenselijken en demoniseren van de Verenigde Staten sijpelde door in de taal. Park herinnerde zich: 'We konden nooit gewoon "Amerikaan" zeggen – dat zou te respectvol zijn. Het moest zijn "Amerikaanse rotzak", "duivelse yankee" of "yankee met je grote neus".[49] Als je het niet zei, kreeg je te horen dat je te zacht was tegen onze vijanden.' Het doel van westers onderwijs is om kritische denkvaardigheden te ontwikkelen en gemeenschapszin te cultiveren, en verder om leerlingen erop voor te bereiden productieve leden te worden van de beroepsbevolking en de maatschappij. Onderwijs in Noord-Korea is er daarentegen op gericht doctrine in te prenten, een onveranderlijke en onbuigzame 'waarheid', gebaseerd op de definitie van realiteit van de Grote Leider. Hij is de enige autoriteit voor moreel gedrag en de enige bron van verlichting, in de dagen van Kim Il-sung én vandaag de dag, want zijn zoon en kleinzoon hebben hun legitimiteit en gezag ontleend aan hun bloedbanden met de stichter van het land.

Het Noord-Koreaanse regime jubelde, ze zeiden tegen het volk dat men in een socialistisch paradijs leefde, gevoed door hun juche we-kunnen-hetgeest, maar tegelijk waren de Koreanen een 'zeer kwetsbaar soort kinderen onder de beschermende zorg van de Leider', zoals Noord-Korea analist B.R. Myers het omschreef.[50] En die kinderlijke zuiverheid noopte tot een onderwijssysteem dat een eeuwige staat van crisis propageerde, om de gevaarlijke en vervuilende krachten van buiten te weren.

De guerrilla-oorlogen van de Japanse bezetting en de totale oorlog van het Koreaanse conflict tegen de Verenigde Staten werden enthousiast nagespeeld. Maar de zelfstandigheid was geen vanzelfsprekendheid: de externe dreigingen bleven opdoemen, gezien de aanwezigheid van Amerikaanse troepen op luttele kilometers langs de Gedemilitariseerde Zone die de twee Korea's scheidt.

Voor de jonge Kim Jong-un was zijn grootvader een held voor de eeuwen. Toen Kim Il-sung stierf, had zijn kleinzoon van tien ongetwijfeld al tot op zekere hoogte door wat zijn rol in het lot van Noord-Korea zou worden. Terwijl hongersnood dreigde en er voor miljoenen mensen niets te eten was, werd er niet bezuinigd op de pracht en praal van een kostbare uitvaart – alleen al het balsemen door Russische specialisten kostte naar verluidt een miljoen dollar, plus 800.000 dollar per jaar onderhoudskosten.[51] Voor de jonge Jong-un, een directe afstammeling van de Zon van Korea, erfgenaam van de anti-Japanse, anti-Amerikaanse strijd, opgegroeid in een cultuur van paranoia, was geweld een onderdeel van de nalatenschap van zijn grootvader. Hij zou profiteren van een politiek stelsel dat zijn grootvader opzette en zijn vader versterkte, het gaf hem een plaats op de top van de sociale piramide, met alle bijbehorende titels. De overleving van het land – en de legitimiteit van Kims familie – hing af van Jong-uns omhelzing van deze afhankelijkheid van geweld en geërfde voorrechten, want alleen dan kon deze jonge guerrilla een kleine god worden in dienst van zijn stichter.

3

DE ERFENIS

IN 1992, OP het feestje voor zijn achtste verjaardag, verkleedde Kim Jong-un zich niet als Batman of Superman, zoals jongens in Amerika hadden gedaan, maar als een kleine generaal in een van één ster voorzien uniform. Echte generaals in echte uniformen met echte sterren bogen voor hem – iets wat een gemiddelde jongen beslist nooit zou verwachten. 'Het was onmogelijk voor hem als een normaal iemand op te groeien nu de mensen uit zijn omgeving hem zo behandelden,' zei zijn tante Ko Yong-suk jaren nadat zij en haar familie naar de VS waren overgelopen in een interview met *The Washington Post*.[1]

We weten niet wie Jong-un het speciaal gemaakte generaalsuniform gaf. Misschien was het een geschenk dat Kim Jong-il aan al zijn zonen gaf – hij had er voor zover we weten minstens drie, de andere twee zijn Jong-uns halfbroer Jong-nam en zijn volle broer Jong-chul. Of misschien was het een bewuste zet van zijn ambitieuze moeder, Ko Yong-hui, een van de favoriete minnaressen van Kim Jong-il, die waarschijnlijk probeerde haar twee zonen te propageren bij de waarschijnlijke manoeuvres achter de schermen. Ten tijde van dit verjaardagsfeestje was Kim Jong-il nu eenmaal al geruime tijd aangewezen als de opvolger van zijn vader en het zou een verstandige zet van Ko Yong-hui zijn om Jong-un en Jong-chul naar voren te schuiven als mogelijke toekomstige erfgenamen en hun status boven de generaals te onderstrepen.

Maar Jong-un mocht dan een bevoorrecht en luxeleven

leiden in een van de vele villa's en landhuizen van de familie Kim – goed voorzien van personeel, comfort en speelgoed – de toekomst van het land en het succes van Kim Jong-il als nieuwe leider van Noord-Korea waren allerminst gegarandeerd. Noord-Koreanen waren gewend aan tegenslag, maar begin jaren negentig kampte Pyongyang met economische, humanitaire en veiligheidsproblemen, terwijl de bejaarde leider plannen maakte voor een mogelijk destabiliserende machtsoverdracht aan zijn oudste zoon. De instorting van de Sovjet-Unie en het communistische blok verdiepte het isolement van Noord-Korea, terwijl het land voortdurend economische steun nodig had. De traditionele bondgenoten en voornaamste weldoeners, Moskou en Peking, wilden de banden met Washington en Seoel aanhalen. Zuid-Korea, waar in 1988 de Olympische Spelen waren gehouden, was inmiddels een economische reus geworden. De precaire voedselsituatie in Noord-Korea was rampzalig aan het worden,[2] in slechts enkele jaren zouden door hongersnood tussen de 600.000 en 1 miljoen mensen omkomen, oftewel 3 à 5 procent van de bevolking: het gevolg van tientallen jaren economisch wanbeheer door het regime en totale desinteresse voor de bevolking, extreem weer maakte het nog erger. De dreigende confrontatie met de Verenigde Staten vanwege het heimelijke kernwapenprogramma van Noord-Korea gaf nóg een dimensie aan deze problematische omstandigheden.

Het kind Jong-un zal zich geen zorgen hebben gemaakt over deze kwesties. Het was aan zijn vader, Kim Jong-il, te leren hoe hij op dit nieuwe strategische schaakbord moest spelen. Gelukkig was hij twintig jaar in de leer geweest bij een meester die bijna vijftig jaar had geregeerd en de fundamenten had gelegd voor de eerste dynastieke opvolging in de communistische wereld.

DE ZON EN DE OPKOMENDE ZOON

In de eerste paar bladzijden van de officiële biografie van Kim Jong-il heerst de sfeer van het boek Genesis met de talloze keren 'en hij gewon' in de geslachtslijsten van belangrijke personen. De biografie, gepubliceerd in 1998, een respectvolle vier jaar na de dood van zijn vader, leest moeizaam, je mist het drama en de actie van de guerrilla-periode van Kim Il-sung en de onstuimige jaren nadat het land van Japan was bevrijd. Er zouden meerdere officiële biografieën volgen in de periode dat hij aan de macht was, daarin werden Kims bovenmenselijke daden aangescherpt, aangepast en verfraaid. Zonder de militaire achtergrond van zijn vader, zonder diens charisma en knappe uiterlijk, en met de last van de onzekerheid van een in de communistische wereld ongekende erfopvolging, had Kim Jong-il een officiële biografie nodig waarin de nadruk werd gelegd op zijn stamboom en een genealogie – versterkt met mythologie en halve waarheden – om zijn legitimiteit als nieuwe leider te bevorderen. Het genealogische relaas van Kims geboorte was naar alle waarschijnlijkheid bedoeld om die te doordrenken met een idee van onvermijdelijkheid, een voorbeschikte daad van bovennatuurlijke afmetingen, en hem te presenteren als een belangrijke kracht achter het lot van het land en het enige geschikte instrument om de wil van zijn vader voort te zetten.

In de biografie uit 1998 lag de nadruk op de onberispelijke vaderlandsliefde van Kims familie en zijn Koreaansheid tot in elke vezel. Kim werd op 16 februari 1942 geboren op de Paektusan, een berg die belangrijk is in de geschiedenis van Korea. Zijn vader was 'de vader van de Koreaanse natie',[3] zijn moeder was een 'communistische revolutionaire strijdster [...] die heel haar leven wijdde aan de worsteling het land en de vrijheid en het geluk van het volk te herstellen'. Zijn grootvader, een 'leider van de anti-Japanse nationale bevrijdingsbeweging, ging voorop in de verschuiving van de nationalistische beweging naar de communistische beweging in Korea'.[4] Zijn grootmoeder en ooms waren 'revolutionaire strijders die hun levens wijdden aan de zaak van nationaal herstel'.[5] Mythes die voor waarheid moesten doorgaan of als geloofsartikel worden opgevat sierden officiële beschrijvingen van de gebeurtenis op: er verschenen een dubbele regenboog en een nieuwe ster aan de hemel, een zwaluw voorzei zijn geboorte. Kim kon lopen toen hij drie weken oud was en praten na acht weken.[6] Hij kon het weer veranderen door tekens op een kaart te zetten. Volgens officiële biografieën[7] had Kim al als kleuter 'een grondige kennis van de wereld' en stond hij naast zijn vader tijdens de Koreaanse Oorlog: hij gaf advies terwijl Amerikaanse vliegtuigen boven zijn hoofd scheerden en het bommen regende. Yeonmi Park schrijft in haar indringende autobiografie[8] dat zij en haar klasgenoten werd geleerd dat Kim Jong-il over bovennatuurlijke krachten beschikte: hij schreef als student vijftienhonderd boeken en, op heel jonge leeftijd, overdekte hij de weg met zand zodat zijn vader er soepel overheen kon. 'Al als kind,' schreef ze,[9] 'was hij een verbijsterende strateeg, en wanneer hij militaire spelletjes speelde, won zijn team altijd omdat hij elke keer geniale nieuwe tactieken bedacht.' Zij en haar klasgenoten speelden, als goede soldaatjes, ook militaire spelletjes, 'maar niemand wilde ooit in het Amerikaanse imperialistische team zitten, want dan verloor je steevast de slag'.

Alleen werd Kim Jong-il niet in 1942 geboren op de Paektusan. De eerste zoon van Kim Il-sung had een Russische bijnaam – Joera – en waarschijnlijk werd hij in 1941 geboren in een Russisch militair kamp in Siberië, waar zijn vader in de 88ste Brigade diende. Begin jaren tachtig veranderde het regime zijn geboortejaar in 1942, om het beter te laten passen bij 1912, het jaar dat zijn vader werd geboren.[10]

De moeder van Jong-il, Kim Jong-suk, wás een guerrilla, lid van de vrouweneenheid in de strijd tegen de Japanners, maar geen bovennatuurlijke figuur, zoals de hagiografie van het regime het voorstelt. Jong-suk trouwde in 1940 met Kim Il-sung, en was zijn eerste erkende vrouw. Ze was een tiener toen ze zich in 1935 aansloot bij Kims eenheid en ging als keukenhulp aan de slag.[11] Op een gegeven moment werd ze door de Japanners gearresteerd wegens het stelen van voedsel en voorraden. Hoewel Jong-suk leed onder de onwaardigheid dat haar man naar andere vrouwen keek en eerder getrouwd was geweest, prees Kim Il-sung in zijn autobiografie het mededogen, de trouw en de toewijding van zijn echtgenote. 'Ze heeft me verschillende keren uit de kaken van de dood gesleurd,' schreef hij bewonderend[12]. Ze droogde zijn kleren tegen haar warme lichaam en knipte het haar af om de schoenen van haar man van een voering te voorzien zodat zijn voeten warm zouden blijven. Ook was ze altijd standvastig in haar revolutionaire inzet en geloofde ze niet op gelijke voet te staan met Kim Il-sung, die ze Commandant of Premier noemde. In een interview uit 1999[13] noemde haar tijdgenoot Lee Min haar 'een hele schoonheid [...] Haar gezicht was dat van een prinses, maar haar teint was donker omdat ze jaren buiten was geweest. Haar wenkbrauwen waren zwart en haar wimpers waren lang, waardoor ze heel aantrekkelijk was.' Lee zei verder dat Jong-suk 'snel en gul was, en over vele talenten beschikte'. Ook droeg zij aan het moreel bij door te koken, te naaien, en te acteren en zingen in shows die Kim Il-sung produceerde toen hij in Siberië zat. Volgens minder vleiende verhalen was ze 'ongeletterd en koppig van aard'.[14]

De vroege jeugd van Kim Jong-il werd ontwricht door de Koreaanse Oorlog en getekend door een dubbele tragedie: zijn broer, met de bijnaam Sjura, overleed in 1947 op driejarige leeftijd, en slechts twee jaar later bezweek zijn moeder aan complicaties bij een geboorte – ze was pas eenendertig. De achtjarige Jong-il was verpletterd, zijn jongere zus Kyong-hui was nog een peuter. Ongeveer een jaar later, toen door de oorlog het land te gevaarlijk werd voor de familie Kim, moesten Jong-il en zijn zus hun huis in Pyongyang uit en vestigden zich uiteindelijk in China.[15] Voor deze twee kleine kinderen, die net hun moeder hadden verloren en de gemakken van huis, was het niet aangenaam dat hun vader snel trouwde met Kim Song-ae, ruim tien jaar jonger dan hij, met wie hij toen Jong-suk nog leefde al een verhouding had gehad. Zij kregen twee zonen die met Jong-il wedijverden om de aandacht van hun vader. Naar verluidt klaagde Jong-il later in zijn leven dat hij een eenzame kindertijd had gehad omdat zijn vader het zo druk had.[16] Hij weigerde aanvankelijk[17] de nieuwe vrouw van zijn vader 'moeder' te noemen en was vaker in het huis van de broer van zijn vader. De situatie was frustrerend voor de Grote Leider die volgens de berichten mopperde: 'Ik moet alles doen om te bemiddelen tussen mijn vrouw en mijn zoon [...] Hij barst woedend tegen haar uit en ook tegen mij.'[18]

Toch genoot Kim 2.0 van alle voorrechten en eerbied als de oudste zoon van de hoogste leider van het land. Volgens iedereen leefden de Kimmen in weelde. Ondanks de soberheid die het regime aan Kim Il-sung toedichtte, waarbij zijn offers en lijden voor het volk werden geprezen, schakelde hij al snel over op een leven van luxe en gemak dat meer hoort bij iemand met absolute macht en die alle middelen van zijn land tot zijn beschikking heeft. In de jaren zestig had Noord-Korea geprofiteerd van een decennium van genereuze economische steun uit de Sovjet-Unie, China en de Oost-Europese landen, en ongetwijfeld eigenden leden van de familie Kim zich grote bedragen toe om hun hebzucht te bevredigen. Het meest vooraanstaande lid van de top van het regime dat in de jaren negentig overliep, Hwang Jang-yop, vertelde dat Kim en zijn familie 'speciale koninklijke villa's' hadden – Kim en zijn zoon samen hadden er rond 1995 mogelijk zo'n honderd.[19] 'Elke plek met een beetje landschappelijk schoon wordt aangewezen als de plaats voor een van deze koninklijke villa's,' zei Hwang.[20] Ze worden beveiligd door kleine legers[21] van lijfwachten, schildwachten en bedienden, en 'het gaat om hele paleizen, met zwembaden, tennisbanen, kristallen luchters en balzalen, omgeven door grachten en kunstmatige meren'. Jong-il, die zonder moeder – afgezien van zijn vader de enige persoon die iets van discipline had kunnen opleggen – in deze weelderige landhuizen was weggestopt, met speelgoed en bedienden tot zijn beschikking, werd een minitiran. Hwang vertelde: 'Hij was een verwaand kind dat bij zijn vrienden pronkte met zijn status als zoon van de hoogste leider. Deze neiging om te doen wat hij wilde verergerde toen hij opgroeide en sloeg om in de allesoverheersende ambitie om net zo machtig te worden als zijn vader.'[22]

In de jaren vijftig, als adolescent,[23] verafschuwde Jong-il gezag en was hij brutaal tegen leraren. Toch kon hij ook charmant zijn. Hij gaf uitbundige feesten voor zijn vrienden, scheurde op een motor door Pyongyang, en droeg modieuze kleding die zijn maten niet konden betalen of verkrijgen. Volgens zijn schoolkameraden was de zoon van de Grote Leider 'artistiek, hartstochtelijk en sociaal',[24] terwijl Kim volgens Hwang naar zijn eerste indruk een 'slimme, nieuwsgierige en ambitieuze jongeman' was. (Maar een hoge Zuid-Koreaanse functionaris die in 2000 Kim Jong-il ontmoette tijdens de eerste top tussen de twee Korea's concludeerde ook dat Kim 'emotioneel en intuïtief was, in plaats van rationeel of logisch'[25]). Jong-il en zijn vrienden stonden erom bekend dat ze 's avonds laat heel hard met auto's door de lege straten reden, zegt Helen-Louise Hunter. Ze overwoog: 'Je kunt je de vreugde van deze verhoudingsgewijs verwende jongens voorstellen om 's nachts in volle vaart over een verlaten snelweg te rijden – zonder vrees te worden betrapt op hardrijden.'[26] De jonge Kim kreeg een reputatie, niet alleen vanwege zijn roekeloosheid, zijn wreedheid en zijn vele liefjes, maar ook vanwege zijn politieke handigheid en bureaucratische bekwaamheid. Hij scherpte deze vaardigheden aan om de genegenheid en gunst van zijn vader te verwerven, zeker ook omdat zijn stiefmoeder ernaar streefde zichzelf, haar zonen (vooral de oudste van de twee halfbroers, Pyong-il), en haar kant van de familie naar voren te schuiven. Hoewel Jong-il klaagde[27] over zijn eenzaamheid en de lastige relatie met zijn stiefmoeder, deed zijn vader veel voor de opleiding van zijn oudste zoon: er moesten leraren komen om hem extra lessen te geven en bijzondere aandacht.

Het ontbrak Jong-il niet alleen aan de ernst, de minzaamheid en de vriendelijke aard van zijn beroemde vader, maar ook aan de fysieke statuur van de Grote Leider: met zijn lengte van ongeveer 1 meter 60 was hij zo'n 15 centimeter korter dan Kim Il-sung. Maar Jong-il had een gave die opwoog tegen zijn nadelen: zijn talent om zijn vaders verlangen naar bewieroking te vervullen. Voor de mensen rondom de stichter van het land, zijn zoon incluis, was 'het inspelen op de enorme behoeftes en het ego [van Kim Il-sung] een dagtaak waaraan nooit een eind kwam'.[28] Al als tiener probeerde Jong-il zijn toewijding en loyaliteit als zoon te laten zien. Hwang vertelde[29] dat eind jaren vijftig de jonge Kim zijn vader vergezelde op een reis naar de Sovjet-Unie, hij zorgde daar voor het reisschema van de Grote Leider, noteerde elke dag wat er gebeurde en poetste zijn schoenen, wat een geroerde Kim Il-sung de woorden ingaf: 'Mijn zoon is werkelijk de beste! Ik kan niemand zo vertrouwen als hij.'

De leider van Noord-Korea onderkende weliswaar zijn sterfelijkheid en begon na te denken wie hem moest vervangen, maar bleef tot 1980 in het openbaar zwijgen over een opvolger. Toch was hij al in de jaren zeventig begonnen zijn oudste zoon in te werken, zoals gemeld in een vrijgegeven document van de CIA uit 1978.[30] Jong-il was toen de leider van het invloedrijke Departement Organisatie en Advies van het Centrale Comité van de Koreaanse Arbeiderspartij, wat inhield dat hij de macht had om 'gevoelige persoonlijke kwesties te coördineren, waaronder promoties, overplaatsingen en degradaties voor partijfunctionarissen vanaf het nationale tot en met het plaatselijke niveau'. In de melding van de CIA stond ook dat 'misschien het sterkste politieke wapen' voor Kim jr. 'zijn evidente rol als belangrijkste uitlegger, beschermer en bevorderaar' was van de gedachten van zijn vader.

Jong-il probeerde alle repressiemiddelen in te zetten om zijn kopppositie in de opvolgingsstrijd te verstevigen. In de melding van de CIA uit 1978 wees men op deze inspanningen:[31] 'Door de beweging te adviseren heel de samenleving te indoctrineren met de gedachten [van zijn vader] verkeert Kim jr. in een positie om de ideologische rechtzinnigheid te evalueren van partijfunctionarissen en, wat belangijker is, de mensen die tekort zouden schieten te berispen of te degraderen.' En als de 'bewaarder van het geloof en als de secretaris die over de organisatie ging'[32] benutte Kim zijn unieke positie als oudste zoon en zijn toenemende bureaucratische macht om zijn basis op te bouwen. Hij verbande zijn halfbroer Pyong-il naar verre posten en zaaide twijfel over zijn oom en de familietak van Kim Song-ae.

Het was een nooit eindigend project. 'Om zijn vader te laten zien dat hij de meest loyale was, pikte hij er mensen uit de omgeving van Kim Il-sung uit,' zei Hwang.[33] 'Door te beweren dat deze mensen niet loyaal waren en hun ideologie of competentie verdacht te maken kon hij genadeloos toeslaan en hen verwijderen.' Hij nam het voorbeeld van zijn vader over om voorrechten en betrekkingen uit te delen om voor loyaliteit te zorgen en bediende zich schaamteloos van nepotisme om te garanderen dat de familie Kim de heersende dynastie zou blijven door zijn familieleden topposities in het regime te geven. Tegelijk gaf hij baantjes aan de volwassen kinderen van de guerrilla's uit de omgeving van zijn vader, om de erfelijke machtsoverdracht meer legitimiteit te verlenen en continuïteit te bieden vanaf de generatie van stichters naar de volgende generatie. Het effect hiervan was dat de jongere generatie er meer belang bij kreeg de Kim-dynastie te bestendigen, met Jong-il als de onbetwiste leider. Toch oordeelde de CIA in een stuk uit 1982 met de titel 'The Dynasty Takes Shape' dat Kim Jong-il 'niet in staat zal zijn om zijn vader wat betreft beeld, rol of charisma te vervangen'.[34]

Misschien omdat hij maar al te goed besefte de sterkwaliteit van zijn vader te missen, compenseerde Kim dat met zichtbare geschenken. Om de Noord-Koreanen te herinneren aan hun loyaliteit aan de Zon, de Grote Leider, hun Vader, verhevigde Kim Jong-il de persoonlijkheidscultus door Noord-Korea te overdekken met tienduizenden kunstwerken, foto's, beelden, exposities en monumenten. Voor de zeventigste verjaardag van zijn vader, in 1982, onthulde Jong-il de Juche-toren,[35] die bestond uit 25.550 blokken graniet, eentje voor elke dag dat de Grote Leider tot dan toe had geleefd, en een halve meter boven het 169 meter hoge Washington Monument uitstak. De toren, zo opvallend in Pyongyang vanwege de omvang en het historische en politieke belang, met bovenop een gloeiende bol, oogt als een enorme fakkel die triomfantelijk naar de hemel reikt. Datzelfde jaar werd met de Triomfboog – naar het voorbeeld van de Arc de Triomphe in Parijs, maar dan 10 meter hoger – de terugkeer van Kim Il-sung naar Pyongyang in 1945 gevierd.[36] De boog markeert de plaats waar hij door de Sovjetmilitairen aan het volk werd voorgesteld. De monumenten herdachten niet alleen de stichter van het land, maar onderstreepten ook de toekomstige status van zijn zoon.

GUERRILLA'S MET GLAMOUR

Jong-il zette eveneens de kracht in van film en literatuur om zijn positie als zoon van de beroemdste guerrilla van Noord-Korea te vestigen en te verstevigen, en ook om in te spelen op het ego van zijn vader. Kort nadat hij was afgestudeerd aan de Kim Ilsung Universiteit meldde de 25-jarige Jong-il zich als directeur cultuur van het Departement voor Propaganda en Agitatie.[37] Hij gebruikte deze post om zijn liefde voor film te verbinden met zijn politieke ambitie, en benutte de kracht van film om voortdurend de persoonlijkheidscultus op te frissen en het verhaal van het regime te bekrachtigen over de centrale plaats van Kim Ilsung in de geschiedenis, het heden en de toekomst van het land. Kim jr. was bekend als filmimpresario, een fan van James Bond, van Rambo-films en van de actrice Elizabeth Taylor. Naar verluidt bezat hij 20.000 dvd's en video's, had hij elke film gezien die een Oscar kreeg, en was hij ontsteld toen in *Die Another Day* James Bond door Noord-Koreanen werd gevangengenomen en gemarteld. (Het regime bracht een verklaring uit waarin de film werd gehoond als 'beledigend voor de Koreaanse natie'.[38])

Voor een beschermde, relatief verlegen jongeman die in de schaduw van zijn vader leefde, was film een poort naar de buitenwereld en een middel om God te spelen in het kleine deel van het universum waar hij het voor het zeggen had. En terwijl veel van zijn leeftijdgenoten buiten Noord-Korea in opstand kwamen tegen de gevestigde orde, demonstreerden, marcheerden en voor burgerrechten en nationale onafhankelijkheid streden in al het tumult van de jaren zestig en zeventig, was Kim druk bezig met pogingen zijn vader te behagen en de status quo in Noord-Korea te versterken. Hij onderkende de macht van film om percepties te vormen, op emoties in te spelen, en uniform denken te scheppen, gebaseerd op de gemeenschappelijke ervaring van film kijken. Zijn films waren emotionele, hartverscheurende verhalen van edelmoedige Noord-Koreanen die met onwankelbaar geloof in Kim Il-sung en het communisme verzet leverden tegen het Japanse imperialisme.

Maar Kim was ontevreden over de stand van Noord-Koreaanse films en wilde ze moderner maken. Dus gaf hij opdracht tot de ontvoering in januari 1978 uit Hongkong van een beroemde Zuid-Koreaanse actrice, Choi Eun-hee. Zes maanden later[39] ontvoerden Noord-Koreaanse agenten ook haar ex-man, Shin Sang-ok, een befaamde Zuid-Koreaanse filmregisseur, toen hij haar in Hongkong ging zoeken. Het stel legde heimelijk Kim Jong-il vast[40] die mopperde: 'Ze hebben in Zuid-Korea betere technologie. Het zijn studenten aan de universiteit, terwijl wij nog in de peuterklas zitten.' Met zijn hoge piepstem klaagde hij ook: 'We hebben geen films die filmfestivals halen.' Het stel leverde: ze maakten bijna twintig films tijdens hun acht jaar gevangenschap en bevredigden Kims verlangen om de filmsector van

Noord-Korea vooruit te helpen. Om roem te vergaren liet hij het stel naar verschillende filmfestivals reizen, tijdens een van deze reizen ontsnapten ze naar de Amerikaanse ambassade in Wenen.

Kim maakte films met als doel de harten en geesten te winnen van gemiddelde Noord-Koreanen, hen aan te moedigen zijn vader te vereren en daarnaast ook hemzelf. Maar aanwijzingen hoe Kim zijn rol in Noord-Korea zag, kon je in zijn favoriete westerse films vinden. Zoals beschreven in *A Kim Jong-Il Production*, het boek van de in Londen woonachtige filmmaker Paul Fischer, zei Shin dat Kim 'op elke gemiddelde jongeman leek. Hij hield van actiefilms, seksfilms, horrorfilms.'[41]

Maar in de context van Noord-Korea krijgt de voorkeur van Kim 2.0 voor James Bond en Rambo een specifieke betekenis. Shin wees erop dat Kim vaak moeite had Bond- en Rambo-films als fictie te beschouwen, hij zag ze meer als 'sociaal-realistische docudrama's'.[42] James Bond, slim, charmant, sexy en arrogant als hij is, zal door de meeste mannen worden bewonderd. Bond was een wereldreiziger, hoorde vanaf Parijs tot Istanbul, het Caribische gebied en Noord-Korea tot de jetset, hij wist tientallen van de mooiste vrouwen ter wereld te veroveren, at kaviaar, dronk champagne en reed in de snelste auto's met de nieuwste technologie. Hij, de belichaming van de consumentencultuur, wekte verlangen op naar deze producten en die levenswijze. Sean Connery's Bond, 1 meter 88 en gespierd, was een samensmelting van de commando's die Ian Fleming, de auteur van de Bond-boeken, had leren kennen toen hij tijdens de Tweede Wereldoorlog bij de inlichtingendienst zat. Misschien was in de ogen van Kim Jong-il James Bond een guerrilla met glamour die in zijn eentje met zijn charme en humor alle mogelijke schurken te slim af was. Bond had steevast een te perfect kapsel, maar Rambo was rauwe mannelijkheid, hij vocht in gehavende kleren en versloeg tegenstanders die talrijker waren en een betere uitrusting hadden, vaak met behulp van geïmproviseerde wapens, het verrassingselement en louter lef.

Het dubbele beeld van Bond en Rambo sloeg waarschijnlijk bij Kim aan omdat, net als zijn vader en de hagiografie door het regime, ze hem leerden hoeveel glamour de guerrillastrijd kon hebben. Overwinning is de onwrikbare bestemming van deze helden. De naoorlogse guerrillatactieken van Noord-Korea werden in de tijd dat Jong-il op zijn taak werd voorbereid net zo voorgesteld, om de krijgshaftige achtergrond van zijn vader te benadrukken en de verwende zoon te laten genieten van de weerspiegelde roem van deze agressieve acties. Eind jaren zestig, begin jaren zeventig had Noord-Korea het op drie na grootste staande leger in het communistische blok, met ongeveer vierhonderdduizend manschappen.[43] In de jaren zeventig,[44] toen het opvolgingsproces intenser werd, voerde men de strijdkrachten van het land tot ongeveer zeshonderdduizend manschappen op, met een overeenkomstige toename van hun slagkracht en mobiliteit door het verbeteren van conventionele wapensystemen. Door meer te investeren in de honderdduizend zeer goed geoefende commando-eenheden was Noord-Korea in staat duizenden spionnen tot diep in Zuid-Korea te laten doordringen, volgens een niet meer geheim CIA-bericht uit 1979.[45]

Vanaf de jaren zestig tot en met de jaren tachtig voerde Noord-Korea een reeks dodelijke terreuracties uit: een poging tot infiltratie in het Blauwe Huis van Zuid-Korea die mislukte, het neerhalen van een Amerikaans verkenningsvliegtuig, het vermoorden van de vrouw van de Zuid-Koreaanse president, een reeks tunnels graven door de Gedemilitariseerde Zone in een poging het Zuiden te infiltreren, en het uit een hinderlaag aanvallen van een Zuid-Koreaanse delegatie in Birma, waarbij vrijwel iedereen uit het kabinet van de president omkwam. Inlichtingenanalisten van de CIA concludeerden[46] dat de militaire ontwikkeling aansloot bij een omvattende strategie voor hereniging, die voor Kim Il-sung een kerndoel van de staat Noord-Korea bleef. Volgens de inschatting uit 1979 wees de militaire ontwikkeling op een 'drievoudige benadering door het versterken van het Noorden als een revolutionaire basis voor hereniging, het bevorderen van de groei van revolutionaire krachten in Zuid-Korea, en het proberen steun te verwerven van andere revolutionaire krachten wereldwijd'. De militaire nadruk – een poging er voortdurend het guerrillaverleden bij te halen – had 'in feite het complete binnen- en buitenlandse beleid van Noord-Korea ondergeschikt gemaakt aan het allesoverheersende doel van nationale hereniging onder zeggenschap van Noord-Korea'.

Zoals de politicoloog Samuel Huntington heeft gezegd is, voor al deze agressieve stappen, guerrillastrijd 'een vorm van oorlogvoering waarbij de strategisch zwakkere partij het tactische offensief op zelfgekozen wijze, tijd en plaats naar zich toe trekt'.[47] Sinds de Tweede Wereldoorlog hebben kernwapens de 'zwakkere' de kans gegeven 'conventionele achterstand te compenseren'.[48] Toen Kim sr. in 1980 zijn zoon als zijn opvolger presenteerde, ging het met Noord-Korea al steeds slechter, een gevolg van tientallen jaren economisch wanbeleid, isolement en het met geweld onderdrukken van elke vermeende of echte tegenstem. Kim sr. en Kim jr. erkenden onder vier ogen allebei de slechte vooruitzichten voor Noord-Korea, maar in plaats van voor de problemen uit te komen en economische hervormingen door te voeren, verkoos het regime boven alles de eigen overleving, waarbij men zich hulde in de ideologie van juche, suryong en onder Kim Jong-il *songun*, oftewel 'het leger eerst'. Hun instrumenten waren dwang, geweld, onderdrukking en propaganda om een angstcultuur te creëren. Men wakkerde het antiamerikanisme aan en de herinneringen aan de maar al te recente verschrikkingen van het Japanse kolonialisme en de Vaderland Bevrijdingsoorlog om de bevolking volgzaam te houden.

NUCLEAIRE DROMEN

Toen Kim Jong-il na de dood van Kim Il-sung in 1994 aan de macht kwam, was de wereld die zijn vader had voortgebracht afgebrokkeld. Deze bevoorrechte en afgeschermde dictatorszoon zonder oorlogservaring moest het stellen met een ingewikkelde strategische omgeving waarin de traditionele beschermers en bondgenoten van zijn land, China en Rusland, Noord-Korea hadden laten vallen om contacten aan te gaan met het Westen en met Zuid-Korea. Het einde van de Koude Oorlog begin jaren negentig hield in dat Pyongyang veel slimmer en behendiger moest worden in de omgang met de buitenwereld. Intussen had Zuid-Korea, sinds de stichting in 1948 geregeerd door een reeks autoritaire leiders, de democratie omhelsd. Dankzij het indrukwekkende op export gerichte beleid en het bondgenootschap met de Verenigde Staten was het Zuiden wat betreft economische ontwikkeling ver op het Noorden voor geraakt.

En toch leken, ironisch genoeg, de wereldgebeurtenissen slechts de prudentie te onderstrepen van het zelfopgelegde isolement en de repressieve praktijken van Noord-Korea. Eind jaren tachtig, toen de USSR begon in te storten, werden Kim Il-sungs oude vrienden in het Sovjetblok aan de kant gezet, door hun eigen bevolking gedood, zoals in Roemenië, of begonnen ze zich op het Westen te richten. In Zuid-Korea werd de dictator Park Chung-hee vermoord door de baas van zijn eigen inlichtingendienst. De laatste autoritaire president, Chun Doo-hwan, trad uiteindelijk af. De democratie won, zij het met vallen en opstaan. Zuid-Korea ging het Noorden ook voorbij wat betreft conventionele militaire slagkracht. De Sovjet-Unie en China waren belangrijke bronnen geweest van materieel en van economische bijstand waarop Pyongyang had gesteund. Toen hun hulp begon te verdwijnen, konden de Kimmen niet langer doorgaan met het moderniseren van hun leger of het voeden van de bevolking. In een memorandum uit december 1991[49] van de National Intelligence Council (NIC) werd benadrukt dat 'tekorten aan voedsel en brandstof wijdverspreid zijn, voornamelijk vanwege een schrale oogst en het instorten van gunstige handelsafspraken met de Sovjet-Unie en Oost-Europa'. Ook China, dat met dringende binnenlandse problemen kampte en genoeg had van de streken van Noord-Korea, zoals de bomaanslag in Birma, was begonnen de hulp te beperken.

Noord-Korea stond alleen, en het land kon om te overleven op niemand anders vertrouwen. Kim Jong-il besefte vrijwel zeker dat het in deze omstandigheden voor Noord-Korea nadelig zou zijn om te veel in de buitenwereld te integreren. Hij en zijn vader isoleerden het land juist en verhieven het bewaren van interne stabiliteit tot prioriteit, door het versterken van controlestelsels om afwijkende meningen op lokaal en nationaal niveau uit te roeien en te ontmoedigen, het handhaven van een angstcultuur om loyaliteit te garanderen, en het behouden van de steun bij de elite door hun welvaart te koppelen aan het voortbestaan van de dynastie van de familie Kim.

Maar terreur, repressie en isolement waren niet voldoende. Zoals Jonathan Pollack, kenner van Noordoost-Azië, met recht beweerde: 'Kim Il-sung zag nucleaire macht als een talisman die de status van het land zou onderstrepen als een vooraanstaande wetenschappelijke en industriële mogendheid.'[50] Misschien waren zijn nucleaire ambities al begonnen in de jaren zestig, toen hij hardnekkig informatie of bijstand wilde van Oost-Duitsland, de Sovjet-Unie en China. En waarom zou Noord-Korea *geen* nucleaire slagkracht hebben, vroegen Kim Il-sung en zijn zoon zich ongetwijfeld af. Eind jaren zestig hadden de Verenigde Staten, de Sovjet-Unie, Engeland, Frankrijk, Israël en China kernwapens, gevolgd door India en Pakistan, respectievelijk in 1974 en 1998. En ook Zuid-Korea boekte vooruitgang op nucleair gebied. Zuid-Afrika had sinds de jaren zeventig een kernwapenprogramma, maar ontmantelde het in 1990.

In de jaren negentig luidde de inlichtingengemeenschap in Amerika en Zuid-Korea de alarmklok over het geheime kernwapenprogramma van Noord-Korea en het ontwikkelen van ballistische raketten. In februari 1993 zei de directeur van de CIA dat Noord-Korea misschien genoeg splijtstof had geproduceerd voor minstens één kernwapen, en in een stuk van de NIC uit 1999 stond dat Noord-Korea, na Rusland en China, 'zeer waarschijnlijk intercontinentale raketten zou ontwikkelen' die in 2015 'een bedreiging voor de VS zouden kunnen zijn'.[51] De overloper Hwang Jang-yop zei in 1997 dat Noord-Korea in staat was 'Zuid-Korea te verzengen met kernwapens, chemische wapens en raketten'.[52]

Nog zorgelijker was dat Noord-Korea ballistische raketten, conventionele wapens en arbeiders exporteerde naar landen in Afrika, het Midden-Oosten en Zuid-Azië, wat 'een directe, ernstige en toenemende dreiging' betekende 'voor Amerikaanse troepen, belangen en bondgenoten [...] en de strategische evenwichten [daar] aanzienlijk veranderde', volgens de analyse van het NIC uit 1999.[53] Niet dat het regime het verkopen van raketten aan deze landen verborg. In 1998, na jarenlang Amerikaanse beschuldigingen te hebben ontkend, verklaarden de Noord-Koreanen schaamteloos: 'We gaan door met het ontwikkelen, testen en inzetten van raketten.' Ook eisten ze dat de VS de sancties zou opheffen en 'een vergoeding geeft voor de verliezen waartoe het onderbreken van de export van raketten zal leiden'.[54]

De kern- en raketprogramma's boden Noord-Korea een extra zekerheid dat het regime zou overleven op een moeilijk moment in de geschiedenis van het land, gezien de opvolging van vader op zoon en de problematische strategische omstandigheden na het einde van de Koude Oorlog. Gelukkig voor Noord-Korea – en juist niet gelukkig voor de VS, de Amerikaanse bondgenoten en de overgrote meerderheid van de Noord-Koreanen die bleven lijden onder het Kim-regime – kreeg dit kleine land door de ontluikende nucleaire slagkracht strategische relevantie op het internationale podium. Met een afwisseling van provocaties en diplomatie probeerde Noord-Korea er het verrassingselement in te houden: men toonde de slagkracht via proeven met kernwapens en ballistische raketten, om vervolgens een charmeoffensief in te zetten om spanningen te ontladen en tijd te kopen om het wapenprogramma verder te vervolmaken.

In de tientallen jaren dat hij bij zijn vader in de leer was werden Kim Jong-il deze trucs bijgebracht om de interne en externe omgeving te manipuleren, en zo wist hij het langer vol te houden dan twee Amerikaanse presidenten, en de ups en downs van nucleair overleg te doorstaan. Doordat hij erin slaagde een andere werkelijkheid te scheppen en het beeld van zijn vader en hemzelf zorgvuldig in allerlei lagen mythologie en heroïek te wikkelen, wist hij de Noord-Koreanen ervan te overtuigen te leven alsof ze geen idee hadden van de verslechterende positie van hun land en de toenemende armoede. De verklikkerscultuur, nepotisme, Kims hardnekkige toewijding om zijn vader te vervangen en de persoonlijkheidscultus vormden een sterke combinatie die eraan bijdroeg het lot en de legitimiteit van de dynastie van de familie Kim veilig te stellen. Bij het scheppen van en het zich aanpassen aan de nieuwe omgeving van Noord-Korea zat Kim zelf op de eerste rij. Maar de volgende generatie zou deze luxe niet hebben om zichzelf te ontwikkelen of een volledig beeld te krijgen van de problemen van Noord-Korea.

4

DE OPKOMENDE ZOON

KIM JONG-IL HIELD niet alleen van films en het maken van films, hij hield ook van de vrouwen die erin speelden. Net als zijn vader stond hij bekend als een rokkenjager, hij ging naar wilde, uitbundige feesten met loyalisten en, in de loop van zijn leven, met honderden jonge vrouwen. Als je je hem in deze rol voorstelt, krijg je daar een nogal vreemd beeld bij, gelet op zijn eeuwige beige jumpsuit, grote bril en wijduitstaande kapsel, bedoeld om hem langer te laten lijken. Overlopers die vroeger tot de kring van de Kimmen behoorden, vertelden sensationele bijzonderheden over deze beruchte feesten die tot diep in de nacht doorgingen. Champagne, cognac en kaviaar overspoelden de tafels, en naakte danseressen vermaakten de bezoekers.

Als de ultieme marionettenspeler-gastheer droeg Kim Jong-il de feestgangers op om te dansen, te zingen of te drinken. Jonge meisjes, uit afgelegen dorpen gehaald, geselecteerd op hun schoonheid en hun jeugd – beide Kimmen hadden een voorliefde voor tieners, alsof ze door seks met hen te hebben onsterfelijk konden worden – vermaakten de gasten met zang, dans en massages. Hun ouders 'doneerden' bewust, naïef of hulpeloos hun dochters aan de Kimmen, in de overtuiging dat ze hun land dienden dan wel hun welstand en de vooruitzichten voor hun dochters verbeterden door ze naar de hoofdstad te sturen. Vele overlopers vertelden dat het regime zich bediende van 'genotsgroepen' [*kippumjo*][1] waar deze tieners werden getraind om dan naar Jong-ils vakantiehuizen of jachtgebieden te worden gestuurd. Natuurlijk konden hun ouders geen nee zeggen tegen de Grote Leider of de Geliefde Leider, ook al zouden ze dat hebben gewild.

Evenals zijn vader had Jong-il meerdere vrouwen en minnaressen, die hij onderbracht in landhuizen en villa's her en der in Pyongyang. En evenals de Grote Leider scheidde hij kennelijk zijn huiselijke leven van zijn werk, hij hield zijn familie weg van het publiek door ze af te zonderen in gesloten panden. Vader en zoon deden dit naar alle waarschijnlijkheid om de schijnwerpers op zichzelf gericht te houden, om ieder gerucht over andere mogelijke bronnen van macht te smoren en om de ideologie te onderstrepen van een vaderlijke leider die als enige 'familie' het hele land heeft.

DE DRIE ZONEN

Omdat de continuïteit van het regime was gebaseerd op de genealogie van Kim, was het een cruciale plicht voor de Geliefde Leider te bepalen welke van zijn drie zonen bij twee favoriete minnaressen zijn opvolger zou worden, en om die zoon dan voor te bereiden op het leiden van Noord-Korea.

De moeder van zijn oudste zoon was Song Hye-rim, mooi en met glamour. Ze was een beroemde Noord-Koreaanse actrice die naar internationale filmfestivals reisde en al met een vooraanstaande romanschrijver was getrouwd. Ze werd geboren in Zuid-Korea, maar haar communistische ouders vertrokken tijdens de Koreaanse Oorlog naar het Noorden. Haar achtergrond en relatie met Jong-il zijn vaag, zoals allerlei dingen over Noord-Korea. Maar je kunt je voorstellen hoe Jong-il, even in de twintig, weg van film, verliefd werd op een belangrijke actrice die vier of vijf jaar ouder was. Als zoon van een dictator met absolute macht gaf hij weinig om conventies of regels. Hij eiste dat ze scheidde van haar man en haar gezin in de steek liet, zodat hij haar volledige toewijding zou krijgen. Ze woonden samen, maar het is onduidelijk of ze echt zijn getrouwd. Alleen Song zelf zou in een positie zijn te weten wat ze werkelijk voor Jong-il voelde, maar je kunt je voorstellen dat Kim haar overlaadde met cadeaus en complimenten – volgens Amerikanen die hem hebben ontmoet kon hij heel charmant zijn. Songs zus, die bij het paar woonde in de vroege dagen van hun relatie, schreef in haar autobiografie[2] dat Kim en haar zus dezelfde kunstzinnige smaak en voorkeur hadden, en samen films keken. Ze herinnerde zich ook dat Hye-rim hem een 'nauwgezette en grappige komiek' noemde.[3] Songs neef Lee Il-nam, een regelmatige bezoeker van de residentie die in 1982 overliep, vertelde: 'Naar ik heb begrepen, was mijn tante teleurgesteld over haar [eerste] huwelijk en was ze helemaal weg van Kim Jong-il.'[4] In 1971 baarde Song een gewaardeerde eerste zoon, Jong-nam geheten.

Kim hield zijn relatie met Song en zijn gezinnetje verborgen voor zijn vader, uit angst dat deze het zou afkeuren – zij was nu eenmaal geboren in Zuid-Korea en gescheiden – en om zijn kansen niet te verspelen tijdens de delicate opvolgingsprocedure. Kim adoreerde Jong-nam, die werd geboren toen Kim ongeveer dertig was. Het was een mollig jongetje, met bolle wangen, dikke benen en een buikje dat over zijn broekriem piepte, in een land waar de meeste jongens van zijn leeftijd waren ondervoed. Ze woonden in een landhuis, met volgens de berichten bedienden, honderden lijfwachten en een handvol koks. De jonge knaap leefde in weelde,[5] hij droeg met diamanten bezette horloges en werd omringd door stapels speelgoedgeweren, moderne spulletjes en videospellen. Hij had een speelruimte van 900 vierkante meter[6] en kisten vol speelgoed, gestuurd door Noord-Koreaanse diplomaten die in Europa en Oost-Azië zaten en opdracht hadden gekregen het allermodernste kinderspeelgoed aan te schaffen. Jong-il bewaarde nauwlettend zijn kostbare geheim met de hulp van apparatsjiks die vreselijke wraak vreesden wanneer enige informatie over moeder en kind uitlekte. Om de zaak in de hand te houden, kreeg Jong-nam thuis les in plaats van naar school te gaan. Begrijpelijk genoeg leidde de situatie tot spanning tussen de ouders van de jongen:[7] Song dreigde hun geheim te onthullen aan Kim Il-sung, aldus haar nicht Li Nam-ok die in 1992 overliep uit Noord-Korea. Jong-il had, volgens Li, Song met een pistool bedreigd.[8]

Ondanks zijn officiële tweede huwelijk in 1973 of 1974 met een vrouw die zijn vaders goedkeuring had[9] – zijn eerste huwelijk eindigde eind jaren zestig naar verluidt in een scheiding – was Kim meestal bij zijn zoon. Hij sliep samen met hem[10] en deed alles om de geïsoleerde jongen gelukkig te houden, aldus Songs neef. Lee Il-nam vertelde dat de verwende jongen Zuid-Koreaanse romans mocht lezen en naar Zuid-Koreaanse en Japanse tv-programma's mocht kijken, tijdverdrijf dat elke andere Noord-Koreaan op een goelag zou zijn komen te staan. Jong-nam droeg op een dag zijn dienaren op een Zuid-Koreaanse komiek te ontvoeren die hij leuk vond en de man naar zijn villa te brengen om hem te vermaken. De ontvoering vond niet plaats, maar het incident laat zien hoeveel voorrechten Jong-nam had en hoeveel macht zijn vader volgens hem bezat. Ze ontvoerden dan wel niemand,[11] maar naar zeggen van Lee hadden Kims agenten wel een Noord-Koreaanse boer gevonden die op de komiek leek en lieten ze hem maanden oefenen om diens optredens te imiteren. Een van Jong-nams neven schreef in zijn autobiografie dat het prinsje 'de lakens uitdeelde' en 'de koning en de bevelhebber van het huis' was.[12]

Wat de kleine Jong-nam alleen niet had, was vrijheid. Het enige speelkameraadje van zijn leeftijd was zijn nicht Li Nam-ok, de dochter van de zus van zijn moeder, die bij hen ging wonen om het gezin gezelschap te houden. Ze zou later zeggen[13] dat Jong-nam de situatie accepteerde, omdat hij nooit aan zijn vader twijfelde. Zijn moeder, vroeger een vooraanstaande actrice geweest, leed onder haar isolement in een gouden kooi.[14] Ze liet zich voor langere periodes in Moskou behandelen wegens depressie en andere geestelijke en lichamelijke kwalen. Jong-nam vond enig respijt van de verstikkende sfeer in Noord-Korea toen zijn vader hem tussen 1978 en 1988 naar school in Moskou en Genève stuurde.[15] Hij kwam op zijn achttiende terug naar Pyongyang.

Hoezeer hij ook hield van zijn geheime gezin, Kim had zijn amoureuze aandacht al elders gericht. Hij had een nieuwe minnares, Ko Yong-hui, een in Japan geboren actrice die al snel twee zonen en een dochter van hem kreeg: Jong-chul (1981), Jong-un (1984) en Yo-jong (1989). Ko, in 1952 geboren te Osaka, behoorde met haar familie tot de Koreaanse diaspora gedurende de eerste helft van de twintigste eeuw en de tijd van de Japanse kolonisering van Korea. Aan het eind van de Tweede Wereldoorlog woonden en werkten er ongeveer 2 miljoen Koreanen in Japan, ze waren door de Japanse regering ingelijfd om het arbeidstekort te vullen of er vrijwillig heen verhuisd wegens de economische kansen. Ko's familie verhuisde in 1961 naar Pyongyang in het kader van een programma van het regime om etnische Koreanen die in Japan woonden te repatriëren.[16]

Ko, een mooie jonge vrouw met grote ogen en een verfijnd ovaal gezicht dat in de loop van de jaren voller zou worden, toen ze ouder en molliger werd, was danseres bij de Mansudae Art Troupe toen ze begin jaren zeventig het bewonderende oog trok van Kim Jong-il, rond de tijd dat Kim Jong-nam werd geboren. Ko haalde naar verluidt Jong-il over haar rivale, Song, te verbannen naar Moskou, een weerspiegeling van haar vastbeslotenheid haar eigen kinderen voorop te houden in de opvolgingslijn. Het overlopen van Songs zus en nicht, aan wie hij de zorg voor Jongnam in Europa had toevertrouwd, heeft misschien een rol gespeeld bij Kims besluit zijn eerste liefde – nu besmeurd door het gebrek aan loyaliteit van haar familie – uit zijn leven te schrappen en hem ontvankelijker gemaakt voor de manoeuvres van Ko.

Toen Jong-nam in 1988 terugkeerde naar Pyongyang had zijn vader het druk met zijn nieuwe gezin en met staatszaken, aangezien hij inmiddels openlijk was aangewezen tot opvolger van Kim Il-sung. Jong-nam begon op diverse regeringsposten te werken.[17]

De aanwezigheid van de eerstgeborene in Pyongyang in de buurt van de twee andere zonen begon tot allerlei speculaties te leiden over wie de mogelijke opvolger zou zijn van Kim Jong-il. Jong-nam leek, als de oudste, de meeste kans te maken, maar om diverse redenen werd hij er toch niet op voorbereid. Om te beginnen kan Kim sr. hebben gemeend dat Jong-nam was aangetast door buitenlandse invloed, op basis van berichten van lijfwachten van zijn zoon en personeel dat was benoemd om over hem te waken. In de loop van de jaren was Kim woedend en gefrustreerd geweest over het gedrag van zijn zoon. In Genève[18] bezocht Jong-nam nachtclubs en ging hij om met westerse vrouwen, wat zijn vader tot het dreigement bracht hem in een van de gevreesde kolenmijnen van Noord-Korea aan het werk te zetten. Begin jaren negentig schoot Jong-nam in Pyongyang, waarschijnlijk tijdens een avondje stevig drinken, in het wilde weg met een wapen in een club voor buitenlandse gasten in het Koryo Hotel.[19] In 2001 berichtten internationale media dat Jong-nam met een vals paspoort was vastgezet in Japan: hij had vergeefs geprobeerd naar Tokyo Disneyland te gaan, heel gênant voor zijn zeer teruggetrokken vader en voor een regime dat gevoelig was voor dergelijke publieke vernedering. Volgens vele verhalen hield Jong-nam zich regelmatig bezig met feesten, reizen, winkelen en achter de vrouwen aan zitten, en deze neigingen waren kennelijk sterker dan zijn verlangen de geïsoleerde natie te regeren. Toch betekende dergelijk playboygedrag niet automatisch een diskwalificatie: Kim Jong-il zwolg heel zijn leven op vergelijkbare wijze.

Zorgelijker voor zijn vader was dat Kim Jong-nam naar verluidt had geopperd dat Noord-Korea een andere koers moest gaan varen en zich voor het Westen moest openstellen, een weerspiegeling van zijn vrij lange studie in het buitenland en zijn ongelukkige isolement als kind dat gedwongen werd alleen op te groeien in een vergulde gevangenis. Een mening die de boosheid van zijn vader wekte. In een interview met een Japanse journalist uit 2012 zei Jong-nam: 'Ik raakte verder van mijn vader verwijderd omdat ik aandrong op hervormingen en het openen van de markt, en uiteindelijk werd ik met argwaan bejegend.'[20] Hij probeerde hun vervreemding te verklaren: 'Mijn vader voelde zich heel eenzaam nadat hij me naar het buitenland had gestuurd om te studeren. Toen werden mijn halfbroers Jong-chul en Jong-un en halfzuster Yo-jong geboren, en zijn adoratie ging op hen over. En toen hij de indruk kreeg dat ik een kapitalist was geworden nadat ik jaren in het buitenland had gewoond, bekortte hij de studie in het buitenland van mijn broers en zus.'

Het leven en de opleiding van Jong-chul en Jong-un zijn nog sterker in mysterie gehuld. De belangrijkste observaties zijn afkomstig van Kenji Fujimoto, een pseudoniem van de sushikok van Kim Jong-il, die de speelkameraad werd van de jongens nadat hij tot de directe omgeving van de leider was toegelaten. Fujimoto vertelde[21] dat de twee jonge jongens prinsen werden genoemd en de dochter een prinses. Evenals Jong-nam kregen beide jongens thuis onderwijs, tot ze in de jaren negentig naar een dure school in Bern, Zwitserland, werden gestuurd. De totale kosten voor een leerling vanaf kleuterschool tot en met de laatste klas van het middelbare onderwijs waren 300.000 dollar,[22] wat erop wijst dat de klasgenoten van de Kimmen tot machtige en rijke families behoorden.

Jong-chul, de oudste van de twee,[23] vond men niet hard genoeg om zijn vader op te volgen, al opperde naar verluidt zijn moeder eens tegen Kim dat Jong-chul de erfgenaam moest worden. Volgens Fujimoto was hij vriendelijk en had hij interesse voor muziek. Een van de vrienden van Jong-chul zei:[24] 'Hij is niet het soort vent dat iets zou doen wat anderen schaadt. Hij is een aardige vent die nooit een schurk kan zijn.' Tot zijn vrienden hoorden klasgenoten uit de Verenigde Staten en Zuid-Korea. Hij hield van basketbal, vooral keek hij graag naar Dennis Rodman, en hij hulde zich in een replicatenue van Rodman wanneer hij met zijn vrienden basketbal speelde. Jong-chul hield van actiefilms, vooral die met de acteur Jean-Claude Van Damme, door de magere jongen bewonderd vanwege zijn fysiek. Hij en zijn jongere broer waren beslist geen sterleerlingen, en net als zo veel andere tienerjongens hadden ze meer interesse voor spelen dan voor studeren. Volgens Thae Yong-ho,[25] een hoge Noord-Koreaanse diplomaat in Londen die in 2016 naar Zuid-Korea overliep, was Jong-chul vooral geïnteresseerd in het bezoeken van concerten van Eric Clapton, feestvieren, en in Londen en elders winkelen. Thae moest Jong-chul begeleiden[26] en onthulde dat het prinsje heel beleefd was en beslist talenten had als gitarist.

Anders dan de beheerste muziekliefhebber Jong-chul[27] was Jong-un hard en prestatiegericht. In 1996, toen hij twaalf was, ging hij net als zijn broer naar de International School of Berne. Een klasgenoot vertelde: 'Zijn Engels was aanvankelijk niet best. Hij had een sterk accent en kreeg bijles.' Jong-un studeerde Duits en Engels, en naar verluidt was hij goed in wiskunde. Maar omdat hij het blijkbaar, volgens een Zuid-Koreaanse wetenschapper, op de particuliere school niet kon bijbenen,[28] stapte hij in 1998 over naar de minder zware Schule Liebefeld Steinhölzli, een Duitstalige openbare school nabij Bern, die hij bezocht tot hij begin 2001, zeventien jaar oud, terugkeerde naar Pyongyang. Fujimoto noemde Jong-uns moeder niet heel streng over het onderwijs van haar zonen en zei dat de twee jongens nooit werden gedwongen te studeren.

João Micaelo, een vriend en klasgenoot van Jong-un, die hij kende als 'Un Pak', de zoon van een Noord-Koreaanse diplomaat, zei jaren later:[29] 'We waren niet de stomste leerlingen van de klas, maar ook niet de slimste. We zaten altijd in de middenmoot. Un deed erg zijn best zich uit te drukken, maar hij was niet al te best in Duits en raakte in de war wanneer hem werd gevraagd de antwoorden op een probleem te geven. De leraren zagen hoe beschaamd hij dan worstelde en lieten hem maar.' Jong-un zat blijkbaar helemaal niet met zijn zeer matige resultaten. 'Hij ging van school zonder enig examenresultaat. Hij had veel meer interesse voor voetbal en basketbal dan voor les,' zei Micaelo. Misschien had hij gewoon geen interesse voor de lesstof op school, bijvoorbeeld een schoolonderzoek over de Zwitserse geschiedenis sinds 1291 en de evolutie van de democratie daar, de leiders voor burgerrechten Martin Luther King jr. en Nelson Mandela, en mensenrechten.[30] Maar de prestatiegerichtheid die hij miste in de klas, bleek dubbel en dwars op het basketbalveld. 'Hij was heel explosief,' zei een vriend.[31] 'Hij wist dingen voor elkaar te krijgen. Hij was de spelmaker.' Volgens een andere vriend was Jong-un hard en snel: 'Hij vond verliezen vreselijk. Winnen was heel belangrijk.' Hij hield vooral van Michael Jordan. Hij maakte telkens tekeningen van hem, en koesterde de hoop dat hij door basketbal te spelen langer zou worden. Ra Jong-yil, vroeger een hoge figuur bij de Zuid-Koreaanse inlichtingendienst, onderschreef de mening van deze schoolkameraad en zei dat de Geliefde Leider al sinds lang een voorkeur had voor zijn jongste zoon, vanwege diens agressie die hem het temperament verleende om een land te leiden.[32]

Een vroegere leraar zei dat Jong-un een 'aardige, rustige, jonge Aziatische knaap' was die door de taalbarrière moeite had nauwe banden aan te gaan met zijn medeleerlingen.[33] Op een van de weinige foto's van Jong-un met zijn klasgenoten van de openbare school zien we hem midden in de achterste rij. De andere scholieren omarmen elkaar vrolijk, ze leunen naar de camera toe, glimlachen breed met open mond en kijken blij, maar Jong-un staat rechtop, zijn armen naast zijn zij, en richt een behoedzame blik op de camera. Hij woonde onder een pseudoniem in Zwitserland en was dus geen Noord-Koreaanse 'prins', maar slechts de zoon van een ambassademedewerker, net als veel van de andere kinderen. Het moet moeilijk zijn geweest voor de tiener, die in paleisachtige huizen in Pyongyang was opgegroeid, het zonder de verering en eerbied te stellen waaraan hij gewend was geraakt.

'We woonden in een normaal huis en gedroegen ons als een normaal gezin,' vertelde zijn tante Ko Yong-suk,[34] die in Zwitserland voor de twee jongens zorgde. 'Ik moedigde hem aan zijn vrienden mee naar huis te nemen, want we wilden dat ze een normaal leven leidden. Ik maakte hapjes voor de kinderen klaar. Ze aten taart en speelden met LEGO.' Jong-un moest zich op school een beetje inhouden en kalm blijven, maar thuis liet hij zijn heerszucht de vrije loop. Daar was de rijkdom van de familie open en bloot te zien. Micaelo vertelde[35] dat Kim anders dan andere ambassadekinderen 'in een flat in een mooie buurt nabij de school woonde [...] omringd door de mooiste spullen die de andere kinderen zich niet konden veroorloven – televisies, videorecorder, een Sony Playstation. Hij had een kok, een chauffeur, een priveleraar'. Tijdens schoolvakanties[36] gingen Jong-un en zijn familie zwemmen aan de Franse Rivièra, skiën in de Alpen, en genieten van alle opwinding in Euro Disney en Tokyo Disneyland. Reisjes naar huis hielden in dat hij terugkeerde naar de enorme domeinen van de familie met paarden, zwembaden, bowlingbanen, en zelfs luxueuze auto's die zo waren aangepast dat de jongens er al op jonge leeftijd mee konden rijden. 's Zomers gingen ze naar de oostkust van Noord-Korea, naar hun privéverblijf aan de prachtige stranden van Wŏnsan.

Uiteraard was Kim geen normale jongen uit een normale familie. Zijn tante en verzorgster, die ongerust was over hun lot onder het nieuwe regime van Kim Jong-il, liep in 1998 over naar de Verenigde Staten. En inderdaad ging hun land, onder de nieuwe leider, de gevaarlijkste periode sinds de Koreaanse Oorlog tegemoet.

DE HONGERSNOOD

Terwijl de prinsen Kim waren weggestopt in een cocon van voorrechten en weelde, in een van de villa's van de familie in Pyongyang, in verblijven aan de kust dan wel in de tweede helft van de jaren negentig in Europa, de gemiddelde Noord-Koreaan verkeerde in de greep van een van de meest verwoestende door mensen veroorzaakte rampen uit de geschiedenis – de hongersnood die tussen 1995 en 1998 het ergste was. Al zijn precieze cijfers moeilijk te verifiëren,[37] tussen de 600.000 en 1 miljoen mensen lieten er het leven door. Intussen bleef de familie Kim veel spenderen aan luxeartikelen en aan het leger. Zoals de antropologe Sandra Fahy en anderen hebben opgemerkt,[38] was de hongersnood in Noord-Korea – door het regime 'de zware mars' genoemd, om er een revolutionaire tint aan te geven – eenvoudig te vermijden geweest. Volgens Fahy[39] had het regime om de hongersnood te vermijden het internationale isolement moeten opgeven en minder strak aan de macht moeten vasthouden. Maar het bewind gaf voorrang aan het eigen overleven, en gebruikte de ideologieën van juche, autarkie, en songun, het leger eerst, als rechtvaardiging dat de bevolking het zelf moest zien te redden.

Afgaande op de gesprekken die Fahy had met Noord-Koreanen die de hongersnood overleefden, werd voedsel gebruikt als een politiek wapen en beloning, men verdeelde het op grond van loyaliteit, geslacht, leeftijd en geografie – overeenkomstig de songbun, het ingewikkelde kastenstelsel dat het regime had opgezet om trouw te garanderen aan Kim Jong-il en de cultus van Kim Il-sung. Hoge overheidsbeambten[40] en mensen die in Pyongyang woonden – alleen mensen uit de elite hadden het voorrecht in de hoofdstad te mogen wonen – kregen meer rantsoenen van de overheid, terwijl mensen in het geïsoleerde, agrarische noordoosten en de jongste, bejaarde en gehandicapte mensen het minste kregen.

Kim Jong-il wilde of kon zich niet aanpassen aan het nieuwe geopolitieke landschap dat was ontstaan na het einde van de Sovjethulp en de gunstige leningen uit China. Bijvoorbeeld de handel met de Sovjet-Unie,[41] goed voor meer dan 50 procent van de totale handel van Noord-Korea, nam af van 3,25 miljard dollar in 1990 naar ongeveer honderd miljoen dollar in 1994. Achter het besluit van het regime niets te doen aan de hongersnood – waarvan de oorzaken duidelijk teruggingen op de afhankelijkheid van het land van buitenlandse hulp, de verspillende landbouwpraktijen en verouderde apparatuur, een slecht landbouwbeleid, en stijgende schulden – zaten waarschijnlijk de confrontatie met de Verenigde Staten vanwege het nucleaire programma tussen 1992 en 1994, én de binnenlandse onzekerheid vanwege de opvolgingsprocedure.[42] De Korea-experts Stephan Haggard en Marcus Noland[43] hebben laten zien dat het openbare distributiestelsel van het regime, dat elke maand of elke twee weken in het hele land voedsel distribueerde, zijn taak niet aankon en geleidelijk de rantsoenen zover terugbracht dat de regering met een 'Laten we twee maaltijden per dag eten'-campagne moest komen. De overstromingen van 1995 verergerden het lijden, maar het regime verweet veel meer aan het weer dan werkelijk het geval was.

Hoewel de internationale gemeenschap[44] op de hongersnood reageerde met 2 miljard dollar aan voedselhulp in de loop van de volgende tien jaar, bleef Kim koppig vasthouden aan het oude optreden van Noord-Korea, hij weigerde toe te geven dat er sprake was van fouten of een verkeerde politiek en negeerde de gefrustreerde verzoeken van internationale monitoren van de inkomende hulp om te zorgen dat die naar de kwetsbaarste bevolkingsgroepen ging. 10 tot 30 procent van de internationale giften kwam niet op de bestemde plaatsen terecht,[45] omdat functionarissen van gemeentes, partij en leger de spullen aftapten voor persoonlijk gebruik of om met winst op de markten te verkopen, aldus Haggard en Noland. Terwijl zijn bevolking van honger omkwam, besloot Kim luxeartikelen te kopen voor hemzelf en voor loyalisten, en benutte hij het geld van het regime om ballistische raketten te ontwikkelen en ander kostbaar militair materieel, wat onderstreepte dat zijn eigen overleving en het handhaven van Noord-Korea als dictatuur voor hem de hoogste prioriteit hadden.

Intern gaf het regime anderen de schuld voor het lijden van de bevolking. Een overloper vertelde tegen Fahy:[46] 'Dit maakten ze de bevolking wijs [...] "Amerika, de internationale gemeenschap en de marionet Zuid-Korea bereiden zich voortdurend op oorlog voor. We moeten onze broekriem aanhalen om de nationale defensie op te bouwen, de economie op te bouwen." [...] Daarom gingen de burgers door een hel, en waren ze niet bedacht op de regen en sneeuwstormen die hun boerderijen zouden verwoesten. "Laten we onze broekriem aanhalen en voorwaarts gaan!" Dat maakten ze ervan in de propaganda.'

Toen de ergste honger de bevolking trof, leidde dat begrijpelijk genoeg tot vergrijpen als het stelen van graan of tarwe van een akker. Maar het regime strafte dan in plaats van te helpen. De mensen met wie Sandra Fahy sprak, hadden het over openbare executies vanwege deze wanhoopspogingen om te overleven. Tientallen getuigen lieten haar weten dat de hoofden van deze misdadigers er helemaal werden afgeschoten, 'het warme bloed' zorgde voor een mist die opsteeg in de koude winterlucht. Op de vraag waarom op het hoofd werd gemikt, zeiden de overlopers tegen haar: 'Dat was omdat de gedachten van de misdadiger verkeerd waren, de misdadiger had de gedachten van een kapitalist.'[47]

In de jaren negentig bleven de verhalen over lijden uitlekken: overlopers vertelden over de vreselijke tol die de hongersnood in het land eiste. Lijken opgestapeld nabij treinstations. Zwervende bendes uitgehongerde wezen die stalen wat ze konden of bezweken wanneer ze niets konden vinden. Vrouwen die zich prostitueerden om maar te overleven en hun gezin te kunnen voeden. Mensen van alle leeftijden,[48] ook kinderen, gingen in de bossen op zoek naar wortels, paddenstoelen en andere wilde planten, vaak met tragische gevolgen wanneer ze onbedoeld giftige soorten aten. Een overloper vertelde[49] dat hongerige mensen op straat stierven en de lijken in de open lucht bleven liggen. Een andere overloper zei:[50] 'Het geluid van kinderen die 's avonds schreeuwden om iets te eten, hun geschreeuw leek op het kwaken van kikkers.' Een vrouw die overliep vertelde[51] dat ze in 1997 een trein nam en besefte dat een medepassagier dood was. Ze zei dat zij en de andere mensen in de trein 'blasé' waren over het lijk, wat erop wees dat hongerdoden gewoon een deel van het dagelijkse leven van mensen waren geworden. Mensen aten vuilnis, ratten, kikkers.

Voor Kim Jong-il, die juist toen de effecten het ergst werden gevoeld het land overnam, had de timing van de hongersnood niet slechter kunnen zijn. Voor vele Noord-Koreanen bepaalde de catastrofe de overgang van zijn vaders bewind naar het zijne, wat de problemen verergerde waarmee hij kampte als nieuwe leider, zonder guerrilla-achtergrond om zijn blazoen op te poetsen. De timing van de dood van Kim Il-sung, schreef Fahy,[52] 'markeerde een duidelijk voor en na voor vele Noord-Koreanen, die consequent herinneringen van voor 1994 aanmerkten als "niet al te erg"', terwijl men de jaren van Kim Jong-il zag als het begin van de neergang van de economie en voedselvoorziening.

Bij de inlichtingendiensten besefte men hoeveel interne en externe druk er op de nieuwe leider lag en kwam men met waarschuwingen over een mogelijke instorting van Noord-Korea. Hoge Amerikaanse functionarissen voorspelden openlijk dat zijn regime het niet zou redden. In 1996 sprak CIA-directeur John Deutch[53] in zijn verklaring voor de commissie inlichtingen van de Senaat zijn zorgen uit over een dergelijke mogelijkheid in de nabije toekomst vanwege de 'ongelooflijke economische problemen waarmee het land kampt'. En eerder dat jaar liet generaal John Shalikashvili, voorzitter van de Joint Chiefs of Staff, *The Washington Post* weten: 'We zitten nu in een periode waarin de meeste mensen die het gebied volgen, zeggen: het komt tot een implosie of een explosie – we weten alleen niet precies wanneer dat gaat gebeuren.'[54] In 1998 oordeelde een groep door de CIA bijeengeroepen eigen en externe experts dat het regime van Kim Jong-il 'op de lange termijn niet levensvatbaar' kon zijn, de meesten betwijfelden of 'de huidige, verslechterende toestand langer dan vijf jaar kan aanhouden'.[55]

KIM JONG-UN KOMT TERUG NAAR HUIS

Naar alle waarschijnlijkheid had Kim Jong-un geen idee van alle problemen waarmee zijn vader kampte of van de zwakke positie van zijn land, gezien zijn jeugd en zijn jaren in het buitenland – hij kwam in 2001 terug naar Pyongyang. Het moet een schok zijn geweest uiteindelijk terug te zijn in Pyongyang na in een kleine stad met vele nationaliteiten in Zwitserland te hebben gewoond en van de Alpen tot de Rivièra tot de jetset te hebben behoord. Hij was een kleine vis in een grote vijver in het zegevierende post-Koude Oorlog-Europa, verlegen, teruggetrokken, hij verborg zijn echte identiteit, maar hij was een grote vis in een kleine vijver in Noord-Korea. Teams met leraren, onderwijzers, koks, aangewezen speelkameraden, lijfwachten, verwanten en chauffeurs hadden Kim het gevoel gegeven voorrechten te verdienen en geprobeerd hem af te schermen van de realiteit van Noord-Korea en de wereld, ook toen hij geen kind meer was. Maar er waren tekenen dat Kim als tiener niet kon negeren wat hij in Europa had meegemaakt en gehoord.

In de tweede helft van de jaren negentig verkeerde het Westen in een feeststemming. Na vijftig jaar Koude Oorlog waarbij de VS en de Sovjet-Unie kemphanen waren in een ideologische confrontatie, genoten ze in het Westen van de ineenstorting van de Sovjet-Unie, die gold als een overwinning voor de liberale democratie en het kapitalisme. De Amerikaanse politicoloog Francis Fukuyama kwam met de beroemde uitspraak over 'het einde van de geschiedenis'. De Verenigde Staten en Vietnam, waar een echte oorlog het tijdperk van koude vrede had onderbroken, normaliseerden in 1995 de betrekkingen, een verzoening die voor de meeste waarnemers leek aan te duiden dat de wereld voortaan zou worden bepaald door vreedzaam samenleven, met Washington als de wereldleider. In de periode tussen 1992 en 2003 was er inderdaad een sterke daling van gewapende conflicten, en de aanhangers van globalisering geloofden dat de mensheid zich op een lineair pad van vooruitgang bevond, met bestuurlijke en economische modellen in westerse trant, waardoor de internationale gemeenschap geleidelijk verweven zou raken. Tijd en geschiedenis leken niet op de hand van Noord-Korea, het laatste bastion van communisme, isolationisme en het specifieke soort Koreaanse etnocentrisme gebaseerd op de persoonlijkheidscultus rond Kim Il-sung.

In deze periode, tijdens zijn zomervakantie in augustus 2000, toen Kim zijn nieuwe leven in Pyongyang begon, had hij een gesprek met sushikok Fujimoto, waaruit blijkt dat het contrast tussen zijn vaderland en zijn buitenlandse reizen en onderwijs hem beslist niet was ontgaan. Volgens Fujimoto zei Jong-un:[56] 'Waarom zijn goederen zo ontoereikend en schaars in de warenhuizen en gewone winkels in Noord-Korea, in tegenstelling tot in Westerse landen?' Hij vroeg ook naar het lot van de gemiddelde Noord-Koreaan: 'Hoe redden onze mensen het?' Jong-un erkende tegenover Fujimoto dat hij het economische succes van China en Japan bewonderde. 'Ik heb van mijn vader gehoord dat China het op allerlei gebieden heel goed doet, zoals industrie, handel, hotels en landbouw,' zei hij, en hij verbaasde zich over de welvaart van Japan na verslagen te zijn in de Tweede Wereldoorlog.

Niet een van de uitlatingen van Jong-un waarover Fujimoto bericht, wijst op twijfel over de beginselen van het Noord-Koreaanse model of kritiek op de persoonlijkheidscultussen en ideologieën van het regime. Jong-un was al door en door geïndoctrineerd van de overtuiging dat hij was voorbestemd om leider te zijn, dus kon hij zich waarschijnlijk geen pad voor Noord-Korea voorstellen zonder een Kim aan het roer. Toch bieden deze uitspraken een kijkje in de naïefheid van de jonge prins over de achtergronden van de problemen van Noord-Korea: een gecentraliseerde commando-economie en een kastenstelsel die innovatie en marktwerking smoorden, een goelagstelsel waarbij niet alleen de aangeklaagden maar ook hun gezinnen werden gestraft, plus het afleiden van schaarse bronnen om de programma's voor het leger en kernwapens te betalen, ten koste van het bestaan van de burgers.

Fujimoto beweert dat Jong-il zijn jongste zoon al in 1992 tot opvolger had gekozen. Hij verwees daarbij[57] naar het tafereel op het banket voor Jong-uns achtste verjaardag toen Jong-il de band opdracht gaf 'Footsteps' te spelen en het lied opdroeg aan zijn zoon:

> We volgen de voetstappen van onze generaal Kim,
> we verspreiden de geest van februari
> [een verwijzing naar Kim Jong-il, die in februari werd geboren]
> wij, het volk, gaan voorwaarts mars
> naar een stralende toekomst.

Niet alleen de woorden, maar ook de welbewuste timing en presentatie van het lied door de trotse vader gaven voor de bezoekers aan dat de Geliefde Leider liet doorschemeren dat Jong-un, geleid door zijn geest en nalatenschap, Korea naar de toekomst zou leiden. In feite was Kim Jong-il terughoudend over wie hem zou opvolgen, hij bleef er ambigu over om paleiscomplotten te beperken, de opkomst te smoren van kliekjes rond één bepaalde zoon of familietak, en om zichzelf te beschermen tegen andere uitdagers nu hij zijn eigen macht consolideerde en versterkte.

Hoe dan ook, tegen 2009 werd duidelijk – of het nu een kwestie van eliminatie was dan wel dat de jonge Jong-un positieve signalen voor het leiderschap begon te vertonen – dat de derde zoon uitverkozen was om te leiden.

5

DE OPVOEDING VAN KIM JONG-UN

TIEN OKTOBER 2010: een veelbelovende datum voor een land waar ze van getallensymboliek houden, 10-10-10. Het was de vijfenzestigste verjaardag van de oprichting van de Koreaanse Arbeiderspartij en de dag dat Kim Jong-un zijn debuut maakte tijdens een gigantische militaire parade, hij stond naast zijn vader, die zijn gebruikelijke plaats had ingenomen op het observatieplatform hoog boven Kim Il-sung Plaza. Kim sr. liep een beetje aarzelend, hij hield zich voor zijn stabiliteit aan de leuning vast, een aanwijzing dat hij nog steeds de effecten voelde van de beroerte van augustus 2008 die hem een aantal maanden uit de openbaarheid had gehouden. Hij leek fitter dan toen hij was opgedaagd op een parlementszitting in april 2009, en zwak en gerimpeld oogde. Naast zijn inmiddels 26-jarige zoon, die stevig was en gezet, en pronkte met een simpel, donker maopak zoals zijn grootvader gewoonlijk droeg, maakte Jong-il een oude en broze indruk.

Zij aan zij bekeken de twee het spectaculaire gebeuren, de grootste militaire parade in de geschiedenis van het land. Golven mannelijke en vrouwelijke soldaten die in ganzenpas op de muziek van fanfarekorpsen marcheerden, langeafstandsraketten en tanks met raketwerpers betuigden eer aan de Geliefde Leider en zijn rechtmatige opvolger. Militairen met een onwaarschijnlijk aantal onderscheidingen salueerden als ze langsreden of -marcheerden. Banieren over het verslaan van de Verenigde Staten versierden de parade. Langs de straten stonden juichende menigtes die met luid enthousiasme schreeuwden – zoals van hen werd verwacht – 'Kim Jong-il! Bescherm hem tot de dood!' 'Kim Jong-il, laten we ons verenigen om hem te steunen!'[1] Vice-maarschalk Ri Yong-ho riep op brallende toon op de wapens op te nemen: 'Als de Amerikaanse imperialisten en hun volgelingen onze soevereiniteit en waardigheid ook maar enigszins schenden, zullen we het bolwerk van hun agressie opblazen met een genadeloze en rechtvaardige vergeldingsaanval door het mobiliseren van alle fysieke middelen, ook nucleaire afschrikking ter zelfverdediging, en de historische opdracht van hereniging uitvoeren!'[2]

Het regime wilde het vertoon graag onder de aandacht brengen en nam de ongehoorde stap tal van buitenlandse journalisten uit te nodigen. Die kregen zelfs toegang tot internet om te zorgen dat de berichtgeving over het debuut van Jong-un zich voorbij de fysieke locatie naar de virtuele wereld verbreidde. De boodschap? De wereld laten zien dat Kim Jong-un de volledige steun genoot van de partij én van het machtige leger in het Noorden, en daarbij de kernwapens had om weer een erfopvolging binnen de familie Kim te garanderen. Na de parade gaf een vooraanstaande partijfunctionaris een interview aan Associated Press.[3] 'Ons volk vindt het een eer de grote president Kim Il-sung en de grote leider Kim Jong-il te dienen,' zei hij. 'Nu hebben we ook nog de eer de jonge generaal Kim Jong-un te dienen.'

Voor Jong-un was de parade de bekroning van een reeks gebeurtenissen die zijn nieuwe status moesten verstevigen. Een paar weken eerder was Jong-un tijdens een zeldzaam partijcongres – het eerste in dertig jaar – benoemd tot vicevoorzitter van de Centrale Militaire Commissie en tot lid van het Centrale Comité van de partij, wat hem in het middelpunt van de macht plaatste. En hoewel hij nooit eerder een militaire rang had gehad, werd hij viersterrengeneraal, wat niet alleen de absurditeit onderstreepte van het systeem van Noord-Korea, maar ook het belang van het verlenen van bureaucratische titels aan de erfgenaam om diens positie in de bestaande hiërarchieën te versterken.

De opvolger applaudisseerde en salueerde op de gepaste momenten en stond in de houding op een platform naast functionarissen die drie of vier keer zo oud waren als hij. Maar sommige van zijn bewegingen wezen op enige onzekerheid en nervositeit. Hij salueerde en applaudisseerde soms een fractie van een seconde nadat zijn vader en de anderen waren begonnen. Hij tuurde op een gegeven moment achteruit alsof hij een beetje schrok van een onverwachte beweging achter zich, alleen veelzeggend omdat evenementen in Noord-Korea in heel hoge mate zijn georkestreerd en geritualiseerd. Niettemin moet door het enorme vertoon van revolutionair enthousiasme, het indrukwekkende, zij het gedateerde militaire materieel – veel ervan was opgeknapt uit de Sovjettijd – en de donderende kreten van de mensenmassa onder hem zijn hart van opwinding zijn gaan bonzen. Het was een bliksemsnelle opkomst voor iemand die, slechts tien jaar eerder, basketbal had gespeeld in Zwitserland.

Maar eigenlijk was Kim gemaakt voor dit moment, ontwikkeld voor zijn elitestatus. De generaals hadden voor hem gebogen sinds hij een jonge knaap was – nu deden ze het openlijk en kon de hele wereld het zien. Zoals de journalist Mark Bowden schreef in een profiel uit 2015:[4] 'Op ons vijfde zijn we allemaal het middelpunt van het universum. Alles – onze ouders, familie, huis, buurt, school, land – draait om ons. Voor de meeste mensen is wat volgt een lang proces van onttroning, want Zijne Majesteit het Kind stuit op de steeds duidelijkere en vernederende waarheid. Voor Kim niet. De wereld van zijn vijfde is de wereld van zijn dertigste gebleken [...] Iedereen is er *echt* om hem te dienen.'

Maar alleen zelfvertrouwen en genetica wegen niet op tegen ervaring, en Kim Jong-il maakte zich vrijwel zeker zorgen over hoe zijn zoon het eraf zou brengen. Vergeleken met Jong-il, die bijna dertig jaar ervaring had met zich een weg banen door de infrastructuur van het regime, met manipulatie en het onder de knie krijgen van de kunst van onderdrukking, met het begeleiden van zijn vader op internationale reizen om andere leiders in te palmen, om te praten en de banden met hen te versterken, had Jong-un een zeer korte inwerkperiode van nog geen vijf jaar. Door zijn beroerte in 2008 moet Kim Jong-il zijn gaan inzien dat hij de opvolging door zijn zoon diende te versnellen, want kort nadien begon Jong-un zijn vader te vergezellen op in het nieuws gebrachte inspecties van militaire eenheden, werd zijn geboorteplaats als historische plek aangewezen, en verzamelde hij een berg leiderschapstitels en rollen in leger, partij en veiligheidsapparaat.

Hoewel Jong-un ongeveer drie jaar had als de aangewezen opvolger om van zijn vader te leren, deed hij zijn nuttigste ervaringen op in het begin van deze eeuw, toen hij terugkwam in Noord-Korea uit Zwitserland en ging studeren aan de Kim Il-sung Militaire Universiteit, waar hij in een positie verkeerde zijn vader bezig te zien. Het is onduidelijk wanneer precies Kim Jong-il zijn opvolger definitief begon aan te wijzen of wanneer hij voor zichzelf besloot dat zijn jongste zoon zijn erfgenaam moest worden. Misschien was het toen hij in 2002 zestig werd – een belangrijke verjaardag voor Koreanen, volgens hen wijst die op het volgende hoofdstuk in iemands leven. Of misschien is hij er al in 1971 over gaan nadenken, toen zijn eerste zoon werd geboren. Of misschien is hem de ambitie van Ko Yong-hui gaan opvallen een van haar zonen aan de macht te brengen. Hoe dan ook, het eerste decennium van de eenentwintigste eeuw was een goed laboratorium om zijn zonen staatsmanschap en nucleaire diplomatie bij te brengen.

DE NUCLEAIRE WEG PLAVEIEN

Om te overleven als opvolger van zijn vereerde vader moest Jong-il dingen gaan regelen, zorgvuldig bouwen aan de cultus van de dynastie van de familie Kim en intussen een economie bestieren die razendsnel achteruitging, omgaan met het wegvallen van de steun uit de Sovjet-Unie, de enorme opkomst onder ogen zien van Zuid-Korea als economische macht, en de natie harden tegen hoe het Westen de keuze van Seoel voor liberale democratie toejuichte. Door de groeiende rijkdom in Zuid-Korea werden de Noord-Koreaanse dromen over hereniging op de voorwaarden van Pyongyang nog minder waarschijnlijk. Het levendige Zuiden was wel iets heel anders dan het door honger geteisterde Noorden, waar de infrastructuur in verval was, mensenrechten werden geschonden en men een nucleair programma had dat internationaal steeds kritischer werd bekeken, nu de wereld na de Koude Oorlog in tegengestelde richting bewoog.

Jong-il had als leider van Noord-Korea te kampen met deze dreigende omstandigheden, maar intussen was hij ook een vader die nadacht over de toekomst van de familie. En het bezit van kernwapens leek nu net de wildcard die kon garanderen dat de relatieve neergang van zijn land niet per se irrelevantie betekende en uiteindelijk zou worden opgeslokt door Zuid-Korea. Kim Il-sung was begonnen met het atoomprogramma als een waarborg voor het overleven van het regime in een vijandige omgeving, maar Kim Jong-il verbeterde de nucleaire slagkracht van Noord-Korea, vergrootte die en pronkte ermee, en liet die erfenis na aan Jong-un.

Voor Kim Jong-un begon zijn opleiding wat betreft het kernwapenprogramma in 2002, toen hij achttien was en studeerde aan de Kim Il-sung Militaire Universiteit. In januari van dat jaar werd de door kernwapens belaste relatie van zijn land met de Verenigde Staten samengevat in de State of the Union-rede van president George W. Bush toen hij het had over 'een as van het kwaad', gevormd door Noord-Korea, Iran en Irak.[5] Na de terroristische aanvallen op de VS van 11 september 2001, de daarop volgende invasie van Afghanistan en het hameren op oorlog dat uiteindelijk tot de invasie van Irak leidde, was Washington niet in de stemming voor het streven van Pyongyang naar kernwapens. Bush noemde Noord-Korea 'een regime met raketten en massavernietigingswapens, terwijl men de burgers laat verhongeren' en waarschuwde: 'Amerika zal doen wat nodig is om de veiligheid van ons land te garanderen.'

De banden tussen Washington en Pyongyang waren gespannen, omdat de regering van Bush in 2001 naar middelen zocht om Noord-Korea onder druk te zetten. De twee landen waren destijds partijen in het Agreed Framework van 1994 [beginselovereenkomst van Genève], tot stand gekomen na een nucleaire crisis vanwege de dreigementen van Noord-Korea zich terug te trekken uit het internationale non-proliferatieverdrag (NPV), opgezet voor het bevorderen van wereldwijde inspanningen om de verspreiding van nucleaire wapens en technologie te verhinderen. Twintig jaar voor Bush werd gekozen,[6] had men zich in de VS namelijk zorgen gemaakt over de mogelijkheid dat Noord-Korea een heimelijk kernwapenprogramma wilde, en in de jaren tachtig begonnen experts alarm te slaan over de vooruitgang die Pyongyang boekte. In de jaren negentig overwoog de regering-Clinton serieus militaire opties toen Pyongyang inspecties van de faciliteiten weigerde en inspecteurs van het Internationale Atoomenergieagentschap het land uit gooide.

De oorlogsdreiging was voelbaar. Minister van Defensie William Perry waarschuwde de Noord-Koreanen openlijk dat de VS vastbesloten was hun ontwikkeling van kernwapens te stoppen, ook al betekende dat 'de confrontatie met hen zoeken op een manier die tot een catastrofale oorlog kan leiden'.[7] Het Pentagon was al begonnen[8] met militaire versterking in en rond de Korea's, en zo ver gegaan plannen te maken kruisraketten te sturen en F-117-stealthvliegtuigen voor een aanval op Yongpyong, indertijd de enige reactor in Noord-Korea die voor wapens geschikt plutonium kon produceren. In combinatie met het feit dat ongeveer 65 procent van de Noord-Koreaanse strijdkrachten, evenals 8400 stuks artillerie en 2400 lanceerinstallaties voor meerdere raketten, nog geen honderd kilometer van de Gedemilitariseerde Zone waren gestationeerd, zoals Don Oberdorfer van *The Washington Post* opmerkte, was de angst reëel dat een militair conflict in de maak was.[9]

De ogenschijnlijk onverbiddelijke mars richting oorlog begon te verflauwen toen Noord-Korea de voormalige president Jimmy Carter uitnodigde voor een ontmoeting met Kim Il-sung, en Carter in juni 1994 naar Pyongyang vloog, het onbehagen van de regering-Clinton ten spijt. Kim stemde in met een tijdelijke bevriezing van zijn kernwapenprogramma en liet de inspecteurs blijven.[10] Daarna kwamen de VS en Noord-Korea overeen onderhandelingen te beginnen, waarmee de angel uit de eerste Noord-Koreaanse nucleaire crisis werd gehaald. Als onderdeel van het Agreed Framework[11] zou Noord-Korea het programma om plutonium te produceren bevriezen in ruil voor economische hulp en het beschikbaar stellen van twee proliferatiebestendige lichtwaterreactoren, plus jaarlijkse leveranties van 500.000 ton stookolie (met een waarde van ongeveer 50 miljoen dollar per jaar) om te voorzien in de Noord-Koreaanse behoefte aan verwarming en elektriciteit terwijl een internationaal consortium onder Amerikaanse leiding de reactoren bouwde. Tot de overeenkomst hoorden ook een route naar het ontmantelen van het Noord-Koreaanse atoomprogramma, op termijn het normaliseren van de betrekkingen, en veiligheidsgaranties. Voor Noord-Korea was de deal meer dan 4 miljard dollar waard. Volgens Noord-Korea-analist B.R. Myers[12] werd deze uitkomst door het regime uitgelegd als het resultaat van de harde en vastbesloten opstelling van Kim Jong-il, die 'zo de troonopvolger zijn eigen mythe van nationale redding schonk'. De VS meende met de deal te voorkomen dat Noord-Korea mogelijk een heleboel kernwapens ging produceren.

De implementatie van het Agreed Framework verliep echter allerminst van een leien dakje, maar werd geteisterd door bureaucratisch geruzie, problemen over geld en vertragingen bij de bouw van de lichtwaterreactoren en het leveren van de zware stookolie. Een gefrustreerd Noord-Korea dreigde regelmatig het nucleaire programma weer te hervatten, en bleef trouwens doorgaan met andere aspecten van de wapenstrategie. Het regime testte in 1998 de eerste langeafstandsraket boven Japan en bouwde een enorm ondergronds geheim complex voor kernwapens – deels om meer concessies te krijgen van de regering-Clinton.

Het Agreed Framework vertraagde het Noord-Koreaanse nucleaire programma, maar maakte er geen eind aan. De laatste stuiptrekkingen van de overeenkomst en de tweede nucleaire crisis begonnen toen staatssecretaris James Kelly de Noord-Koreaanse leiders tijdens zijn bezoek daar in oktober 2002 aansprak op hun heimelijke programma om uranium te verrijken. Het ging van kwaad tot erger, en de dreiging van een Amerikaanse aanval op Noord-Korea nam toe, na onthullingen over het uraniumverrijkingsprogramma én over het vermogen van het land splijtstoffen te produceren voor kernwapens. Toen besloot men in Noord-Korea de poot stijf te houden[13] en zei men, in 2003, als eerste land het non-proliferatieverdrag op. Een paar weken later onderschepten Noord-Koreaanse gevechtsvliegtuigen een spionagevliegtuig van de Amerikaanse luchtmacht dat een missie uitvoerde boven de Japanse Zee.[14] De spanning in de wereld liep opnieuw op nadat de VS in maart 2003 Irak binnenviel, op grond van de uiteindelijk misplaatste veronderstelling dat Bagdad kernwapens produceerde – wat deed vrezen dat Washington werkelijk de landen in de as van het kwaad wilde bestraffen.

Maar tegelijk keek Washington naar diplomatieke opties en initieerde wat uiteindelijk het zespartijenoverleg werd – met de VS, Noord-Korea, Zuid-Korea, China, Rusland en Japan – in een poging de spanningen te verminderen en een forum te bieden voor nucleair overleg. De groep kwam in augustus 2003 voor het eerst bijeen en er volgden nog eens vijf gespreksrondes. Toen Noord-Korea in februari 2005 liet weten kernwapens 'ter zelfverdediging' te hebben,[15] schatten deskundigen destijds in dat het land zo'n zes plutoniumbommen had. In september 2005 was er even hoop, toen de zes partijen een doorbraak bereikten met de historische Joint Statement waarbij de landen beloofden zich in te spannen voor een controleerbare denuclearisering van het Koreaans schiereiland, samen aan regionale veiligheid te werken en economische samenwerking te bevorderen. Washington en Pyongyang wilden ook stappen zetten om de betrekkingen te normaliseren. Het belangrijkste was dat Pyongyang zich verplichtte tot 'het opgeven van alle kernwapens en bestaande kernprogramma's'.[16]

Maar het optimisme dat de Joint Statement wekte, taande snel. Vrijwel gelijktijdig met het nucleaire overleg had de regering-Bush beperkingen opgelegd aan Amerikaanse financiële transacties met Banco Delta Asia (BDA), een bank in Macau, die men beschuldigde van geld witwassen voor het regime van Kim en van andere financiële vergrijpen.[17] Vervolgens legde BDA beslag op meer dan vijftig rekeningen met een Noord-Koreaanse connectie, waarop in totaal 25 miljoen dollar stond, en stelde een uitgebreid onderzoek in om een bankrun te voorkomen en de reputatie te herstellen. Een boos Noord-Korea weigerde het nucleaire overleg voort te zetten en ging op 4 juli 2006 de Taepodong-2 testen, een raket voor de lange afstand. Ongeveer veertig seconden na de lancering kwam de raket neer,[18] maar in theorie kon je er een kernkop mee naar het westen van de VS krijgen. Een paar maanden later, in oktober, deed het regime proeven met zijn eerste kernwapen. Deze acties leidden tot een snelle veroordeling van de internationale gemeenschap en sancties van de VN,[19] maar uiteindelijk stemde president Bush in met het vrijgeven van de banktegoeden, in een poging toch enige vooruitgang op het gebied van denuclearisering te boeken.

Ondanks de overweldigende militaire macht van de Verenigde Staten, sancties, internationale afkeer en isolement, blufte Kim Jong-il Washington af en ging hij gestaag door met zijn kernwapenprogramma. Hij gebruikte de dialoog om tijd te winnen en politieke en economische concessies los te krijgen. Intussen deed hij testen om te experimenteren met de wapens en die te verbeteren, en om zijn grote strategie van 'het leger eerst' te versterken, die achter de interne en externe relaties van Pyongyang zat.

Het is niet duidelijk of Jong-un op de hoogte was van de slinkse achtergronden van de onderhandelingen, of hij begreep hoe dicht Noord-Korea en de Verenigde Staten bij een militair conflict kwamen, en of hij wist wat er achter het optreden van zijn vader zat. Maar als student die in de tijd leefde van het 'het leger eerst'-beleid van zijn vader en op de Kim Il-sung Militaire Universiteit zat waar hij een dissertatie schreef met de titel *A Simulation for the Improvement of Accuracy in the Operational Map by the Global Positioning Systeem*, was hij ongetwijfeld zeer geïnteresseerd in de nucleaire ontwikkeling van Noord-Korea.[20] Zijn vader zou later de dissertatie van zijn zoon prijzen omdat die aansloot bij 'de grote strategische theorieën' van Kim Il-sung en Kim Jong-il, waarmee het fundament werd gelegd voor het openlijk benadrukken van Jong-uns opleiding en zijn toewijding aan de op autarkie gebaseerde revolutionaire idealen.[21]

Jong-un begon zijn vormingsjaren tijdens alle impliciete en expliciete dreigementen van de VS in 2002, maar slechts twee maanden voor hij zou afstuderen, op 9 oktober 2006, had Noord-Korea alle voorspellingen getart en de eerste kernproef uitgevoerd. Het ministerie van Buitenlandse Zaken verklaarde:[22] 'Onze sterke revolutionaire macht [heeft] alle maatregelen getroffen om een mogelijke preventieve aanval van de VS te weerstaan [...] De VS heeft niet het alleenrecht van [een] preventieve aanval. We hebben kernwapens vervaardigd vanwege een nucleaire dreiging van de Verenigde Staten.' Na de proef[23] riepen de media van het regime deze grote mijlpaal trots uit tot 'een historische gebeurtenis die onze militairen gelukkig heeft gemaakt' en spraken van een 'grote sprong voorwaarts in het opbouwen van een grote, welvarende, machtige socialistische natie'.

De agressieve retoriek in de eerste termijn van de regering van George W. Bush versterkte waarschijnlijk de vastbeslotenheid van het regime kernwapens te verwerven, door te gaan met het zelfopgelegde isolement en op eigen termen met het Westen om te gaan. Achter Jong-ils stijl om tien jaar lang opstandigheid te verenigen met selectieve toenadering zat in de eerste plaats een diepe defensieve noodzaak. De denktank van het Amerikaanse Congres[24] wees op een scala aan motieven voor de kernproef in 2006, motieven die ook gelden voor zijn inzet voor het kernwapenprogramma in zijn geheel: onder meer het verlangen de invloed van Noord-Korea te versterken bij mogelijke bilaterale onderhandelingen met Washington, het regime te beschermen tegen een aanval van de VS, en het testen van de technische mogelijkheden. Uiteindelijk belandde de regering van George W. Bush in dezelfde positie als de regering van Clinton: men verzachtte de sancties[25] en schrapte Noord-Korea van de State Sponsors of Terrorism-lijst toen er in februari 2007 weer een afspraak was gemaakt over kernwapens. Ook hervatte men de voedselhulp. Vanuit het perspectief van Kim Jong-il leek het of de Verenigde Staten bespeeld konden worden, als Noord-Korea maar bleef vasthouden aan de wil kernwapens te ontwikkelen.

Voor Kim Jong-un was het bezitten van kernwapens meer dan alleen nationale strategie. Die schaamteloze kernproef bood hem, samen met de ideologische en existentiële rechtvaardiging die in de concepten juche en suryong werd verpakt, meerdere beschermende lagen. Hij doordrong de natie erdoor van de Kim-familiemythologie van opperste macht, en tegelijk raakten het realiteitsbesef en de verwachtingen van de verwende jonge Jong-un nog verder vervormd. Maar die proef van oktober 2006 en de beslissingen van zijn grootvader en vader om zich op het ontwikkelen van kernwapens toe te leggen, zouden ook zijn keuzes beperken toen Jong-un eenmaal aan de macht was: hij was er door en door van overtuigd geraakt dat het lot van zijn natie en de vijfentwintig miljoen inwoners afhing van het voortbestaan van deze nucleaire nalatenschap. Kim en zijn klasgenoten op de militaire universiteit – de toekomstige militaire elite – juichten deze nucleaire mijlpaal ongetwijfeld toe, die waarschijnlijk ook hun optimisme versterkte over de toekomst van hun land evenals hun geloof in hun rol als beschermers en helden.

LESSEN VOOR EEN MILLENNIAL-GUERRILLA

In de twee jaar na de beroerte van Kim Jong-il ondernam Noord-Korea een reeks acties, gemotiveerd door een combinatie van het verlangen, ondanks de zichtbare gezondheidsproblemen van de leider, sterk over te komen op het binnenlandse en het internationale publiek, en Kim Jong-un enige mogelijkheden te bieden om de kunst van de dwingelandijdiplomatie van Noord-Korea onder de knie te krijgen. Het regime wilde ongetwijfeld ook zijn positie onderstrepen jegens de nieuwe regering van Obama, om zo beter de termen te kunnen dicteren voor toenadering – of geen toenadering – tot de Verenigde Staten. In een direct voor Obama's eedaflegging uitgebrachte verklaring stelde het Noord-Koreaanse ministerie van Buitenlandse Zaken dat de status van het land 'als een staat met kernwapens niet zal veranderen',[26] waarmee men duidelijk maakte zich te verzetten tegen het opgeven van kernwapens bij onderhandelingen. In april 2009 lanceerde Pyongyang een satelliet, men verwees naar het recht op vreedzaam gebruik van de ruimte, maar naar alle waarschijnlijkheid ging het eigenlijk om een test van de technologie voor de intercontinentale raketsystemen. De sancties en de internationale afwijzing die volgden op de lancering, gebruikte het regime als rechtvaardiging om zich terug te trekken uit het zespartijenoverleg. Men zei zich niet meer te houden aan de verplichtingen die voortvloeiden uit de in dat kader bereikte afspraken en deed in mei een kernproef,[27] met de uitleg: 'De resultaten van de proef droegen bij aan een bevredigende oplossing van de wetenschappelijke en technologische problemen, ontstaan door de grotere kracht van kernwapens en het gestaag ontwikkelen van nucleaire technologie.'

Intussen bleef het regime crises fabriceren en op andere manieren opportunistische voordelen binnenhalen, dingen die belangrijke leermomenten waren voor de opkomende Kim Jong-un. Slechts twee maanden nadat president Obama de eed had afgelegd, arresteerde Noord-Korea twee Amerikaanse journalisten, Laura Ling en Euna Lee, die in maart 2009 nabij de Chinese grens bezig waren met een verhaal over Noord-Koreaanse overlopers. Drie maanden later veroordeelde het regime hen tot twaalf jaar dwangarbeid omdat ze plannen zouden hebben een documentaire te maken die Noord-Korea 'belasterde'. De spanningen liepen hoog op omdat uit berichten bleek dat ze door overijverige grensbewakers waren geslagen en over de grens naar Noord-Korea gesleurd. De twee journalisten werden pas vrijgelaten toen de voormalige president Bill Clinton naar Pyongyang ging om ze op te halen, en de foto's van een stralende Kim Jong-il die aan tafel tegenover Clinton zat, overheersten het nieuws. Het regime liet de kans om propaganda te maken niet lopen en stelde:[28] 'Clinton sprak zijn welgemeende verontschuldigingen uit aan Kim Jong-il voor de vijandige acties van de twee Amerikaanse journalisten [... en] bracht beleefd een oprecht verzoek van de Amerikaanse regering over aan Kim Jong-il om hen gratie te verlenen.' Het kennelijke doel van Clintons komst, het idee uitdragen dat Noord-Korea een gelijkwaardige status had, slaagde. Ook werd duidelijk dat Kim, ondanks zijn beroerte, helder was en de touwtjes in handen had.

Toen in 2008 de conservatieve politicus Lee Myung-bak president van Zuid-Korea werd,[29] kwam een einde aan de tien jaar op toenadering gerichte zonneschijnpolitiek van de vorige regering, waarbij naar schatting 3 miljard dollar in de schatkist van het Noorden was gevloeid. Hij ging een nieuwe harde lijn volgen, wat felle reacties en scheldpartijen vanuit Pyongyang uitlokte. De spanningen zetten zich voort in maart 2010 toen Noord-Korea het Zuid-Koreaanse marineschip Cheonan tot zinken bracht en, later dat jaar, een eiland beschoot nabij de betwiste maritieme grens, zogenaamd als reactie op Zuid-Koreaanse militaire oefeningen in de buurt. Een bewoner beschreef de gevolgen: 'Huizen en bergen staan in brand en mensen worden geëvacueerd.'[30] De Zuid-Koreaanse luchtmacht liet de F-16-gevechtsvliegtuigen opstijgen en er werd teruggeschoten. Het vooruitzicht van een militair conflict op het Koreaans schiereiland leek onvermijdelijk. De Verenigde Naties en gealarmeerde leiders uit Washington en Peking riepen beide kanten op tot terughoudendheid. Maar vrijwel gelijktijdig met het incident waarbij een eiland werd beschoten, liet Noord-Korea een grote fabriek voor uraniumverrijking zien aan voormalige ambtenaren en wetenschappers uit de VS. De bezoekers verbaasden zich over de uiterst moderne faciliteit – een en ander wekte argwaan over de intentie van het regime om hoogverrijkt uranium voor bommen te maken.[31]

Om zich in te dekken tegen vergeldingsacties van Amerika of Zuid-Korea die een eind zouden maken aan het regime en om een betere uitgangspositie te hebben bij het lospeuteren van politieke en economische concessies, begon Kim Jong-il intensief diplomatiek overleg met de grootste beschermer van Noord-Korea, Peking. Hij bezocht China verschillende keren na zijn beroerte, stuurde en ontving hoge delegaties, en beloofde eeuwige vriendschap en samenwerking. Zijn inspanningen loonden, want Chinese leiders verwelkomden openlijk de overdracht van de macht aan de jonge Jong-un.

In de tussentijd voerde de regering-Obama, in samenspraak met de conservatieve regering van Lee in Zuid-Korea, een beleid dat vaak geringschattend 'strategisch geduld' wordt genoemd. Dit hield in dat men toenadering weigerde als Kim Jong-il niet oprecht richting denuclearisering wilde bewegen en de inter-Koreaanse betrekkingen verbeteren.[32] Intussen verstrakte men de sancties, breidde men de antiraketsystemen in de regio uit, versterkte men de Amerikaanse bondgenootschappen en jutte men Peking op de strategische benadering van Noord-Korea te veranderen. Strategisch geduld leidde tot beschuldigingen dat president Obama slechts reageerde op provocerend optreden van Noord-Korea en ruimte bood voor verdere vooruitgang van het kernwapenprogramma van Pyongyang. Maar door de vastbeslotenheid van Noord-Korea de positie van Kim Jong-un te verstevigen, de onwil om te onderhandelen, en het onmiskenbare verlangen van het regime het strategische wapenprogramma af te ronden ongeacht de gevolgen, waren de opties voor de vs en Zuid-Korea beperkt. Tegelijk bood de oorlogszuchtigheid van Kim de regering-Obama een kans de bondgenootschappelijke coördinatie te verbreden en Peking te motiveren zich harder op te stellen om de roekeloosheid van Pyongyang te beteugelen.

Dit waren de eerste belangrijke lessen die Kim sr. op zijn zoon probeerde over te brengen. Jong-un begon vrijwel zeker het mechanisme en de kunst van dwingelandijdiplomatie door te krijgen – houd het initiatief, schep spanning, zaai angst, sluit buiten en bak dan zoete broodjes met China, de Verenigde Staten en Zuid-Korea, terwijl je intussen gestage vooruitgang boekt bij je kernwapenprogramma.

Jong-un, twee generaties van de verwoesting van de Koreaanse Oorlog vandaan, fysiek en psychologisch verwijderd van de verschrikkingen van de hongersnood, en erfgenaam van een geavanceerd kernwapenprogramma dat Noord-Korea in het middelpunt plaatste van de geopolitiek in de regio, had reden om optimistisch te zijn over de toekomst van zijn land. Er viel nog veel te leren, maar niemand, misschien zelfs Kim Jong-il niet, had kunnen voorspellen dat zijn zoon zo'n schrandere leerling zou zijn.

6

GROTER, SLECHTER, BRUTALER

HET HAD HET laatste geschenk voor Kim Jong-un van zijn cinefiele vader kunnen zijn. Op 8 januari 2012, op de achtentwintigste verjaardag van Kim jr. en slechts een paar weken na de dood van Kim sr., bracht Noord-Korea een documentaire uit over de militaire daden van de opvolger. Het hoorde bij een uitzinnige poging Jong-uns kwaliteiten voor het leiderschap en als strijder te onderbouwen om zijn schamele cv op te pompen. In de eerste scène galoppeert Jong-un op een zwart-wit paard, een held die zijn land voorwaarts leidt. Vervolgens zie je hem als hij in een tank rijdt, naar schietoefeningen kijkt, met piloten spreekt, glimlacht en de handen schudt van dankbare soldaten en commandanten. Dan wordt hij voorgesteld als een vastbesloten leider in een satellietcontrolecentrum na de lancering in april 2009 waar hij schaamteloos zegt: 'Ik had besloten een echte oorlog te beginnen als de vijanden de raket neerschoten,' een aanwijzing dat het regime trachtte de soliditeit van Jong-un te koppelen aan het snelgroeiende programma voor ballistische raketten. In de documentaire wordt Kim Jong-il aangehaald die zegt dat zijn zoon 'onze generaal, op mij lijkt' en dat hij 'voortreffelijke [militaire] strategieën heeft en heel bedreven is in militaire tactieken [...] Hij is een man met vele talenten en het genie tussen genieën.'[1]

Precies een week eerder, op 1 januari 2012, onderstreepten de drie belangrijkste staatskranten van Noord-Korea in een gemeenschappelijk nieuwjaarshoofdartikel, de legitimiteit van Kim Jong-un: 'Kim Jong-un, de opperste leider van onze Partij en ons volk, is het vaandel van overwinning en glorie van songun [...] Korea en eeuwig middelpunt van de eenheid ervan.' Men spoorde ook 'de hele Partij, het hele leger en het hele volk aan' om 'menselijke bolwerken en menselijke schilden te worden om Kim Jong-un tot de dood te verdedigen'.[2]

De verjaardagsdocumentaire had een onmiskenbaar optimistische toon, het idee dat de jeugdige hoofdpersoon, louter door zijn sterke zelfvertrouwen en mannelijke kracht, het land naar een socialistisch – en nucleair – paradijs zou brengen. Dit zelfvertrouwen was zijn natuurlijke recht, aangezien het bloed van Kim Il-sung door zijn aderen stroomde. In dit door de propagandamachine verspreide verhaal, geworteld in de ideologische en institutionele structuren van het regime, werd een held geschapen en iedere stap van hem werd geprezen. Kim Jong-un, niet bezwaard door de historische ervaring van kolonisering, oorlog en hongersnood, of door enige affiniteit met Peking en Moskou, zo belangrijk in het bewustzijn van zijn grootvader en vader, geloofde door zijn achtergrond dat hij zélf geschiedenis kon scheppen.

ZWIER

De oudere broer en vroegere opvolger Kim Jong-nam vertelde kort na de dood van zijn vader tegen een Japanse journalist dat dynastieke opvolging 'voor de buitenwereld een lachertje is' en dat zijn halfbroer 'alleen in naam iets zal zijn, [en] de leden van de machtige elite het eigenlijk voor het zeggen zullen hebben'.[3] Hij voorzag dat Noord-Korea zonder hervormingen zou instorten. 'Het regime van Kim Jong-un zal het niet lang volhouden,' vervolgde hij dreigend, en stelde dat China in feite tegen de erfopvolging was maar er alleen om de stabiliteit te handhaven in berustte. Jong-nam zei openlijk wat de meeste waarnemers van buitenaf dachten en sommige insiders waarschijnlijk vermoedden. Hoe kon iemand van even in de twintig zonder gebleken ervaring in het leiden van een land, laat staan een natie met kernwapens en een door de steeds strakkere strop van sancties zieltogende economie, ooit overleven?

In plaats van angst was er zwier. Vanaf het allereerste moment begon Jong-un te duwen en trekken, de grenzen van internationale tolerantie te testen en op te rekken, met het idee dat hij tegen ongeveer elke straf bestand was. Misschien had hij het idee geen andere keus te hebben. Oost-Aziëkenner Kongdan Oh Hassig verwijst naar 'een minderwaardigheidscomplex':[4] 'Hij probeert te laten zien dat hij een strategische geest heeft, dat het leger achter hem staat en dat niemand zich tegen hem verzet.' Hij koos ervoor zijn kernwapenprogramma op te voeren, ongeacht de financiële gevolgen en het internationale isolement. De eerste zes jaar van zijn bewind hield Kim de wereld in spanning met zijn oorlogszuchtige retoriek, terwijl hij het vertonen van zijn slagkracht op het gebied van kernwapens en raketten versnelde. Tot op grote hoogte heeft hij het initiatief gehouden, tot frustratie van zijn buren en de Verenigde Staten. Voor de CIA, waar ik destijds een belangrijke politieke analist was, betekende dit analyses bieden voor een kennelijk eindeloze reeks beleidsvergaderingen van de Nationale Veiligheidsraad, dagelijkse briefings voor de president produceren – ons handelsmerk, bedoeld om de president, de regering en andere hoge functionarissen te steunen – en vaak 's avonds laat nog op kantoor zitten.

Op schrikkeldag 2012 stemden Noord-Koreaanse onderhandelaars, na twee jaar bilaterale onderhandelingen, in met een deal met de VS, waarin werd opgeroepen tot het opschorten van uraniumverrijking, internationale inspecties en een moratorium op proeven met kernwapens en raketten, in ruil voor 240.000 ton voedselhulp. Slechts twee weken later kondigde het nieuwe regime van Kim aan een door de VN-sancties verboden ruimtelancering te willen uitvoeren. Noord-Korea had lang gehamerd op het recht van vreedzaam gebruik van de ruimte en beweerde dat men satellieten in een baan wilde brengen voor betere voorspellingen over het weer en oogstopbrengsten, maar internationale stemmen noemden het gewoon een dekmantel: het regime zou de technologie voor ballistische raketten willen testen. De lancering van 13 april mislukte en leverde een nieuwe ronde VN-sancties op. Washington noemde de test een schending van de schrikkeldagovereenkomst en schortte de plannen op voedselhulp te leveren. Maar verrassend genoeg erkende het regime de mislukking in plaats van met propaganda te komen dat men succesvol was geweest, zoals bij de vorige mislukte lancering in 2009 was gebeurd. Het was het eerste teken voor velen van ons in Langley dat Jong-un misschien een ander soort leider was, transparanter en meer bereid risico's te nemen en mislukkingen te zien als een kans om te leren en vooruit te gaan. Al een paar uur na de lancering berichtten de media van het regime: 'Wetenschappers, technici en experts doen nu onderzoek naar de oorzaak van de mislukking.'[5]

Het erkennen van de mislukking was ook opvallend omdat het over een paar dagen de belangrijkste dag in Noord-Korea zou zijn – de honderdste viering van Kim Il-sungs geboortedag, 15 april 2012. Je zou hebben gedacht dat de nieuwe leider de gelegenheid zou willen gebruiken om zijn succes te benadrukken. Op die dag leidde Kim zijn eerste militaire parade en opnieuw week hij af van de vaste gang van zaken: hij hield een toespraak van 20 minuten, anders dan zijn vader die de volle zeventien jaar van zijn bewind spreken in het openbaar had vermeden. Toen zes verplaatsbare intercontinentale ballistische raketten langsrolden – sommige of misschien alle zes nep in plaats van het echte werk[6] – wat zorgen opriep over de bedoelingen van Noord-Korea en de toenemende slagkracht, salueerde Kim, hij applaudisseerde en zwaaide.

De toespraak zelf was niet bijzonder, maar het was toch een fascinerend gebeuren. Kim moest iets wegslikken voor hij zijn eerste woorden uitsprak, hij schoof met zijn voeten tijdens de toespraak en hij hield zijn ogen stijf op zijn aantekeningen gericht, wat onthulde dat hij behoorlijk nerveus was. In die eerste openbare toespraak onderstreepte hij de nalatenschap van zijn grootvader en zijn vader en hield hij ook het 'het leger eerst'-beleid van zijn vader overeind. Maar met de eerste kernproef in 2006 en de verbeteringen van de ballistische raketten op zak – zoals de verplaatsbare intercontinentale raketten duidelijk maakten – stelde hij dat 'de dagen voor altijd voorbij zijn dat onze vijanden ons konden chanteren met kernbommen'.[7] Kim Jong-uns besluit het volk toe te spreken op het enorme plein op de belangrijkste dag van het jaar, in afwijking van zijn vaders vaste vermijden van spreken in het openbaar, weerspiegelde ook zijn andere benadering van leiderschap. Zoals de heel ervaren Noord-Koreakenner Cheong Seong-chang van het Zuid-Koreaanse Sejong Instituut opmerkte: 'Kim Jong-il zat achter mysterieuze gordijnen, zag af van spreken in het openbaar en gaf orders via de partij.'[8] Met als gevolg, vervolgde Cheong, 'dat het publiek hem vreesde [...] Maar Kim Jong-il was nooit geliefd bij het publiek.' Jong-un lijkt er daarentegen op gebrand die persoonlijke band met het volk te scheppen en de krachtige retoriek van het regime aan zijn eigen persoon te koppelen. De jonge generaal eiste ondubbelzinnig de zeggenschap op over de veiligheid van Noord-Korea en liet zijn volledige macht over het leger zien aan een buitenwereld die nog aan het gniffelen was en gokte dat hij het niet lang zou volhouden, en aan een thuispubliek dat hij wilde geruststellen en waarschuwen dat hij een blijvertje was.

Acht maanden later,[9] in december 2012, kondigde Noord-Korea aan weer een 'satelliet' te willen lanceren, ondanks de vermaning uit Washington dat men de lancering als 'een zeer provocerende actie' zou zien. En de lancering kwam, op 12 december 2012 – 12-12-12 – en leverde weer een reeks VN-sancties op. In de berichtgeving op televisie stelde het regime Kim Jong-un voor als een op de praktijk gerichte leider die persoonlijk bevel gaf tot de lancering vanuit een satellietcommandocentrum. Hij rookte een sigaret terwijl hij de gegevens en resultaten bekeek. Het was een poging de jongeman als onverschrokken en actiegericht te presenteren ondanks de internationale afkeuring. Twee maanden later, in februari 2013, iets meer dan een jaar nadat Kim aan de macht was gekomen, voerde Noord-Korea de derde kernproef uit, de eerste van Kim. James Clapper, directeur National Intelligence, verklaarde in zijn jaarlijkse dreigingsbeoordeling voor de commissie strijdkrachten van de Senaat dat de satellietlancering van december 2012, de ballistische raketten die men op de parade vertoonde en de kernproef van februari 2013 'duidelijk maken dat Noord-Korea technologie voor langeafstandsraketten wil ontwikkelen die een directe dreiging kan vormen voor de Verenigde Staten, en dat de pogingen om ballistische raketten te produceren en te verkopen bredere zorgen voeden over de regionale en wereldwijde veiligheid'.[10] Zijn uitspraken weerspiegelden het groeiende onbehagen in Washington over de Noord-Koreaanse dreiging.

Onder Kim legde Noord-Korea de positie als staat met kernwapens wettelijk vast, door deze beschrijving in de grondwet te zetten die men in 2012 herzag. Blijkbaar ontleende men kracht aan de groeiende lijst sancties en waarschuwingen van de VS en uit de regio. In de preambule van het document, gepubliceerd op het webportaal,[11] prees men Kim Jong-il omdat hij 'ons vaderland veranderde in een onoverwinnelijke staat van politieke ideologie, een staat met kernwapens en een ontembare militaire macht, wat de weg bereidt voor het opbouwen van een sterke en welvarende natie'. Ook onderstreepte men de rol van Kim Jong-un bij het versterken van deze nucleaire slagkracht, wat zijn zeggenschap over het gebruik ervan bekrachtigde. Maar terwijl Pyongyang in een wet uit 2013 stelde dat Noord-Korea een 'volledige kernmacht' was, hield men intussen vol dat het wapenprogramma ter afschrikking diende om duidelijk te maken dat men een verantwoordelijke kernmacht zou zijn.

De propaganda van het regime ging gelijk op met de ontwikkelingen in het strategische arsenaal van Noord-Korea: Kim

Jong-un werd steeds meer verbonden met de groeiende omvang en verfijning van het kernwapenprogramma. We zien Kim met een brede glimlach[12] als het regime een test met een ballistische raket uitvoert vanaf een onderzeeër, zijn haar wappert in de wind, tegen de achtergrond van een azuren zee houdt hij achteloos een sigaret vast. We zien Kim met wetenschappers[13] en technici kijken naar wat kennelijk een verkleinde kernkop is, die bij correcte montage op een ballistische raket een ernstige dreiging zou zijn voor de Verenigde Staten en de buren van Noord-Korea. We zien Kim de lancering volgen van een langeafstandsraket,[14] zijn rug naar de camera toe, de pluimen drijven majestueus tegen de achtergrond van het bergachtige landschap. Aan de hand van al deze foto's probeerden experts ijlings de jongste nucleaire slagkracht van Noord-Korea te bepalen. In de eerste zes jaar van zijn bewind testte Kim Jong-un drie keer meer raketten dan zijn vader en grootvader bij elkaar – waaronder ook nieuwe ballistische raketten met uiteenlopend bereik vanaf allerlei locaties en een versie die vanaf een onderzeeër werd gelanceerd – en voerde vier van de zes kernproeven van Noord-Korea uit, allemaal voor hij vijfendertig werd.

MAAK 'HET LEGER EERST' WEER GROOT

Kim Jong-un vond alleen vooruitgang wat betreft het Noord-Koreaanse programma voor strategische wapens niet genoeg, hij streefde ook naar selectieve modernisering van de conventionele strijdkrachten, met meer dan een miljoen soldaten het vierde leger van de wereld. Bijna driekwart van de strijdkrachten zit op slechts 55 kilometer van de Gedemilitariseerde Zone die de Korea's scheidt, waardoor het schiereiland een van de gevaarlijkste plekken ter wereld is. Om een idee te krijgen: 55 kilometer is ongeveer de afstand tussen Washington en Baltimore, of tussen New York en Greenwich (Connecticut), miljoenen Amerikaanse forenzen leggen die afstand dagelijks af. Het Noorden heeft duizenden vooruitgeschoven, versterkte stukken geschut op het Zuiden gericht, dertienhonderd vliegtuigen, zo'n zeventig onderzeeërs en vaartuigen die amfibische acties en de inzet van speciale troepen kunnen ondersteunen – zoals besproken in 'Military and Security Developments Involving the Democratic People's Republic of Korea', een rapport dat het ministerie van Defensie in 2017 naar het Congres stuurde.[15]

Op papier is het Noord-Koreaanse leger geweldig, en gelet op de locatie, de dreigementen die het regime heeft geuit, en de mogelijkheid dat elk klein incident een militair conflict kan uitlokken, mag je het niet onderschatten. Toch werkt het leger, zoals het Pentagon vaststelde in het rapport aan het Congres, met verouderde spullen die men kreeg of produceerde op basis van ontwerpen van China en de Sovjet-Unie uit de jaren vijftig, zestig en zeventig – een pijnlijke herinnering aan de hoogtijdagen van steun voor Noord-Korea van de vrienden in Moskou en Peking. Bovendien hebben een heleboel soldaten het wat betreft dieet en voeding niet veel beter dan de bevolking als geheel, en het regime heeft een paar keer de minimumlengte om te mogen dienen moeten verlagen, want na de hongersnood in de jaren negentig bleven de mensen klein. Rond de tijd dat Kim aan de macht kwam, werd de minimumlengte verlaagd naar 145 cm.[16] Het regime zet ook regelmatig dienstplichtigen in voor niet-militaire activiteiten, waaronder bouwprojecten en landbouwwerkzaamheden.

Kim heeft vrijwel zeker weet van de beperkingen van het leger, want tijdens de opvolgingsprocedure werd hij ingewerkt op dit gebied, waar ook zijn persoonlijke interesse ligt. En hoewel hij waarschijnlijk beseft dat hij een conventionele oorlog met de VS en Zuid-Korea vermoedelijk niet kan winnen, is hij zich blijven inzetten voor 'het leger eerst', de ideologische erfenis van zijn vader. Kim heeft sterk de nadruk gelegd op het moderniseren van een aantal aspecten van de conventionele slagkracht van Noord-Korea, hij woonde vuurkrachtproeven bij van de artillerie, wedstrijden van gevechtsvliegers en artillerieoefeningen waarbij het treffen van militaire doelen in Zuid-Korea werd nagebootst. Kim volgde een nachtelijke oefening van gevechtsvliegtuigen[17] en er moest van hem worden getraind alsof Noord-Korea in staat van oorlog verkeerde. Het regime heeft ook nieuwe lanceerinstallaties voor luchtdoelraketten laten zien met bijbehorende radar,[18] kwam met raketcapaciteit waardoor men Zuid-Korea beter kan raken, knapte een aantal marineschepen op, en produceerde met raketten bewapende patrouilleboten en korvetten. In 2013 gebruikte het regime ook een drone bij een oefening met scherpe munitie,[19] wat erop wees dat het Koreaanse Volksleger probeerde nieuwe technologie te integreren. Kim kon zich ook verlaten[20] op zijn 180.000 commando's, de elite van speciale troepen, die goed worden gevoed, zeer gemotiveerd zijn en 'bedoeld zijn voor snelle offensieve acties, interne verdediging tegen buitenlandse aanvallen, of beperkte aanvallen op kwetsbare doelen in [Zuid-Korea]', volgens het rapport uit 2017 van het ministerie van Defensie voor het Congres. In 2016 bracht het regime een gesimuleerde aanval op het Blauwe Huis door speciale troepen in de publiciteit,[21] waarbij ook helikopters werden ingezet en zogenaamd de Zuid-Koreaanse president werd ontvoerd.

Het regime liet deze demonstraties van spierkracht vergezeld gaan van retoriek. Nog geen anderhalf jaar nadat Kim aan de macht was, dreigde het regime 'met ongekend merkwaardige middelen en methodes in onze eigen stijl' Zuid-Korea aan te vallen,[22] de eerste van vele grimmige uitspraken. Pyongyang dreigde ook met een preventieve kernaanval op de Verenigde Staten, waarschuwde buitenlandse diplomaten in Pyongyang dat hun veiligheid niet kon worden gegarandeerd, riep buitenlanders in Zuid-Korea op het land te verlaten, verklaarde de wapenstilstand van de Koreaanse Oorlog ongeldig en herstartte de plutoniumreactor in Yongbyon, die in 2007 was gesloten. Verder bracht Pyongyang een foto uit met Kim aan een enorme tafel, drie militaire functionarissen om hem heen, mogelijk bekeken ze strijdplannen. Het belangrijkste onderdeel van het vertrek was een grote kaart met de titel 'Aanvalsplan vasteland VS', je zag vier lijnen – de route van intercontinentale ballistische raketten – uit Azië komen en vier doelen treffen in de VS, onder meer Washington.[23] Het doel van deze propaganda was aan het begin van Kims bewind laten zien dat hij zich niets van de wereld zou aantrekken.

Het leek het regime niet te deren dat de acties en bombarie het vermogen om geld te verdienen ondermijnden. Uit protest tegen de jaarlijkse militaire oefeningen van Amerika en Zuid-Korea en de sancties van de VN die zich opstapelden door de kernproeven en rakettesten van Noord-Korea trok het regime 50.000 Noord-Koreaanse arbeiders terug uit het lucratieve inter-Koreaanse Kaesong Industrial Complex,[24] dat het Noorden zo'n 100 miljoen dollar per jaar opleverde. De spanning had ook invloed op de toeristensector in Noord-Korea[25], eveneens een bron van harde valuta. Kims daden tijdens deze eerste maanden wekten de indruk dat hij heel graag zijn militaire reputatie opvijzelde voor een binnenlands en internationaal publiek, met name de veel oudere en meer ervaren leiders in Washington, Peking, Seoel en Tokio, om te zorgen dat hij niet werd onderschat. Hij verdiepte in feite welbewust het isolement van Noord-Korea. Kim wees Amerikaanse, Zuid-Koreaanse én Chinese pogingen van de hand om het contact te herstellen, hij bleef liever bombarie maken en treiteren om te proberen zijn zin te krijgen, en weigerde de eerste zes jaar van zijn bewind enig buitenlands staatshoofd te ontmoeten. Hij beperkte zijn belangrijkste buitenlandse contacten tot de omgang met Kenji Fujimoto, de Japanse sushikok die hij in zijn jeugd had leren kennen en die hij in 2012 had gevraagd naar Pyongyang te komen, en met Dennis Rodman, een Amerikaanse basketballer die sinds 2013 Noord-Korea vier keer heeft bezocht.

Kim Jong-un was vastbesloten het spel op zijn manier te spelen.

HET NIEUWE NORMAAL

In inlichtingenkringen begonnen we tijdens deze gespannen jaren te spreken over het 'nieuwe normaal' – waarbij we bijna om de twee weken rakettesten meemaakten en voortdurend alarmerende retoriek hoorden, volgens de meeste doorgewinterde Noord-Koreawatchers de ergste sinds twintig jaar. De Verenigde Staten en bondgenoten in de regio reageerden met sancties en robuust machtsvertoon, zoals gevechtsvliegtuigen, oorlogsschepen en bombardementsvliegtuigen naar de regio sturen en antiraketinstallaties inzetten.[26] Leiders van de VS probeerden hun bondgenoten gerust te stellen dat ze de regio zouden verdedigen en de Noord-Koreanen te laten zien dat ze zich niet zouden laten intimideren om hún de voorwaarden te laten dicteren of om concessies te bieden zonder wezenlijke vooruitgang te zien op het gebied van denuclearisering. Intussen drong men er bij Pyongyang op aan zich aan de internationale verplichtingen te houden. Chinese leiders bleven uitvluchten verzinnen voor het gedrag van het regime – door bijvoorbeeld te weigeren Pyongyang de schuld te geven van de aanval op het Zuid-Koreaanse marinevaartuig Cheonan in 2010 – omdat ze regionale stabiliteit belangrijker vonden dan denuclearisering. Maar de nieuwe leider van China, Xi Jinping, in november 2012 aan de macht gekomen, was geen fan van het heetgebakerde gedrag van Jong-un, en dat leidde tot ongehoorde, openlijke hints dat Chinese leiders de waarde van de relatie met Noord-Korea in twijfel trokken. Ook president Lee Myung-bak van Zuid-Korea en zijn opvolger Park Geun-hye – haar moeder was in 1974 vermoord door Noord-Koreaanse commando's bij een poging haar echtgenoot te doden, de president van Zuid-Korea – waren niet in de stemming om verzoenend te doen jegens Pyongyang en verkozen hun bondgenootschap met Washington te versterken. Tegelijk probeerden ze Peking te laten meewerken om Noord-Korea in toom te houden.

Terwijl het openlijke vertoon en de openbare uitspraken uit Pyongyang het nieuws beheersten, en precies de bedoelde reactie uitlokten, paste Kim zijn gedrag aan. Ongeveer anderhalf jaar nadat hij aan de macht kwam, begon hij een vermogen te vertonen zijn acties te matigen om geen onbeheersbare reactie van de vs en de regio op te troepen. Zo verhoogden in april 2013 Amerikaanse en Zuid-Koreaanse troepen de staat van paraatheid, op basis van tekenen dat Noord-Korea plannen maakte voor de eerste test van de verrijdbare ballistische raket voor de middellange afstand, de Musudan. Het wapen, met een bereik tussen de 2500 en 4000 kilometer, zou wanneer het operationeel was, heel Zuid-Korea, Japan en de Amerikaanse militaire basis op Guam kunnen treffen.[27] Washington, Seoel en Tokio achtten een test zeer waarschijnlijk en die zou de spanningen in de regio nog verder hebben opgevoerd. China begon oefeningen met scherpe munitie langs de grens met Noord-Korea, naar men zei vooraf gepland,[28] en zette de Noord-Koreaanse banken die zaken deden met Chinese entiteiten onder druk.

Of het nu kwam door de Chinese pressie, door technische problemen of omdat het regime bang was dat de inlichtingendiensten van de vs en Zuid-Korea deze niet geteste raketten konden lokaliseren, de Noord-Koreanen haalde de Musudans weg van hun lanceerplaatsen – om pas in 2016 weer te proberen deze raket te testen, wat ze dat jaar acht keer deden.[29] In 2014 dreigde Noord-Korea met een 'nieuw soort' kernproef, volgens sommigen zou het een waterstofbom betreffen, maar Kim zag af van dit dreigement, misschien omdat de strop van de sancties strakker werd, omdat hij gevoelig was voor de Chinese tolerantie, of omdat Zuid-Korea een eigen ballistische raket testte die heel Noord-Korea kon raken.[30] Al deze factoren kunnen een rol hebben gespeeld bij Kims afweging, wat de indruk wekte dat hij leerde zijn omgeving te lezen en de voor- en nadelen van zijn acties afwoog, ook al wees alles erop dat hij snelle vooruitgang boekte in zijn mogelijkheden de vs en de Amerikaanse bondgenoten te bedreigen en ontwikkelde hij intussen een arsenaal voor overleefbare *second strike*-opties als zich een conflict zou voordoen.

Wij, in inlichtingenkringen, leerden intussen ook ons voortdurend aan te passen aan de nieuwe realiteit. We hadden eerder oorlogszuchtige acties en gedragingen van Noord-Korea meegemaakt, maar de combinatie van onzekerheid over Kims intenties en de escalatie van de intensiteit van wat zijn regime uithaalde en beweerde, zonder dat sprake leek van een ontsnappingsstrategie hield de wereld in spanning. De wereld was eigenlijk onwillekeurig gewend geraakt aan het relatief voorspelbare provocatiepatroon van Kim Jong-il, gevolgd door een charmeoffensief om politieke en economische voordelen los te krijgen. Zoals de bevelhebber van de Amerikaanse strijdkrachten van Pacific Command, admiraal Samuel Locklear, in april 2013 het Congres voorhield: 'Zijn vader en zijn grootvader voorzagen hun provocaties altijd van een route om eruit te komen [...] Het is me niet duidelijk of [Kim Jong-un] heeft overwogen hoe eruit te komen.'[31] Ondanks alle dreigementen zagen wij in de bureaucratie van nationale veiligheid geen tekenen dat Noord-Korea zich voorbereidde op oorlog – de bewoners van Pyongyang gingen bijvoorbeeld gewoon hun gang.

Maar omdat de CIA een plicht had om te waarschuwen en je op het ergste voor te bereiden, bleven we in deze begindagen waakzaam en probeerden we Kims bedoelingen zo goed mogelijk te voorspellen. We beseften allemaal maar al te goed dat de razende vaart van de rakettesten en de militaire moderniseringen door het regime in potentie snel tot een gewapende confrontatie konden leiden. Een van onze grootste vragen destijds was wie of wat Kims gedrag in toom kon houden. Hoe waarschijnlijk was het dat Kim een ernstige misrekening zou maken? Wat – of wie – vormden de remmen of aansporingen van zijn acties?

Wat we wél wisten, was dat Kim geen risico's schuwde en zijn zelfvertrouwen toenam.

Ondanks alle borstklopperij en slechte gedrag is Kim niet uit op een militaire confrontatie met de Verenigde Staten. Hij is rationeel, niet suïcidaal, en gezien zijn betrokkenheid bij de militaire aangelegenheden van zijn land en vrijwel zekere besef van de tekortkomingen ervan realiseert hij zich dat Noord-Korea een langduriger conflict met Zuid-Korea of met Amerika niet kan volhouden. Ook al is Kim agressief, hij is niet roekeloos en geen idioot. Hij heeft geleerd hoe en wanneer hij moet terugschakelen. En door zijn gave om zijn koers aan te passen en van tactiek te veranderen, dienen we acht te slaan op de waarschuwingen van Richards Heuer, vroeger werkzaam bij de CIA, over de 'zwakheden en vooroordelen die horen bij menselijke denkprocessen'[32] en voortdurend onze aannames en percepties aanpassen omtrent 'verwachtingspatronen' bij analyses over Noord-Korea. In inlichtingenkringen moeten we leren hoe we nieuwe informatie moeten verwerken over wat Kim Jong-un drijft en hoe we deze aanzienlijke – en steeds veranderende – dreiging voor de nationale veiligheid kunnen aanpakken. Hij mag dus acties hebben afgebroken die hadden kunnen leiden tot voor het regime bedreigende militaire reacties van de VS of Amerikaanse bondgenoten, Kim heeft ook duidelijk gemaakt dat hij de Noord-Koreaanse kernwapens niet zal opgeven, ongeacht dreigementen over militaire aanvallen of schermutselingen, en dat hij het programma essentieel acht voor de veiligheid van het regime en zijn legitimiteit als leider van Noord-Korea.

Het Noord-Koreaanse regime heeft vaak verwezen naar het lot van Irak en Libië – de invasie en het afzetten van de leiders daar – als belangrijke voorbeelden van wat er gebeurt met staten die hun kernwapens opgeven. Dan Coats, directeur National Intelligence, zei in 2017 tijdens het Aspen Security Forum,[33] dat Kim 'heeft gevolgd [...] wat er wereldwijd is gebeurd met naties die nucleaire slagkracht bezitten met de bijbehorende invloed'. Hij vervolgde dat de les van Libië voor Noord-Korea is: 'Als je kernwapens hebt, geef ze nooit op. Als je ze niet hebt, probeer ze te krijgen.'

Als we deze vergelijking uitwerken, kunnen we ons voorstellen hoezeer Kim Jong-un is geraakt door de dood van Moe'ammar al-Khaddafi. De voormalige 'koning der koningen in Afrika', die veertig jaar over Libië heerste, werd in oktober 2011 door rebellen opgepakt, in een gevorderd stadium van Jong-uns inwerkperiode en slechts twee maanden voor de dood van Kim Jong-il. Veelzeggende beelden van de bebloede Khaddafi gingen heel de wereld over, en je kunt je voorstellen dat die zich in Kims hersenen hadden gebrand toen hij zijn relatief nieuwe publieke status als de aangewezen leider van Noord-Korea kreeg. Zoals een bericht van destijds het omschreef:

> Een versufte en verwarde Khaddafi wordt uit de buis geleid waar hij werd gegrepen. Hij bloedde hevig uit een diepe wond aan de linkerkant van zijn hoofd, uit zijn arm, en, zo te zien, uit andere verwondingen aan zijn nek en tors, waardoor zijn tuniek rood van het bloed was. Vervolgens zien we hem op de grond, omringd door mannen met wapens die schreeuwen 'God is groot' en in de lucht vuren.[34]

De boze menigte stompte het lichaam van Khaddafi, de vroeger zo machtige man smeekte om genade voor hij buiten bewustzijn raakte. Het paste bij zijn gruwelijke en vernederende einde dat 'het lichaam van de vroegere dictator, vroeger zo gevreesd door zijn Libische tegenstanders, een laatste onwaardigheid kreeg te duchten – het werd opgeslagen op de vloer van een kamergrote koeling in Misratah, gewoonlijk door restaurants en winkels gebruikt om bederfelijke goederen in te bewaren.'

De beloftes van Washington over een betere toekomst als Noord-Korea denucleariseerde klonken voor het regime in Pyongyang waarschijnlijk hol. Het ministerie van Buitenlandse Zaken van het Noorden zei toen Khaddafi werd afgezet dat de door de VS geleide actie om Libië ervan te overtuigen de massavernietigingswapens op te geven 'een invasietactiek was geweest om het land te ontwapenen'.[35]

Voor Kim Jong-un en zijn generatie, opgegroeid in een nucleair Noord-Korea, is denuclearisering waarschijnlijk ook een onwezenlijk concept, iets uit een verre 'premoderne' periode. Maar uiteraard deed de dood van Khaddafi zich voor in de context van de zogeheten Arabische Lente, tijdens een golf van brede protesten tegen autoritaire regimes in het Midden-Oosten en Noord-Afrika, die voor Kim de consequenties moeten hebben belicht van het onvoldoende onderdrukken van een potentieel machtige bevolking, gedreven door onvrede en onvervulde dromen. Kim koesterde het kernwapenprogramma, maar intussen probeerde hij deze dromen van een socialistisch Utopia, volgens *zijn eigen* definitie, te vervullen.

7

EEN DICTATUUR VAN DE EENENTWINTIGSTE EEUW

KIM JONG-UN KON niet om een beter jaar hebben gevraagd om te beginnen als leider van Noord-Korea, precies op tijd voor het eeuwfeest van de geboorte van zijn grootvader, 15 april 2012 – de dag die Jong-un koos voor zijn eerste toespraak in het openbaar. Het regime had zich, onder zijn vader, lang voorbereid op deze datum, voor Noord-Koreanen zoiets als een combinatie van Kerstmis en nationale feestdag. Het was natuurlijk een trieste gelegenheid, slechts vijf maanden na de dood van Kim Jong-il, maar een ideale kans voor zijn zoon om sympathie, ouderlijk respect en nationalisme in zijn voordeel te gebruiken.

Dus toen Noord-Koreanen die dag naar de toespraak van Kim Jong-un luisterden, was het de eerste keer dat ze de stem van hun leider hoorden sinds de dagen van Kim Il-sung. Kim hulde zich in de mantel van de mythische, godachtige leiderschapsrol die zijn vader en grootvader hadden gespeeld en zelfs tot in de dood bleven spelen, en accentueerde zijn gelijkenis met zijn grootvader in uiterlijk en gedrag om continuïteit en de bloedlijn te benadrukken, alsof hij zichzelf wilde uitroepen tot reïncarnatie van Kim Il-sung, wiens beleid in zijn genen was geprent. Die rol spelen gaf de nieuwe leider een aura van onvermijdelijkheid en voorbestemming, terwijl de eeuwviering een gevoel overbracht dat de geschiedenis zichzelf herhaalde.

Maar Kim Jong-un was niet iemand om op de lauweren van zijn voorgangers te rusten. Hij heeft zich wel beroepen op de nalatenschap van zijn grootvader en vader, maar lijkt vastbesloten zijn eigen weg te bepalen.

DE KLEINZOON VAN DE GUERRILLA

De pogingen van Noord-Korea om Kim Jong-un op zijn grootvader te laten lijken, zijn naar alle waarschijnlijkheid een bewuste poging om het onbehagen over zijn eigenlijke achtergrond en ervaring weg te poetsen. De propagandisten van Kim Jong-il mochten dan weinig materiaal hebben, vanwege diens bevoorrechte opvoeding en het ontbreken van een guerrilla-achtergrond toen hij zijn vader opvolgde, Jong-un was een nog lastiger geval. Zijn moeder was een in Japan geboren danseres, zijn krijgservaring was nihil in een maatschappij waar ze 'het leger eerst' verheerlijkten en een oorlogsmentaliteit bestendigden. Verder had hij een aantal jaren in Europa gezeten waar hij videospelletjes deed terwijl thuis honderdduizenden mensen ratten en boomschors aten om te overleven. Bovendien was het door de afstand in tijd tot de oorlog en Kims jonge leeftijd onmogelijk hem midden in het narratief van de staat Noord-Korea te plaatsen.

Daarom zat Kims 15 april-toespraak vol geschiedenis, met name die van het Koreaanse Volksleger, om te laten zien dat hij alles over het onderwerp wist. Vervolgens begon het regime 'met [...] nieuwe drang' de Koreaanse Oorlog te herdenken,[1] zoals Adam Cathcart, een scherpzinnige volger van de Noord-Koreaanse propaganda, en verschillende andere experts hebben laten zien. Suzy Kim, docente Koreaanse geschiedenis, merkte op dat Kim het Zegevierend Vaderland Bevrijdingsoorlogsmuseum in 2013 renoveerde, op tijd voor de zestigste verjaardag van de wapenstilstand.[2] Naar zeggen van het regime moest het museum dienen 'als een basis voor anti-vs-onderwijs door militair personeel, arbeiders, en jeugd en studenten toe te rusten met de juche-gedachte, de anti-imperialistische revolutionaire ideeën, voortreffelijke gaven als commandant, en militaire strategieën en oorlogstactieken van President Kim Il-sung'.

Jean Lee, de tussen 2011 en 2013 in Pyongyang gestationeerde chef de bureau van Associated Press Korea, bezocht een ander museum over de Koreaanse Oorlog in Sinchon – waar volgens Noord-Korea Amerikaanse troepen tijdens de oorlog burgers hebben afgeslacht – dat in 2014 door Kim werd vergroot en heringericht. Wat voorheen 'een eenvoudig gebouw op een grasachtig heuveltje' was geweest 'werd vervangen door een paleisachtig museum dat een heus huis van verschrikkingen is geworden, zaal na zaal wordt een levendig beeld gegeven van de gruwelijke wreedheden die men aan de Amerikanen toeschrijft'.[3] Lee merkte op: 'Een bezoek is net een wandeling over de set van een horrorfilm, bezoekers kunnen helemaal naar de tableaus toe lopen en kunnen het bloed praktisch ruiken en het geschreeuw horen. Op een tableau [...] rukt een levensgrote Amerikaanse soldaat aan het haar van een jonge Koreaanse vrouw die is vastgebonden aan een boom, terwijl een andere Amerikaan een mes in haar hart steekt. In een andere zaal, helemaal rood verlicht alsof die met bloed is doordrenkt, slaan Amerikaanse soldaten spijkers in het hoofd van een Koreaanse vrouw. Razende vreugde vervormt hun gezichten.' Zoals Suzy Kim opmerkte: 'In Noord-Korea wordt de Koreaanse Oorlog voortdurend herhaald, niet alleen door musea en gedenkplaatsen, maar ook doordat men steeds herinnert aan het voortdurende conflict met de Verenigde Staten.'[4]

Voor Kim Jong-un dienen de verwijzingen naar de geschiedenis van de Koreaanse Oorlog, inclusief de bewezen en verzonnen Amerikaanse wreedheden en de Noord-Koreaanse overwinning op de VS-imperialisten, en uiteraard ook zijn eigen erfenis, allemaal om hem te verbinden met zijn guerrilla-afstamming. Hij heeft de nostalgie naar de tijd vóór de jaren negentig aangewend. 'Deze man voelt zich thuis in de schoot van deze geschiedenis,' heeft Cathcart gezegd,[5] 'zozeer dat hij er geen moeite mee lijkt te hebben de statige wandelpose van zijn grootvader te imiteren of dat het enorme beeld midden in het museum voor de Koreaanse Oorlog meer op Kim Jong-un lijkt dan op de man die de Koreaanse Oorlog begon.' Tijdens zijn regelmatige publieke optredens is te zien dat Kim op allerlei economische, militaire, sociale en culturele evenementen raad geeft, zoals zijn grootvader en vader deden, maar hij doet meer aan de eerste dan aan de laatste denken, omdat hij zichzelf heeft gegund relatief transparant en toegankelijk te zijn. Hij omhelst, houdt handen vast, en neemt mannen, vrouwen en kinderen in de arm, hij lijkt zich bij jong en oud op zijn gemak te voelen.

Maar ook al koestert hij zich in de gloed van de alomtegenwoordigheid van zijn grootvader bij zijn volk, Kim neemt er kennelijk geen genoegen mee de geschiedenis – hoewel die dient voor zijn legitimiteit – slechts te herhalen, maar wil het land voorwaarts helpen naar een nieuwe moderniteit.

EEN 'SOCIALISTISCH SPROOKJESLAND'

Terwijl de buitenwereld argwanend naar de jonge dictator kijkt, lijkt Kim Jong-un vastbesloten van zijn jeugd een deugd te maken: hij versterkt de indruk dat hij jong, krachtig en in beweging is – eigenschappen die hij ook aan zijn land toeschrijft. In plaats van statisch raad te geven of alleen statig in de houding te staan terwijl zijn entourage plichtsgetrouw aantekeningen maakt, wiedt Kim onkruid, zit hij in achtbanen, haalt hij de hendel over in de fabriek voor smeerolie, rijdt hij met een tank en galoppeert hij op een paard. De foto's van Kim tijdens zijn routinebezoeken aan allerlei plekken lijken bijna spontaan, met kinderen op de crèche die over hem heen vallen, aan zijn mouw trekken, of met vrouwelijke piloten die zijn arm vasthouden terwijl ze samen richting camera lopen. Het rechtstreeks tot het volk spreken bij de viering in april 2012 was een manier om intimiteit te scheppen en om zijn zelfverzekerde belofte over te brengen dat Noord-Koreanen niet langer de broekriem hoefden aan te halen, een groot contrast met de 'twee maaltijden per dag'-jaren van de hongersnood. Het volgende jaar kondigde hij zijn beleid aan van *byungjin* (parallelle ontwikkeling): Noord-Korea kan gelijktijdig kernwapens én welvaart hebben. Bezield door het optimisme van mensen die door hun voorrechten geloven dat alles mogelijk is, heeft hij voorrang gegeven aan deze twee kwesties en er zich persoonlijk over ontfermd – wat allemaal bij het vestigen en bevorderen van zijn imago hoort.

De architectuur van de militaire component van byungjin zie je in museums over de Koreaanse Oorlog en in militair geïnspireerde beelden en gedenkplaatsen, de aan de andere helft van byungjin gewijde structuren worden vertegenwoordigd door de monumenten voor vrije tijd. Kim heeft skioorden aangelegd, een club voor paardrijden, schaats- en pretparken, een nieuw vliegveld, en een dolfinarium, misschien omdat hij die als tekenen van een moderne tijd ziet. Of wie weet wil hij in zijn naïviteit zijn volk eenvoudig laten genieten van de dingen waartoe hij door zijn bevoorrechte positie toegang heeft. (Volgens sushikok Fujimoto zou Kim eens hebben gezegd: 'Hier zijn we dan, we spelen basketbal, rijden paard, varen op jetski's, hebben plezier samen. Maar hoe zit [het] met het bestaan van de gewone mensen?'[6]) Zijn vader was weliswaar kort voor hij stierf met de trend begonnen, maar Noord-Korea ging onder Kim Jong-un enorm veel bouwen en het toerisme bevorderen – laten we een 'socialistisch sprookjesland' scheppen, verkondigde het regime[7] – terwijl men bedreigingen en raketten bleef afvuren. Blijkbaar had men geen idee dat dit allemaal slecht te rijmen viel, of was men daar ongevoelig voor.

De kleurige frivoliteit van de waterparken en achtbanen vormt een schril contrast met het indrukwekkende landschap van oorlogsgedenktekens, adembenemend door hun omvang en het land verstikkend onder het gewicht van de echte en gefantaseerde krijgsgeschiedenis van Noord-Korea. Je kunt Noord-

Koreanen, jong en oud, vrolijk zien ronddartelen in de enorme zwembaden van het pretpark op Rungra. Vrouwen met modieuze, maar ingetogen badpakken pakken elkaar opgewekt vast in de kunstmatig opgewekte golven. Op de achtergrond is er een doolhof van snoepjeskleurige waterbanen. Jongens richten speels enorme watergeweren op elkaar. Kim zwaait op een van zijn bezoeken terwijl hij door loopt met zijn gevolg,[8] en een grote groep mensen met zwembroeken en badmutsen juicht en zwaait terug. Op de Mirim paardenclub, in oktober 2013 geopend, kunnen bezoekers 'paardrijden, naar paardenshows kijken en ontspannen bij het stalletje voor bier en snacks', volgens een van de reisondernemingen op Westerse basis die in Noord-Korea actief zijn.[9] Er zijn 120 paarden te huur – voor 8 dollar buiten of voor 10 dollar binnen – waaronder de prestigieuze Orlovdravers die de Russische president Vladimir Poetin aan Noord-Korea heeft geschonken. Een andere reisonderneming meldde dat de paardenclub ook over 'een paviljoen [beschikt], restaurants, sauna en nog meer!'[10] Als paardrijden of waterbanen niet jouw smaak zijn, kun je als plezierzoeker naar een hightech schietbaan, minigolf spelen, een film bekijken in een 4D-bioscoop of de kunstjes van dolfijnen volgen.[11] Het Masikryong skigebied heeft negen hellingen en een chalet van negen etages met een zwembad, sauna en spa, en in de winkel worden Europese artikelen verkocht als kaas en chocolade, volgens de journaliste Kim Wall, die er in 2014 ging kijken.[12]

Een van de vreemdste vroege momenten van het nieuwe regime vond plaats in de zomer van 2012, toen de staatsmedia een foto uitbrachten van Kim Jong-un en een aantal buitenlandse diplomaten in een achtbaan in het nieuwe pretpark op Rungra, bij de officiële opening op 26 juli.[13] Kim zit in de riemen, met een brede grijns, terwijl zijn benen in de lucht bungelen tegen de bleekblauwe hemel. Ook vooraanstaande Noord-Koreaanse functionarissen gaan de achtbaan in, sommige genieten ervan, andere kijken angstig. De onmogelijke combinatie van de leider van de meest gesloten maatschappij ter wereld, de van kernwapens voorziene serieschender van mensenrechten, die zich met jongensachtige overgave vermaakt in een achtbaan was schokkend en grotesk.

Het epicentrum van dit socialistische sprookjesland is Pyongyang, de machtszetel waar de elite woont, werkt en speelt, en waar we nu een glimp opvangen van een opkomende materialistische consumentencultuur. Door de koortsachtige bouwgolf onder Kim is er iets ontstaan wat diplomaten daar 'Pyonghattan' noemen. De Changjon Straat Appartementen bestaan bijvoorbeeld uit een complex van achttien flats,[14] sommige wel 74 verdiepingen hoog, wat voor een skyline zorgt die je verwacht te zien in New York of in Seoel. Bezoekers aan Noord-Korea kwamen in de loop van de jaren terug met verhalen over nieuwe bouwprojecten, straten vol geïmporteerde auto's en taxi's, en nieuwe restaurants waar ze tien soorten pizza en pasta serveren met wijn of bier erbij.

Consumeren is gewoon, geliefd en gewenst geworden. Sinds Kim aan de macht kwam, genieten meer Noord-Koreanen van smartphones, taxi's, flatscreentelevisies en huishoudelijke apparatuur, gemaakt in Japan en Zuid-Korea.[15] Een breed scala aan deze en vergelijkbare artikelen zijn verkrijgbaar op honderden markten en in staatswinkels. Wall beschreef wat zij 'doorsneeleven en alledaags geluk noemde: stelletjes geüniformeerde militairen die elkaars hand vasthouden in het pretpark van Pyongyang, meisjes op rolschaatsen in roze truitjes die ijs kopen, verveelde ouders die wachten op bankjes in de schaduw'.[16] Een jaar later zag ook Oliver Wainwright, criticus architectuur en design van *The Guardian*, tekenen van een opkomende welvaart, in elk geval in Pyongyang. 'Jongens rijden over de pleinen op rollerblades,' schreef hij,[17] 'terwijl vrouwen rondlopen met felgekleurde jasjes en hoge hakken, ze schermen hun ogen van de zon af met glimmende zijden parasols en overmatig grote zonnebrillen – modeaccessoires die luttele jaren geleden nog ongehoord waren.'

Verder heeft Kim, vanaf 2014, buiten Pyongyang, geprobeerd het oostelijke kustgebied van Wŏnsan te ontwikkelen, zo'n vierhonderd vierkante kilometer ervan, met het doel miljoenen toeristen te trekken. Het is een van de weinige Noord-Koreaanse economische activiteiten die niet onder internationale of Amerikaanse sancties valt, ook al heeft hij vanuit het gebied een heleboel raketten gedaan. Het Korea Maritime Institute, een Zuid-Koreaanse denktank, schatte in dat toerisme het equivalent van ongeveer 44 miljoen dollar in de Noord-Koreaanse economie pompt, waarbij 80 procent van de bezoekers uit China komt.[18] Volgens een Noord-Koreaanse brochure voor buitenlandse investeerders die door Reuters werd geanalyseerd,[19] probeerde Kim steun te vinden voor het bouwen van een warenhuis van 7,3 miljoen dollar en een golfbaan van 123 miljoen dollar, en had hij een delegatie naar Spanje gestuurd om daar diverse succesvolle toeristische attracties te bestuderen. Het regime had al een nieuw vliegveld aangelegd en een skigebied in de buurt om vaart in de ontwikkeling van Wŏnsan te krijgen.

De door het regime uitgekozen beelden om te verspreiden en in de hagiografie van Kim te verweven, zeggen veel over hoe hij zich de toekomst van Noord-Korea voorstelt en zijn plaats daarin. De meesterbouwer van Pyongyang, die ervoor koos oorlogsmonumenten, kernwapens en ballistische raketten af te wisselen met de sinds kort in zijn land beschikbare luxe en resorts, wil het volk mogelijk bijbrengen dat zij deze welvaart hebben *dankzij* het kernwapenprogramma dat hen beveiligt tegen de vijandige buitenwereld en hen status verschaft.

Kim gebruikt de beelden van deze gemakken misschien ook als een correctiemiddel, om het dominante externe verhaal te ondermijnen van een vervallend, hongerend, in economisch opzicht haperend Noord-Korea. En de realiteit is dat buiten Pyongyang, een stad met ongeveer 3 miljoen mensen waar alleen de elite mag wonen en werken, zo'n 22 miljoen Noord-Koreanen in een deprimerend, ontbost landschap wonen waar ze moeizaam leven van wat er over is van het publieke distributiesysteem. Ze zijn actief op de markt en krijgen zeer noodzakelijke artikelen en diensten van internationale hulpgroepen, en hebben nauwelijks hoop ooit de hoofdstad vol glitter te bezoeken, laat staan in een van de dure restaurants te eten.

Nog belangrijker is dat Kim deze tekenen van welstand misschien niet louter als een lokkertje inzet, maar de wereld wil laten zien hoe succesvol de autarkie van Noord-Korea is en een intern narratief wil bieden dat het goed gaat met Noord-Korea nu zijn volk meer en meer informatie krijgt over de rijkdom in Zuid-Korea. Dvd's en USB-sticks met soapseries uit het Zuiden en K-pop zijn in steeds grotere aantallen het Noorden binnengesmokkeld, waardoor het voorheen afgegrendelde mentale en culturele landschap geïnfiltreerd raakt, wat een gevaar vormt voor het regime. Met als gevolg dat Kim, bijvoorbeeld voorjaar 2014, acties aan de grens is begonnen[20] en de straffen heeft verhoogd voor vergrijpen als illegaal contact met buitenlanders, het kijken naar Zuid-Koreaanse programma's, het luisteren naar buitenlandse radiozenders en het helpen van overlopers, plus nog een heleboel andere dingen. De internationale mensenrechtenorganisatie Human Rights Watch stelde in een rapport uit 2019[21] dat Kims wens om controle uit te oefenen op de verplaatsingen van Noord-Koreanen, alsmede hun toegang tot informatie en goederen, niet is verminderd. Hij heeft meer camera's neergezet, meer prikkeldraad en meer grensbewakers langs de 1400 kilometer lange grens met China. Dit heeft geleid tot een enorme afname van het aantal Noord-Koreanen dat erin slaagde over te lopen naar Zuid-Korea, van 2706 in 2011 tot slechts zo'n 800 in 2018.

Dat Kim zich op vrije tijd en vermaak toelegt, wekt de indruk dat hij zich richt op de jongere generaties: hun geest is plooibaarder en ontvankelijker voor de fantasievolle beweringen van het regime dat Kim bovennatuurlijke krachten heeft. Hij ziet ongetwijfeld in dat als de jongeren ouder worden ze nog verder verwijderd raken van de oorlog en de noodzaak dat Noord-Korea zich zou moeten blijven isoleren, dus schept hij stelselmatig een onderwijsinfrastructuur om hun geest te vormen. Zoals diverse Noord-Koreawatchers hebben vastgesteld, heeft het regime de propaganda en het onderwijs gericht op het scheppen van een nieuwe generatie loyalisten door organisaties voor kinderen en de jeugd nieuw leven in te blazen en de indoctrinatie op te voeren. Een leerprogramma voor de middelbare school in Noord-Korea laat zien dat het regime met een cursus van drie jaar is begonnen over het vroege leven van Kim Jong-un, van in totaal 81 lesuren.[22] In 2014 bracht het regime kinderfoto's uit van Kim,[23] gekleed in generaalsuniform, en men benadrukte dat hij op zijn derde al een heel goede schutter was met een pistool en al zeven talen had geleerd. Verder zou hij als tiener 'nieuwe geografische kenmerken' van Noord-Korea hebben ontdekt en was hij een erudiete kenner van militaire leiders.

Christopher Richardson, een onderzoeker die zich bezighoudt met hoe men in Noord-Korea de kindertijd ervaart,[24] beweert dat het regime Kim wil afschilderen als een kindgenie met een 'messianistisch lot', de natuurlijke erfgenaam van de revolutie. Naast het ophemelen van Kims briljante geest is het doel de jongeren laten zien dat ze net als hij kunnen zijn, zoals bijvoorbeeld christenen de gelovigen aansporen de weg van hun God te bewandelen. Ook zij kunnen de revolutie helpen verspreiden door hun leider te volgen. Ook zij kunnen met hun jeugdige kracht, idealisme en zuiverheid het land vooruithelpen, met het veilige idee dat hun leider de ultieme bescherming heeft verschaft doordat hij kernwapens bezit.

In 2015 boekte Oliver Wainwright een reis naar Pyongyang bij een in Peking gevestigde reisonderneming. Tien dagen trok hij de stad door, samen met drie Noord-Koreanen die moesten zorgen dat hij niets subversiefs zou doen. Hoewel hij door zijn oppassers in de gaten werd gehouden kon hij de hoofdstad uitbundig fotograferen, wat rake observaties bood vanuit zijn perspectief als expert in architectuur en kunst. Hij schreef dat elk nieuw gebouw 'een merkwaardig consistente stijl vertoont van kleurstellingen uit de peuterklas en blinkende synthetische oppervlakken, door de pasteltinten en de spiegelsymmetrie krijg je het griezelige gevoel de set van een Wes Anderson-film op te lopen'[25] – grillig, escapistisch en verzadigd van kleur. Wainwright sprak over 'architectuur als narcose, een machtig middel voor de staat om de bevolking te infantiliseren'. Goed gezien! Voor Kim en zijn generatie, mensen die opgroeiden in een nucleair Noord-Korea, is het combineren van beelden van een natie die in voortdurende staat van oorlog verkeert – posters, beelden, militaire parades – met het pastelkleurige wonderland van vrije tijd en consumptie volkomen logisch. Het infantiliseren van de Noord-Koreaanse bevolking is opzet, een vanzelfsprekend uitvloeisel van extreme repressie, waarbij het regime de macht heeft te dicteren waar je woont, trouwt, werkt en speelt, zodat je individuele verlangens ondergeschikt worden gemaakt aan die van hun leider.

Maar als Kim mooie appartementen en apparaten aan de elite uitdeelt, roept hij onvermijdelijk hoop op en wekt hij méér verlangen naar luxe en vrije tijd die moet worden bevredigd. Kim heeft zijn legitimiteit gekoppeld aan het verbeteren van het leven van de mensen, daarom moet hij zijn beloftes blijven waarmaken. Hoop is machtig – niet alleen kunnen mensen zich door hoop aanpassen aan hun omgeving en omgaan met gebreken en obstakels, maar hoop kan ook leiden tot ontevredenheid, waarbij mogelijk het hele bouwwerk, in fysieke en metaforische zin, afbrokkelt, langzaam of op een spectaculaire manier. Rüdiger Frank, een Duitse Noord-Korea-expert, heeft zich afgevraagd of het met Noord-Korea dezelfde kant zal opgaan als met de Sovjet-Unie en Oost-Duitsland:

> Noord-Koreanen zijn inmiddels net zo materialistisch, inhalig en onvoldaan als hun kameraden in de Sovjet-Unie en Oost-

> Duitsland ooit waren [...] Noord-Korea is het kapitalistische spel beginnen te spelen, en is veel verdergegaan dan de meeste Europese socialistische landen ooit zijn gegaan. Tekorten zijn niet meer het overheersende thema, en toegang tot bijna alles is gegarandeerd – zolang je maar genoeg geld hebt.[26]

In gesprekken met overlopers zie je iets van die ontevredenheid terug, zoals de frustratie doordat je niet vooruit kunt komen. Een in 2014 vertrokken overloper zei in een interview met *The Washington Post*: 'Ik wilde vooruit komen in het leven, ik wilde naar de universiteit, maar omdat mijn moeder was overgelopen naar China, leek het erop of ik nooit verder kon komen.'[27] Een man van vijfentwintig die werd belet zijn droom na te streven omdat familie van hem in China woonde, zei: 'Ik was ambitieus. Ik wilde partijlid zijn en van alle mogelijkheden genieten die daarbij horen. Mijn droom was bergen geld te verdienen en een hoge regeringsambtenaar te zijn. Je familieachtergrond is zo belangrijk in Noord-Korea.'[28] Een andere jongvolwassene had kritiek op de tegenstrijdigheden: 'Op school kregen we te horen dat we iedereen konden worden. Maar nadat ik van school af was, besefte ik dat dit niet waar was.'[29]

Het is afwachten of Kim Jong-un de verlangens van de bevolking sneller zal kunnen bevredigen dan de frustratie toeneemt, en of door voortgaande repressie hoop voldoende kan worden beteugeld en gevormd om vóór in plaats van tegen het regime te werken.

DE *JANGMADANG*-GENERATIE

Terwijl Kim Jong-un een probleemloos en gemakkelijk leven leidde – tijdens de hongersnood van de jaren negentig kon hij van luxedingen genieten, zijn favoriete voedsel eten, zijn favoriete spelletjes spelen, en was hij omringd door dienaren en familieleden die de zoon van de dictator graag gunstig wilden stemmen – moesten zijn medemillennials, de *jangmadang* ('markt')-generatie, afhankelijk van hun status, moeizaam hun kostje bij elkaar scharrelen door te bedelen, te stelen, te smokkelen of heel kleine ondernemingen te beginnen. Kim Jong-un zette het Noord-Koreaanse landschap vol pretparken, restaurants en warenhuizen met luxeartikelen, en de bevolking liep rond met zijden parasols, een enorm verschil met het Noord-Korea van zijn grootvader dat 'de sterkste anticonsumeercultuur' had gehad 'die in de twintigste eeuw kon bestaan' volgens de auteur Barbara Demick.[30] Dat had zin zolang de regering in alles voorzag, vanaf voedsel tot en met werk, gezondheidszorg en kleding (een setje voor de zomer en eentje voor de winter), en zolang Noord-Korea kon vertrouwen op de vrienden in het Sovjetblok en China voor gesubsidieerd voedsel, olie, militaire uitrusting en industriële apparatuur. Maar na het einde van de Koude Oorlog konden Noord-Koreanen niet meer rekenen op de staat, omdat rantsoenen slonken of helemaal verdwenen, waardoor zelfs de ware gelovigen zich om te overleven tot de zwarte markt moesten wenden.

Door het onvermogen van de overheid de bevolking te voeden en de maar al te reële dreiging van honger te sterven ontstonden marktactiviteiten, hoewel die omdat ze haaks op het communisme staan formeel illegaal waren. In 2007 stelde Kim Jong-il de groei van marktactiviteit rechtstreeks aan de orde,[31] hij wees die af 'omdat zo afbreuk wordt gedaan aan het socialisme in onze stijl [...] en aldus een broedplaats ontstaat van alle mogelijke niet-socialistische praktijken'. Maar dit was een trend die hij niet kon stoppen, want er groeide een generatie op die hun ouders tofu en koekjes zag verkopen, kamers verhuren voor romantische afspraakjes of prostitutie, of goederen smokkelen uit Zuid-Korea en China, en die op hun beurt dezelfde activiteiten ging ontplooien.

Yeonmi Park schreef in haar autobiografie dat haar vader als smokkelaar actief was in Pyongyang, terwijl zij en de rest van de familie daar ver vandaan woonden, en dat hij niet de enige was. 'Het kapitalisme [...] bloeide,' schreef ze.[32] Om eraan toe te voegen: 'Als je wist waar je moest kijken, kon je ook dingen vinden als digitale horloges en dvd-spelers bij verkopers die opereerden in het grijze gebied tussen legale en illegale handel in het nieuwe Noord-Korea.' Kim Hyuck, een tiener wiens verhaal door Barbara Demick werd verteld in haar bekroonde boek *Nothing to Envy*,[33] maakte regelmatig reisjes over de Tumen, de rivier die China van Noord-Korea scheidt. Hij kocht strijkijzers en andere huishoudelijke apparaten in Noord-Korea en verkocht ze in China waar er maar vraag naar was. Zoals Demick beschreef, besteedde hij de opbrengsten aan meer spullen uit Noord-Korea. Die kocht hij voor een appel en ei van mensen die wanhopig probeerden hun familie te laten overleven, om ze weer voor een fikse winst in China te verkopen.

Ha-Young, een overloper uit Musan, aan de grens van Noord-Korea met China, vertelde hoe ze tijdens en na het dieptepunt van de hongersnood de groothandel van haar moeder hielp te laten bloeien.[34] Volgens Jieun Baek, die deze verhalen van overlopers bijeenbracht, kreeg de moeder van Ha-Young ongeveer 450 kilo gebruikte kleren per keer uit China. Ze betaalde iedereen die bij de transactie was betrokken om te zorgen dat de spullen veilig over de grens kwamen en om zichzelf te beschermen. Ha-Young hielp haar moeder bij het sorteren op basis van kwaliteit, daarna werden de waren geprijsd, en vervolgens verspreid naar andere vrouwen die ze in hun eigen bedrijfjes verkochten. Ze herinnerde zich dat haar familie, door het succes van haar moeder, een koelkast had, een wasmachine, een televisie, en volop en gevarieerd voedsel. Hoe lukte het hen de wetten te omzeilen? 'Omdat haar familie altijd profijtelijk was voor de politie, hield een agent zich bezig met protectie van de moeder van Ha-Young, voor het geval ze problemen zou krijgen,' legde Baek uit.[35]

Het regime tolereerde deze activiteiten, kneep er een oogje voor dicht en moedigde ze zelfs aan, waarschijnlijk omdat men besefte, anders dan in het verleden, niet meer in de behoeften van het volk te kunnen voorzien, en omdat het onmogelijk was ze allemaal te stoppen. Een groot deel van de elite van Noord-Korea en vooraanstaande leden van de Koreaanse Arbeiderspartij gebruikten hun positie om ditzelfde soort particuliere handel te drijven, zij het doorgaans op veel grotere schaal. 'Het regime van Kim overleefde en bloeide in sommige opzichten,' volgens William Brown, een voormalige hoge ambtenaar op het bureau van de directeur van National Intelligence en een expert op het gebied van de Noord-Koreaanse economie, 'door een voortdurende groei toe te staan van marktactiviteit, vaak ten koste van staatsbedrijven en staatszeggenschap.'[36] De overheid begon al in 2003 markten te legaliseren,[37] volgens het Koreaanse Ontwikkelingsinstituut in Zuid-Korea, en naar inschatting van dit instituut waren er in 2017 meer dan 400 door de staat goedgekeurde markten, en als je de informele markten in de stegen meetelde, kon het aantal liefst 750 bedragen.

Omdat het regime de noodzaak onderkende om de rol van de overheid bij economische activiteiten te onderstrepen en om goodwill voor Kim Jong-un op te wekken, heeft men in de provincies geprobeerd te herhalen wat men in de hoofdstad deed. Het regime liet bijvoorbeeld in Sinuiju,[38] een middelgrote provinciestad met ongeveer 350.000 bewoners, volgens de Noord-Koreaanse volkstelling van 2008, de meest recente waartoe we toegang hebben, een nieuw stadion bouwen en een theater, renoveerde scholen en begon met de aanleg van een nieuw park om, maakte men duidelijk, de liefde van de leider voor het volk te tonen. Kim breidde ook faciliteiten uit voor marktactiviteiten en renoveerde die, wat belastingvoordeel opleverde voor de centrale overheid én voor de Noord-Koreaanse ondernemers. Het is moeilijk aan gegevens te komen of het is gelukt met dit soort projecten goodwill voor Kim op te wekken, omdat het lastig is eerlijke antwoorden los te krijgen van Noord-Koreanen die bang zijn ook maar iets kritisch te zeggen over hun overheid.

Het regime heeft de talloze, kleinere onofficiële markten niet weten te stuiten. Zo was John Everard, vroeger de Engelse ambassadeur in Noord-Korea, getuige van een politieactie tegen een marktje dat slechts uit een handjevol vrouwen bestond.[39] Toen de vrouwen werden benaderd, negeerden ze de politie eerst. Vervolgens pakten ze hun spullen en gingen ze eenvoudig een straat verderop. Zodra de politie weg was, zetten ze hun stalletjes weer op de oorspronkelijke plek neer.

De economie van Noord-Korea is, zoals politicoloog Robert Kelly heeft opgemerkt, 'een ongelooflijk inefficiënt, duister stelsel van omkoping, vriendjespolitiek en gunsten. Zo krijg je een bijna ondoordringbaar zakelijk klimaat waarbij niemand weet waar de staat eindigt en de particuliere economie begint.'[40] De welgestelde elite, bekend als de *donju*, 'de geldmeesters', is rijk geworden door te profiteren van de vage ruimtes, ontstaan doordat Kim Jong-un marktactiviteit duldt.

De opkomst van de donju is zelfs een van de ingrijpendste veranderingen geweest in de Noord-Koreaanse samenleving van de afgelopen twintig jaar, naar overlopers zeggen en volgens de berichten van de toeristen en journalisten die een en ander tijdens hun reizen zagen. 'Er vinden grote en onverwachte veranderingen plaats in Noord-Korea,' zei de eliteoverloper Thae Yong-ho toen hij getuigde voor het Amerikaanse Huis van Afgevaardigden.[41] 'In strijd met het officiële beleid en de wens van het regime bloeien de vrije markten.' Nationaal beleid is één ding, maar dat werkelijk implementeren is natuurlijk een ander verhaal. Gezien het web van relaties en de geldstromen tussen de kleine ondernemers van Noord-Korea en de plaatselijke gezagsdragers, zou het lastig zijn veel te veranderen aan deze nu verankerde praktijken zonder enorme verstoring en potentiële onrust. Volgens sommige schattingen zijn 1,6 miljoen Noord-Koreanen werkzaam op informele markten en produceren daarmee gemiddeld 70 tot 80 procent van het inkomen van een Noord-Koreaan.[42]

Zoals vele experts en Noord-Koreawatchers hebben gezegd, verdient de stedelijke elite goed, heel goed. Deze mensen dragen kleurrijke designerkleding, rijden in Audi's, hebben leren tassen en gebruiken mobieltjes uit China. Ze besteden hun geld aan de nieuwe vermakelijkheden die het regime biedt en geven hun kinderen spullen die een generatie geleden ondenkbaar waren. Ze houden taxi's aan om op hun bestemming te komen, en kopen terwijl ze wachten vaak snacks uit een van de vele stalletjes. Al begin deze eeuw bepaalde geld het leven van de kinderen die de donju kregen. Yeonmi Park herinnerde zich dat haar vader, die smokkelde, in 2000 'een heleboel cadeaus' meebracht:[43] parfum, nieuwe kleren, boeken, make-up en een Nintendo uit de jaren tachtig. Mensen die banden hebben met het regime – hoge militairen en partijleden – hebben de meeste voordelen binnengehaald. Via deze connecties hebben ze vermogens vergaard door toezicht te houden op de vele infrastructuur- en bouwprojecten van Kim Jong-un. Daarbij benutten ze vaak buitenlandse contacten die ze hebben gelegd toen ze buiten het land werkten. Ambitieuze ondernemers zijn afhankelijk van dicht bij het vuur van het regime zitten, en alles draait daar om smeergeld. In de woorden van de journalisten Daniel Tudor en James Pearson: 'In zekere zin [...] drijven de hoogste leiders van Noord-Korea een protectiebende.'[44]

De zichtbaarheid van de rijkdom van de donju en de jangmadang-generatie versterkt waarschijnlijk de indruk bij zijn volk en de buitenwereld dat Kim Jong-un zich houdt aan zijn retoriek over een betere kwaliteit van leven voor Noord-Koreanen. Kim lijkt de mensen zelfs aan te moedigen hun omstandigheden te verbeteren door hun eigen netwerk te gebruiken om geen last te hebben van de realiteit van regelmatige stroomstoringen en een tekort aan publieke goederen en diensten.

Jean Lee, vroeger chef de bureau van Associated Press in Pyongyang, heeft erop gewezen dat het regime soapseries en films gebruikt om te helpen duidelijk te maken waar de prioriteiten van het regime liggen. In haar fascinerende studie over Noord-Koreaanse soapseries die onder Kim Jong-un werden geproduceerd,[45] vertelt ze dat deze televisieprogramma's veranderingen weerspiegelen in de visie van het regime op het Noord-Koreaanse bestaan – vanaf de sombere slagvelddromen uit de tijd van Kim Il-sung en Kim Jong-il naar de opgewekte idealen van een gelukkig middenklasseproletariaat. In de afleveringen zie je huizen in onlangs gebouwde appartementencomplexen, 'pietluttig ingericht met gordijnen, klokken, behang, schemerlampen, bloemen en planten [...] Tafels vol eten.' De mannen hebben dure gouden horloges om en de vrouwen dragen mooie bloesjes en rokjes. Scholieren zitten in klaslokalen vol technologie, zoals computers, microfoons, speakers, telescopen en opnameapparatuur. De dagen van de hoofdpersonen gaan op aan kattenkwaad op school, vrouwen roddelen, en buren willen mensen koppelen en helpen elkaar door water de trap op te dragen wanneer door een stroomstoring de lift het niet doet. Noord-Koreanen zijn, vanuit het perspectief van Kim, 'jong, intelligent, slim, loyaal en soms ondeugend – onschuldige versies van de leider zelf'. Ze zijn blij wanneer de raketlancering van december 2012 slaagt en rivalen uit de buurt 'vergeten even dat ze elkaar minachten en dansen in een kring'.

Maar ook al laat het regime stilletjes officiële en niet-officiële markten bloeien, zowel voor de ondernemers als voor Kim zijn er risico's. Noord-Koreaanse burgers moeten tussen het aanvaardbare en het onaanvaardbare laveren, en zijn veel geld kwijt aan steekpenningen en tarieven voor het voorrecht zaken te mogen doen. Ook kampen ze voortdurend met de dreiging in de problemen te raken, ongewild op ambtenaren of medeburgers te stuiten die beter van hen kunnen worden, geen ongewoon verschijnsel in een systeem dat corruptie en afpersing beloont. Voor het regime maakt de rommelige hybride wereld van privaat-publiek ondernemerschap het mogelijk de elite en geldverdieners die belang hebben bij het overleven van het huidige systeem samen te smeden, ook al kunnen de persoonlijkheidscultus en de revolutionaire ideologie verzwakkend werken. Maar bij marktactiviteit hóórt toegang tot externe informatiebronnen, in de vorm van dvd's of USB-sticks die Noord-Korea in worden gesmokkeld, als deel van de reizen en gesprekken met buitenlanders die een noodzakelijk aspect zijn van veel ondernemersactiviteiten.

Het lekken van informatie het land in begon tijdens de jaren van de hongersnood en heeft de afgelopen twintig jaar de sceptische houding over het regime verdiept. Een arts die een bedrijf begon om Chinese artikelen te verkopen vertelde dat hij, in 1999, naar China ging met een Chinese zakenman, waarbij hij onderweg grenswachten steekpenningen toestopte. 'Het eerste, meest schokkende dat ik in China te zien kreeg, was een markt in een klein stadje op het platteland. Er waren volop arme mensen, maar zo mager waren ze niet. En op die markt was er alles! Rijst, olie, bananen, vlees – iedereen kon het zomaar kopen en opeten [...] Ik besefte dat er iets volkomen mis was.'[46] Een overloper vertelde verbaasd te zijn toen hij met een vriend naar een populaire Zuid-Koreaanse film keek. De mensen waren door de propaganda van het regime geïndoctrineerd met het idee dat de Zuid-Koreanen in troosteloze armoede leefden, terwijl Noord-Koreanen het paradijs bewoonden. In plaats van de Zuid-Koreanen die 'mensen verleiden en ze kidnappen [...] buitenlanders ontvoeren en hun bloed nemen', zag hij in de film dat er in Zuid-Korea 'mooie auto's op straat reden [...] De mensen hadden het zo goed en in Seoel spraken ze op zo'n interessante, zo'n elegante manier Koreaans [...] Ik kon het maar niet uit mijn hoofd zetten.'[47]

In november 2017 bracht *The Washington Post* een reportage, 'Life under Kim Jong Un', met verhalen van overlopers die meer zeggen over de effecten van marktwerking en het doordringen van informatie.[48] Iemand van 25 kijkt naar dvd's met Chinese, Russische, Indiase en Zuid-Koreaanse soaps. Een 37-jarige generatiegenoot van Jong-un zei elke dag negentig minuten ideologische training te hebben gekregen, 'dan zeiden ze ons dat we in ons dagelijks leven offers moesten brengen zodat ze deze wapens konden bouwen en ons land beschermen, de natie veilig houden. Ik was het vreselijk beu al die revolutionaire historie te horen.' Iemand van veertig zei: 'We kregen te horen dat Kim Jong-un dit of dat had gedaan, dat [hij] zo hard werkte voor de partij, voor de natie en voor het volk [...] maar de overdrijving ging te ver. Het sloeg nergens op.'[49] Er kwamen breuken in het zogenaamde socialistische paradijs. Ha-Young, van wie Jieun Baek het verhaal vertelt, zei: 'Ik ging om met de populaire meisjes op school en negeerde andere mensen die niet zo veel geld hadden als wij, of niet zo goed gekleed gingen.'[50]

De realiteit voor het overgrote deel van de Noord-Koreanen is in schokkende tegenspraak met het paradijselijke beeld dat het regime heeft geprobeerd te verspreiden. Het land is nog steeds arm, ook al spenderen Kim en de elite honderden miljoenen dollars aan opzichtige monumenten en luxeartikelen. In 2019 berichtte de VN[51] dat er van de 25 miljoen burgers bijna 11 miljoen zijn ondervoed, 140.000 kinderen beneden de vijf aan ernstige ondervoeding of verwaarlozing lijden, en bijna 20 procent van de kinderen onvolgroeid is, waardoor deze burgers gevoeliger zijn voor ziektes als tbc. De situatie wordt verergerd door het feit dat miljoenen geen toegang hebben tot elementaire sanitaire faciliteiten of schoon water.

Kims besef van de cognitieve dissonantie tussen overheidspropaganda en bestaansrealiteit is misschien de drijfveer achter zijn pogingen een 'Pyonghattan' te scheppen, een manier om het uiteenrafelen te bestrijden van de banden tussen de jangmadang-generatie en het regime, en de staat relevant te houden ondanks de decimering van het publieke distributiestelsel. Maar als mensen niet met zachte hand zijn te overtuigen, heeft Kim alle instrumenten voor repressie die zijn grootvader en zijn vader opbouwden om meegaandheid af te dwingen. Tegen de achtergrond van zijn pastelkleurige wonderland heerst hij via terreur en repressie, en de mensen die daardoor worden getroffen hebben geen andere keus dan de illusies en verwachtingen van Kim te voeden, zijn grandioze visioenen van zichzelf en van de bestemming van Noord-Korea.

8

SNOEIEN IN DE STAMBOOM

HET WAS HET derde jaar dat hij aan de macht zou zijn, 2014, en Kim Jong-un hield zijn jaarlijkse nieuwjaarstoespraak. Hij betuigde zijn vereiste respect aan de revolutionaire martelaren en zong de lof van zijn vader en zijn grootvader. Ook prees hij de partij, het leger en het volk voor het volgen van het byungjin-beleid waarmee hij het jaar ervoor was begonnen, en bejubelde hij het ideologische vuur van het volk 'waarvan de met bloed bezegelde banden [...] een nieuw, hoger stadium hebben bereikt'.[1] Maar hij riep ook op tot een intensievere ideologische training, om alles uit te roeien dat mogelijk 'afbreuk deed aan de eenheid van de Partij en de revolutionaire gelederen, en hun eensgezinde eenheid ondermijnt'. Kims aandacht voor de 'geestelijke kracht van de massa' weerspiegelde een gebeurtenis van luttele dagen eerder waarbij, zoals hij triomfantelijk verkondigde, 'onze Partij de anti-Partij opmerkte en zuiverde, contrarevolutionaire splijtzwammen'.

Die kanker in het politieke lichaam was niemand minder dan Kims oom Jang Song-thaek, de echtgenoot van de door zijn vader geliefde en vertrouwde zus Kim Kyong-hui. Kim, slechts twee jaar aan de macht, had zijn oom laten executeren, naar verluidt met luchtdoelgeschut, een schokkende publieke vernedering die heel de wereld bezighield: in Washington, Seoel, Peking en Tokio vroeg men zich af wat dit zou betekenen voor de paar bestaande middelen om het gedrag van Kim Jong-un te beteugelen. Zelfs naar de maatstaven van Noord-Koreaanse bruutheid was het ongehoord een familielid zo te behandelen. De executie van Jang, zo vroeg tijdens het bewind van Kim, was een beslissend moment dat verwees naar de onverschrokkenheid van de jonge leider, zijn zelfvertrouwen, schaamteloosheid en hoge risicotolerantie.

DE VAL

Toen Jong-un in 2011 de macht overnam, leken de vooruitzichten voor Jang Song-thaek zeker, veelbelovend zelfs. Hij was immers getrouwd met de tante van de nieuwe leider, Kim Kyong-hui, de grote vertrouwelinge van Kim Jong-il, die haar broer trouw had gesteund tijdens zijn opkomst en bijna twintigjarige bewind. Jang was bij de familie gaan horen ondanks de wensen van Kim Il-sung, die tegen de verbintenis was. Kyong-hui was dol op de grappige en charismatische Jang, vanaf het moment dat ze elkaar in de jaren zestig hadden leren kennen op de Kim Il-sung Universiteit. Jang, lang, mannelijk en populair, was een geboren leider, en zijn zangtalenten en bedrevenheid met de accordeon maakten hem nog innemender.[2] Kim Jong-il had Jang tot zijn intimi verheven rond de tijd dat hij Jong-un inwerkte, wat erop wijst dat Kim sr. wilde dat Jang samen met Kyong-hui zijn zoon zou helpen de weg te vinden in de bureaucratie. In 2013 was Jang achter in de zestig, een doorgewinterde en handige bureaucraat die waarschijnlijk nog minstens een jaar of tien voor de boeg had in een regime waar zeventig- en tachtigjaren de toon aangaven. Volgens de internationale media was hij na Kim Jong-un de belangrijkste figuur, en zijn ervaring en zijn enorme netwerk van contacten, vooral met Chinese leiders, leidden tot speculaties dat Jang een sleutelrol kon spelen bij de potentiële hervorming en openstelling van Noord-Korea.

Jang had eerder zuiveringen overleefd – hij was minstens twee keer gedegradeerd en 'heropgevoed', vaste prik voor het regime van Kim – maar nu was het een ander verhaal. Op 8 december

2013 kwam het regime van Kim Jong-un met een waslijst van aanklachten tegen Jang, tijdens een uitgebreide zitting van het Politieke Bureau van het Centrale Comité van de Koreaanse Arbeiderspartij. Een paar dagen later oordeelde een militair tribunaal dat Jang en zijn volgelingen de 'afschuwelijke misdaad hadden gepleegd de staat omver te willen werpen'.[3] Niet alleen had hij het vertrouwen en de goede wil geschonden van Kim Il-sung en Kim Jong-il, maar het 'verachtelijke stuk tuig Jang, die erger is dan een hond' had ook 'verraderlijke daden' begaan door zijn pogingen een alternatieve machtsstructuur te scheppen om het eensgezinde en opperste leiderschap van Kim Jong-un tegen te werken.

Zijn inhaligheid en arrogantie kenden geen grenzen, volgens de aanklachten tegen hem. Jang 'verzamelde ex-veroordeelden' om zich heen en trachtte onder zijn ambten, zijn 'kleine koninkrijk', macht te consolideren. Met zijn bende samenzweerders plunderde hij de bronnen van de natie voor zijn eigen gewin, door zijn 'stromannen' aan het hoofd te stellen van de meest lucratieve kolen- en metaalbedrijven en aan buitenlandse mogendheden land te verkopen – aan China, om precies te zijn. De lijst van zijn economische delicten tegen staat en volk besloeg tientallen jaren, en het tribunaal oordeelde dat hij meer dan 4 miljoen euro in zijn zak had gestoken. Zijn hebzucht ging nog verder dan politieke en economische vergrijpen, want hij 'wilde zijn tentakels ook uitsteken naar het Volksleger, met een dwaze berekening dat het hem zou lukken een staatsgreep te plegen'. In zijn 'bekentenis' zei Jang dat het zijn bedoeling was het land naar een bankroet te leiden, de onvrede van de bevolking te laten groeien, en al zijn geld te gebruiken om loyaliteit te kopen en zijn macht te verstevigen nadat hij het voor het zeggen had gekregen.

De vroeger zo machtige en heerszuchtige Jang werd na het tribunaal de rechtszaal uitgeleid: de gebogen man oogde verslagen en ouder dan zijn leeftijd. Twee van zijn medewerkers waren enkele dagen eerder al geëxecuteerd met luchtdoelgeschut. Het weinige dat van hun lichamen restte, bewerkte men met een vlammenwerper, en Jang werd gedwongen toe te kijken.[4] Naar verluidt viel hij flauw na hun gruwelijke dood te hebben gezien. Na zijn veroordeling werd Jang naar verluidt overgebracht naar het militaire oefenterrein van Kanggon, aan de rand van Pyongyang, en op dezelfde manier geëxecuteerd als zijn medewerkers.[5] De nadrukkelijk in de publiciteit gebrachte val en vernedering van Jang, en de weerzinwekkende en buitensporige executiemethode met voor oorlogvoering bedoelde wapens maakten één ding duidelijk: Kim Jong-un zou geen enkele tegenspraak dulden, niet eens van leden van zijn eigen familie. De nieuwe leider had moeiteloos bereikt wat hij waarschijnlijk wilde bereiken: elk opkomend en bestaand verzet smoren, en angst inboezemen door een spectaculair staaltje intimidatie.

Zelfs naar de maatstaven van het bloedige verleden van Noord-Korea was Jangs zuivering schokkend. 'Het spektakel van publieke vernedering – en het liquideren van een familielid zijn een drastische afwijking van de gewone gang van zaken,' vond Nicholas Eberstadt,[6] sinds lang Noord-Koreawatcher. Kim Il-sung en Kim Jong-il hadden hun zuiveringen in het geheim uitgevoerd – leiders verdwenen eenvoudig zonder uitleg. Zoals Andrei Lankov en anderen hebben opgemerkt,[7] werden zulke hoge functionarissen gewoonlijk verbannen en hadden ze een goede kans om weer in genade te worden aangenomen en na lang genoeg boete te hebben gedaan opnieuw mee te mogen draaien. Maar dit was een ander verhaal. De methoden van Kim Jong-un – alles laten publiceren over de misdaden van Jang en de uitgebreide aanklacht, foto's van hem naar buiten brengen waarop hij zich in totale onderwerping buigt – leken erop te wijzen dat hij veel wreder was dan zijn voorgangers en zelfs genoot van het drama en de theatrale flair van heel de situatie.

De hoge pieten van Noord-Korea kregen de schrik te pakken. Met zeer systematische discipline begon het regime van Kim naaste medestanders van Jang uit te roeien. Intussen werd duidelijk hoezeer Noord-Koreaanse topfiguren niet alleen afhankelijk waren van toegang tot insiders van het regime om geld te verdienen, maar ook hoe diep het nepotisme zat om lucratieve overheidsopdrachten of regeringscontracten binnen te halen. Jangs neef, ambassadeur in Maleisië, werd kort na de executie teruggeroepen, evenals het plaatsvervangende hoofd van de missie bij de UNESCO in Parijs en de ambassadeurs in Cuba en Zweden. Bronnen in Noord-Korea meldden dat veiligheidstroepen hun aandacht ook op Jangs bloedverwanten hadden gericht, zij werden overgebracht naar kampen voor politieke gevangenen. Verder verving het regime de bazen van de kolen- en metaalbedrijven,[8] lucratieve ondernemingen die veel in het laatje konden brengen voor de nieuwe leiders en hun sycofanten, gezien de honderden miljoenen dollars die de overvloedige hulpbronnen van het Noorden het regime in de loop van de jaren hebben opgeleverd. De nieuwe posten bij de overheid en staatsbedrijven, opengevallen door het wegzuiveren van Jang en diens medestanders, werden door Jangs concurrenten gretig aanvaard.

Sinds het incident met Jang is Kim Jong-un doorgegaan met zuiveringsgolven – meer dan 340 hoge functionarissen, volgens het Zuid-Koreaanse instituut voor nationale veiligheidsstrategie, een denktank van de regering.[9] Al voor de affaire met Jang had Kim zich ontdaan van Ri Yong-ho, zijn minister van Defensie, die in verband met 'ziekte' van zijn plichten werd ontheven. Gelet op de gevaarlijke sfeer van die eerste jaren, met alle onzekerheid over de voorkeuren en benadering van de nieuwe leider, was het veel eenvoudiger en veiliger voor iedereen, vanaf de laagste gelederen tot en met de top, je koest te houden, je loyaliteit aan Kim Jong-un op te voeren in plaats van je te verzetten of kritiek te leveren. En je kunt je de hevige concurrentie voorstellen tussen deze mannen en vrouwen met de juiste contacten om hun grote toewijding te demonstreren toen ze zich in een goede positie probeerden te manoeuvreren om het vacuüm uit te buiten, zodat ze zichzelf en hun gezinnen konden verrijken.

KIMS MOTIEVEN

Het zuiveren van zijn oom sloot aan bij Kim Jong-uns brute benadering van externe relaties: de interne veranderingen vonden gelijktijdig plaats met zijn oorlogszuchtige en gespierde opstelling jegens de VS en Zuid-Korea. Hij kwam met een aantal provocerende acties en uitte dreigementen die zorgen opriepen over een militair conflict. Achter Kims besluit om zo vroeg tijdens zijn bewind de bovenlaag van zijn regering weg te snijden zaten waarschijnlijk verschillende factoren.

In de eerste plaats: Kim leek van plan zijn eigen basis voor steun te vormen in plaats van te vertrouwen op de loyalisten van zijn vader, die waren geïnstalleerd om het proces van inwerken en de overgang te vergemakkelijken. Zowel het verrassende ontslag van Ri Yong-ho in juli 2012 als de executie van Jang wezen erop dat Kim 'graag wil bewijzen dat hij niet meer de marionet is die wordt beheerst door een of andere belangrijke minister die heimelijk aan de touwtjes trekt', aldus Zhu Feng, een bekende Chinese Noord-Korea-expert, en dat 'hij in staat is zijn absolute gezag te vestigen in het systeem en de capaciteit heeft het land direct te leiden'.[10] Kim Jong-il verhief Jangs positie zodat deze kon helpen bij de opvolging van zijn zoon, waarschijnlijk om te zorgen dat Jong-un een familielid naast zich had dat alles wist over de bureaucratie, en beschikte over administratieve vaardigheden, sterke banden met China, en een bewezen talent om geld binnen te halen en de financiële infrastructuur van het regime te bestieren.

Maar vanwege deze zelfde eigenschappen vormde Jang een dreiging voor Jong-un, al helemaal gezien de geruchten en speculaties dat Jang eigenlijk de man was die achter de schermen aan de knoppen draaide, plus commentaren in de wereldwijde media over de kansen dat Jang – die volgens waarnemers hervormingsgezinder was – de echte leider van Noord-Korea zou blijken. De hevige internationale kritiek op Kims jeugd en onervarenheid, evenals de gissingen over de ineenstorting van Noord-Korea onder zijn leiding, zorgde waarschijnlijk ook voor irritatie. Zoals weerspiegeld in de aanklachten tegen hem hielden bovendien de tientallen jaren ervaring van Jang en zijn positie als machtsmanipulator en lid van de leidende familie in dat hij een diep en breed netwerk had, met gunstelingen die loyaal aan hem waren en liever in hem dan in zijn neef investeerden.

In de tweede plaats speelden Jangs hybris en het daardoor opgewekte vertrouwen bij zijn ondergeschikten over hun zeggenschap over de natuurlijke hulpbronnen van het regime waarschijnlijk een rol bij zijn uiteindelijke val. Op de lijst van Jangs vergrijpen stond zijn misbruik van de kolen- en metaalsector, wat liet zien dat corruptie en vriendjespolitiek de macht en voorrechten van de bovenlaag in het Noord-Koreaanse systeem versterken en voeden. Ook kwamen meldingen aan het licht – die strookten met de beschuldigingen wegens economische delicten aan het adres van Jang – dat hij en zijn volgelingen betrokken waren geweest bij een strijd om zeggenschap over de Noord-Koreaanse staatsbedrijven voor natuurlijke hulpbronnen. Volgens diverse Zuid-Koreaanse en Amerikaanse berichten draaide het in de zaak-Jang om hoge functionarissen die om de winsten streden.

Volgens *The New York Times* probeerde het leger rijke visgronden voor krabben en schelpdieren terug te krijgen die door Jang en zijn loyalisten waren afgepakt. De slecht getrainde en slecht gevoede Noord-Koreaanse soldaten hadden het onderspit gedolven tegen bewapende troepen uit de omgeving van Jang of diens vertrouwelingen. Het incident wekte blijkbaar de woede van Kim Jong-un, die ongetwijfeld werd opgehitst door het leger en anti-Jang-functionarissen, die er allebei veel bij te winnen hadden als Jang zijn verdiende loon zou krijgen. Zoals *The New York Times* schreef 'legde de open oorlog' tussen deze groepen 'een enorme breuk bloot bij de elite van het land over wie de buitenlandse valuta incasseert'.[11] Ra Jong-yil, vroeger een hoge functionaris bij de Zuid-Koreaanse veiligheidsdienst, verwees naar verschillende andere incidenten met vermeend of echt wangedrag van Jang tegen Kim, die mogelijk tot zijn executie hebben geleid,[12] maar volgens hem was het Kim aan te rekenen 'dat hij het leiderschap miste om als bemiddelaar op te treden' en hij een omgeving in stand hield waarin onenigheid en dodelijke concurrentie heersten.

Sinds de jaren zeventig en tachtig heeft het Noord-Koreaanse regime diplomaten en militairen in het buitenland opgedragen langs legale en illegale weg harde valuta binnen te halen, terwijl staatsentiteiten toestemming hebben gekregen met het buitenland te handelen. Door de hongersnood en de nieuwe geopolitieke omstandigheden van de jaren negentig en het begin van de eenentwintigste eeuw moesten de staatsentiteiten nog ondernemingsgezinder en creatiever worden: ze dienden voor zichzelf én voor het regime te zorgen, waarbij dikwijls de lijnen vervaagden tussen officieel en niet-officieel, privaat en publiek, staat en niet-staat, legaal en illegaal. De afgelopen tientallen jaren waren diplomatieke, economische en militaire functionarissen in het buitenland belast geweest met het binnenhalen van fondsen via drugshandel, verzekeringsfraude en het vervalsen van Amerikaanse honderddollarbiljetten (alleen al dat laatste leverde het regime een aantal jaren tussen de 15 en 25 miljoen dollar per jaar op).[13] Noord-Koreaanse entiteiten of hun buitenlandse partners zijn betrapt op het smokkelen van producten van bedreigde diersoorten – zoals ivoor en hoorns van neushoorns – en het namaken van internationale sigarettenmerken en medicijnen als Viagra. Op het niveau van Jang gingen de hoogste echelons van het militaire en partijapparaat van het regime over de import van luxeartikelen – iets waarin Jang erg goed was; gulle cadeaus kopen voor de elite was een essentieel middel voor het regime om hun steun te houden – en handel in wapens en de natuurlijke hulpbronnen van het land.

Volgens Justin Hastings, een wetenschapper die zich bezig heeft gehouden met de Noord-Koreaanse economie, wijst het vermogen van het land om geld te verdienen en de staat en de belangrijkste programma's daarvan te financieren, ondanks de last van sancties en internationaal isolement, erop dat de handelsnetwerken efficiënt en flexibel zijn.[14] Net als een crimineel syndicaat of een maffia, zoals vele experts Noord-Korea hebben genoemd, gebruiken de staat en met de staat verbonden handelsondernemingen hun prerogatieven en protectie van de overheid en hun banden met buitenlandse en Noord-Koreaanse particuliere tussenpersonen om transacties mogelijk te maken met iedereen die zaken met hen wil doen. In feite heeft zich, zoals de Aziëspecialiste Sheena Chestnut Greitens beweert, een 'symbiose' ontwikkeld 'tussen door de staat gedreven bedrijven en in wezen particuliere ondernemingen, waarbij politieke connecties nodig zijn om de zaken goed te laten draaien en politieke figuren te laten profiteren van de activiteiten van zakenmensen'.[15]

Maar de opbrengsten uit de verkoop van nep-Viagra, methamfetamines, vals haar en hoorns van neushoorns, of van het smokkelen van goud en luxeartikelen via de diplomatieke post, of zelfs van wapenhandel, vallen in het niet in vergelijking met wat de staat en daarmee verbonden partijen verdienen aan de verkoop van steenkool, ijzer en ijzererts, zeebanket, lood en looderts. Steenkool is het allerbelangrijkste exportproduct:[16] alleen al in 2016 leverde de export van kolen aan China Noord-Korea 1 miljard dollar op. Maar steenkool is slechts een deel van de rijkdom van Noord-Korea aan natuurlijke bronnen. Volgens de berichten heeft het land naar schatting voor een bedrag tussen de 6 en 10 biljoen dollar aan minerale rijkdommen. Men heeft ongeveer tweehonderd soorten metalen en mineralen, waaronder goud, ijzer, zink, magnesium en grafiet, en zeldzame aardmetalen die een essentieel onderdeel zijn van smartphones, digitale camera's, computermonitoren, flatscreen-tv's en elektronische borden.[17] Zeebanket, een van de redenen voor Jangs problemen, is goed voor ongeveer 300 miljoen dollar per jaar, volgens Amerikaanse schattingen.[18] De regering stuurt ook tot 100.000 Noord-Koreaanse arbeiders naar het buitenland, vooral naar China en Rusland, om te werken in onder meer mijnbouw, bosbouw, textielindustrie en de bouw, wat het regime honderden miljoenen dollars per jaar oplevert – ongeveer 500 miljoen dollar, volgens recente schattingen van de VN[19] – terwijl de arbeiders zelf slechts een klein deel van hun loon mogen houden.

De inkomsten van individuen en particuliere entiteiten worden deels besteed aan bonussen om het regime tevreden te stellen. Maar ze worden ook gebruikt om individuen persoonlijk te verrijken. De elite koopt dure westerse luxemerken, zoals Chanel en Dior, eet in kostbare restaurants, en woont in hoge flats, maar buiten de hoofdstad leven de mensen heel anders. Suki Kim, een journaliste die undercover ging als docente aan de Pyongyang Universiteit voor Wetenschap en Technologie, zag dit schrille contrast met eigen ogen. Tijdens een zeldzame excursie buiten de stad kreeg ze, vertelt ze, mannen te zien op een bouwterrein 'met holle ogen en ingezakte wangen, kapotte kleding, geschoren hoofden, net slachtoffers van een naziconcentratiekamp'.[20] Ondanks resolutie 1718 (2006) van de Veiligheidsraad van de VN, waarbij de verkoop van luxeartikelen aan Noord-Korea werd verboden, nam Italië in 2010 cognac en whisky ter waarde van ongeveer 17.000 dollar in beslag, plus apparatuur voor een theater voor duizend personen geschat op bijna 200.000 dollar.[21] In 2013 importeerde Noord-Korea voor ongeveer 650 miljoen dollar luxeartikelen,[22] ruim twee keer zoveel als wat Kim Jong-il tijdens zijn bewind per jaar importeerde. Het bedrag liep op tot 800 miljoen dollar in 2014 en daalde naar 640 miljoen dollar in 2017.[23] In het rapport van de VN uit 2014 stond ook dat

Noord-Korea probeerde in de loop van de jaren een dozijn Mercedessen te kopen, muziekopnameapparatuur, cosmetica, en een dozijn piano's, ongetwijfeld bestemd voor de toplaag in Pyongyang.[24] Uit later onderzoek bleek dat de luxeartikelen, waaronder skispullen en wodka, bleven binnenstromen.[25] En in 2019 pronkte Pyongyang in de staatsmedia met een onlangs gerenoveerd warenhuis dat Zwitserse horloges verkocht, apparaten van Dyson en Bosch, en andere consumentenelektronica.[26]

Gezien de bedragen die in het geding zijn – ondanks de Amerikaanse en internationale sancties die de mogelijkheden van Noord-Korea om langs legale en illegale weg geld te verdienen hebben ingeperkt – is het geen verrassing dat Kim trachtte te garanderen dat alleen hij bepaalt wie toegang heeft tot macht en voorrechten. Deze zuiveringen scheppen een nieuwe basis voor steun en voorkomen dat netwerken verstenen, zorgen dat iedereen moet blijven gissen en op de tenen staan, en demonstreren dat de politieke, economische en sociale voordelen van de elite direct samenhangen met hun loyaliteit aan het regime, hun bestaan is dus gekoppeld aan het succes van Kim. De les voor de mensen die onder het regime van Kim Jong-un leven is: geld verdienen is prima, maar vergeet niet voor wie je werkt en wie het voor het zeggen heeft.

Een ander voordeel van Kims systematische zuiveringen is dat oudere functionarissen door jongere leiders worden vervangen, misschien omdat dat beter past bij zijn nieuwe, moderne uitstraling, en omdat je zo vers bloed in een systeem pompt dat wordt overheerst door zeventigers en tachtigers. Het huidige leiderschap is jonger – Zuid-Koreaanse berichten geven aan dat door Kims generatiewisseling de gemiddelde leeftijd van de top is verlaagd van 76 naar 62 – en in zijn eerste twee jaar verving Kim de helft van de 218 partijhoofden, ministers en hoogste militairen.[27] Maar een reservoir aan nog jongere functionarissen staat klaar om in de volgende decennia Kim Jong-un te dienen. Deze 'prinsen' en 'prinsessen' hebben invloed door hun familiale en financiële netwerken en vormen Kims eigen basis van steun, want hij koestert een nieuwe generatie die bij hem en niet bij zijn voorgangers in het krijt staat. Misschien zitten ze volgens hem minder vast aan de oude manier van zaken doen – letterlijk en figuurlijk – en zijn ze plooibaarder, meer bereid risico's te nemen.

Er zijn tekenen geweest van Kims minachting voor de oudere generaties en hun bijbehorende opvattingen over bestuur. Zijn sushikok en kinder-speelgenoot Fujimoto zag hoe Kim als tiener een oudere voormalige assistent van zijn grootvader trapte en treiterde, de assistent moest de vernedering slikken.[28] En de wreedheid van Kim bleef toen hij volwassen was. Iemand van het instituut voor nationale veiligheidsstrategie van Zuid-Korea zei in 2014: 'Als je Kims lipbewegingen analyseert tijdens zijn gesprekken met oudere partijleden op televisie, zie je regelmatig dat hij hen met grove taal beledigt.'[29] Slechts een paar maanden na de executie van Jang hield Kim een toespraak[30] van meer dan zesduizend woorden waarin hij het gebrek aan ideologisch vuur hekelde, hij zei dat 'rust roest', waarschijnlijk een verwijzing naar topfunctionarissen die op hun post te zelfgenoegzaam waren geworden. In een uithaal naar zijn functionarissen hekelde Kim de 'ideologisch gedegenereerden' die 'innerlijk besmet' waren geraakt 'met bourgeois ideologie en cultuur' en zich hadden laten 'overweldigen door angst voor de imperialisten'. Ze deinsden terug en werden onzeker, impliceerde hij, terwijl Kim de Verenigde Staten overbluftte met een succesvolle satellietlancering in december 2012 en een kernproef in februari 2013, en ondanks de groeiende druk van sancties en isolement níet terugkrabbelde. In de context van de Jang-nasleep en de daaropvolgende anticorruptiecampagne om de ideologisch zwakkeren uit te roeien herinnerde de toespraak alle bestuurders er nadrukkelijk aan hoe belangrijk het was sterk te blijven, zuivere bedoelingen te houden en de kracht te bewaren voor een door Kim geleid nucleair Noord-Korea.

Van hen werd ook verwacht dat ze lijfelijk fit waren en klaar voor de oorlog. In juli 2014 gaf Kim, terwijl hij sigaretten rookte en zijn stevige buik uitstak, hoge officieren van de Noord-Koreaanse marine opdracht zich uit te kleden en in de oceaan te zwemmen. 'De hoge officieren zijn niet gekwalificeerd als ze lichamelijk tekortschieten,' zei hij, 'ongeacht welke goede ideologische en morele eigenschappen ze hebben en ongeacht over welke hoge militaire en technologische kwalificaties ze beschikken, want ze moeten in de [voorhoede] van de strijdende gelederen staan.'[31] Volgens de media van het regime was Kim tevreden over de zwemoefening, maar je kunt je voorstellen dat sommige van de oudere officieren zich zorgen zullen hebben gemaakt over hun verrichtingen en vreesden voor hun toekomst, als ze niet aan Kims strenge normen voldeden. Eerder dat jaar had Kim ook een hoge legerofficier van 67 opgedragen met een gevechtsvliegtuig te vliegen.[32] Kim bekeek een heleboel andere dergelijke oefeningen, artilleriebeschietingen, boogschietwedstrijden, of de mobilisatie door eenheden van de luchtmacht voor nachtelijke infiltratieslagkracht, niet alleen om zijn praktische benadering van militaire paraatheid te demonstreren, maar ook om deze hoge militaire leiders – en hun ondergeschikten – duidelijk te maken wie het eigenlijk voor het zeggen had.

Kim heeft regelmatig en openlijk op tekortkomingen gewezen, in tegenstelling tot zijn vader die gebreken van het regime doorgaans in de doofpot stopte. Kim schrok niet terug voor kritiek onder vier ogen en in het openbaar. Tijdens een inspectie van een pretpark in 2012 hekelde hij beambten vanwege de slechte staat van de faciliteiten en zei dat hun houding jegens de fysieke toestand van het park een weerspiegeling was van hun houding jegens het volk en hun gebrek aan ideologisch vuur en waarschijnlijk loyaliteit aan hem. In media van het regime berichtte men over het incident: 'Toen hij onkruid tussen tegels uit zag komen [...] haalde Kim Jong-un met een gefrustreerde blik persoonlijk de plantjes één voor één weg en zei op woedende toon:

hoe kon de beambten dit ontgaan? Als de beambten die over het pretpark gingen een verantwoordelijke houding hadden, liefde voor de plek waar ze werkten en het besef dat ze het volk dienden, hoe konden ze dan dergelijk werk leveren?' Je kunt je voorstellen hoe geschrokken en bang de omstanders waren toen hun leider zich boog om het terrein zelf te wieden. Ze vroegen zich af wat hun lot zou zijn toen hij beet: 'Ik had geen idee dat het park zo deerniswekkend kon zijn.'[33]

Bij een veel ernstiger incident in 2014 kwamen mogelijk honderden mensen om: een appartementencomplex in Pyongyang van drieëntwintig verdiepingen – een van de gebouwen die werden neergezet om aan Kims wens te voldoen van de hoofdstad een moderne metropolis te maken – stortte in. Kim betoonde zich heel verdrietig, volgens de media van het regime die berichtten over de tragedie, weer een ongehoorde zet van het regime om 'transparant' te zijn. Kim 'zat heel de nacht op, hij was diep getroffen nadat men hem over het incident had verteld', zei een hoge functionaris.[34] Een ongetwijfeld helse Kim dwong zijn geüniformeerde hoge beambten, onder wie zijn 70-jarige minister van Publieke Veiligheid en anderen die meer dan twee keer zo oud waren als hij, berouwvol te buigen voor de bewoners van het gebouw en het district.

Geen functionaris, hoog of laag, was veilig voor de inspecties van Kim. Tijdens een bezoek aan een schildpaddenfarm in 2015 hekelde een boze en gefrustreerde Kim de beheerders vanwege de 'ernstige tekortkomingen' van de faciliteit en omdat ze niet genoeg aandacht hadden besteed aan het onderricht van Kim Jong-il die met schildpaddenfarms 'de bevolking had willen voorzien van smakelijke en voedzame schildpad, in brede kring bekend als een kostbaar versterkend middel uit oude tijden'.[35] Hun fout zat niet alleen in hun technische onbekwaamheid, maar ook in hun 'gedateerde denkwijze', wat suggereerde dat ze nog niet Kims innovatieve en moderne stijl hadden overgenomen om de levens van de mensen te verbeteren. Kort na zijn bezoek liet Kim naar verluidt de baas van de farm executeren,[36] wat bij lagere beambten de vrees aanwakkerde dat ook zij door Kims woede zouden worden getroffen als ze niet tot zijn tevredenheid presteerden en ze onvoldoende loyaliteit toonden.

De leiders van de oudere generatie waren gemakkelijke zondebokken voor onvoldoende vooruitgang bij het realiseren van Kims prioriteiten – dan kon je voorbijgaan aan de gebrekkige materialen, de enorme corruptie die slecht bouwen aanmoedigde, of aan Kims onrealistische verwachtingen. Maar de executie van Jang en Kims neiging tot het vernederen van leiders, bijna allemaal twee keer zo oud als hij, wijzen misschien ook op een lichtgeraakte jongeman met een hoge dunk van zichzelf, die heel zijn leven was vertroeteld en uit zijn omgeving louter sycofantenlof hoorde. Ze bogen toch diep voor hem op de verjaardagsfeestjes in zijn kindertijd? Een van Jangs misdaden was 'halfhartig' applaudisseren toen Kim in 2010 werd gekozen tot vicevoorzitter van het Centrale Militaire Comité van het land, een aanwijzing dat achter de toorn van de toekomstige heerser een grote onzekerheid zat over hoeveel steun hij genoot onder de hoogste leiders. Het incident maakt ook duidelijk dat Kim geduld heeft: hij wachtte drie jaar met het uitvoeren van de zuivering tot hij gelegenheid had een zaak tegen Jang op te bouwen. De meest waarschijnlijke reden voor de val van Hyon Yongchol, de minister van Defensie die naar verluidt in 2015 werd geëxecuteerd, kan zijn geweest dat hij in slaap sukkelde tijdens een van Kims toespraken als de nieuwe leider, maar mogelijk heeft Hyon Kim ook beledigd door vraagtekens te zetten bij zijn vroege besluiten externe relaties oorlogszuchtig te benaderen.

Kims diepe minachting voor de oudere generatie strekte zich tot buiten de grenzen van zijn land uit. Hij was niet alleen in Noord-Korea een jong staatshoofd, hij was ook tientallen jaren jonger dan alle andere leiders in de regio. Lee Myung-bak, tot 2013 president van Zuid-Korea, werd in 1941 geboren. Zijn opvolgster Park Geun-hye werd geboren in 1952. Park, de Chinese president Xi Jinping (geboren 1953) en de Japanse premier Shinzo Abe (geboren 1954) waren kinderen van vroegere leiders of hoge functionarissen van hun respectievelijke landen. President Obama was de jongste in deze groep, begin vijftig toen zijn presidentschap en de opkomst van Kim samenvielen. Kim heeft giftige retoriek gehanteerd jegens deze regionale- en wereldleiders, net zoals hij executies hanteerde om met interne lastpakken af te rekenen. Het regime uitte onbeschaamd racistische taal tegen de Afro-Amerikaanse president en noemde hem 'een aap in een tropisch bos'.[37] Park Geun-hye, de eerste vrouwelijke president van Zuid-Korea, was een 'heks' en een 'koudbloedig dier', die deed denken aan een 'verachtelijke prostituee' met als 'pooier' Obama, een verwijzing naar de nauwe afstemming tussen Washington en Seoel, en hun bondgenootschap tegen de provocerende acties van Noord-Korea.[38]

Kims regime koos voor een behoedzamere toon in de kritiek op de Chinese leiding, ongetwijfeld omdat Noord-Korea afhankelijk is van Chinese politieke en economische hulp. De banden tussen Pyongyang en Peking hebben geleden sinds Kim aan de macht kwam, het aantal uitwisselingen en bezoeken op hoog en werkniveau daalde flink, omdat Kim China op afstand hield, waarschijnlijk omdat hij weinig zin had rekening te houden met de ongetwijfeld te verwachten vermaningen van de Chinese leiders over het spanning blijven zaaien in de regio. Inderdaad gaf President Xi Jinping in november 2012 toen hij een gezant stuurde – het eerste bezoek van een Chinese functionaris aan Pyongyang sinds Kim aan de macht was – deze naar verluidt een brief mee waarin de nieuwe leider werd aangeraden af te zien van het lanceren van een ballistische raket.[39] Toch lanceerde Kim nog geen twee weken later met succes een raket, tegen de waarschuwing van Xi in. Af en toe stuurde Kim een gezant naar Peking, in een halfhartige poging lippendienst te bewijzen aan de relatie. Maar wanneer Kim zich afgewezen of geminacht voelde door de regering van Xi, sloeg hij terug om duidelijk te maken dat hij zich niet zou laten koeioneren, dat hij helemaal zelf zijn besluiten nam.

Zo stuurde Kim, in wat destijds als een dooi in de relaties werd beschouwd, de Moranbong Band – een groep louter vrouwelijke muzikanten, naar verluidt door Kim persoonlijk gekozen – naar Peking voor een tournee van een week. Toen riep Kim ze ineens terug naar Pyongyang, kennelijk omdat Peking besloot vrij lage functionarissen naar het geplande concert te sturen.[40] De hogere Chinese leiders, die zich ergerden aan de provocerende woorden van Kim in Pyongyang dat Noord-Korea een waterstofbom had ontwikkeld en gereed had, wilden blijkbaar hun afkeuring tonen. Kims besluit om de band naar huis te halen, als reactie op de Chinese terechtwijzing, weerspiegelt zijn sterke wil en het weigeren de consequenties van zijn acties te temperen. Dacht hij soms dat Peking het afleggen van een opruiende verklaring over thermonucleaire wapens stilletjes zou laten passeren? Uiteindelijk bracht het incident aan het licht dat de wensen van de oudere Xi en de jonge Noord-Koreaanse leider botsten. Wat Kim betreft: hij zou niet zwichten voor Chinese verlangens of zijn persoonlijke meidenband onder de onwaardige Chinese belasteringen laten lijden. Overleggen en inschikken kwamen niet in zijn woordenboek voor.

Kim deed kil en afstandelijk tegen politieke leiders en zelfs tegen zakelijke kanonnen als Eric Schmidt, de voorzitter van Google, die begin 2013 naar Pyongyang kwam met een delegatie onder leiding van Bill Richardson, de voormalige gouverneur van New Mexico die Pyongyang regelmatig bezocht. Wel sprak hij met Dennis Rodman,[41] een flamboyante Amerikaanse basketballer met een kleurrijke achtergrond, voorzien van de nodige piercings en tattoos. In februari 2013 werden Rodman en drie Harlem Globetrotters door Vice Media ingehuurd voor een demonstratiewedstrijd in Noord-Korea. Kim bracht een verrassingsbezoek en ging naast Rodman zitten – die zo de eerste Amerikaan werd die Kim ontmoette. Rodman vertelde hem: 'Je hebt een vriend voor het leven.'[42] Nadien gingen Kim en Rodman samen feesten in een van zijn villa's en naar verluidt nodigde Kim de speler uit terug te komen naar Noord-Korea. Later reisde Rodman nog drie keer naar het land. Foto's van de twee die lachten en grappen maken werden door de nieuwsmedia verspreid. Een ongelooflijk duo: een dictator die met een kernoorlog dreigt naast een iconoclastische Amerikaanse basketballer, die met zijn 2 meter ver boven de gedrongen, 1,70 meter lange Kim uit stak.

Rodmans tweede reis vond plaats in september 2013, deze keer was een Iers gokbedrijf de sponsor, alsof de hele situatie nog wat dwazer moest worden. Hij bezocht Kim en diens gezin in hun eigen resort in Wŏnsan en leerde Kims dochter kennen, Juae, toen een baby, de eerste bevestiging dat Kim en zijn vrouw Ri Sol-ju minstens één kind hadden.[43] De mannen feestten een week, ze dronken en rookten sigaren, en zaten op Kims 60 meter lange jacht, een 'kruising tussen een ferry en een Disney Boat', volgens Rodman. 'Het is net of je naar Hawaï of Ibiza gaat, maar [Kim] woont er als enige,' zei hij ook.[44] Hij was een van de weinigen die met eigen ogen iets zag van hoe weelderig Kim leefde en hoe rijk hij was.

Kims zeer openbare kameraadschap met Rodman zorgde voor internationale opschudding en versterkte de toenemende perceptie van de jonge leider als het grillige, excentrieke en onrijpe hoofd van een land met kernwapens. Door deze reeks gebeurtenissen moest ik denken aan Heuers waarschuwing: 'Te vaak lijkt buitenlands gedrag "irrationeel" of "strijdig met hun belang",' omdat we Amerikaanse waarden projecteren op buitenlandse leiders in plaats van te proberen hun ideeën achter hun acties te begrijpen.[45] Als we het vanuit Kims perspectief beschouwen, kun je zijn verrassende vriendschap zien als een middel om zijn oudere leiderschap en externe publiek te tonen dat hij gewoon zijn gang gaat en gehakt maakt van wie kritiek op zijn gedrag heeft. Maar het weerspiegelde waarschijnlijk ook zijn verlangen om te gaan met iemand die volkomen apolitiek was, zich niet druk maakte over de oorlogszuchtige aanpak van het Noorden, of Kim veroordeelde wegens diens streven naar kernwapens of de mensenrechtenschendingen door zijn land. Mogelijk wilde hij een meer benaderbare kant van zijn persoonlijkheid laten zien en duidelijk maken dat hij meer was dan een despoot die alleen geïnteresseerd was in straffen uitdelen in plaats van lol trappen. Kim was nu eenmaal als zorgeloos kind al een fan geweest van Amerikaans basketbal – en de moderniteit van zijn land benadrukken via Rodman was een slimme manier om deze gewenste optiek over te brengen.

Kim wilde ook tegenover de enige andere buitenlander die significante contacten met hem had gedurende de eerste zes jaar van zijn bewind graag pronken met zijn grootmoedigheid. Kenji Fujimoto, de sushikok van Kim Jong-il en Jong-uns speelkameraad toen die een kind was, liep over in 2001. Hij ontsnapte tijdens een reisje naar Tokio toen hij voor Jong-ils onverzadigbare eetlust zee-egels te pakken moest zien te krijgen. Fujimoto had zijn inkomen aangevuld door het verkopen van zijn herinneringen aan de tijd dat hij omging met de elite van Noord-Korea, maar hij verkeerde ook in angst voor Noord-Koreaanse agenten. Het was bekend dat die overlopers opspoorden en hen intimideerden of vermoordden. Maar in plaats van huurmoordenaars stuurde Kim Jong-un een uitnodiging, verpakt in rood fluweel, aan Fujimoto om naar Pyongyang te komen.[46] Zoals hij vertelde aan *The Washington Post* verwelkomde Kim Jong-un hem met open armen. Fujimoto boog en huilde, en zei op verontschuldigende toon tegen Kim: 'Ik, Fujimoto de verrader, ben nu teruggekeerd.' Tot zijn opluchting en dankbaarheid zei Kim: 'Het is goed, het is goed.' Ze omhelsden elkaar en de oudere man huilde op Kims schouder.

Kim Jong-uns warmte jegens Rodman en jegens Fujimoto – individuen die hij tijdens zijn jeugd had bewonderd – en het feit dat hij ervoor koos in de volle eerste zes jaar van zijn bewind zijn nauwste contacten alleen met deze twee buitenlanders te hebben en op eigen terrein, wijst erop dat hij niet klaar was of zich ongemakkelijk voelde om te gaan met de buitenwereld, terwijl hij zijn persoonlijkheid als nieuwe leider van Noord-Korea gestalte gaf. Kim kwam uit een geslacht van dictatoren die alles wisten van theater. Maar ook al deed hij een poging een aardigere, zachtere Kim te laten zien, hij verbloemde slechts oppervlakkig de systematische wreedheid van zijn regime. De wrede zuivering van zijn oom en andere hoge leiders was enkel het topje van de ijsberg, als het erom ging hoever het regime zou gaan om elk tegengeluid massaal de kop in te drukken, met een barbaarsheid die niet onderdeed voor die van nazi-Duitsland.

KIMS GOELAGS

Wanneer de achtergrond van pretparken, warenhuizen en dure restaurants is bedoeld om als manifestatie te dienen van Kims gulheid en liefde voor zijn volk, is het uitgebreide netwerk van de gevangenkampen waarvan we weten een schrikbarende verwijzing naar wat er gebeurt met gewone Noord-Koreanen die onvoldoende loyaliteit betonen aan het regime. Liefst 120.000 Noord-Koreanen zitten vast in een half dozijn van de ergste gevangenissen van het land[47] – de goelags – die het regime tientallen jaren heeft gebruikt om andere meningen te onderdrukken en het bewind van de familie Kim te bevestigen. Verder zitten er tallozen in de twee dozijn detentie- en dwangarbeiderskampen. Na een heleboel gesprekken met overlopers, onder wie voormalige gevangenisbewaarders, concludeerde de commissie van de Verenigde Naties die onderzoek deed naar de mensenrechten in de Democratische Volksrepubliek Korea in een baanbrekend rapport dat het Noord-Koreaanse regime 'systematisch, op grote schaal en op grove wijze mensenrechten' heeft geschonden, 'en dat is gebeurd door instituties en functionarissen'.[48] In het document van bijna vierhonderd bladzijden werd bevestigd wat pleitbezorgers van mensenrechten en Noord-Koreaanse overlopers al jaren zeiden, en licht geworpen op hoe diep en breed de wreedheid van het regime en de minachting voor menselijk leven en menselijke waardigheid zijn. Kim mag dan het pastelkleurige paradijs hebben gepromoot om Noord-Korea aan de wereld voor te stellen, de gevangenkampen zijn het gruwelijke geheim van het regime, een verhuld maar onmisbaar middel om de hele bevolking te kunnen beheersen. Kim stichtte de kampen niet – dat deed zijn grootvader in de jaren vijftig, naar het model van Stalins goelags – maar ondanks zijn pogingen een beeld van moderniteit en welvaart te vestigen, weerspiegelt zijn voortzetting van deze dwanginstituten hun belang als een steunpilaar voor het voortbestaan en de veiligheid van het regime.

Noord-Korea heeft twee soorten gevangenkampen: de *kyohwaso*, gevangenissen voor criminele en politieke delinquenten, waar gewoonlijk de straffen een vaste duur hebben en bepaalde juridische mechanismes van kracht zijn, en de *kwanliso*, of politieke gevangenkampen, voor ernstige politieke delinquenten die zich schuldig hebben gemaakt aan zogenaamde misdaden 'tegen de staat' en 'tegen het volk', vage vergrijpen die je op allerlei manieren kunt uitleggen om de detentie te rechtvaardigen van individuele 'criminelen' én van drie generaties van hun familie die schuldig zijn door associatie. Het rapport van de VN wees uit[49] dat meer dan een derde van alle gedetineerden – bijna 36 procent – werd vastgezet vanwege hun vermeende schuld door associatie. Het onderscheid tussen de twee soorten gevangenissen zit eerder in de heftigheid van de bestraffingen dan in kwalitatieve verschillen, zoals marteling, verkrachting, seksueel geweld, mensen laten verhongeren en dwangarbeid, en ook executies zonder veel plichtplegingen, in beide soorten heel gewoon. Zowel misdaad als straf lijken vaak arbitrair, en de ernst van allebei hangt af van je songbun, die je mogelijkheden bepaalt om met smeergeld uit de problemen te komen of de hulp van machtige beschermers in te roepen.

De vader van overloper Lee Hyeon-seo werd beschuldigd van

omkoping en werd geslagen tijdens zijn verhoren – hij stierf later aan zijn verwondingen – maar Lee vermoedde dat een meer waarschijnlijke reden voor zijn arrestatie was dat 'hij uit de politieke gunst was geraakt, of de ergernis van hoge pieten had opgeroepen',[50] wat suggereerde dat gevangenen hun connecties of geld konden gebruiken om aan straf te ontkomen en dat iemand met een vendetta negatief over hun lot kon beslissen. Lee vertelde ook over het lot van een familie die naar een gevangenkamp was gedeporteerd omdat de vader een sigaretje had gerold van een stukje krant met op de andere kant toevallig een foto van Kim Il-sung.[51] De onderzoekscommissie van de VN berichtte over een geval waarbij veiligheidstroepen een jongen van zeventien martelden omdat hij was betrapt op het bekijken van Zuid-Koreaanse films, zijn enkel werd verbrijzeld en zijn gezicht misvormd. Ze lieten hem vrij nadat zijn familie steekpenningen hadden betaald, maar later overleed de jongen aan een door de marteling veroorzaakte hersenbloeding.[52]

Het regime van Kim geeft het bestaan van de kwanliso, de politieke gevangenkampen, niet toe, niet in het binnenland en niet in het buitenland, want het bestaan van tegenstemmen erkennen zou een gruwel zijn voor een regime dat de totale toewijding van de bevolking omhelst. De onderzoekscommissie van de VN noemde de kwanliso kampen die 'dienen om de groepen, gezinnen en individuen permanent uit de samenleving te verwijderen die politiek, ideologisch of economisch lastig zijn voor het huidige politieke systeem en leiderschap'.[53] De gevangenkampen dienen eigenlijk om vermeende lastpakken voor het regime te identificeren en te isoleren. Kim Il-sung zelf zei dat intergenerationele opsluiting en bestraffing met name nodig waren voor 'klassenvijanden' – mensen die waren geboren in Zuid-Korea, collaborateurs met de Japanse koloniale overheid en voormalige landeigenaren – omdat 'hun zaad gedurende drie generaties moet worden uitgeroeid'.[54] Voormalige kampbewakers die getuigden voor de onderzoekscommissie van de VN bevestigden dat deze instructie tot hun opleiding behoorde,[55] wat de commissie tot de conclusie bracht dat deze praktijk bedoeld was om 'het sociale weefsel' van Noord-Korea 'te herstructureren zodat het aansloot bij het suryong-systeem, door het wegzuiveren van hele groepen en individuen uit de samenleving als geheel'. Met andere woorden: ze zouden niet mogen bestaan.

Als ergste 'misdaden' beschouwde het regime kijken naar Zuid-Koreaanse films, proberen naar China te ontsnappen, aan verboden economische activiteiten doen, of in contact zijn geweest met christelijke zendelingen dan wel in het bezit zijn van een bijbel. Vaak wisten de gevangenen niet waarom ze er zaten, en met name kinderen hadden geen idee waarom zij en hun families waren weggehaald en door veiligheidspersoneel naar de geïsoleerde kampen gebracht. Een overloper vertelde de onderzoekscommissie van de VN dat zij dertien was toen ze werd gearresteerd, ze was vanuit school op weg naar huis en werd naar een gevangenkamp gereden waar haar familie al heen was gebracht. In de bijna dertig jaar van haar detentie achterhaalde ze nooit waarom haar familie was gestraft,[56] maar later ontdekte ze dat haar grootvader tijdens de Koreaanse Oorlog naar Zuid-Korea was gevlucht. Zo was haar familie besmet geraakt als 'vijandige' klasse en stond bloot aan de meest extreme bejegening door het regime.

De verhalen en getuigenissen van de overlopers, jong en oud, zijn moeilijk te lezen vanwege het gruwelijke geweld dat tegen hun lichaam en geest werd gebruikt. Toen Kang Chol-hwan voor het eerst de beruchte Yodok-goelag betrad, 'deinsde hij ervoor terug te dicht bij de andere gedetineerden te komen. Hun gezichten waren lelijk, er ontbraken tanden, hun haren zaten aan elkaar geplakt en waren heel lang, en ze waren even smerig als wilde dieren. Maar nog opvallender dan hun fysieke verschijning was het aura van zwakheid dat uit iedere porie sijpelde.'[57] Kims kampen zijn bedoeld om het individu te ontmenselijken en de dood te bevorderen. Gedetineerden, ook kinderen, worden gedwongen slopend werk te doen – in de mijnbouw, landbouw en de bouw – met onvoldoende rantsoenen, waardoor ze hun dieet moeten aanvullen door knaagdieren, kikkers, slangen en insecten te eten, of door andere gedetineerden aan te geven om gunsten dan wel aanvullende rantsoenen te krijgen.

Fysieke en psychologische marteling is algemeen. De hoofden van gevangenen worden bedekt met een plastic zak en in water gedompeld. Ze worden beroofd van slaap of mobiliteit door ze in een kleine kooi te zetten of aan hun polsen aan de muur te hangen. Verkrachting en seksuele marteling komen veel voor, volgens een rapport van de commissie oorlogsmisdaden van de International Bar Association.[58] Gevangenbewaarders profiteren van hun positie om vrouwelijke gedetineerden te belagen, en vrouwen gebruiken seks ook om te proberen te overleven. Vrouwen die zwanger worden dwingt men tot abortus, vaak op brute wijze, zoals 'een abortus gepleegd door drie mannen die op een op de buik van de zwangere gevangene geplaatste plank staan'. Of er wordt een stok in de vagina gestoken, of men slaat een vrouw om een voortijdige bevalling op te wekken. Foetussen en borelingen worden bij het afval gegooid, aan de waakhonden gevoerd, of met een natte doek verstikt terwijl de moeder toekijkt. Een voormalige verpleegster van het Noord-Koreaanse leger zei te hebben gezien dat abortussen werden gepleegd door het injecteren van motorolie in de baarmoeder. Ook zag ze hoe andere slachtoffers van verkrachting probeerden zelf een abortus op te wekken door een rubberen slang in hun vagina te steken.

De VS en de VN hebben gezegd dat deze schendingen van de mensenrechten worden goedgekeurd door de hoogste leiding van Noord-Korea. In juli 2016 bekritiseerde Amerika voor de eerste keer Kim Jong-un, zijn zus Kim Yo-jong en andere topfiguren vanwege hun mensenrechtenschendingen, in het kader van Washingtons brede inspanningen het regime onder druk te zetten. Adam Szubin, toen staatssecretaris terrorisme en financiële inlichtingen, stelde in een persbulletin[59] dat 'onder Kim

Jong-un Noord-Korea onduldbare wreedheid en ontbering blijft opleggen aan miljoenen mensen uit de eigen bevolking, denk aan buitengerechtelijke executies, dwangarbeid en marteling [...] De acties die de regering[-Obama] vandaag onderneemt [...] onderstrepen de veroordeling door de Amerikaanse overheid van de wandaden van dit regime en onze vastbeslotenheid die te laten ophouden.' Zes maanden later, in januari 2017, legde Washington sancties op[60] aan figuren uit het regime, onder meer aan Kim Yo-jong vanwege haar rol als onderdirecteur van de afdeling Propaganda en Agitatie van de partij en aan hoofden van de voornaamste organisaties van partij- en veiligheidsdiensten die verantwoordelijk waren voor 'ernstige vergrijpen tegen de mensenrechten', 'strenge censuurmaatregelen' en activiteiten die de misdaden tegen de mensheid door het regime moesten verhullen.

Evenals zijn vader en grootvader verlaat Kim zich op en bevordert hij strikte, elkaar overlappende veiligheidsdiensten met leiders die worden beloond voor het onderdrukken van mensenrechten en hun loyaliteit. 'Hoe meer ijver ze aan de dag leggen om het beleid van het regime te steunen, waaronder het ontkennen van mensenrechten, hoe meer voorrechten ze krijgen,' schrijft Noord-Korea-onderzoeker Robert Collins. De honderdduizenden bureaucraten die werkzaam zijn bij het half dozijn partij- en veiligheidsorganisaties in Noord-Korea hebben de taak ieder individu in de gaten te houden, óók hoge functionarissen, om de persoonlijke veiligheid te garanderen van Kim Jong-un en de top van het leiderschap.[61] Daarnaast beheren ze de politieke gevangenissen en andere instrumenten voor repressie. Deze repressieve instituties – vanaf het Departement Organisatie en Advies, dat over de benoemingen gaat van hogere functionarissen en die in de gaten houdt, tot en met de ministeries voor geheime politie, contraspionage, plaatselijke bestrijding van criminaliteit en de beveiliging van hoge beambten in Pyongyang – zijn niet alleen opgezet om Kim te beschermen tegen interne dreigingen, maar ook om te voorkomen dat deze zelfde organisaties zich tegen het leiderschap keren. Het doel van staatsgreepbestendigheid vereist, aldus Sheena Chestnut Greitens, dat de autocraat 'de mate van fragmentatie binnen het binnenlandse veiligheidsapparaat verhoogt' door 'het overlappen van of strijden om verantwoordelijkheden en beperkte lijnen van communicatie en coördinatie tussen de organisaties'.[62] Kim en zijn vader hebben dit goed gedaan door het verheffen van hun familie en uitverkoren nazaten van de guerrillageneratie, om te benadrukken dat de welvaart van hun hoogste leiders afhangt van het overleven van het regime en door te demonstreren dat alleen Kim het gezag heeft bij persoonlijke benoemingen.

Elkaar in de gaten houden is een staatsbrede aangelegenheid waarmee ieder individu, tot op buurtniveau, te maken heeft. Burgerwachten speuren op straat naar overtredingen van sociale regels – een vrouw heeft te lang haar, of een man vergeet zijn Kim Il-sung-speldje in zijn revers te doen omdat hij haast had naar zijn werk te gaan. Inspecteurs met witte handschoenen betreden onaangekondigd huizen om te garanderen dat de ingelijste foto's van Kim Il-sung en Kim Jong-il die je in ieder huishouden ziet onberispelijk ogen. En de hoofden van de *inminban*, een buurtbewakingssysteem waaraan elke burger mee moet doen, zorgen dat alle feitjes over alle huishoudens onder hun jurisdictie worden vastgelegd, onder meer wat elk gezin bezit, wie blijft logeren en andere intieme details van het dagelijkse leven. Iedereen is een informant of een potentiële informant, en iedereen staat bloot aan bestraffing voor echte en vermeende vergrijpen. Onder dit systeem, zo zei Lee Hyeon-seo, 'maakt de staat van ons allemaal aanklagers en informanten'.[63]

De infrastructuur van repressie, die Kim Jong-un erfde en versterkte door de ongehoorde executie van zijn oom en voortdurende zuiveringen, heeft onvermijdelijk geleid tot groepsdenken bij zijn nauwste raadgevers: de kans is klein dat zij te ver zullen afwijken van wat hij volgens hen wil horen. Heel hun overleving en de toekomst van hun families hangen juist af van demonstraties van loyaliteit aan Kim en aan niemand anders. Door zijn onvoorspelbaarheid en schaamteloosheid – plus de angst van zijn raadgevers wat zijn volgende stap zal zijn en wie hij in het vizier heeft – zijn alle mogelijke negatieve consequenties voor zijn acties geminimaliseerd, en wordt tegelijk zijn vertrouwen verstevigd dat hij de juiste besluiten neemt. Kims vastbeslotenheid zijn suprematie op binnenlands gebied te vestigen door een combinatie van geweld en beloftes over welvaart, weerspiegelen zijn overtuiging hoe belangrijk loyaliteit van de elite en hoe noodzakelijk repressie zijn.

Repressie en het kernwapenprogramma vormen aldus de twee zuilen waarop het overleven van zijn regime berust. Het ontzeggen van mensenrechten en de status van het land als kernmacht versterken elkaar. De verhalen van het regime over het 'vijandige' Amerika dat uit is op de vernietiging van Noord-Korea rechtvaardigen het agressieve wapenprogramma, het afleiden van schaarse bronnen om deze strategische bewapening te ondersteunen en zelfs de misdaden tegen de mensheid van het regime. Het verpletteren van alle potentiële kritiek plus de zuiveringen in het leiderschap zorgen voor een echokamer waarin Kim zich omringt met jaknikkers, al wil hij dan als een moderne leider worden gezien. Hoezeer Kim ook aan de oude denkwijzen wil ontsnappen en een eenentwintigste-eeuws land vol gemakken wil scheppen, hij is voor overleving van het regime afhankelijk van de geërfde infrastructuur van terreur.

De tientallen jaren oude praktijk van extreme repressie door het regime en Kims pogingen die te versterken door de schaamteloze zuivering van zijn oom en andere hoge leiders hebben ongetwijfeld zijn geloof gevoed dat hij de consequenties van zijn daden in de hand heeft, waarbij hij het uitblijven van repercussies – binnenlands of internationaal – als een bevestiging uitlegt. Zo is stellig ook zijn vertrouwen toegenomen dat hij personen en situaties naar believen kan manipuleren. Angst voor de toorn van de leider mag, vooralsnog, elke consequentie hebben geminimaliseerd, maar door het afhankelijk zijn van repressie is Kim verder het bestaande paradigma van het Noord-Koreaanse isolement in geduwd. Of hij het nu weet of niet, de bouwstenen van angst, waarvan de vroegste door zijn grootvader werden gelegd en waarop door zijn vader is voortgebouwd, beperken zijn visie en zijn vermogen voorbij de muren te kijken.

Al kort na de executie van zijn oom paste Kim zijn dwangmiddelen buiten de grenzen van zijn land toe: hij strafte een Amerikaans bedrijf, een poging om met de aanzienlijke middelen waarover hij beschikt ook de buitenwereld naar zijn hand te zetten.

9

KIMS HACKERS

KIM JONG-UN KUIERT de studio in voor zijn interview, met zijn gebruikelijke donkere maojasje en bijpassende broek. Hij installeert zich in zijn stoel en glimlacht breed om de wereld te laten zien hoe oprecht hij zal zijn in deze live internationale uitzending. Hij vertelt de interviewer dat hij van karaoke houdt en een talentvolle schilder is – om de wereld te laten zien dat hij een doodgewoon iemand is – en schakelt dan over op politiek. Hij veroordeelt Amerika: dat land zou de Koreaanse Oorlog zijn begonnen en zou meer mensen per hoofd van de bevolking gevangenzetten dan enig ander land, het zijne incluis. De sfeer wordt gespannener wanneer de interviewer hem onder druk zet over zijn goelags, en hoe hij honderden miljoenen aan zijn kernwapenprogramma kan uitgeven terwijl hij zijn burgers laat verhongeren. Kim gluurt naar de interviewer, die de goedgekeurde vragen negeert, en zegt ziedend: 'Dave, je bent niet in staat een echt interview te houden. Je bent een idioot!' Hij pakt een wapen en schiet op Dave Skylark, de onfortuinlijke Amerikaanse televisiejournalist. Miljoenen kijkers op heel de wereld zien geschrokken en ongelovig toe. En in Noord-Korea beginnen in elk geval enkele mensen zich af te vragen of hun leider werkelijk de god is in wie hen was geleerd te geloven.

Kim blijft woedend en beveelt zijn commandanten om hun kernwapens klaar te maken voor lancering. Intussen proberen Skylark en zijn producent, Aaron Rapaport, te ontsnappen in Kims privétank. Kim achtervolgt hen met een helikopter, schiet op de tank, maar de Amerikanen ontwijken de kogels. Skylark en Rapaport vuren vanuit de tank en raken Kims helikopter die in een bal van vlammen verandert. Kim is er geweest.

De afgelopen tien jaar was Noord-Korea een bron voor allerlei flauwe humor, van het genre 'stonerfilm', zoals *The Interview* van Sony Pictures Entertainment. De film is gebaseerd op een onwaarschijnlijk scenario: de CIA stuurt een drankzuchtige, hasj rokende en vrolijke tv-persoonlijkheid en zijn ambitieuze producent naar Noord-Korea met enkel en alleen een paar ricinepleisters om Kim Jong-un te vermoorden. Eenmaal in het afgelegen land – waar ze logeren in Kims persoonlijke residentie, nog een element waarover kijkers hun ongeloof moeten inslikken, gezien de bekende paranoia van de leider – raakt Skylark bevriend met Kim. De kameraadschap is misschien begrijpelijk, gezien de bezoeken van Dennis Rodman aan Pyongyang en diens relatie met Kim. De film zit vol nodeloos geweld, schaars geklede vrouwen, veel drank en zelfs een potje basketbal tussen Kim en Skylark, nu de twee een band krijgen omdat ze allebei twijfelen of ze wel aan de maatstaven van hun vaders voldoen. Skylark ontdekt dat Kim van margarita's houdt – al waren die volgens zijn vader 'homo' – en weg is van Katy Perry's lied 'Firework'. Kim geeft toe: 'Ik ben eenendertig [...] Het feit dat ik een land leid, is stapelgek.'

Voor *The Interview* had je tientallen documentaires en films waarin de tirannen van Noord-Korea werden bekritiseerd en belachelijk gemaakt. Bijvoorbeeld de succesvolle film *Team America: World Police* over Kim Jong-il, van de makers van het oneerbiedige *South Park*. Het verschil was dat *The Interview*, een actiekomedie met een CIA-plot om Kim te vermoorden, door het stuntelende duo Skylark (gespeeld door James Franco) en Rapaport (Seth Rogen) in te zetten, een ernstige reactie uitlokte. Zo werd duidelijk hoe ver Kim zou gaan om zijn naam en eer te verdedigen. *The Interview* was duidelijk tegen het zere been van Kim en hij kwam, volgens verwachting, in actie. In november

2014 braken hackers in de systemen in van Sony Pictures Entertainment, ze stalen vertrouwelijke informatie van het bedrijf, en zetten die op internet. Vervolgens kondigde het regime aan dat het uitbrengen van de film een 'oorlogshandeling' zou zijn en dreigde met 9/11-achtige aanslagen op bioscopen die de film vertoonden.

Wat dreef Kim om op deze manier te reageren? Was het omdat de film de weelderige en frivole levensstijl van Kim en zijn loyalisten liet zien? Misschien kwamen het onderuithalen van de propaganda van het regime over Kims godachtige status en de lachwekkende beweringen dat Noord-Korea een welvarend land zou zijn te hard aan. Mogelijk waren de insinuaties dat Kim onvruchtbaar was te beledigend. Of was het te gevaarlijk om te erkennen dat je in Noord-Korea groepjes had die de hypocrisie van het bestaande regime wilden ontmaskeren en vastbesloten waren een staatsgreep te plegen. De film was niet alleen een persoonlijke belediging voor Kim, maar had ook het potentieel miljoenen Noord-Koreanen te bereiken: die smokkelden al verboden dvd's met Zuid-Koreaanse televisiedrama's en films het land in, omdat de grenzen steeds poreuzer werden en de mensen een onverzadigbare honger hadden naar dergelijk amusement.

Paul Fischer, de auteur van *A Kim Jong-Il Production*, wees erop[1] dat de film *Olympus Has Fallen* uit 2013 níet de woede van Kim had gewekt, waarschijnlijk omdat die over Noord-Koreaanse commando's ging die het Witte Huis aanvielen – Kim 'had er geen moeite mee als woest, gevaarlijk of agressief te worden voorgesteld. Maar grappig [...] dat gaat te ver.' Een verhaal daarentegen over het verwijderen van Kim en de mogelijkheid dat een nieuwe regering door het volk van Noord-Korea zou worden geleid, gaf het regime waarschijnlijk volop reden zich zorgen te maken. Misschien lazen ze zelfs over de Zuid-Koreaanse activist die met ballonnen 100.000 exemplaren van de film op dvd's en USB-sticks over de grens wilde krijgen, in de overtuiging dat 'het absolute leiderschap van Noord-Korea zal afbrokkelen als het gedaan is met de verafgoding van Kim'.[2] Jang Jin-sung, een van de meest vooraanstaande propagandisten van Noord-Korea en een vertrouweling van Kim Jong-il, deels vanwege zijn vaardigheid de persoonlijkheidscultus te bevorderen, liep in 2004 over en zei: 'Vanuit het Noord-Koreaanse perspectief [is de film] net zo explosief als wanneer er een echte bom op Kim Jung-un viel. Het is een culturele bom [...] Het is zo schokkend. Het gaat verder dan zomaar laster.'[3]

De Sony-aanval toonde de eenentwintigste-eeuwse slagkracht van een eenentwintigste-eeuwse millennialdictator die ook nog eens lichtgeraakt is. Niet alleen is Kim, in de vorm van mobieltjes en laptops, vertrouwd met technologie, maar in de media zie je hem ook serieus praten met nucleaire wetenschappers, volgt hij talloze rakettesten, vliegt hij in zijn eigen vliegtuig, voorziet hij de bemanning van aanwijzingen als hij aan boord gaat van een onderzeeër en rijdt hij in een tank. Tijdens hun bezoek aan Peking in maart 2018 kregen Kim en zijn vrouw naar verluidt[4] een demonstratie virtual reality en bewonderden ze de nieuwste technologie die hun Chinese gastheren hen lieten zien. Kim is een *digital native*, de term is bedacht door de auteur Marc Prensky om de generatie aan te duiden die is gevormd door de technologische cultuur waarin ze opgroeiden.[5] En het is duidelijk dat Kim wetenschap en technologie volledig heeft omarmd, als deel van zijn imago en essentieel element van zijn gereedschapskist met dwangmiddelen. Cyberaanvallen hebben het extra voordeel van vaagheid, want het toeschrijven vereist een heleboel forensisch werk, waardoor het regime dat deze aanvallen uitvoert gemakkelijk kan ontkennen.

Blijkbaar is Kim vastbesloten het niet te laten bij het ontwikkelen van kernwapens en ballistische raketten, hij wil ook Noord-Koreaanse cyberslagkracht aanwenden om zijn doelen na te streven. Verder probeert hij zijn reputatie van moderne strijder te onderstrepen door een generatie van cyberguerrilla's op te kweken, zodat hij, ongeacht geografische grenzen, de omgeving met dwangmiddelen kan manipuleren.

DE SONY-HACK

Rond Thanksgiving 2014, ongeveer twee weken voor de Amerikaanse rodeloperpremière op 11 december van *The Interview*, kregen medewerkers van Sony Pictures Entertainment na het inloggen op hun computers dit bericht op hun scherm:

> We hebben jullie al gewaarschuwd, en dit is nog maar het begin. We gaan door tot aan onze eis is voldaan [...] We hebben al jullie interne data binnengehaald, ook jullie geheimen en grote geheimen. Als jullie niet naar ons luisteren, zullen we onderstaande data aan de wereld laten zien.

Het bericht ging vergezeld van een gloeiend skelet en was getekend 'Gehackt door #GOP', oftewel 'Guardians of Peace'. In eerste instantie waren de medewerkers van Sony stomverbaasd. Iemand zei: 'Het leek een hack uit begin jaren negentig [...] Het bericht oogde als iets uit *Hackers*, de film [...] Je ging terug in de tijd. Bijna aandoenlijk.'[6] In de dagen die volgden, varieerden de speculaties over wie er achter de Sony-hack zat vanaf Rusland tot en met activistische hackers en ontevreden insiders bij Sony. Noord-Korea stond als schuldige onder aan de lijst, ook al had in juni 2014, toen de trailer van de film werd vertoond, een woordvoerder van het ministerie van Buitenlandse Zaken van dat land met 'genadeloze' vergelding gedreigd als de film over een moordpoging op Kim Jong-un werd uitgebracht.[7] Volgens de staatsmedia zei de woordvoerder: 'Een film maken en uitbrengen met als plot onze hoogste leiding te schaden is een zeer schaamteloze terreurdaad die absoluut niet zal worden getolereerd.'[8] Hij zei verder dat de VS een 'maker van gangsterfilms' gebruikte om het Noord-Koreaanse leiderschap te ondermijnen.

Seth Rogen grapte op Twitter: 'Gewoonlijk willen mensen me niet vermoorden voor een van mijn films tot ze er 12 dollar voor hebben betaald.'[9] Iets meer dan een week later oordeelde het blad *Wired* dat het 'bizar' was te denken dat Noord-Korea achter de cyberaanval op Sony zou zitten. *Wired* voerde daarvoor diverse redenen aan, onder meer dat 'natiestaataanvallen gewoonlijk niet worden aangekondigd met een opzichtig plaatje van een brandend skelet op geïnfecteerde apparaten of een pakkende hackersnaam gebruiken als "Guardians of Peace" om zichzelf te identificeren'.[10]

Ondanks de formidabele programma's voor kernwapens en ballistische raketten van het Noorden, onderschat je het kleine land maar al te gemakkelijk. Alexandra Alter van *The New York Times* stelde dat 'Noord-Korea al heel lang een begrip is in de Amerikaanse popcultuur'.[11] In de film *Team America: World Police* verandert Kim Jong-il in een kakkerlak. In de sitcom *30 Rock* speelt Margaret Cho de kaas minnende, cognac zuipende leider Kim Jong-il, en in praatprogramma's en amusementsprogramma's voor de late avond als *Saturday Night Live* en *The Daily Show* wordt vaak gelachen om eindeloze Kim Jong-un grappen. De Korea-historicus Charles Armstrong zei tegen Alter:[12] 'Noord-Korea belichaamt alle stereotiepe beelden uit de Koude Oorlog, maar op een absurde manier, zodat we het land belachelijk kunnen maken op een manier die niet kon met de Sovjet-Unie of communistisch China [...] We nemen Noord-Korea niet serieus genoeg.' Michael Lynton, CEO van Sony Pictures Entertainment, zei: 'Destijds was Kim Jong-un betrekkelijk kort in functie, en volgens mij was nog niet duidelijk in hoeverre hij van zijn vader verschilde [...] Geen mens heeft ooit iets over hun cyberslagkracht gezegd.'[13] Noord-Korea was toch een geïsoleerd, achterlijk land? Hoe konden ze de technische kundigheid en het lef hebben een grote filmstudio aan te vallen en met politieke afpersing te bedreigen?

De omvang van de schade werd al snel duidelijk. Een medewerker zei: 'Het was of er een bom afging [...] We keken in het rond. We leefden nog. Dus begonnen we alles uit te zoeken.'[14] Een ex-medewerker herinnerde zich: 'Alles was helemaal verwoest. Het was surreëel. *Alles* lag plat.'[15] De medewerkers van Sony moesten niet alleen alles met de hand opschrijven, ze konden niet op tijd worden betaald, en moesten overwerken om taken af te maken die gewoonlijk minder tijd vergden. Het personeel van Sony meende deze problemen wel aan te kunnen.

Maar de hack ging verder dan het verwoesten van de data van Sony Pictures Entertainment: vertrouwelijke informatie, waaronder salarislijsten, bijna vijftigduizend sofinummers en vijf nog niet uitgebrachte films werden op sites gezet om documenten te delen. De cyberaanval onthulde het vuile wasgoed van de filmsector, wat voor een 'angstgolf van Hollywood tot Washington' zorgde.[16] De hackers maakten enorme hoeveelheden mail openbaar en andere documenten, waardoor roddels aan het licht kwamen, de onlineschuilnamen van beroemdheden, en conflicten over projecten en acteurs. De media die hongerden naar prikkelende informatie over Hollywoodsterren, onder wie Angelina Jolie, Natalie Portman en Tom Hanks, vochten erom. Maar ook de mensen uit de lagere regionen van Sony werden getroffen: hun identiteit werd gestolen, bijzonderheden over medische verrichtingen werden bekend, en computercriminelen haalden hun bankrekeningen leeg.

Toen de FBI een onderzoek instelde, ontkende een woordvoerder van de Nationale Defensiecommissie – indertijd het hoogste bestuursorgaan van Noord-Korea, [in 2016 vervangen door de Commissie voor Staatszaken] – betrokkenheid bij of kennis van de hack, maar verkneukelde zich over de aanval, 'misschien een gerechtvaardigde daad van de aanhangers en sympathisanten' van het regime.[17] In de verklaring noemde men *The Interview* ook een 'film die ophitst tot een terroristische daad, tevens wordt de waardigheid aangetast van het hoogste leiderschap' van Noord-Korea.[18] Iets meer dan een week later dreigden de Guardians of Peace met 9/11-achtige aanvallen als Sony doorzette en de film uitbracht, men waarschuwde (in niet al te best Engels): 'We zullen jullie duidelijk laten zien op de tijd en de plaatsen dat The Interview wordt vertoond, ook de première, hoe een bitter lot is weggelegd voor wie terreur grappig vinden [...] De wereld zal vol angst zijn [...] Denk aan 11 september 2001.'[19]

Niemand had kunnen voorzien dat een ordinaire mannenhumorfilm tot een nationale veiligheidscrisis had kunnen leiden. Sony en de grote bioscopen – en de winkelcentra waar die zaten – namen de terreurdreiging serieus. De film ging op 11 december in Los Angeles in première,[20] maar Sony schrapte de nationale verspreiding op 17 december, om twee dagen later op dat besluit terug te komen. Maar de grote bioscoopketens weigerden de film tijdens de feestdagen te vertonen, ze vreesden zoiets als de slachtpartij in 2012 te Aurora, Colorado, waar een schutter twaalf mensen vermoordde en vele andere verwondde tijdens een voorvertoning van de film *The Dark Knight Rises*. Dat Sony de film terugtrok en grote bioscopen weigerden de film te vertonen leidde tot zelfonderzoek in de media en bracht een bredere discussie op gang over vrijheid van meningsuiting en van artistieke uitdrukking bij terreurdreiging. Vele medewerkers van Sony, die het door de cyberaanvallen al zwaar te verduren hadden gekregen en zich kwetsbaar voelden, hadden geen zin nog meer gevaar te lopen, al helemaal niet voor iets wat naar geen enkele maatstaf een artistieke prestatie was. 'Waarom betalen we allemaal de prijs voor een film die niet eens al te goed is?' vroeg een medewerker zich af.[21] Anderen, zoals George Clooney, Steve Carell en Michael Moore, voelden zich geroepen een harde opstelling te bepleiten jegens dit soort dwingelandij en leverden kritiek op Sony omdat ze de artistieke vrijheid niet beschermden.

Op 19 december, nog geen maand nadat het dreigement van de Guardians of Peace op de computers van Sony verscheen, verklaarde de FBI tenslotte dat de Noord-Koreaanse regering verantwoordelijk was voor de inbraak. Na een intensief onderzoek waarbij allerlei overheidsinstellingen en de inlichtingendiensten waren betrokken, zei de FBI dat technisch onderzoek op verbanden wees met andere kwaadaardige cyberactiviteiten van Noord-Korea. James Clapper, directeur National Intelligence, zei in zijn memorandum dat 'volgens mij en volgens onze beste cyberspecialisten [...] de Sony-hacks zonder de minste twijfel afkomstig zijn uit Noord-Korea'.[22] In het persbulletin van de FBI stond:

> We zijn zeer verontrust over de destructieve aard van deze aanval op een entiteit in de particuliere sector en de gewone burgers die daar werkten [...] Hoewel de FBI zeer uiteenlopende en een toenemend aantal computerinbraken heeft gezien, is de destructieve aard van deze aanval, gekoppeld aan het dwingende karakter ervan, uitzonderlijk. De acties van Noord-Korea dienden om aanzienlijke schade toe te brengen aan een Amerikaanse onderneming en het recht van Amerikaanse burgers op vrije meningsuiting te onderdrukken. Zulke intimiderende acties vallen buiten de grenzen van aanvaardbaar staatsgedrag. De FBI neemt elke poging – door middel van computers, dreigingen met geweld of anderszins – om het economische en sociale welzijn van onze burgers te ondermijnen serieus.[23]

De 9/11-achtige aanval bleef uit, maar de angst was echt en de erdoor veroorzaakte chaos en verwarring stuurden de besluitvorming van particuliere Amerikaanse entiteiten en het uitoefenen van hun rechten. President Obama had kritiek op de beslissing van Sony en waarschuwde: 'We kunnen geen maatschappij hebben waarin een of andere dictator in een bepaald land hier in de VS censuur kan gaan opleggen [...] Stel je voor dat producenten, distributeurs en anderen tot zelfcensuur overgaan omdat ze de gevoeligheden willen sparen van iemand wiens gevoeligheden waarschijnlijk níet moeten worden gespaard.'[24] Peter Singer, een vooraanstaande Amerikaanse expert op het gebied van cyberoorlogvoering, zei: 'Inmiddels is niet de hack het probleem. Het probleem is de reactie van Sony erop. Het terugkrabbelen [...] Ze hebben aanvallen op de rest van ons beloond en gestimuleerd.'[25]

De overdreven Noord-Koreaanse reactie op het uitbrengen van de film liet zien dat de dwangmiddelen van het regime zich niet beperken tot raketten en kernwapens, en dat Kim de wil en het vermogen heeft om vermeende beledigingen buiten de grenzen van zijn land te bestraffen. 'De film biedt een alternatief waaraan de Noord-Koreanen absoluut niet mogen denken. De film biedt een alternatieve voorstelling,'[26] zei Jang Jin-sung, de propagandist die overliep. 'De mensen geloven niet echt al die propaganda over Kim Jong-un, dat hij een god is, en hebben niet iemand nodig om hen te vertellen dat het anders zit of hen duidelijk te maken dat je het anders kunt zien. Noord-Koreanen zijn mensen, en ze zijn niet idioot. In het Noord-Koreaanse systeem moet je Kim prijzen en liedjes over hem zingen en het serieus nemen, ook al vind je het een waardeloos verhaal.' En Kim Jong-un zorgde dat geen mens dat verhaal aanvocht, zelfs Amerikanen niet. Het Sony-incident was het gevolg van Kims paranoia, in combinatie met zijn onbeschaamdheid en hoge risicotolerantie bij het uitproberen van zijn mogelijkheden. De *New York Times*-journalist David Sanger concludeerde: 'Cyberwapens waren geknipt voor de situatie van Noord-Korea in de wereld: zo geïsoleerd dat men weinig te verliezen had, met zo weinig brandstof dat men geen ander middel had om een conflict met grotere machten vol te houden, en zo achterlijk dat de eigen infrastructuur grotendeels onvatbaar was voor verlammende tegenaanvallen.'[27]

VOORSPEL... EN NASPEL

Door Sony werden ze wakker in Washington, alle twijfels over de cyberslagkracht van Noord-Korea werden erdoor verdreven, al zou je zeggen dat ze in de vs de bui al konden zien hangen. Jarenlang hadden experts zich zorgen gemaakt over de toenemende vaardigheid van het regime om cyberaanvallen uit te voeren. Noord-Koreaanse entiteiten hadden al een aantal malen ingebroken bij Zuid-Koreaanse banken, het militaire intranet, en de e-mailaccounts van overheidsfunctionarissen en media, een weerspiegeling van het doel van Kims familie: deze nieuwe instrumenten gebruiken voor afpersing, spionage en het binnenhalen van valuta voor het regime. Luttele maanden voor de Sony-hack, in april, zei generaal Curtis M. Scaparrotti, de toenmalige bevelhebber van de Amerikaanse troepen in Zuid-Korea, tegen de commissie militaire aangelegenheden van het Huis van Afgevaardigden: 'Noord-Korea zet computerhackers in die inlichtingen via open bronnen kunnen vergaren, cyberspionage uitvoeren en ontwrichtende cyberaanvallen.'[28] Naar zijn oordeel was 'cyberoorlogvoering een belangrijke asymmetrische dimensie van conflict waarop Noord-Korea waarschijnlijk de nadruk zal blijven leggen – deels omdat je gemakkelijk kunt ontkennen en de kosten relatief laag zijn'. Zijn waarschuwingen over de cyberdreiging strookten met wat door Amerikaanse inlichtingenkringen sinds 2013 was gezegd, toen James Clapper beweerde dat op de lijst van belangrijkste dreigingen voor de vs 'terrorisme' door 'cyber' van de eerste plaats was verdrongen.[29]

Noord-Korea was al tientallen jaren bezig geweest met het ontwikkelen van kernwapens en ballistische raketten, maar de belangstelling van het land voor cyber is relatief nieuw en dateert van begin deze eeuw. *The New York Times* verwees naar Kim Heung-kwang, docent computerkunde aan de Hamheung Computer Technologie Universiteit in Noord-Korea, in een bericht dat Kim Jong-il rond 2003 belangstelling kreeg voor internet, hij vertelde zijn militaire commandanten toen: 'Tot nu toe draaide oorlog voeren om kogels en olie, in de eenentwintigste eeuw draait het om informatie.'[30] De slagkracht van Pyongyang was rudimentair, maar Kim Jong-un bracht die naar een hoger niveau, ongeveer zoals hij het ontwikkelen van ballistische raketten en kernwapens versnelde.

Voor Kim Jong-un lijkt het opvoeren van cyberslagkracht goed te passen bij zijn verlangen naar snelle resultaten voor een relatief lage prijs en bij het opvijzelen van zijn imago als een moderne leider die de technologische vooruitgang van Noord-Korea stuurt. Kim heeft er, als digital native die heel zijn leven te maken heeft gehad met videospelletjes, mobieltjes, videocamera's en andere hedendaagse apparaten, geen moeite mee cyber te incorporeren in de gereedschapskist met provocerende acties van het Noorden. 'Cyberoorlogvoering is, samen met kernwapens en raketten, een "universeel zwaard" dat garandeert dat ons leger genadeloos kan toeslaan,' zou hij hebben verklaard.[31] Kim heeft ongeveer zesduizend hackers en ondersteunend personeel ingezet in minstens acht landen – China, Maleisië, Nieuw-Zeeland, India, Nepal, Indonesië, Mozambique en Kenia – om ontdekking te voorkomen en te profiteren van de internetinfrastructuur daar.[32] Kim heeft zich ook gericht op trainingsprogramma's voor cyberspionage en cyberoorlogvoering,[33] waarbij de meest getalenteerde studenten naar de Kim Il-sung Universiteit voor Computerkunde gaan, de Kim Chaek Technologische Universiteit, de Mirim Universiteit en andere instellingen.

Kims hackers zien het Zuiden als een aantrekkelijk doelwit. Volgens Zuid-Koreaanse functionarissen heeft Noord-Korea sinds 2010 meer dan zesduizend cyberaanvallen op het land uitgevoerd[34] – relatief primitief in vergelijking met de Sony-hack en de daaropvolgende hacks – wat een schadepost van ongeveer 650 miljard dollar betekende voor Zuid-Koreaanse particuliere en overheidsentiteiten. In 2011 legde Noord-Korea de filialen van een bank tien dagen lam.[35] Door Noord-Koreaanse malware gericht tegen drie Zuid-Koreaanse mediabedrijven en drie grote banken werden in 2013 computers onbruikbaar gemaakt na een DOS-aanval, klanten hadden geen toegang tot hun rekeningen. Men wiste creditcardgegevens[36] en zorgde voor een financiële schadepost van zo'n 800 miljoen dollar. De aanvallen van Noord-Korea op de financiële en mediasector in Zuid-Korea zijn een poging deze bedrijven én de openheid die essentieel is voor de welvaart van Zuid-Korea te verlammen. Pyongyang probeert waarschijnlijk duidelijk te maken dat het armere Korea schade kan toebrengen aan het rijkere neefje ten zuiden van de achtendertigste breedtegraad, terwijl men door het eigen isolement en de relatieve armoede ongevoelig is voor proportionele bestraffing uit Seoel of Washington. Pyongyang gebruikt de toenemende slagkracht blijkbaar om geld binnen te halen voor het regime, deels om de vele sancties te neutraliseren die een belemmering zijn voor de meer traditionele methoden van het land om aan harde valuta te komen.

In 2016 leidden de aanvallen van Kim op Bangladesh Bank tot een diefstal van 81 miljoen dollar,[37] een blijk van nieuwe, verfijndere mogelijkheden. De hackers braken in bij het wereldwijde berichtensysteem van SWIFT (Society for Worldwide Interbank Financial Telecommunication) – gezien als een van de veiligste systemen voor financiële overdrachten – en verplaatsten op frauduleuze wijze tegoeden van de bank bij de Federal Reserve Bank of New York naar hun eigen rekeningen op de Filipijnen. Het Amerikaanse National Security Agency zei in maart 2017 dat de aanvallen uit 2016 'forensisch' samenhingen met de aanval op Sony.[38]

Naast de beroving van Bangladesh Bank hebben Noord-Koreaanse hackers in 2015 de Vietnamese TPBank aangevallen, in 2017 de Far Eastern International Bank in Taiwan, en in 2018 Bancomext in Mexico en Banco de Chile, enzovoorts, in totaal minimaal ruim zestien organisaties in elf landen sinds in elk geval 2014.[39] Een en ander werpt licht op de steeds bekwamere en onverschrokkener cyberactiviteiten van Noord-Korea sinds Kim Jong-un aan de macht kwam.

Maar in een studie van oktober 2018 van de FDD (Foundation for Defence of Democracies) klonk een zorgelijker geluid: men stelde[40] dat Noord-Korea het potentieel heeft de infrastructuur voor nationale veiligheid van de VS en Zuid-Korea te verzwakken en verwees daarbij naar de gemeenschappelijke waarschuwing van de FBI en het Amerikaanse Departement voor Nationale Veiligheid dat Noord-Koreaanse entiteiten zich richtten op de bankensector, de telecommunicatiesector en de ruimtevaartsector. Verder meldde de VS in december 2017[41] dat Noord-Korea verantwoordelijk was voor de WannaCry-computerworm die 230.000 computers trof in meer dan 150 landen, een schadepost van miljarden dollars. Thomas P. Bossert, adviseur van het Witte Huis voor binnenlandse veiligheid, zei dat de WannaCry-aanval 'een ommekeer' was en dat 'Noord-Korea [had] duidelijk gemaakt de hele wereld in gevaar te willen brengen, door het kernwapenprogramma dan wel door cyberaanvallen'.[42] Kims hackers laten zich niet afschrikken. Zoals blijkt uit een rapport van de VN uit augustus 2019[43] zijn ze bedrevener geraakt in het manipuleren van cyberspace: ze voerden succesvolle aanvallen uit op financiële instellingen en op sites waar je cryptovaluta kunt inwisselen en verdienden daarmee tot nu toe naar schatting 2 miljard dollar.

The Interview wilde grappig zijn ten koste van Kim Jong-un. Maar naar bleek, verging ons het lachen.

KIMS SILICON VALLEY

Kims cyberstrijders en hun hit-and-runtactieken wijzen erop dat het regime ook buiten Noord-Korea voor chaos wil zorgen en angst zaaien, maar Kim heeft zich evengoed gericht op het ontwikkelen van technologie ín het land, ondanks het risico dat niet goedgekeurde informatie tot het bewustzijn van het volk doordringt en de tegenspraken en leugens van de staatspropaganda aan het licht brengt. Als een tech-ondernemer die over alle rijkdom van de natie beschikt heeft Kim zijn bevolking, niet alleen in Pyongyang maar ook in de provincies, een bredere toegang gegund tot de instrumenten van het digitale bestaan die hij kan controleren, onder meer laptops, tablets en mobieltjes, maar zonder toegang tot wat hij niet kan controleren, namelijk internet. En als dictator heeft hij ook geprobeerd de bevolking digitale netwerken op te krijgen om beter te kunnen begrenzen hoe men in Noord-Korea informatie consumeert – zeg maar het gebruiken van technologie en toegang daartoe om zijn bewind te verstevigen en de Noord-Koreaanse propaganda te versterken.

Kim heeft een aantrekkelijke omgeving geschapen voor de tech-elite, hij besteedt middelen van het regime aan het belonen en aanmoedigen van wetenschappers en ingenieurs. Een van de extraatjes is Mirae Wetenschappers Straat,[44] een woonwijk voor het Silicon Valley van Noord-Korea, gelegen in een zeer gewilde buurt nabij het treinstation van Pyongyang, nabij de Taedongrivier, aan een boulevard met zes rijbanen. Het complex wordt beheerst door een wolkenkrabber van 53 verdiepingen met een 'gouden' bol bovenop, als een soort baken voor aankomende Noord-Koreaanse techneuten en als een teken van hun gewaardeerde positie in Kims moderne Noord-Korea. Je hebt er een centrum voor kinderopvang, een school, winkels, sportgelegenheden en andere gemakken, niet alleen om de werknemers en hun gezinnen gelukkig te houden maar ook om toekomstige generaties hun voorrechten in deze maatschappij te leren waarderen. Nat Kretchun, een expert op het gebied van technologische trends in Noord-Korea, heeft beweerd[45] dat het bewuste koesteren door het regime van deze groep wetenschappers en ingenieurs dient om hun talenten zo in te zetten dat er geen binnenlandse 'hackerscultuur' ontstaat, waarbij ze zich eerder aangemoedigd zouden voelen digitale controle te ondermijnen dan die te versterken.

In januari 2016, slechts een paar maanden nadat het regime de voltooiing van Mirae Wetenschappers Straat had gevierd, onthulde de Noord-Koreaanse overheid het Paleis van Wetenschap en Techniek, om nog eens te onderstrepen hoeveel belang men hecht aan wetenschappelijke deskundigheid. Het complex is een hightechpark, gebouwd in de vorm van een atoom, misschien een pesterij aan het adres van Amerika, waar ze via satellietbeelden dit schaamteloze symbool zien dat Noord-Korea zich blijft toeleggen op kernwapens en andere technologische ontwikkelingen. Binnen werken mensen ijverig achter computers die zijn verbonden met het Noord-Koreaanse intranet, zoals een journalist van CNN die de faciliteit bezocht het beschreef.[46] Vanwege lokkertjes als kortingen in warenhuizen, betere woningen, meer eten, vrijstellingen van militaire dienst en een hogere status, spannen ouders zich in hun kinderen wetenschappers te laten worden, volgens Noord-Koreaanse bronnen die in 2017 werden geïnterviewd door Radio Free Asia.[47] Volgens één bron verdienden privéleraren die wiskunde, natuurkunde en andere exacte vakken geven het meeste geld.

Dat Kim moderne technologie – en zelfs Amerikaanse producten – omhelst, dringt ook door tot de elite, die zich de luxe van digitaal verbonden zijn kan veroorloven. Op propaganda van het regime is Kim regelmatig in de weer met mobiele telefoons, computers en laptops, zelfs een Apple MacBook Pro.[48] Ook gemiddelde Noord-Koreanen zie je met mobiele telefoons. Kim Jong-il moedigde de ontwikkeling en het gebruiken van technologie aan, ook al was hij eerst bang dat zo informatie van buitenaf door kon sijpelen en de status quo en de propaganda van het regime bedreigen. Zijn zoon heeft die angst voor technologie en de plaats ervan in de moderne wereld niet, maar ziet heel duidelijk de mogelijkheden en de kracht ervan om zijn zeggenschap over zijn volk te versterken. Deze houding geeft beslist aan dat het regime de onomkeerbare krachten onderkent van de markteconomie, door moderne apparaten te gebruiken voor horizontale contacten tussen Noord-Koreanen in plaats van die te ontmoedigen. Zoals InterMedia, een onderzoeksbureau in Washington, zei in een belangrijke studie uit 2017: 'De uitbreiding van netwerkconnectiviteit naar een groot deel van de bevolking bewapent de Noord-Koreaanse overheid met een nieuw scala aan instrumenten voor censuur en beveiliging, instrumenten die verder gaan dan wat je in andere autoritaire staten of omgevingen met beperkte media vindt.'[49] Het Noord-Korea van Kim Jong-un 'houdt zich bezig met een actiever strategisch beheer van de informatieruimte', dit om 'te voldoen aan de vraag naar volgen en beveiligen, maar ook om economische groei te bevorderen en de schijn van ontwikkeling en modernisering te wekken' volgens de studie.

De Noord-Koreanen waren niet onbekend met technologie. Sinds ongeveer 2000 was namelijk het bezit van televisies, videorecorders en dvd's zich beginnen te verspreiden. InterMedia concludeerde in 2012 dat bijna driekwart van de benaderde Noord-Koreanen televisie had gekeken en ongeveer de helft zelf een toestel had.[50] Volgens een studie van UNICEF had in 2017 bijna 100 procent van de huishoudens een televisie.[51] Op grond van onderzoek in de grensstreek zei Noord-Koreakenner Andrei Lankov dat in 2012 70 à 80 procent van alle huishoudens een dvd-speler had.[52] Maar zoals eerder vermeld bezitten inmiddels de meeste Noord-Koreanen, niet alleen de bovenlaag, moderne media-apparatuur of hebben daar toegang toe, denk aan computers, USB-drives en Chinese mobiele telefoons. Naar schatting van Lankov zijn er waarschijnlijk honderdduizenden computers in Noord-Korea. Mobiele apparaten zijn algemener, er zijn liefst 4 miljoen abonnees, en dat aantal groeit.

De mobieltjes en tabletten waarop Noord-Koreanen zich verlaten voor informatie, vermaak en zakelijke activiteiten werken op minimale 3G-diensten, volgens het onderzoeksbureau Recorded Future, met mogelijkheden voor spraak, sms, en het verzenden van foto's en video's.[53] Een journalist van *The New York Times* die in 2016 Pyongyang bezocht vertelde over een tafereel in een restaurant nabij de Kim Il-sung Universiteit:[54] jonge stelletjes gebruikten hun in Noord-Korea gemaakte smartphones, die draaiden op een versie van Android, om foto's te maken van hun hamburgers voor ze die opaten, een tafereel dat in ieder ander land niet opmerkelijk zou zijn. Maar het was wél opmerkelijk in Noord-Korea, al helemaal omdat de inwoners van Pyongyang zo nonchalant pronken met hun consumentengoederen en de attributen van de moderne, digitale maatschappij, om nog maar te zwijgen over hun voorliefde voor typisch Amerikaans eten. Deze telefoons zijn niet goedkoop – een mobieltje en de registratie kosten ongeveer 200 dollar, een exorbitant bedrag in Noord-Korea – maar je ziet ze overal, nog eens een bewijs van de marktwerking en de geldgroei in de jaren na de hongersnood. De journalisten Daniel Tudor en James Pearson wijzen erop dat voor Noord-Koreanen een mobieltje noodzaak én statussymbool is:[55] handelaren moeten informatie hebben over prijzen en contacten onderhouden met leveranciers en mogelijke klanten, jonge mensen gebruiken het om indruk te maken op hun vrienden en hun positie in de samenleving te onderstrepen. UNICEF stelde vast dat in 2017 80 procent van de Noord-Koreanen een mobiele telefoon had gebruikt.[56]

Maar hun ervaring met deze apparaten verschilt enorm van de onze. De conventionele wijsheid over het potentieel van internet en verwante technologie om nieuwe – en vrije – ruimtes te openen voor communicatie gelden domweg niet. Het viel Suki Kim, die lesgaf aan Noord-Koreaanse elitestudenten in Pyongyang, op[57] dat de tieners geen idee hadden van de revolutie op het gebied van informatie en sociale netwerken waartoe mensen als Steve Jobs en Mark Zuckerberg de aanzet gaven. Martyn Williams, een technologiespecialist, legt uit dat Kims regime 'iets doet wat geen ander land heeft gedaan: een natiebreed intranet opzetten met e-mail en websites, maar dan totaal afgesloten van de rest van de wereld. Het is een dappere poging enkele voordelen van elektronische communicatie binnen te halen en toch de complete controle over een hele bevolking voort te zetten.'[58]

Noord-Korea vertrouwt niet eenvoudig op censuur om inhoud te blokkeren, men heeft een vervangend virtueel universum geschapen. Het netwerk van het land, Kwangmyong geheten, geeft de gebruikers toegang tot binnenlandse sites waarvan de inhoud zich beperkt tot de krant van de heersende partij, het staatsnieuwsbureau, een kooksite met recepten voor Koreaans eten, en onlinestudie. In 2016 had Korea zo'n vijfentwintig websites, in 2017 beweerde men er 168 te hebben.[59] Het land heeft ook een video-on-demandsysteem voor programma's van de staatstelevisie. 'Het is geen Netflix,' aldus Williams.[60] De afgelopen jaren is het regime ook begonnen met onlinewinkelen,[61] vooral bedoeld voor smartphonegebruikers die mogelijk interesse hebben voor kleding, accessoires voor dames, cosmetica, culinaire bijzonderheden en meubels. Kretchun stelt dat 'Noord-Korea het volk systematisch naar netwerken brengt waarover het volledige zeggenschap heeft',[62] een controle die extremer is dan die in andere repressieve staten zoals China, dat ook experimenteert met dit soort informatiecensuur en beveiliging. Een nog kleiner aantal Noord-Koreanen – de top van de top – heeft toestemming om het echte internet op te gaan.[63] Wat inhoudt dat slechts een heel kleine minderheid en de hoogste leiding een idee hebben van wat er op de wereld speelt, ook van de beeldvorming over Noord-Korea, de ontwikkeling van nieuwe technologieën en de populaire Westerse cultuur. Vrijwel zeker is Kim Jong-un een van deze consumenten van informatie van buitenaf. De overheid verbiedt de algemene bevolking te luisteren of te kijken naar buitenlandse media. Radio's en televisies zijn zo ingesteld dat ze alleen binnenlandse programma's kunnen ontvangen, en om gehoorzaamheid af te dwingen wordt gedreigd met strenge straffen.

Misschien zitten achter de inspanningen van Kims regime om Noord-Koreaanse propaganda buiten de geografische grenzen te verspreiden zijn inzicht in kritiek van buitenaf op Noord-Korea en zijn ervaringen toen hij in Zwitserland woonde, samen met zijn politieke en technische handigheid. Het Korea Computer Centrum fungeert als een coördinatiepunt voor intranet en verleent alleen toegang tot door het regime goedgekeurde informatie.[64] Het regime heeft een officieel Twitter-account en een aantal websites waarop ze hun propaganda en 'nieuws' toegankelijk maken voor buitenstaanders. In het Westen mogen we dan internet, social media en virtuele communicatie aanprijzen als een democratische nivelleerder, waar individuele vrijheden en individueel potentieel volop kansen krijgen, het voorbeeld van Noord-Korea laat zien dat internet, zoals defensie-experts Peter Singer en Emerson Brooking zeggen, 'de greep van autoritaire regimes niet losser heeft gemaakt [... maar] een nieuw instrument is geworden om hun macht te handhaven'.[65]

In deze context zijn het zelfopgelegde isolement van Noord-Korea en het gebruiken van repressie om tegenstemmen te smoren geen tekortkoming maar een strategisch voordeel dat Kim de ruimte geeft om een van de nieuwste dwangmiddelen zo aan te scherpen dat het zijn macht versterkt en de mogelijkheden van de vs en Zuid-Korea beperkt om slecht gedrag te straffen. Kim heeft al de tientallen jaren oude gevangenkampen en de ideologische infrastructuur om regimepropaganda te verspreiden. De nieuwe cyberinstrumenten bieden nóg een manier om die informatie uit te laten gaan, en zo krijgen zijn bureaucraten de werktuigen om de gedachten en gedragingen van de mensen nog strikter te controleren.

Vanaf het uitnodigen van buitenlandse journalisten naar Pyongyang om het regime te versterken en legitimiteit te verlenen tot en met technologie en cyberaanvallen gebruiken om de stroom en de consumptie van informatie binnen en buiten Noord-Korea te beheersen: Kim heeft zijn zeggenschap geografisch uitgebreid. Het verheerlijken van zijn macht is de verraderlijke methode om de repressieve maatregelen van het regime tot het bewustzijn te laten doordringen van zowel de Noord-Koreaanse bevolking als de buitenlandse bezoekers en journalisten, die aan zelfcensuur doen om te zorgen dat ze geen problemen krijgen met de Noord-Koreaanse autoriteiten of om toegang te houden.

Voor gewone Noord-Koreanen is het zwichten voor Kims intimidatie een beslissing van leven of dood, gezien de zeggenschap van hun leider over zijn geërfde kunst van onderdrukking om zijn suprematie te garanderen, aan de tijd aangepast om moderne technologie te kunnen gebruiken en de realiteit van een markteconomie mogelijk te maken. Maar voor zijn oudere halfbroer, die buiten de grenzen van Noord-Korea zwierf en kritiek leverde vanuit zijn veilige plek in China, had Kim iets anders in petto.

10

MOORD IN MALEISIË

HET IS DE ochtend van 13 februari 2017.[1] Kim Jong-nam, Jong-uns oudere halfbroer en de oudste zoon van zijn vader, gaat de internationale luchthaven van Kuala Lumpur in Maleisië in. Hij draagt een modieuze lichtgetinte blazer en jeans, designerschoenen en heeft een rugzak, over zijn rechterschouder hangt nonchalant wat een Louis Vuitton-tas lijkt, bekend is dat hij die bezat.[2] Hij lijkt een gewone toerist of zakenman van middelbare leeftijd, gezellig gezet, die wacht op zijn vlucht terug naar zijn huis in Macau, bekend als het Las Vegas van China, een epicentrum van gokken en glamour waar hij met zijn vrouw, zoon en dochter in ballingschap woont. Hij loopt doelbewust de luchthaven in, kijkt omhoog naar het scherm met vertrekkende vluchten – zijn vloeiende bewegingen wekken de indruk dat hij deze luchthaven kent – en wandelt naar het loket om in te checken.

Plotseling rent een vrouw naar hem toe en wrijft met haar handen over zijn gezicht. Een tweede vrouw volgt snel en doet hetzelfde. Met deze snelle, opeenvolgende bewegingen brengen ze een zenuwgas aan, vx genoemd, een van de dodelijkste ter wereld. Eén druppel kan fataal zijn. De vrouwen zullen geen last hebben van het gif, misschien omdat ze onmiddellijk hun handen gaan wassen of omdat ze verbindingen gebruiken die pas bij vermenging fataal worden.

Het is onaangenaam de videobeelden van de beveiligingscamera's op het vliegveld te bekijken. Kim vraagt om hulp en wordt naar een kliniek op de luchthaven gebracht. Hij loopt duidelijk moeizamer, en hij krimpt in elkaar van de pijn als hij in de kliniek op behandeling wacht. Terwijl de VX zijn lichaam insijpelt, moet Kim last hebben gehad van onscherp zicht, problemen om lucht te krijgen, misselijkheid, diarree, het stoppen van de ademhaling en stuiptrekkingen, de directe tekenen van blootstelling, volgens het Amerikaanse Centers for Disease Control and Prevention.[3] Enkele seconden later is hij dood. Op de beelden zie je mensen in de kliniek bukken om Jong-nam te helpen, en toeschouwers kijken nieuwsgierig door het raam. De laatste paar beelden zijn van functionarissen die hem op een brancard naar buiten rijden, zijn T-shirt opgetrokken waardoor je zijn bolle buik ziet. De Maleise minister van Gezondheid zegt later dat zijn laatste momenten pijnlijk waren.

Pathologische rapporten wezen vervolgens uit dat er VX op het gezicht van Kim zat, op zijn ogen, kleding en rugzak, en in zijn bloed en urine, wat fatale schade had toegebracht aan zijn hersenen, longen, lever en milt. Een van de Maleise artsen die sectie verrichtte, getuigde voor de rechtbank dat de grote hoeveelheid ontlasting in Kims ondergoed en de versmalling van zijn pupillen haar tot de conclusie hadden gebracht dat zijn dood het gevolg was van acute VX-vergiftiging.[4] Beelden van Kim Jong-nams zeer publieke dood gingen de hele wereld over en beschuldigende vingers wezen naar zijn halfbroer in Pyongyang, die waarschijnlijk zijn alledaagse plichten afwerkte, zoals een bezoek aan een meervalkwekerij, terwijl Jong-nam tussen onbekenden lag te sterven. Voor een man die door zijn vader was verafgood en verwend door legers sycofanten en bedienden, was het een smadelijk einde.

Heel het incident leek een scène uit een slechte film. Natuurlijk wisten de luchthavenautoriteiten niet dat de dode man ooit gold als de volgende leider van Noord-Korea. Maar ze zagen wel dat hij een paspoort bij zich had waarop hij 'Kim Chol' heette en er 120.000 dollar in zijn designerrugzak zat.[5] En ze wisten al helemaal niet dat er een zenuwgas was aangebracht of dat de twee vrouwen die het hadden gedaan zeiden dat ze meenden een grap uit te halen voor een realityserie. Een van de vrouwelijke verdachten droeg een bijna spottend 'LOL'-truitje.

De aangeklaagde vrouwen, Doan Thi Huong en Siti Aisyah, allebei in de twintig, waren bang en geschokt toen ze luttele dagen later werden gearresteerd. Huong en Aisyah, twee jonge vrouwen met een armoedige achtergrond, de eerste uit een dorp op het platteland van Vietnam en de tweede uit Indonesië, waren op zoek geweest naar een beter leven, maar in de prostitutie beland om de eindjes aan elkaar te knopen. Maar nu bleken ze – waarschijnlijk ongewild – het middelpunt van internationale intriges en dreigde voor hen de doodstraf vanwege hun rol bij de moord op de halfbroer van de meest teruggetrokken dictator ter wereld, terwijl hun Noord-Koreaanse bazen en het regime waarvoor ze werkten aan elke consequentie ontkwamen. (In maart 2019 kwam Aisyah vrij nadat de Indonesische regering intens had gelobbyd voor haar vrijlating uit de Maleise gevangenis.[6] Twee maanden later liet men ook Huong vrij, na een dergelijke lobby vanuit Hanoi.[7])

Toen Zuid-Koreaanse functionarissen met de beschuldiging kwamen dat het incident 'een daad van systematische terreur' was 'in opdracht van Kim Jong-un',[8] reageerde Pyongyang boos en ontkende krachtig. Tegen de horde journalisten die zich voor de ambassade had verzameld, verklaarden de diplomaten van Pyongyang in Kuala Lumpur: 'Wat anderen zeggen over onze diplomaat is allemaal laster en leugen!'[9] Noord-Korea hield ook vol dat de moord een samenzwering was van Maleisië en Zuid-Korea,[10] verweet Washington en Seoel 'een hetze te zijn begonnen tegen de Democratische Volksrepubliek Noord-Korea' en maakte de vergelijking met 'het verhaal dat Irak in het bezit zou zijn geweest van massavernietigingswapens'. Maar de VS en Zuid-Korea concludeerden dat de Noord-Koreaanse regering verantwoordelijk was voor de moord.[11]

Het was geen geheim dat Kim Jong-un geen fan was van

zijn oudere halfbroer, eens de favoriet van hun vader. Kim wilde vrijwel zeker af van een mogelijke rivaal, zoals hij had gedaan met zijn oom Jang Song-thaek. En de manier waarop hij het deed – op een openlijke, pijnlijke en vernederende manier, wijdverspreid via video en beelden om het echt en intiem te maken – was een boodschap aan alle uitdagers. Hoewel Kim vrijwel zeker opdracht gaf tot de moord, is het onduidelijk of hij de details ervan regelde dan wel de planning en executie aan zijn agenten overliet. Je kunt je voorstellen dat hij heel tevreden was over de mensen die de moord regisseerden, omdat die zo subtiel was, ontkend kon worden en er nadien zo'n ophef ontstond.

Geen criticus of vermeende criticus is veilig, of hij of zij zich nu in Pyongyang bevindt, zoals oom Jang, dan wel, zoals Jong-nam, op een ogenschijnlijk veilige plek – het drukke internationale knooppunt Kuala Lumpur – zogezegd onder bescherming van de Chinese overheid. Het succes van speciale Noord-Koreaanse agenten, die een gevoelige, bekwame aanval in een publieke omgeving konden uitvoeren, en het gebruiken van een chemisch wapen waren een les voor iedereen die de video's bekeek en las over de moord. De actie, zo uitbundig belicht in de internationale en regionale media, bewees dat Kims reikwijdte en wraak geen grenzen kennen.

DE PLAYBOY EN DE PURIST

Kim Jong-nam wist dat hij een doelwit was. Een van zijn vrienden zei: 'Paranoïde was hij niet, maar hij maakte zich zorgen [...] Wanneer hij van huis was, was hij voorzichtig en hij vermeed het met Aziaten te spreken omdat hij zich zorgen maakte dat het spionnen waren.'[12] Het hoofd van de nationale veiligheidsdienst van Zuid-Korea onthulde in 2017 dat Jong-nam, die wist dat Jong-un hem sinds 2011 had proberen te vermoorden, in 2012 zijn broer had geschreven om hem te vragen zijn leven en dat van zijn familie te sparen.[13] Maar hij probeerde een normaal leven te leiden in China,[14] onder bescherming van Peking, hij was er in de jaren negentig getrouwd en had er kinderen gekregen. Hij reisde regelmatig, naar Zuidoost-Azië en naar Europa, waar zijn zoon studeerde in Frankrijk, en plaatste foto's van zichzelf op allerlei locaties op zijn Facebookpagina, onder het pseudoniem Kim Chol, ook de naam op zijn paspoort.[15] Zijn verpafte gezicht, dikke buik en ongeschoren stoppelbaard waren veelzeggende tekens van een rustig leventje, met drank en veel eten, terwijl zijn schoenen van Ferragamo, zonnebril, dure hoeden en andere designerkleding een zeer on-Noord-Koreaanse esthetiek uitstraalden, een schril contrast met het vale maojasje van zijn jongere broer, de bijpassende broek, het sobere kapsel en de bril met donker montuur.

Kim Jong-nam heeft naar verluidt de jongere broer die de genegenheid van hun vader afpakte nooit ontmoet. Jong-nam, dertien jaar ouder dan Jong-un, was het gezicht geworden van wat had kunnen zijn in Noord-Korea, want internationale media speculeerden over zijn echte of vermeende hervormingsgezindheid en wat hij allemaal zou veranderen in Noord-Korea als hij tot leider van het land werd benoemd. De opmerkingen die Jong-nam af en toe maakte tegen de Japanse en Zuid-Koreaanse pers bevatten directe of verhulde kritiek op het regime, wat hem er bij zijn broer in Pyongyang niet geliefder op maakte. Hoewel Jong-nam de laatste jaren had afgezien van openlijke kritiek op Noord-Korea, riep het feit dat hij nog steeds in de belangstelling stond en zijn levensstijl op Facebook vertoonde ongetwijfeld ergernis op bij Jong-un, die duidelijk niet in staat was zijn broer helemaal te beteugelen. En voor een regime dat geobsedeerd en paranoïde was over stabiliteit en beteugeling, was Jong-nam een onmiskenbaar buitenbeentje, zeker ook omdat, ondanks zijn uitgesproken wens zich buiten de politiek te houden, alleen al zijn bestaan nog niet uitgekomen dromen over hervormingen in Noord-Korea aanwakkerde.

Misschien verafschuwde Jong-un zijn broer – verwesterd, gulzig, verdorven – vanwege wat hij vertegenwoordigde. Jong-nam bezocht bordelen en had naar verluidt diverse vriendinnen, terwijl Jong-un zichzelf afschildert als een toegewijde echtgenoot voor zijn vrouw, onderstreept door hoe vaak zij hem in het openbaar vergezelt. Terwijl zijn broer slempte en gokte, werkte Jong-un onvermoeibaar om de nalatenschap van hun grootvader en vader te behouden, alsmede de soevereiniteit en sterkte van het land. Jong-nam was uitgeblust, een slaaf van zijn luxeleefstijl, terwijl Jong-un Noord-Korea doorkruiste om te zorgen dat zijn volk aan de kost kon komen. Jong-nam moest worden beschermd door China, terwijl Jong-un geavanceerde programma's voor kernwapens en ballistische raketten ontwikkelde om de waardigheid en onafhankelijkheid van het Noorden te behouden. Voor Jong-un was zijn oudere broer misschien een alter ego, een gedegenereerde die als voorbeeld diende van wat er gebeurt als je verzuimt je aan de ideologie van het regime te houden, een entiteit helemaal aan het andere eind van het spectrum dan de zuiverheid van denken en handelen zoals belichaamd in Kim Jong-un, de loyale zoon, vader, echtgenoot, leider.

Redding was uitgesloten voor Kim Jong-nam. En net als voor oom Jang, die ook van het juiste pad was afgedwaald, was het verwijderen van de rotte plek de enige optie, wat het regime betrof. De moord zelf was een mengeling van oud en nieuw – een in de jaren vijftig ontwikkeld strijdgas tegen het doelwit gebruiken in het openbaar, het klassieke inzetten van clandestiene agenten om twee waarschijnlijk nietsvermoedende jonge vrouwen over te halen op te treden in wat volgens hen een realityserie was, en heel de aanval plus de nasleep laten vastleggen op beveiligingscamera's. Het geval was gemáákt voor de tv, en dat was stellig Kims wens.

Bij de aanval op Jong-nam draaide het niet om één persoon – de bedoeling was een boodschap aan Noord-Koreanen te sturen over de dodelijk gevolgen die afwijkend gedrag heeft. Maar een minder voor de hand liggende en meer beangstigende reden is dat het een test betrof: een test van wat er kon met een massavernietigingswapen en de internationale reactie daarop.

DE ANDERE MASSAVERNIETIGINGSWAPENS

De internationale aandacht voor Noord-Korea was vooral gericht op de programma's voor kernwapens en ballistische raketten, maar de moord op Kim Jong-nam wierp licht op al lang bestaande argwaan over de voorraad biologische en chemische wapens van Noord-Korea, iets wat de dreiging die het regime in de regio en wereldwijd vormt nog gecompliceerder maakt. Anders dan met het kernwapenprogramma, dat men via tests heeft vertoond en in de staatsmedia heeft opgehemeld, liep Pyongyang niet te koop met de andere massavernietigingswapens waarover men beschikt. Bovendien kun je bepaalde bestanddelen van biologische en chemische wapens ook legaal gebruiken voor agrarische of industriële doeleinden, wat het nog moeilijker maakt de mogelijkheden en plannen van Noord-Korea te peilen, laat staan ze in de gaten te houden.

Al sinds de jaren zestig zijn er allerlei berichten geweest over het verwerven van slagkracht op het gebied van biologische en chemische wapens door Noord-Korea. Twintig jaar nadat hij met deze programma's was begonnen, verklaarde Kim Il-sung dat het land 'erin was geslaagd op eigen kracht, met steun van Sovjetwetenschappers op dit gebied, gifgassen en bacteriële wapens te produceren'.[16] Diverse schattingen van de Amerikaanse en Zuid-Koreaanse overheid en informatie uit open bronnen wijzen erop dat Pyongyang de infrastructuur heeft om biologische en chemische stoffen als wapens te gebruiken. Het bureau van de directeur nationale inlichtingen liet in 2006 het Congres weten dat Noord-Koreaanse wetenschappers en faciliteiten de 'rudimentaire biotechnologische infrastructuur' hebben om besmettelijke biologische strijdgassen of gifstoffen te produceren.[17]

Op de vermoedelijke inventarislijst van potentiële Noord-Koreaanse biologische wapens staan antrax, cholera, de pest, buiktyfus en gele koorts, en de inventarislijst met chemische wapens vermeldt zenuwgassen, blaartrekkende gassen, op het bloed inwerkende gassen en verstikkende gassen. Het vx-zenuwgas dat men tegen Jong-nam gebruikte staat op Lijst 1 met massavernietigingswapens van het Verdrag chemische wapens uit 1993. Noord-Korea doet niet mee aan dit verdrag, dat het gebruiken van chemische wapens in oorlogstijd verbiedt, evenals het produceren en opslaan ervan. Het land heeft een geschatte voorraad van 2500 à 5000 ton chemische wapens, naar het oordeel van het Zuid-Koreaanse ministerie van Nationale Defensie,[18] en een jaarlijkse productiecapaciteit van wel 12.000 ton. Naar verluidt[19] heeft het Noorden ook vier militaire bases die met chemische wapens zijn uitgerust, elf faciliteiten voor productie en opslag, en ongeveer tien installaties voor onderzoek en ontwikkeling, volgens een Amerikaanse onderzoeksorganisatie. Door de ervaren analist Joseph Bermudez vergaarde informatie van overlopers van het Koreaanse Volksleger wijst erop[20] dat Noord-Korea zo'n twintig stoffen heeft om in chemische wapens te gebruiken, met een nadruk op mosterdgas, chloor, fosgeen, sarin en de gassen uit de v-reeks. Deze wapens kunnen worden verspreid door speciale troepen of met raketten die Zuid-Korea en verder gelegen landen kunnen treffen.

Kim Jong-un heeft in recente jaren opgeschept over de potentiële groei in de biologische en chemische sector, wat al bestaande zorgen aanwakkerde over hoe hij een en ander ging gebruiken tijdens een conflict of over verkoop aan andere landen. Hij is schaamteloos demonstratief over het feit dat Pyongyang de capaciteiten uitbreidt. In juni 2015 lieten media van het regime zien dat Kim een bezoek bracht aan het nieuwe biotechnische instituut in Pyongyang. Hoewel de staatsmedia zeiden dat het een fabriek was om biologische pesticiden te maken om koolplanten te beschermen, leidde een nadere blik op de beelden tot angst over het tempo en de reikwijdte van deze ontwikkelingen. Melissa Hanham, een expert op het gebied van massavernietigingswapens, bestudeerde de apparatuur op de foto's van het regime en stelde vast dat de faciliteit waarschijnlijk wordt gebruikt om 'partijen antrax in militaire hoeveelheden' te vervaardigen.[21] Pyongyang had legaal en voor een lage prijs bio-insecticide kunnen kopen, maar 'koos ervoor illegaal de op twee manieren te gebruiken apparatuur te importeren, en waarschijnlijk gebruikt Noord-Korea de faciliteit voor het aanhouden van een latente voorraad [biologische wapens] of – nog erger – voor het daadwerkelijk produceren van antrax', concludeerde Hanham. De VN betoonde er zich in 2018 bezorgd over[22] dat Noord-Korea natriumcyanide wilde produceren, dat op zichzelf dodelijk kan zijn of kan worden ontwikkeld tot het door de Veiligheidsraad verboden zenuwgas tabun. De VN riep Pyongyang ook op zich te houden aan resolutie 2270 van de Veiligheidsraad uit 2016, waarbij de internationale gemeenschap eiste dat Noord-Korea alle chemische en biologische wapens en daarmee samenhangende programma's opgaf.

Noord-Korea heeft het potentieel massavernietigingswapens in te zetten bij een conflict met de VS of Zuid-Korea, maar door de latente of bestaande biologische en chemische capaciteiten bestaat er ook gevaar voor proliferatie. Al minstens twintig jaar biedt het regime naar verluidt[23] steun en technologie op het gebied van chemische wapens aan Syrië, Iran, Egypte en Libië. Zo inspecteerde de Griekse overheid in 2009 een koopvaardijschip dat onderweg was naar Syrië en nam vier scheepscontainers in beslag met onder meer 13.000 in Noord-Korea gemaakte overalls die beschermen tegen chemische stoffen.[24]

De moord op Kim Jong-nam in 2017 en het feit dat Noord-Korea de laatste jaren internationale normen en sancties in de wind slaat bij het ontwikkelen van allerlei potentiële massavernietigingswapens onderstrepen de schaamteloosheid van Kim Jong-un en zijn vertrouwen dat hij, letterlijk en figuurlijk, kan wegkomen met moord. Hoewel in november 2017 Washington Noord-Korea weer aanwees als land dat terrorisme steunt (op de lijst staan ook Iran, Syrië en Soedan), deels vanwege de moord in Maleisië, en strengere sancties oplegde, meent Kim Jong-un vrijwel zeker dat hij de neveneffecten van zijn daden wel aankan. Pyongyang was tussen 1988 en 2008 al lid geweest van deze infame club[25] vanwege het ontvoeren van Japanse burgers, tegen Zuid-Korea gerichte bomaanslagen en moordpogingen, en kapingen van passagiersvliegtuigen, maar George W. Bush' regering schrapte het land van de lijst, in een poging de kwijnende onderhandelingen over denuclearisering te bevorderen en vanwege de 'gezaghebbende en directe publieke verklaring' door het regime 'dat men nu geen steun verleent aan internationaal terrorisme en ook in de toekomst geen internationaal terrorisme zal steunen'.

Voor Kim moet dit compromis de moeite waard zijn geweest: hij ziet het ontwikkelen van massavernietigingswapens ongetwijfeld als een middel om sterker te staan in zijn relatie met de plaatsing op de Verenigde Staten, de verdediging van het Noorden in een mogelijke oorlogssituatie te verbeteren, en meer glans te verlenen aan zijn gewenste imago van harde leider. Ook Rex Tillerson, de minister van Buitenlandse Zaken, gaf dat in feite toe, hij zei dat de plaatsing op de lijst met staten die terrorisme steunen symbolisch was: 'De effecten mogen in de praktijk beperkt zijn, maar hopelijk sluiten we zo wat achterdeurtjes af.'[26] Intussen hing twee jonge vrouwen in Maleisië een tijdje de doodstraf boven het hoofd, vanwege hun rol bij de moord op Kim Jong-nam, terwijl het regime weinig of misschien wel geen gevolgen te duchten had. Omdat Huong en Aisyah begin 2019 uit de gevangenis werden ontslagen, zijn alle betrokkenen bij de moord ontheven van hun verantwoordelijkheid.

Toen in 2017 Noord-Korea weer op de Amerikaanse lijst kwam te staan van staten die terrorisme steunen, had de relatie tussen de twee landen een dieptepunt bereikt, wat zorgen opriep over een nucleaire vuurzee. Kims zelfvertrouwen, gevoed door de angst van de mensen uit zijn omgeving en zijn evidente succes bij het tot zwijgen brengen van potentiële rivalen, zou hem de energie geven om de confrontatie aan te gaan met zijn grootste tegenstander en zijn machtigste uitdager: de president van de Verenigde Staten.

11

TRUMP TESTEN

KIM JONG-UN KON toen het zevende jaar van zijn bewind begon op allerlei successen wijzen. Hij had flinke vaart gemaakt bij het verstevigen van zijn macht en het installeren van loyalisten. Hij had vooruitgang geboekt met de byungjin-politiek, waarbij de economie én het kernwapenprogramma werden bevorderd, monumenten voor vrije tijd én voor de nationale defensie waren gebouwd, en ogenschijnlijk een nieuw en modern Noord-Korea was ingeluid na tientallen jaren verval sinds het eindigen van de Sovjethulp en de grote hongersnood in de jaren negentig. Hij had zijn programma's voor kernwapens en raketten verder ontwikkeld en vanaf verschillende locaties nieuwe ontwerpen getest, waarmee hij zijn doel had bereikt het kernwapenprogramma te 'diversifiëren'. Hij had met succes niet-nucleaire slagkracht gedemonstreerd, door de Noord-Koreaanse expertise op het gebied van cyberwapens en chemische wapens tegen zijn vijanden in te zetten. En Kim had niet alleen de grenzen van internationale tolerantie volop getart, de wereldwijde normen aan zijn laars gelapt en was daarmee weggekomen – alleen werd een serie sancties opgelegd die allerminst een bedreiging vormden voor zijn regime – maar had het ook langer volgehouden dan zijn drie belangrijkste tegenstanders, Barack Obama, Park Geun-hye en haar voorganger, Lee Myung-bak. In tegenstelling tot Kim waren de presidenten Obama, Park en Lee via een democratisch proces gekozen en weer verdwenen – Obama en Lee na verkiezingen in hun landen, en Park na een jaar met reeksen vreedzame protesten en een afzettingsprocedure. Ondanks alle speculaties dat Kim het niet zou redden toen hij na de dood van zijn vader in 2011 het roer overnam, was hij degene die het genoegen had het wél te hebben volgehouden.

Toen na de verkiezingen in 2016 Donald Trump president werd, probeerde Kim ongetwijfeld, net als iedereen, hoogte te krijgen van deze onconventionele leider. Hij had redenen om Trump te wantrouwen en om berekend te zijn op een harde lijn tegen Noord-Korea, op basis van wat kandidaat Trump over het regime had gezegd. In september 2015 noemde Trump, tijdens een debat van de Republikeinse presidentskandidaten, Kim een 'maniak' met kernwapens.[1] In februari 2016 tierde hij tijdens een televisie-interview dat hij, als hij president zou zijn, China zou aansporen Kim 'heel snel op een of andere manier weg te krijgen'.[2] Maar er was ook iets van respect voor Kim: 'Ik wil zeggen dat het een slechte kerel is – en onderschat hem niet [...] Elke jonge vent die het kan overnemen van zijn vader met al die generaals en alle anderen die waarschijnlijk op deze post uit zijn, het is niet iemand om te onderschatten.'[3] Ondanks de harde woorden zei Trump in mei 2016 ook dat hij er geen moeite mee zou hebben met Kim te praten.[4]

Terwijl er onzekerheid bestond over de veranderde dynamiek in de regio vanwege de nieuwe leiders in de Verenigde Staten en Korea, zat Kim natuurlijk niet stil. Na de onverwachte overwinning probeerde de nieuwe regering in Washington een basis te vinden, maar intussen presenteerde Kim de harde feiten. In zijn nieuwjaarstoespraak wees hij op zijn successen en zijn plannen,[5] wat zorgen opriep en speculaties veroorzaakte over zijn opstelling in het Trump-tijdperk. Kim jubelde over naar zijn zeggen de eerste test [in januari 2016] van een waterstofbom door Noord-Korea en over de vijfde en krachtigste proef van september 2016,[6] 'met een kernkop die was aangepast om op strategische ballistische raketten te kunnen worden geplaatst', zoals het regime indertijd beweerde. Onheilspellend genoeg verklaarde

Kim verder dat zijn land 'de laatste fase was ingegaan van de voorbereidingen voor de testlancering van intercontinentale raketten'[7] waarmee mogelijk het vasteland van de vs kon worden geraakt. Ook beloofde hij 'door te gaan met de opbouw van onze middelen tot zelfverdediging, met als spil de kernwapens, en de slagkracht om preventief aan te vallen zolang Amerika en de Amerikaanse vazallen doorgaan met nucleaire dreigementen en chantage'. Een dag later twitterde president elect Trump laatdunkend: 'Noord-Korea beweerde zojuist in de laatste fase te zijn met de ontwikkeling van een kernwapen dat delen van de vs kan bereiken. Gaat niet gebeuren!'[8]

Zo begon een jaar van berichten op Twitter, schimpscheuten en dreigementen tussen Trump en Kim. Vele Koreawatchers en nationale veiligheidsanalisten vreesden dat de voorliefde van de nieuwe president om social media te gebruiken voor aanvallen op Kim mogelijk tot een misrekening en een militair conflict zou leiden. Kim was er de man niet naar om terug te deinzen vanwege de bedreigende tweets en bleef Trump testen: hij lanceerde nieuwe types ballistische raketten, waarschijnlijk om te provoceren, om zijn lef te demonstreren aan het publiek in binnen- en buitenland, en om te laten zien wie bepaalde wat er op het Koreaans schiereiland gebeurde. Nog geen maand na de eedsaflegging, tijdens een topontmoeting van Trump met de Japanse premier Shinzo Abe in Mar-a-Lago, testte Kim een nieuwe ballistische raket,[9] een systeem op vaste brandstof voor de middellange afstand, dat volgens de deskundigen het Noorden kon helpen bij het ontwikkelen van een intercontinentale raket. Kim, die bijna altijd in het middelpunt stond bij de berichtgeving over de opeenvolgende tests, zou nog een aantal raketten lanceren, zonder zich wat aan te trekken van Trumps tweets en dreigementen, om het jaar te bekronen met twee tests van intercontinentale raketten in juli en een derde in november, plus zijn zesde kernproef in september.

Als Kim bang was voor de nieuwe president, liet hij het niet merken. Hij beschikte toch over meer politiek leiderschap en ervaring in de regio dan Trump, die een zakenman was geweest en een ster in een realityserie? En Kim was de afgelopen zes jaar toch al met zoveel weggekomen?

Kim krabbelde niet terug, en Trump evenmin.

PERSOONLIJKHEID TELT

Hoewel ze bijna veertig jaar in leeftijd verschillen – Kim was voor in de dertig en Trump al in de zeventig – hebben Donald Trump en Kim Jong-un allerlei persoonlijke eigenschappen gemeen. Ze waren allebei in de twintig toen ze rijkdom en een rijk erfden. Bij Trump ging het om onroerend goed, bij Kim om kernwapens en een land met 25 miljoen mensen. Toen Trump opgroeide in Queens, New York, had zijn familie wereldse bezittingen waarover anderen alleen kunnen dromen of naar kunnen verlangen, maar de rijkdom van de familie Kim – met hun heerschappij over een heel land – was nog groter. De familie Kim had tal van villa's, resorts, een heleboel personeel, een staand leger en de allernieuwste consumentenproducten. Trump beroemde zich erop tegen gezag in te gaan. Hij 'stompte', volgens *Washington Post*-journalisten Michael Kranish en Marc Fisher, auteurs van *Trump Revealed*, een betrouwbare biografie van de vijfenveertigste Amerikaanse president, zijn muziekdocent toen hij in groep vier zat omdat de man, naar zijn zeggen, 'volgens mij helemaal geen verstand had van muziek, en ik werd bijna van school gestuurd'.[10]

Hoewel de bestaande informatie over Kim Jong-un de indruk wekt dat hij in de schaduw bleef, in elk geval toen hij in Europa zat, speelde Trump de rol van vrijpostige, jonge, zelfverzekerde erfgenaam in de dop van een onroerendgoedvermogen. Hij stond erom bekend de stad en de campus te doorkruisen in luxeauto's, plezier te maken met knappe vrouwen, feestjes te geven, en zijn maten en ouderen te pesten. Maar net als

Kim Jong-un was Trump hooguit een middelmatige student. In *Trump Revealed* werd een jaargenoot aan de University of Pennsylvania aangehaald die zei dat Trump 'geen domme kerel was [...] Volgens mij heeft hij nooit gestudeerd voor een examen [...] Hij deed wat er nodig was om het programma te halen.'[11] Beide mannen waren goed in sport en competitief ingesteld: Trump was succesvol op het speelveld, hij blonk uit in trefbal, basketbal, American football en voetbal. Zijn favoriete sport was honkbal.[12] Kims sport was basketbal, zijn klasgenoten in Zwitserland viel altijd op hoe agressief hij dan was. En beiden groeiden op in een masculiene omgeving. Trump zat op de New York Military Academy, waar cadetten met mortieren moesten schieten en een M1-geweer moesten schoonmaken, terwijl Kims hele wereld en identiteit doordrenkt waren van het eerst-het-legermilieu in Noord-Korea. Lijfelijke en verbale aanvallen en achteloze grofheid hoorden bij hun respectieve werelden, en zwakheid was een smerig woord.

Ze hadden allebei zeer opvallende vaders, die ze vereerden en probeerden te evenaren, maar dan op hun eigen manier. Fred Trump, de patriarch, was niet zo flamboyant en 'streng, gedisciplineerd', volgens Timothy O'Brien, die ook een grondig gedocumenteerde biografie over Donald Trump schreef.[13] Dat hij een kritische blik wierp op de duistere hoeken van Donald Trumps leven en de waarheid blootlegde die achter lagen van tientallen jaren oude mythologie schuilging, kwam hem te staan op een rechtszaak wegens smaad waarbij 5 miljard dollar werd geëist.

In tegenstelling tot zijn vader was Trump jr. poenig en sprak roem tot zijn verbeelding. Ook had hij een niet te verzadigen behoefte aan lof en aandacht. Bij zijn aanhoudende neiging zichzelf groot te maken zette hij de macht van de media in, hij palmde journalisten en fotografen in of overdonderde ze, hij produceerde consumentengoederen vanaf zelfhulpboeken voor ondernemers tot en met wodka, stropdassen en kostuums om een merk te scheppen dat het ethos van buitensporige luxe belichaamde, ook al zat hij soms diep in de schulden en was hij zakelijk gezien lang niet zo succesvol als hij beweerde. Hij verbond zijn naam aan trofeeachtig onroerend goed in Manhattan,[14] wat voor de man uit Queens, een minder prestigieuze buitenwijk van New York City, zijn verschijnen markeerde in wat hij in *The Art of the Deal* als 'het middelpunt van de wereld' aanmerkte. Omdat hij het landschap had volgeplant[15] – en ook lucht en zee met zijn mislukte luchtvaartmaatschappij en jacht – en in Amerikaanse huizen was doorgedrongen met zijn merkartikelen, 'verraste het me niet', zoals Trump zei in *The America We Deserve*, zijn boek uit 2000, 'dat 97 procent van de Amerikaanse bevolking wist wie ik was'. Barbara Corcoran, een van de meest succesvolle makelaars in onroerend goed van New York, zei: 'Hij blufte [...] maar door te bluffen [...] wist hij dingen te slijten. Ik ken niemand die zo'n goede verkoper is.'[16] Tony Schwartz, de ghostwriter van *The Art of the Deal*, zei tegen Jane Mayer van *The New Yorker*: 'Meer dan wie ik verder ook heb ontmoet, heeft Trump de gave om zichzelf wijs te maken dat wat hij op een bepaald moment ook zegt waar is, of min of meer waar, of in elk geval waar *zou moeten* zijn.'[17] Schwartz zei tegen Mayer het te betreuren de mythologie te hebben bestendigd.

Om mythologie draaide het natuurlijk ook bij de familie Kim. Net als Trump die bij *zijn* familiebedrijf verscheen en president van Trump Management werd op zijn vijfentwintigste,[18] was Kim nog geen achtentwintig toen hij na de dood van zijn vader Noord-Korea overnam. (In april 2017 betoonde Trump, als de pas gekozen Amerikaanse president, empathie voor Kim,[19] ook al testte diens regime ballistische raketten en klonken er dreigementen tegen de vs. In een interview met Reuters wees hij er, misschien op grond van zijn eigen ervaringen, op dat Kim jong was toen hij de leider van Noord-Korea werd: 'Hij is 27. Zijn vader gaat dood, nam een regime over. Je kunt zeggen wat je wilt maar dat is niet gemakkelijk, zeker niet op die leeftijd.') Natuurlijk had Kim het kussen van een bestaand kernwapenprogramma, van een propagandamachine die al sinds de jaren vijftig zoemde om zijn afstamming te prijzen en hem legitimiteit te geven, en van een vader die van tevoren de belangrijkste functionarissen en instituties goed had ingeseind om zijn zoon aan de macht te helpen. Van de Amerikanen mocht dan 97 procent weten wie Trump was, van de Noord-Koreanen wist 100 procent wie de macht had in hun land.

Trump en Kim richtten zich allebei rechtstreeks tot de massa – onlogisch, gezien hun verwende achtergrond en riante huizen. Trump deed het via enorme bijeenkomsten en met zijn Twitter-account bereikte hij nog eens miljoenen mensen. Kim deed het via zijn propagandamachine, maar ook via zijn voortdurende raadgevingen ter plaatse: hij reist het hele land door om schoolkinderen te omhelzen, en waterparken, dierentuinen, boerderijen en fabrieken te inspecteren, waarbij hij zijn functionarissen voorhoudt dat ze eerst aan de bevolking moeten denken. Trump 'zag zichzelf als een man van het volk, meer geïnteresseerd in de lof van taxichauffeurs en bouwvakkers dan in loftuitingen van de rijken en machtigen', aldus Kranish en Fisher.[20] Hij werd bewonderd door Amerikanen uit de onderklasse en middenklasse met zijn grove taal en hatelijke opmerkingen over zijn tegenstanders en het 'moeras' van Washington. Zijn aanhangers 'zagen hem als een rechtlijnige miljardair die de centen en het lef had om iedereen het hoofd te bieden'.[21] Voor Kim dienden de executie van zijn oom Jang en het gestage tromgeroffel van zuiveringen niet alleen als waarschuwing aan partij- en legerfunctionarissen niet te vergeten voor wie ze werkten, maar ook om het publiek te laten zien dat zijn campagnes tegen de elite in hun belang waren, om te zorgen dat ze wisten dat Kim hun pleitbezorger was.

Als zelfbenoemde voorvechters van een geïdealiseerde interne orde hebben de twee mannen zich erop verlaten de retoriek over een vijandige buitenwereld om die visie op buitenlandse betrekkingen te versterken. Pyongyang is lang in zichzelf gekeerd geweest, stond argwanend tegenover de buitenwereld, terwijl men de lof zong van de zuiverheid, het optimisme, de eensgezindheid en onafhankelijkheid van de Noord-Koreaanse bevolking en staat. Noord-Korea heeft een vijandige buitenwereld nodig om de Kim-dynastie te legitimeren, de militaire programma's te rechtvaardigen, en bij de bevolking het geloof te benadrukken dat Noord-Korea onder Kim de enige veilige plek biedt, gezien de kwaadaardige krachten die buiten loeren. De Verenigde Staten zijn een constante, alomaanwezige dreiging, de roofzuchtige Amerikaanse soldaten met hun grote neuzen staan altijd klaar voor de aanval zodra Noord-Korea even niet oplet. De Chinezen zijn onbetrouwbaar, gezien de steun van Peking aan sancties tegen Noord-Korea.[22] Een partijfunctionaris zou op een congres hebben gezegd: 'Japan mag dan al honderd jaar een vijand zijn, China is al duizend jaar een vijand.' Japan kon je uiteraard niet vertrouwen, vanwege de historische kolonisering van het Koreaans schiereiland.

Donald Trumps boodschap over de wereld is net zo'n dystopie – de wereld is een duister, gevaarlijk oord waar slechte mensen voortdurend proberen Amerikanen te schaden, hun waarden en hun levenswijze, en intussen proberen hun zakken te rollen. Niet alleen tegenstanders als Iran en dreigingen als terrorisme, maar ook traditionele bondgenoten, partners en internationale organisaties horen bij het probleem – en zijn het mikpunt van Trumps transactionele, het-mag-niks-kostenvisie op buitenlandse betrekkingen en nationale veiligheid. Thomas Wright van het Brookings Institution concludeerde na het doornemen van Trumps uitspraken en daden sinds de jaren tachtig dat Trumps gedachten over buitenlands beleid consistent zijn,[23] het komt er vooral op neer dat Amerika te veel bij de wereld is betrokken. En om zijn weerzin daartegen te demonstreren, vervreemdt hij zijn vrienden van zich.

Neem bijvoorbeeld de aanvallen op de tientallen jaren oude Noord-Atlantische Verdragsorganisatie, opgericht na de verwoestingen van de Tweede Wereldoorlog om de vs, Canada en West-Europa collectieve veiligheid te bieden tegen de militaire dreigingen van de Sovjet-Unie. Trump schepte op dat 'tientallen miljarden dollars meer binnenstromen, omdat ik niet toestond dat lidstaten nalatig waren met betalen terwijl wij hun veiligheid garanderen en bereid zijn oorlogen voor hen uit te vechten. We hebben duidelijk gemaakt dat landen die immens rijk zijn de Verenigde Staten een vergoeding moeten betalen voor wat het kost hen te verdedigen.'[24] Trump zet vraagtekens bij belangrijke bondgenootschappen van de vs in Oost-Azië, en levert regelmatig kritiek op Seoel en Tokio. Waarom moeten wij Japan te hulp schieten als het wordt aangevallen (conform het in 1960 herziene Veiligheidsverdrag tussen Japan en de Verenigde Staten)? Dat leek Trump niet eerlijk. Over Zuid-Korea had hij in 2013 een keer gevraagd: 'We hebben daar 25.000 soldaten om hen te beschermen. Ze betalen ons niet. Waarom betalen ze ons niet?'[25] In 2015 zou hij op dit onderwerp terugkomen: 'Hoelang gaan we door Zuid-Korea tegen Noord-Korea te verdedigen zonder betaling?'[26] En als president zeurde hij in 2017 door over deze kwestie: hij hield staande dat Washington Zuid-Korea subsidieerde en dat 'het nergens op slaat' daar troepen – inmiddels ongeveer 28.500 – te blijven houden.[27]

Trumps oproepen tot een verbod voor moslims om de vs binnen te komen en tot een muur om te voorkomen dat 'illegalen' de grens oversteken, waren een manifestatie van zijn versie van een geïdealiseerd Amerika, en deden denken aan het etnisch zuivere Korea dat de familie Kim aanprees en waarvan men afhankelijk was om een fel nationalisme op te wekken waardoor het volk zich rond Kim Jong-un zou scharen. 'Angst' – daar lag, vertelde kandidaat Trump in maart 2016 tegen Bob Woodward,[28] 'de echte macht'. Je hoeft niet al te goed naar Noord-Korea te kijken om die angst voor de buitenwereld te herkennen, en aan angst voor de macht van de autocraat ontleent Kim zijn positie.

Beide mannen hadden iets te bewijzen. En beiden waren ze

lichtgeraakt. Trump, de zakenman, de kandidaat en de president, was geobsedeerd door het idee dat de wereld sinds lang Amerika uitlachte.[29] Ook Kim was overgevoelig voor iedere echte en vermeende kritiek. Hij ontdeed zich van vooraanstaande functionarissen die niet hard genoeg klapten, vermoordde een halfbroer die in het openbaar aan zijn leiderschap twijfelde, en viel met cybermiddelen een filmstudio aan die het waagde een film te produceren over een CIA-plan om hem te doden. Spot, twijfel en meewarige opmerkingen over hun onervarenheid, onvoorspelbaarheid en driestheid ten spijt tartten Trump en Kim de critici, en zetten de politieke en internationale normen op hun kop. Hun competitiedrift en zelfvertrouwen, gebaseerd op hun geloof in hun eigen krantenkoppen en hun vermeende overwinningen, wakkerden hun overtuiging aan dat ze elk probleem aankonden, ook een potentiële nucleaire confrontatie in 2017. Trump had toch het presidentschap binnengehaald, de ultieme prijs, ondanks wat alle tegenstanders zeiden? Kim was toch de jongste dictator geworden met kernwapens en was letterlijk weggekomen met moord, ook al klonken er na de dood van zijn vader voorspellingen over een instorting van het regime?

Terwijl Trump en Kim hun hakken in het zand zetten, met overdrijvingen hun bedoelingen kenbaar maakten, en elkaars mannelijkheid in twijfel trokken, zette de wereld zich schrap voor de mogelijkheid dat deze twee onvoorspelbare en agressieve leiders in hun vastbeslotenheid hun dominantie te bewijzen met hun gebulder een nucleaire brand zouden veroorzaken.

12

KIM TESTEN

TOEN DONALD TRUMP het Witte Huis betrok, waarschuwde de uitgaande president, Barack Obama, hem dat Noord-Korea zijn grootste probleem zou worden. Kim maakte al snel duidelijk hoe lastig hij kon zijn door ballistische raketten te lanceren, voor de middellange afstand (1000 – 3000 km.), de tussenafstand (3000 – 5500 km.) en intercontinentale (verder dan 5500 km.), allemaal in Trumps eerste jaar. Na een afweging van het beleid na twee maanden – een gebruikelijke gang van zaken voor een nieuwe regering – kondigde het team van Trump een politiek aan van 'maximale druk en contact'.[1] Hoewel Trump verklaarde dat 'de tijd van [Obama's] strategische geduld jegens het Noord-Koreaanse regime' voorbij was,[2] sloot de strategie in feite aan bij de benadering van de vorige regering, met toenemende diplomatieke, economische en militaire druk op Pyongyang om het regime van Kim te straffen en te proberen het te dwingen tot het besluit naar de onderhandelingstafel te gaan om deze druk te verlichten door geloofwaardige maatregelen te nemen voor de ontmanteling van het kernwapenprogramma.

In 2016 zette de regering-Obama stappen om Noord-Korea de duimschroeven verder aan te draaien en legde het fundament voor het beleid van maximale druk van de regering-Trump.[3] Obama's nieuwe beleid had tanden[4] – het beperkte Kims opties doordat het de pogingen van het regime stuitte om geld binnen te halen via de export van kolen, zeebanket en arbeid. Naar verwachting kostte dat Noord-Korea 1 miljard dollar per jaar, geen onaanzienlijke som omdat de economie van het land al in zwaar weer verkeerde en het regime slechts 3 miljard dollar per jaar aan export verdiende. Maximale druk betekende ook dat men zich richtte op niet-Noord-Koreanen die het ontwijken van sancties en het binnenhalen van geld faciliteerden, dat men probeerde landen zo ver te krijgen handel en diplomatieke banden met Noord-Korea te beperken of te beëindigen, en vooral dat men probeerde China – verreweg de grootste handelspartner van het land – zo ver te krijgen sancties te implementeren.

Het werd persoonlijk toen Pyongyang met succes de eerste intercontinentale ballistische raket lanceerde, de Hwasong-14, die een hoogte van ongeveer 2750 kilometer bereikte, om ruim 950 kilometer verder neer te komen, de Japanse Zee in. Het regime voerde de test uit met een volle hoek om te voorkomen dat de raket over Japan zou vliegen,[5] een daad die zeer provocerend zou zijn geweest, maar als de raket op een normale manier was gelanceerd had die 6500 kilometer kunnen afleggen. Kim besloot de test uit te voeren op 4 juli 2017, Independence Day in de VS, een duidelijk signaal dat hij een mijlpaal markeerde waarbij Noord-Korea dichter bij de mogelijkheid was het vasteland van de VS met een kernwapen te treffen. Volgens de staatsmedia had Kim 'een brede glimlach op zijn gezicht, [toen hij] functionarissen, wetenschappers en technici vertelde dat de VS niet blij zou zijn de strategische optie van de Democratische Volksrepubliek Korea te zien die als een "cadeautje" werd afgeleverd op Independence Day'.[6] Kim treiterde Amerika ook, door Noord-Koreaanse wetenschappers op te dragen 'regelmatig kleine en grote "cadeautjes" naar de Yankees te sturen' en stelde dat hij 'niet één stap terug' zou zetten 'op het pad [...] van het versterken van van kernwapens voorziene troepen' tenzij 'het definitief is afgelopen met de vijandige politiek van de VS en de nucleaire dreiging tegen de Democratische Volksrepubliek Korea'.

De leiders uit China en Rusland, geschrokken en verrast door het succes van de test en de schaamteloos vijandige taal van het regime, veroordeelden allebei de test als 'onaanvaardbaar' en waarschuwden voor 'elke uitspraak of actie die tot een toename van de spanningen kan leiden'.[7] Hun ministeries van Buitenlandse Zaken brachten een gemeenschappelijke verklaring waarin onder meer stond: 'De twee partijen stellen voor dat de Volksrepubliek Korea als een vrijwillig politiek besluit een moratorium uitroept op het testen van nucleaire explosieven en het lanceren van ballistische raketten.' Moskou en Peking maakten zich ongerust over escalerende reacties van de VS en Zuid-Korea, en vroegen Seoel en Washington 'af te zien van het uitvoeren van grootschalige gemeenschappelijke oefeningen'. Minister van Buitenlandse Zaken Rex Tillerson zei: 'Het testen van een intercontinentale raket is een nieuwe escalatie van de dreiging voor de VS, onze bondgenoten en partners, de regio, en de wereld.'[8] De verklaring van Tillerson had de juiste afkeurende toon, een respectabel sterke uitspraak die je mag verwachten van een vooraanstaande Amerikaanse functionaris. Maar president Trump reageerde helemaal op zijn Trumps. Hij twitterde: 'Noord-Korea heeft zojuist weer een raket gelanceerd. Heeft deze vent niets beters te doen in zijn leven? Zuid-Korea en Japan zullen dit vast niet veel langer dulden. Misschien zal China hard optreden tegen Noord-Korea en voor eens en altijd een eind maken aan deze kolder!'[9]

In reactie op deze veroordelingen en het machtsvertoon van de VS en Zuid-Korea, onder meer een oefening waarbij een tactische raket werd gelanceerd, verklaarde Kim Jong-un onmiddellijk dat de Noord-Koreanen 'hun moed aan de VS zullen demonstreren' en dat hij nooit zou onderhandelen over zijn kernwapenprogramma.[10] Al een paar weken later, als wilde men een uitroepteken zetten achter de test op Independence Day, deed Noord-Korea een tweede test met de intercontinentale raket. Die ging nog hoger, met een potentieel bereik van 9500 kilometer, waardoor grote Amerikaanse steden als Los Angeles, Denver en Chicago gevaar zouden lopen. Vervolgens voerden de Noord-Koreanen in september hun zesde kernproef uit.

KIM ZET ZIJN HAKKEN IN HET ZAND

De volgende maanden van 2017 waren een aaneenschakeling van nog meer testen met ballistische raketten, gedoe in de VN en in diverse hoofdsteden met verklaringen en nog meer sancties, en tweets en dreigementen tussen Kim en Trump. Het leidde tot een crisissfeer, vol spanningen en angstige voorgevoelens. Het slechte gedrag van Noord-Korea was één ding, maar het was ongehoord dat de Amerikaanse president met opruiende verklaringen kwam via zijn account op social media, nog versterkt door het zeer invloedrijke podium waarop hij deze tweets liet uitgaan en de media die ieder woord uitgebreid herhaalden.

Hoewel de regering van Moon in Zuid-Korea probeerde de spanningen te verminderen en minister van Buitenlandse Zaken Tillerson zei dat Washington openstond voor dialoog, leek president Trump te genieten van de woordenoorlog met Kim. In *The Art of the Deal*, oorspronkelijk verschenen in 1987, had Trump gezegd: 'Wanneer mensen me slecht of onrechtvaardig behandelen, of proberen van me te profiteren, is mijn vaste houding, heel mijn leven, geweest om keihard terug te vechten.'[11] Een paar jaar later, in 1990, vertelde hij aan *Playboy*: 'Wanneer iemand probeert me onverwacht een klap geven, wanneer ze me lastigvallen, sla ik een stuk harder terug dan ik werd geslagen. Als iemand probeert me te intimideren, dan betaalt-ie daar een prijs voor. Dat willen ze geen tweede keer. Ik wil niet dat iemand me intimideert of van me profiteert.'[12] Die harde, competitieve houding hield hij vol toen hij campagne voerde en in het Witte Huis belandde: Trump kleineerde mensen die het niet met hem eens waren, schold ze uit en kwam met overdreven verklaringen, soms met weinig aandacht voor de feiten. Die bereidheid tot confrontatie zag je in volle glorie in Trumps reacties op de zeer provocerende acties van Kim in het najaar en de winter van 2017.

Kim trapte er van zijn kant niet in. Naar alle waarschijnlijkheid had hij *The Art of the Deal* gelezen en andere interviews en boeken door en over Trump gelezen. (Tijdens zijn reis naar Noord-Korea in juni 2017, zijn vierde reis, had Dennis Rodman zijn gesprekspartners een exemplaar van het boek verstrekt om aan Kim te geven.[13]) In plaats van terug te krabbelen deed Kim er een schepje bovenop, misschien omdat hij de tactiek van Trump doorhad na wat hij had gelezen en de tienduizenden tweets van de president. Of misschien was Kim al van plan, ongeacht wie de president van de VS was, zijn slagkracht op een zeer provocerende manier te demonstreren. Of misschien handelde hij vanuit zijn eigen emoties, een reflex nu hij zo openlijk werd uitgedaagd. Waarschijnlijk motiveerden al deze factoren hem de spanningen te laten escaleren. Terwijl strengere sancties zich opstapelden en de Noord-Koreaanse kansen smoorden harde valuta binnen te halen, hielden Amerika en Zuid-Korea ongekende militaire oefeningen om duidelijk te maken hoe snel de bondgenoten konden reageren met potentieel verwoestende consequenties voor Kim als hij het waagde zijn dreigementen waar te maken om Japan, Zuid-Korea, de Verenigde Staten en Guam te treffen met een ballistische raket met een kernkop.

Kim vertoonde weinig neiging in te binden, ondanks Trumps tweets en schimpscheuten. In augustus 2017, nadat ze de tweede intercontinentale raket hadden getest, dreigden de Noord-Koreanen 'meedogenloos strategische maatregelen te nemen, fysieke acties incluis' en de VS te straffen.[14] De paar felle commentaren waarmee Trump reageerde, zorgden voor schrik bij Korea-watchers, experts op het gebied van nationale veiligheid en het publiek van Washington tot Los Angeles, Seoel en Tokio, en ook in Europese hoofdsteden. Trump was in zijn golfclub in Bedminster (New Jersey) en liet journalisten weten: 'Noord-Korea kan maar beter geen dreigementen meer uiten' en vervolgde dat ze 'met vuur en woede te maken zullen krijgen op een schaal die de wereld nooit heeft meegemaakt'.[15] Volgens *The Washington Post* ging het om 'zijn hardste woorden tot nu toe'. Een paar dagen later ging Trump verder, hij verwees naar een potentiële militaire actie tegen Noord-Korea toen hij twitterde: 'Militaire oplossingen zijn nu startklaar, geladen en wel, mocht Noord-Korea onverstandige dingen doen. Hopelijk vindt Kim Jong-un een andere weg!'[16]

Trumps uitspraken lieten een golf van angst door de regio gaan en maakten een al hachelijke situatie nog erger. Rusland activeerde de luchtverdediging in het verre oosten van het land, Japan schakelde het systeem in om raketten te onderscheppen en de Zuid-Koreaanse president Moon zei: 'Er moet geen oorlog meer komen op het Koreaans schiereiland. Met wat voor ups en downs we ook te maken krijgen, de Noord-Koreaanse nucleaire situatie moet op vreedzame wijze worden opgelost.'[17] In China werd in een hoofdartikel in de staatskrant *Global Times* gewaarschuwd: 'Wanneer Noord-Korea raketten lanceert en daarmee als eerste de VS bedreigt en de VS tot vergelding overgaat, zal China neutraal blijven.'[18] Een signaal aan Pyongyang dat China niet te hulp zou schieten als men een militair conflict uitlokte. Maar het hoofdartikel waarschuwde ook: 'Wanneer de VS en Zuid-Korea aanvallen uitvoeren en proberen het Noord-Koreaanse regime omver te werpen en het politieke patroon van het Koreaans schiereiland te veranderen, zal China hen dat beletten.' De Chinese president Xi drong er in een telefoongesprek een dag na de tweet bij Trump ook op aan zich te beheersen.[19]

Intussen probeerden vooraanstaande Amerikaanse functionarissen het Amerikaanse publiek en de bondgenoten in Oost-Azië gerust te stellen. Tillerson en minister van Defensie James Mattis onderstreepten najaar en winter 2017 dat de VS een vreedzame oplossing wilde, ook al leverde president Trump krijgslustig commentaar, met dreigementen in plaats van dialoog. Op 19 september, twee weken nadat Noord-Korea de zesde, krachtigste kernproef had gedaan, lanceerde Trump op de Algemene Vergadering van de Verenigde Naties de spottende bijnaam 'Rocket Man'. Hij zei dat de VS Noord-Korea volledig zou verwoesten als men gedwongen was zichzelf en de bondgenoten te verdedigen.[20] 'Rocket Man' Kim 'is bezig met een zelfmoordactie', aldus Trump, en de internationale leiders moesten even bijkomen na deze escalerende retoriek. In oktober twitterde hij: 'Ik heb tegen Rex Tillerson, onze geweldige minister van Buitenlandse Zaken, gezegd dat hij zijn tijd verspilt als hij probeert met Little Rocket Man te onderhandelen [...] Spaar je energie, Rex, we zullen doen wat we moeten doen!'[21] Een paar uur later vervolgde hij: 'Aardig zijn voor Rocket Man heeft in 25 jaar niet gewerkt, waarom zou het nu wel werken?'

De verwarrende berichten over de Amerikaanse intenties jegens Noord-Korea – met sommige functionarissen die het over vreedzame diplomatie hadden, terwijl de president zijn bereidheid uitsprak militair geweld te gebruiken – gaven een verkeerde indruk: eigenlijk stemden binnen de regering de visies op de dreiging die Noord-Korea vormde overeen. In de 'National Security Strategy' (NSS) van december 2017,[22] een document van de uitvoerende macht om een overzichtelijk beeld te geven van de bedreigingen voor de nationale veiligheid van het land en de doelstellingen van het Amerikaanse veiligheidsbeleid, stond: 'Noord-Korea wil de slagkracht om miljoenen Amerikanen te doden met kernwapens', een weerspiegeling van de toenemende zorgen in Washington na de tests van intercontinentale raketten door Pyongyang en de recente kernproef. In het document weerklonken ook de woorden van H.R. McMaster, adviseur nationale veiligheid, die had gezegd dat 'de tijd opraakt' voor de wereld wat betreft Noord-Korea.[23] De kans op oorlog met Noord-Korea wordt elke dag groter, zei hij: 'We hebben haast. We hebben haast om dit probleem te kunnen oplossen.'[24] In de NSS werd benadrukt dat de dreiging onder ogen moest worden gezien:

> Noord-Korea wordt geregeerd als een genadeloze dictatuur waar men geen acht slaat op menselijke waardigheid. Al meer dan 25 jaar streeft het land naar kernwapens en ballistische raketten, alle toezeggingen ten spijt. Inmiddels bedreigen deze raketten en wapens de VS en onze bondgenoten. Hoe langer we dreigingen negeren uit landen die vastbesloten zijn tot proliferatie en ontwikkeling van massavernietigingswapens, hoe erger zulke dreigingen worden en hoe minder defensieve opties we hebben.[25]

Zulke inzichten over de doelstellingen van Pyongyang zaten achter de aanpak van de regering-Trump: de mogelijkheden van Noord-Korea smoren om harde valuta binnen te halen om zichzelf te financieren, via een geleidelijke koers van sancties, isolement en militaire activiteit, waaronder het sturen van atoombommenwerpers naar het Koreaans schiereiland en van torpedobootjagers van de Amerikaanse marine om de oostkust van Noord-Korea in de gaten te houden. De president bleef twitteren[26] dat 'slechts één ding zal werken' tegen Noord-Korea, terwijl andere vertegenwoordigers van de regering duidelijk bleven maken dat diplomatie de voorkeur had.

Maar ze herhaalden ook hun refrein over Amerikaanse 'militaire opties', wat suggereerde dat er een heus plan voor militaire actie tegen Noord-Korea in de maak was of in elk geval serieus werd overwogen. McMaster had het over de mogelijkheid van 'preventieve oorlog'. Mattis vertelde de Association of the United States Army dat het leger 'moet zijn voorbereid zodat we over militaire opties beschikken die onze president, zo nodig, kan inzetten'. Tillerson liet CNN weten dat 'diplomatieke inspanningen doorgaan tot de eerste bommen vallen'.[27] Op Capitol Hall herhaalde senator Lindsey Graham, een vertrouweling van president Trump geworden, verhalen dat een oorlog mogelijk was. Tegenover CNN zei hij: '[Trump] is, zo nodig, bereid dit regime te verwoesten om Amerika te beschermen, en ik hoop dat het regime inziet dat als president Trump moet kiezen tussen het verwoesten van het Noord-Koreaanse regime of van het eigen land Amerika, hij het regime zal verwoesten. Ik hoop dat China dat ook begrijpt.'[28]

De moord op Kim Jong-nam op een internationale luchthaven, de kennelijke marteling en uiteindelijk de dood van de Amerikaanse student Otto Warmbier, die vijftien maanden vast zat wegens een zogezegd 'vijandige daad' jegens het regime,[29] en Kims roekeloze acties en uitspraken wakkerden ook vermoedens aan dat Kim Jong-un niet 'rationeel' was en er daarom niet van kon worden weerhouden kernwapens tegen de Verenigde Staten te gebruiken.

LOGICA EN ONLOGICA VAN EEN AANVAL OP KIM JONG-UN

Laten we zeggen dat Washington besloot Noord-Korea aan te vallen. Er zijn drie duidelijke redenen waarom een beperkte militaire actie positieve effecten zou kunnen hebben. Ten eerste: een Amerikaans militair offensief zou Kims vertrouwen kunnen verbrijzelen dat hij in staat is te bepalen wat er op het Koreaans schiereiland gebeurt. De actie zou ook de fundamentele aanname van Pyongyang onderuithalen dat Amerika niet bereid is militair geweld te gebruiken, waardoor Kim is gaan denken dat hij de vrijheid heeft de grenzen van internationale tolerantie te tarten. Zo'n ommekeer zou hem dwingen te kiezen tussen zijn overleving en zijn kernwapens. Uit angst voor een nieuwe aanval zou Pyongyang in de toekomst misschien minder risico nemen. Ten tweede: Kim of zijn opvolger(s) zou(den) misschien overwegen onderhandelingen met de VS te beginnen over het kernwapenprogramma om tijd en internationale goodwill te kopen, mogelijk vanwege de stemmen van spelers in het regime die nu moed hebben gevat en oproepen tot voorzichtigheid of Kims ambities willen afremmen. Ten derde: Peking en Moskou zouden misschien, uit angst voor een meer assertieve of volgende

Amerikaanse militaire actie, of voor een Amerikaanse president die ongevoelig is voor hun verlangen naar terughoudendheid, proberen om de economische banden drastisch te beperken, om Kim of zijn opvolgers terug te laten krabbelen.

Het is hoogst onwaarschijnlijk dat deze hypothetische voordelen ooit zullen uitkomen: Kims interpretatie van Amerikaanse acties zou worden vertroebeld door de onvoorspelbaarheid van echte oorlog en door potentiële verwarring en verstoring van het beleid door het groepsdenken bij zijn naaste adviseurs, omdat in de loop van de jaren tegenstemmen tot zwijgen zijn gebracht. Een militair offensief van de VS zou waarschijnlijk het eerste grote probleem van Kims bewind zijn en zijn reactie laat zich niet voorspellen. Elke militaire actie tegen Noord-Korea, de eerste sinds de Koreaanse Oorlog, zou Kim, ook als de VS duidelijk aangaf dat het niet de prelude was van een poging tot onthoofding, voor een gebruiken-of-verliezendilemma stellen, waarbij hij zou moeten kiezen tussen als eerste kernwapens gebruiken of omkomen in het besef dat zijn wapens geen aanval hebben voorkomen en niet voor het overleven van het regime hebben gezorgd.

Een preventieve aanval op Noord-Korea zou niet tot denuclearisering leiden en tot een berouwvolle Kim Jong-un, maar zou contraproductief werken. Mogelijk zou een kernoorlog worden uitgelokt, moet de VS een enorme politieke en economische prijs betalen, en ontstaat een ongekende humanitaire crisis op een schaal waarmee de regio en de internationale gemeenschap nauwelijks raad zouden weten.

Ten eerste: als Kim overleefde en Noord-Korea als staat bleef bestaan, zou zijn vastbeslotenheid zijn wapens te handhaven waarschijnlijk worden versterkt door de Amerikaanse aanval, en hij zou het offensief gebruiken om de Noord-Koreaanse bevolking achter zich te krijgen. Het streven naar kernwapens en de existentiële oorlog tegen de VS zitten in het DNA van Kim: zijn grootvader raakte tijdens de verwoestende nasleep van de Koreaanse Oorlog geïnteresseerd in een nucleair programma. Een aanval door de VS zou een nieuw teken zijn van de noodzaak van kernwapens voor jongere generaties Noord-Koreanen, die alleen een atoomstaat hebben gekend en voor wie de mislukte poging in 1950 het Zuiden met geweld over te nemen alleen een historische herinnering is. Een aanval door de Verenigde Staten, beperkt of niet, zou tientallen jaren oude propaganda van het regime bekrachtigen over de intenties van de VS jegens hun land en Kims status als beschermer van de natie verstevigen.

Ten tweede: Kim zou op een beperkte aanval waarschijnlijk met symmetrische militaire actie reageren, bijvoorbeeld met artilleriebeschietingen op Zuid-Koreaanse eilanden aan de maritieme grens of het afvuren van ballistische raketten voor de korte afstand op Zuid-Koreaanse en Japanse doelen, om het initiatief te houden en te laten zien dat hij zich niet laat intimideren. Kims agressieve persoonlijkheid, zijn verlangen kracht uit te stralen en vastbeslotenheid te tonen om zijn binnenlandse status te beschermen, plus zijn pogingen de jaren door om de conventionele militaire slagkracht van Noord-Korea te verbeteren en zijn kernarsenaal en de lanceerplaatsen ervan te diversifiëren: het wijst er allemaal op dat Kim geneigd zou zijn te reageren op acties tegen Noord-Korea, ondanks het risico op escalatie.

Ten derde: als een actie van de VS zou leiden tot de dood of het verdrijven van Kim, zou zijn verwijdering geen garantie zijn voor denuclearisering van Noord-Korea. Het nieuwe leiderschap zou misschien proberen heimelijk kernwapens te ontwikkelen en de visie van Kims familie onderschrijven dat een kernarsenaal een middel is om invloed te houden en jezelf te beschermen in een vijandige strategische omgeving. Ons beperkte zicht op de volle omvang van het wapenprogramma van Noord-Korea verergert het probleem.

Ten vierde: een aanval waaraan geen onmiddellijke dreiging voorafgaat zou tot brede internationale afkeuring leiden van Amerikaanse partners en bondgenoten als een illegale daad van agressie, die indruist tegen het Handvest van de Verenigde Naties en het internationale recht. Een en ander zou schade toebrengen aan het Amerikaanse bondgenootschap met Zuid-Korea, en Moskou en Peking ertoe nopen meer economische hulp te geven aan Noord-Korea om te voorkomen dat het regime instort en de VN-sancties terug te schroeven, met het idee dat Washington, niet Pyongyang de regionale stabiliteit bedreigt. Peking zou ook militair tussenbeide kunnen komen om de Chinese rol te onderstrepen en de Chinese belangen te beschermen in een snel veranderende situatie.

Tenslotte zouden, als een Amerikaanse *first strike* tot een conventionele of nucleaire oorlog leidde, de humanitaire en economische kosten onaanvaardbaar hoog zijn. De stad Seoel en omgeving – slechts 55 kilometer van de Noord-Koreaanse grens, met ongeveer 25 miljoen inwoners, onder wie ongeveer 200.000 Amerikaanse burgers en soldaten die zich in het nabije Pyeongtaek bevinden (en steevast ongeveer 1 miljoen Chinese toeristen, studenten en zakenlieden) – zouden moeilijk te verdedigen zijn tegen conventionele aanvallen en praktisch niet te verdedigen tegen aanvallen met massavernietigingswapens. Tokio, met een bevolking van rond de 38 miljoen, zou al even moeilijk te verdedigen zijn. Het onderzoeksbureau van het Congres schatte in dat Pyongyang Seoel met tienduizend stuks artillerie per minuut zou kunnen overdekken en binnen luttele dagen 300.000 Zuid-Koreanen zou kunnen doden.[30] De chemische wapens van Noord-Korea zouden tot wel 2,5 miljoen slachtoffers in Zuid-Korea kunnen maken. In een artikel op de site Vox gaf men een grimmig beeld van de slachting: ‘Mannen, vrouwen en kinderen zouden letterlijk stikken op de straten in een van de rijkste en levendigste steden ter wereld. Het zou massamoord zijn op een in de menselijke geschiedenis zelden vertoonde schaal.’[31]

Als Noord-Korea een kernwapen inzette – de kernproef van september 2017 wees op een bom die, met ongeveer 150 kiloton, zo'n tien keer groter was dan het wapen dat de VS in 1945 op Hiroshima liet neerkomen – zou de verwoesting vreselijk zijn. De grotere bom van 20 kiloton die Nagasaki trof, wekte een vuurbal op die een inwendige temperatuur had van 300.000 graden, en delen van de grond eronder haalden 4000 graden. Susan Southard vertelde, na tien jaar onderzoek te hebben gedaan en overlevenden van Nagasaki te hebben geïnterviewd, in haar meesterlijke boek wat er onmiddellijk nadien gebeurde.[32] Door de hitte en de kracht van de klap smolten gebouwen, verbrandden bakstenen en belandden kogels van gebroken glas in de al getroffen lichamen van mensen. Een overlevende vertelde Southard dat hij mensen zag die zo erg waren verbrand dat hij, ook al waren ze naakt, niet kon zien of het mannen of vrouwen waren. Hij zag iemand van wie de oogbollen uit de lege kassen bungelden. De klap rukte hoofden af en verwoestte inwendige organen. Een vrouw die haar gezicht met haar handen bedekte om zich tegen de dreun te beschermen, merkte toen ze haar hand weghaalde dat haar gezicht in haar handpalmen was gesmolten.

Afgezien van de zichtbare fysieke verwoesting door kernwapens, hebben de slachtoffers en hun nageslacht te kampen met de langetermijneffecten van straling op hun genetische, mentale en fysieke conditie. De gevolgen voor mensen, dieren en het milieu zijn in feite nog niet geheel duidelijk. Roberta Cohen, een vooraanstaande expert op het gebied van humanitaire en vluchtelingenproblematiek, hield in maart 2018 haar gehoor op een bijeenkomst in het Brookings Institution voor dat 'geen enkele hoeveelheid schuilplaatsen, voedsel, medicijnen en gasmaskers een burgerbevolking volledig kan beschermen bij een directe militaire aanval'.[33] Kim zou ook cyberinstrumenten inzetten om militaire acties en hulpacties te verwarren, vertragen en ondermijnen.

Ook al zou de VS erbuiten weten te blijven, een tweede Koreaanse Oorlog – waarbij mogelijk China, Japan en Zuid-Korea betrokken zouden zijn (respectievelijk de tweede, derde en elfde economie ter wereld) – zou wereldwijd een economische golfwerking hebben. De markten op het gebied van elektronica, auto's en energie zouden erdoor worden geraakt, en mogelijk zouden in de VS de staatsschuld sterk oplopen en binnenlandse economische prioriteiten in duigen vallen. Scott Seaman, een expert in economie en handel in Oost-Azië, zei op de Brookings-bijeenkomst in maart 2018 dat zich naar zijn verwachting 'enorme handelsverstoringen zullen voordoen en belangrijke aanvoerketens zullen instorten, met als gevolg een forse wereldwijde recessie'.[34] Een aanval op Noord-Korea heeft dus waarschijnlijk het onbedoelde gevolg een reeks gebeurtenissen uit te lokken die de VS tot een kernoorlog zou brengen.

De Verenigde Staten en Noord-Korea flirtten in 2017 met een catastrofe, en tot opluchting van de wereld bleef een botsing uit. Maar deze maanden van spanning legden de verontrustende waarheden bloot waarop beide partijen ergens in de toekomst berekend moeten zijn. Noord-Korea kampte met een situatie waarbij de reden die het regime aanvoert voor het ontwikkelen en verbeteren van de slagkracht wat betreft kernwapens en ballistische raketten – een invasie en militaire acties door de VS tegenhouden – kon omslaan in het feitelijk *uitnodigen* tot een militaire aanval van de Verenigde Staten. Tegelijk lieten de onbuigzaamheid en agressiviteit van Kim, ondanks Amerikaanse dreigementen met militair geweld, zien hoe een klein, verarmd en geïsoleerd land, geleid door een risicotolerante millennial-dictator, het machtigste land ter wereld kon ondermijnen en inperken.

KIM IS NU EENMAAL KIM

Nu hij het toenemende risico zag van een Amerikaanse militaire aanval, viel Kim – agressief, vijandig en boos – terug op zijn vaste patroon, een comfortabele positie die misschien niet alleen een demonstratie van zijn zelfvertrouwen en arrogantie was, maar ook van zijn koppigheid. Luttele dagen na Trumps 'Rocket Man'-toespraak tijdens de Algemene Vergadering van de Verenigde Naties in september 2017 kwam Kim met een zeldzame, zo niet ongehoorde, nadrukkelijke persoonlijke reactie.[35] De verklaring, uitgebracht door het Korean Central News Agency, het staatspersbureau, ging vergezeld van een foto van Kim die recht in de camera kijkt. Hij zit achter zijn bureau, boeken zijn keurig gerangschikt op statige zwarte boekenplanken die je zou verwachten in het kantoor van een CEO in New York of Washington. Hij hield een vel papier vast, waarschijnlijk zijn toespraak, met een microfoon voor zich. Het relatief statische beeld was in tegenspraak met de diepe passie en emotie van Kims toespraak, uit al zijn woorden sijpelde zijn nauwelijks bedwongen woede.

Kim veroordeelde Trumps woorden bij de Verenigde Naties, en hij sprak bijna alsof hij Trump berispte voor het houden van een toespraak die ongepast was voor een zittende Amerikaanse president. Trump 'kwam met ongehoorde botte onzin die niemand ooit heeft gehoord van een van zijn voorgangers', zei hij. Hij vervolgde, alsof hij in de relatie de oudere staatsman was: 'Ik zou Trump willen adviseren zorgvuldig te zijn in zijn woordkeus en er rekening mee te houden over wie hij het heeft wanneer hij voor het oog van de wereld een toespraak houdt.' In overeenstemming met de schimpscheuten die hij tegen oudere Noord-Koreaanse functionarissen gebruikte, zoals zijn oom Jang, viel Kim Trumps leeftijd en intellect aan door hem – zoals de media van de regime het in het Engels vertaalden – *mentally deranged* te noemen en een *dotard*, waardoor de wereld ijlings naar het woordenboek op zoek moest om te achterhalen dat dotard een ander woord is voor een oude, seniele persoon. Door Trumps seniliteit, zwakheid en 'hardhorendheid' was hij 'ongeschikt voor het voorrecht de hoogste leiding over een land te hebben, en hij is stellig een bandiet en een gangster die graag met vuur speelt, in plaats van een politicus'. Trumps dreigementen over een militaire confrontatie 'hebben me het vertrouwen gegeven, in plaats van me bang te maken of tegen te houden', vervolgde Kim, 'dat het door mij gekozen pad juist is en ook het pad dat ik tot het einde toe moet volgen'. Trump maakte hem niet bang omdat juist híj de bangerik was: 'Een bange hond blaft luider.'

Kim herhaalde vier maanden later, in januari 2018, in zijn op de televisie uitgezonden nieuwjaarstoespraak, dat hij kernwapens bezat.[36] Hij liep naar een gigantisch podium, met een grijs kostuum in Westerse stijl en zijn bril met donker montuur, en verkondigde: 'De VS durft absoluut geen oorlog tegen mij en ons land te beginnen.' Amerika moest weten dat 'het hele vasteland binnen het bereik ligt van onze nucleaire slagkracht en de atoomknop bevindt zich voortdurend op mijn bureau. De VS dient terdege te beseffen dat dit niet zomaar een dreigement is, maar een realiteit'. Hij zei dat Noord-Korea een verantwoordelijke kernmogendheid was – ook een jarenlang door het regime van Kim herhaald refrein – en dat hij niet zou aanvallen tenzij 'vijandelijke agressieve krachten' inbreuk maakten op de soevereiniteit van zijn land. Maar vervolgens beloofde hij 'massaproductie van kernkoppen en ballistische raketten'. In Kims retoriek werd voor de zoveelste keer benadrukt dat alleen hij over de kernwapens ging, en hij schepte op over wat Noord-Korea had weten te bereiken sinds hij aan de macht was gekomen. En voor de zoveelste keer hamerde hij er bij zijn gehoor in het binnenland op dat alleen hij Noord-Koreanen tegen de Verenigde Staten kon beschermen.

Trump, er de man niet naar niets te doen en een kans te laten lopen te reageren nu zijn mannelijkheid en leiderschap zo persoonlijk werden aangesproken, twitterde dezelfde dag: 'De Noord-Koreaanse leider Kim Jong-un beweerde zojuist dat de Atoom Knop voortdurend op zijn bureau staat. Wil iemand uit zijn leeggeroofde en hongerende regime zo goed zijn hem te vertellen dat ik ook een Atoom Knop heb, maar die is veel groter

& sterker dan de zijne, en mijn Knop doet het!'[37]

Het geruzie tussen Kim en Trump, waarbij ze de omvang van elkaars 'atoomknoppen' aanvielen, verhoogde de spanningen en liet angstgolven over de wereld gaan. Hoge Amerikaanse vertegenwoordigers hadden de dreigementen van de president herhaald, wat de vrees aanwakkerde dat Trump niet op eigen houtje handelde maar er geloofwaardige plannen werden voorbereid voor militaire acties tegen Noord-Korea. De Amerikaanse ambassadrice bij de Verenigde Naties, Nikki Haley, zei tijdens een bijeenkomst van de VN-Veiligheidsraad eind november 2017, nadat het Noorden een intercontinentale raket had getest: 'We verkeren weer eens in een tijd van afrekenen. [Kim] heeft een keuze gemaakt [...] die de wereld dichter bij oorlog brengt, niet verder daarvandaan.' Ze zei dat de VS niet uit was op oorlog met Noord-Korea, maar 'als er oorlog komt, zal, dat mag duidelijk zijn, het Noord-Koreaanse regime volledig worden verwoest'.[38] McMaster zei begin december op een bijeenkomst in Washington dat de Noord-Koreaanse dreiging 'dagelijks toeneemt' en 'er niet veel tijd meer rest'.[39]

De tijd leek op te raken. Het Bulletin of the Atomic Scientists zei in januari[40] dat 'het nu twee voor twaalf is', sinds 1953 op het hoogtepunt van de Koude Oorlog was de wereld niet zo dicht bij middernacht geweest. In de verklaring over de Doomsday Clock, een symbool van ongerustheid bij wetenschappers over een mogelijke nucleaire vernietiging, legde het Bulletin uit dat de reden om de klok vooruit te zetten de 'overdreven retoriek en provocerende acties' van Noord-Korea en de Verenigde Staten was, waardoor 'de mogelijkheid op een kernoorlog door een vergissing of een misrekening is toegenomen'.[41]

Angst overheerste eind 2017 het nieuws. Geloofwaardige mediaberichten[42] van eind december gaven aan dat de regering-Trump de voorbereidingen op een militaire actie – een 'bloedneus' – 'zeer sterk' opvoerde om Kim te laten zien dat Amerika het méénde dat hij zijn kernwapenprogramma moest opgeven, ook al zou dat tot een militair treffen kunnen leiden. De dreiging van een conflict was zo voelbaar dat door de toestand een vals alarm in Hawaï over een inkomende ballistische raket volkomen geloofwaardig leek. (Achtendertig kwellende minuten meende de bevolking van Hawaii dat er een aanval kwam. Ze stuurden sms'jes om afscheid te nemen van hun geliefden en sommige ouders deden verwoede pogingen hun kinderen in straatkolken te stoppen om hen te beschermen.[43]) Daarnaast kwam de regering terug op de benoeming van Victor Cha, een wetenschapper en in het verleden Azië-adviseur van president George W. Bush, als ambassadeur in Zuid-Korea – naar verluidt vanwege onenigheid over de 'bloedneusactie' en Trumps plan om zich terug te trekken uit de vrijhandelsovereenkomst met Zuid-Korea – aanleiding voor een heleboel krantenartikelen waarin men erop wees hoe onlogisch een militaire actie was en hoe onmeetbaar hoog de prijs aan mensenlevens zou zijn.

Trump en Kim zetten zich, door hun woorden en hun daden, klem in wat onverbiddelijk op een militair conflict leek uit te draaien, en niemand – misschien ook Kim of Trump niet – had de ingrijpende veranderingen kunnen voorspellen die zich in 2018 zouden voordoen.

13

DE METAMORFOSE

OP EEN WARME voorjaarsdag eind april 2018 toonden de internationale media de indrukwekkende presidentiële autostoet waarmee president Moon Jae-in van Zuid-Korea naar de eerste top van de twee Korea's sinds 2007 werd gebracht. Hij zou voor het eerst een ontmoeting hebben met Kim Jong-un. Kims vader had de twee vorige toppen bijgewoond, dit zou de eerste van Jong-un zijn. De sirenes kondigden de stoet aan die zich moeiteloos bewoog door wat op een gewone dag de overvolle straten van Seoel zouden zijn geweest, richting Panmunjeom, een grensplaatsje dat sinds 1953, toen door een wapenstilstand een einde kwam aan de militaire acties van de Koreaanse Oorlog, heeft gediend als een bufferzone tussen de gescheiden Korea's. De diepe stilte van de gebouwen in de Gedemilitariseerde Zone, die 2 kilometer in Noord-Korea en even ver in Zuid-Korea doorloopt, en wordt doorsneden door de militaire demarcatielijn (MDL), verdoezelde de geschiedenis ervan als een plek van ziedende spanning, een van de zwaarst versterkte en gespannen 250 kilometer ter wereld.

Camera's ten noorden en zuiden van de MDL richtten hun lenzen op de twee vergaderpanden die aan beide kanten van de MDL staan – de Tongilgak in het Noorden en het Huis van de Vrede in het Zuiden. President Moon wachtte tot Kim uit de Tongilgak zou verschijnen, de sfeer werd bijna die van een huwelijk, met bruidsjonkers in donkere kostuums naast de Zuid-Koreaanse president. Verwachtingsvol bonsden de harten nu dit historische moment zou plaatsvinden. Tenslotte gingen de deuren open en liep Kim naar buiten, zijn gezicht af en toe verduisterd door de lange, atletisch ogende lijfwachten die hem omringden.

Toen hij zich losmaakte uit de groep en naar Moon toe liep, leek hij bijna kwetsbaar op een manier die alleen mogelijk was zonder de zachte filters van de Noord-Koreaanse media, de bizarre en brallerige retoriek, de raketten op de achtergrond of de militaire generaals naast hem. Doelbewust stapte hij op Moon af, zijn gang was vol zelfvertrouwen, maar zijn lichte ademloosheid en gepuf na zijn korte wandeling verrieden zijn nervositeit, zijn jaren kettingroken en zijn overgewicht. Kim, gehuld in zijn kenmerkende, loszittende donkere maopak, zag er met zijn plompe trekken en zijn buik paradoxaal genoeg jonger én ouder uit dan Moon, die bijna twee keer zo oud was als Kim, maar telegeniek, keurig en modieus in zijn maatpak, met zijn grote bos grijzende haar en zijn hoekige, gebeitelde gezicht.

Als Kim uit was op effect, lukte hem dat. Het moment dat hij uitgenodigd door Moon de MDL over liep en voet zette op Zuid-Koreaans grondgebied – de eerste keer voor een leider van het Noorden sinds de tijd van Kim Il-sung – draaide helemaal om hém. Kim en Moon poseerden plichtsgetrouw terwijl de camera's verwoed klikten om het moment vast te leggen. Toen Moon zei dat hij op een dag graag het Noorden zou bezoeken, nodigde Kim hem uit over de MDL naar de kant van het Noorden te stappen. Dit stond niet in het script van dit strak geregisseerde gebeuren, maar een verraste Moon aanvaardde het warm en stapte over de lijn, het hele gebaar verrukte de pers, en leidde tot bewonderende oh's en ah's.

Gedurende de top dronken de twee mannen thee onder de bomen, terwijl ze onder vier ogen met elkaar spraken. Het was op allerlei niveaus een vreemde combinatie. Moon was de zoon van arme Noord-Koreaanse vluchtelingen, zijn vader werkte in een kamp voor krijgsgevangenen en zijn moeder verkocht eieren om de eindjes aan elkaar te knopen.[1] Als leider van activistische studenten had hij in de jaren zeventig geprotesteerd tegen de autoritaire regering van Zuid-Korea en werd gearresteerd. Hij had bij de speciale paratroepen gediend en was een mensenrechtenadvocaat met een 'opvallend nerdachtige stijl' geweest, volgens een collega. Later, tussen 2003 en 2008, werd hij een belangrijke adviseur van president Roh Moo-hyun. Moon klom steeds verder op en werd in 2017 president. Tegenover hem op een open plek in het bos zat Kim, door zijn afkomst bevoorrecht, met toegang tot extreme rijkdom en macht. Hij had twee nauwe verwanten vermoord en was de fakkeldrager van een tientallen jaren oud repressief regime, met een bewezen verleden van marteling, verkrachting en slavenarbeid, waaronder het uitbuiten van kinderen. Daarom was hij in 2016 door de VS aangemerkt als schender van mensenrechten.

Ze glimlachten en knikten naar elkaar, diep in gesprek. In de loop van de top kregen ze bloemen van twee Zuid-Koreaanse kinderen, plantten ze een gedenkboom en aten ze samen. Kim had zelfs een noedelapparaat meegenomen[2] en een topkok uit een restaurant in Pyongyang – Noord-Korea is trots op de *naengmyeon*, een koud gerecht van boekweitnoedels – en zei tegen Moon: 'Er is veel belangstelling voor wat we vanavond eten, dus heb ik het hele eind uit Pyongyang naengmyeon voor je meegebracht.' De foto van de twee leiders die slurpen van het geliefde noedelgerecht zorgde voor vreugde op de social media in Zuid-Korea.[3] Bezielde Zuid-Koreanen sloegen een dichterlijke toon aan over de noedels, en het land raakte in de greep van een koude noedelsrage. Op een gegeven moment hielden Kim en Moon zelfs elkaars handen vast en ze beëindigden de top met het bekijken van een concert. De cognitieve dissonantie was overweldigend.

De metamorfose van Kim was begonnen.

DOOI OP DE OLYMPISCHE WINTERSPELEN

De verbetering van Kim Jong-uns imago begon met zijn nieuwjaarstoespraak,[4] dezelfde toespraak waarin hij tekeerging over de 'atoomknop' op zijn bureau, de 'machtige nucleaire afschrikking' van Noord-Korea roemde, en nauwelijks verhuld duidelijk maakte dat hij de Verenigde Staten kon treffen, gezien de zogezegde successen het afgelopen jaar van het regime bij het ontwikkelen van intercontinentale ballistische raketten. Maar hij sprak ook de wens uit de betrekkingen met Zuid-Korea te verbeteren. Die waren bevroren, in elk geval sinds hij leider was, en het kernwapenprogramma en het consolideren van zijn macht belangrijker had gevonden dan het aangaan van internationale relaties. Niet dat de eerdere Zuid-Koreaanse presidenten, de conservatieven Lee Myung-bak en Park Geun-hye, ook maar enige neiging hadden gehad te zwichten voor de provocerende acties van Noord-Korea, al helemaal niet in het licht van de dodelijke aanvallen door Noord-Korea in 2010, alle rakettesten en diverse kernproeven, naast dreigementen over het Blauwe Huis met een raket treffen en schoolpleinachtig gescheld.

Maar met Moon, een progressieve politicus die president werd na een jaar met enorme volksprotesten waardoor Park het veld moest ruimen, had Kim eindelijk een welwillend oor in het Zuid-Koreaanse Blauwe Huis. Moon werd president[5] met de belofte Seoel 'achter het stuur van het Koreaans schiereiland' te zetten, een benadering die strookte met de tientallen jaren oude wens van de progressieve krachten in Zuid-Korea minder afhankelijk te zijn van de Verenigde Staten, met name wat betreft het beleid jegens Noord-Korea, een positie die beschuldigingen zou uitlokken van antiamerikanisme en zoete broodjes bakken met Pyongyang. Vanwege de felle oorlogstaal van Noord-Korea, het afhouden van contact en Kims confrontatie met Trump zat er voor Moon niets anders op dan steun verlenen aan de sancties van de VN en de Amerikaanse pogingen tot maximale druk – waaronder meer robuuste militaire oefeningen en militair vertoon – maar hij bleef Noord-Korea steeds een uitweg bieden. Na de 'vuur en woede'-praat van Trump in augustus kwam Moon in een televisietoespraak met een duidelijke boodschap: 'Alleen [Zuid-Korea] kan besluiten tot militaire actie op het Koreaans schiereiland.'[6] Hij zei het Amerikaanse beleid van economisch en diplomatiek isolement van Noord-Korea te zullen steunen, maar 'het doel van verzwaarde sancties en druk op het Noorden is niet om de militaire spanningen op te voeren, maar om het land weer naar de onderhandelingstafel te krijgen'.

Een maand later, terwijl Kim en Trump elkaar uitscholden, Trump dreigde met 'volledige verwoesting' van Noord-Korea, en eind september de Noord-Koreaanse minister van Buitenlandse Zaken waarschuwde voor een mogelijke test met een waterstofbom boven de Stille Oceaan, probeerde Moon de spanningen te verminderen met zijn eigen toespraak op de Algemene Vergadering van de Verenigde Naties. 'Een fundamentele oplossing vinden om een einde te maken aan deze vicieuze cirkel van provocaties en sancties is de belangrijkste taak waarvoor de VN staat,' verklaarde hij.[7] 'Wij zullen niet streven naar enige vorm van vereniging door absorptie en ook niet naar kunstmatige vereniging. Wij zijn bereid om met de internationale gemeenschap Noord-Korea te helpen als men beslist om aan de goede kant van de geschiedenis te gaan staan.' Moon moest een evenwicht vinden tussen zijn bondgenootschap met de VS,[8] het denucleariseren van Noord-Korea en het verbeteren van de inter-Koreaanse betrekkingen, en hij maakte duidelijk tijdens zijn presidentschap gelijktijdig te streven naar vooruitgang bij denuclearisering en een vredesverdrag om een eind te maken aan de Koreaanse Oorlog.

Dus toen Kim in zijn nieuwjaarstoespraak, na maandenlang de verzoeken om toenadering van Seoel te hebben genegeerd, zijn wens uitsprak de betrekkingen met het Zuiden te verbeteren, zag de regering van Moon een kans. Kim zei ook bereid te zijn in februari een delegatie naar de Olympische Winterspelen in het

Zuid-Koreaanse Pyeongchang te sturen: 'Omdat we volksgenoten zijn met hetzelfde bloed als Zuid-Koreanen, is het logisch dat wij hun genoegen over het veelbelovende evenement delen en hen helpen.'[9] Het leiderschap in Seoel haakte hier onmiddellijk op in en stuurde snel een uitnodiging naar Noord-Korea om aanwezig te zijn bij de Spelen, die op 9 februari zouden beginnen, waarbij men voor het gemak de Noord-Koreaanse dreigementen in dezelfde toespraak negeerde.[10] Moon – geschrokken van Trumps harde woorden en bang voor tot welke volgende provocerende acties Kim zou overgaan, om maar te zwijgen over de matige verkoop van kaartjes voor de Spelen,[11] deels vanwege de spanningen tussen de VS en Noord-Korea (in december had Zuid-Korea nog maar ongeveer 30 procent van de beschikbare kaartjes verkocht) – greep de gelegenheid aan om de gemoederen te sussen en het voortouw te nemen. (Waarschijnlijk maakte hij zich ook zorgen over wat Noord-Korea zou ondernemen om het succes van de Olympische Spelen te dwarsbomen. In 1987, een jaar voor de Spelen in Seoel, had Kim Jong-il twee spionnen een bom laten plaatsen in Korean Air-vlucht 858, 115 mensen waren omgekomen. In een niet meer geheim memorandum van de CIA uit dat jaar staat dat 'de openlijke dreigementen van Pyongyang tegen de Olympische Zomerspelen van 1988 in Seoel en het saboteren van een Zuid-Koreaans toestel afgelopen november duidelijk naar Noord-Korea wijzen als het grootste probleem voor de veiligheid van de Spelen'.[12])

De gretigheid van Moons regering baarde sommige Korea-watchers zorgen: ze waarschuwden dat Kims aanbod een valstrik was, een oude tactiek van het regime, bedoeld om een wig te drijven in de relatie tussen de VS en Zuid-Korea en het afdwingen van sancties te ontmoedigen, zodat Pyongyang intussen tijd kon kopen om door te gaan met het ontwikkelen van kernwapens. Volgens critici speelde Moon Kim een propagandaoverwinning toe: in de Zuid-Koreaanse en internationale media was er namelijk volop aandacht voor het skigebied Masikryong in het Noorden, misschien een plek voor olympische training, en dweepte men met Hyon Song-wol, zangeres van de geheel uit vrouwen bestaande Moranbong Band, die naar plekken zocht waar het Samjiyon-orkest uit haar land zou kunnen optreden.[13] Als je Noord-Korea door de euforische lens bekeek van de 'Vredesspelen', leek het wrede, verarmde en geïsoleerde regime bijna normaal en, eerlijk gezegd, chic en modern – precies zoals Kim wilde dat de wereld het zag.

De regering-Moon mocht dan de dooi in de inter-Koreaanse betrekkingen aanprijzen als een fundament voor een dialoog over denuclearisering tussen de VS en Noord-Korea, Pyongyang gaf geen duimbreed toe, bleef gesprekken weigeren over de atoomkwestie, bagatelliseerde de inspanningen van Seoel om het schenden van sancties te vermijden bij de plannen Noord-Korea deel te laten nemen, en bereidde zich voor op een enorme militaire parade aan de vooravond van de Olympische Spelen. En terwijl de Korea's gesprekken begonnen en verklaringen aflegden over verzoening en samenwerking, hield men vanuit Washington vast aan maximale druk, kwam men met sancties en benadrukte men dat, tenzij Noord-Korea belangstelling toonde voor 'serieus en geloofwaardig' overleg over denuclearisering, de VS geen plannen had om voor of na de Olympische Spelen met Noord-Koreaanse functionarissen te spreken.[14] Minister van Buitenlandse Zaken Tillerson verklaarde half januari 2018 dat 'de campagne van druk zal doorgaan tot Noord-Korea beslissende stappen in de richting van denuclearisering zet'. Hij benadrukte het belang standvastig te blijven: 'Volgens mij moeten we allemaal heel nuchter en helder zijn over de huidige situatie [...] We moeten beseffen dat de dreiging toeneemt.'[15]

Intussen stuurde Kim zijn jongere zus, Kim Yo-jong, lid van het Politbureau en onderdirecteur van de afdeling Propaganda en Agitatie van de partij – en door de VS bestempeld als schendster van de mensenrechten – en Kim Yong-nam, de negentigjarige voorzitter van het Presidium van de Opperste Volksvergadering, naar de openingsceremonie van de Olympische Spelen, samen met Noord-Koreaanse sporters en cheerleaders.[16] Het bijwonen door Yo-jong van de gebeurtenis was de eerste keer dat een lid van de familie Kim Zuid-Korea bezocht en het bewees dat Kim Jong-un zijn zus vertrouwde. Vicepresident Mike Pence en zijn vrouw waren, samen met de vader van Otto Warmbier, aanwezig bij het evenement. Tijdens zijn ontmoeting met president Moon benadrukte Pence dat Zuid-Korea na de Olympische Spelen moest doorgaan met maximale druk uitoefenen. Hij negeerde Yo-jong en de Noord-Koreaanse delegatie, zodat de betrekkingen tussen de VS en Noord-Korea ijzig bleven. Naar verluidt was Pence wel van plan hen te ontmoeten, maar de delegatie ging er niet op in, waarschijnlijk omdat ze beseften dat Pence niet in een verzoeningsgezinde stemming was. De uiteenlopende boodschappen – met Moon die vastbesloten was in dialoog te gaan met het Noorden en de regering-Trump die vast bleef houden aan maximale druk en confrontatie – leidden tot speculaties over een openlijke breuk in het bondgenootschap.

Wat waarschijnlijk ook het doel van Kim Jong-un was. Zijn vriendelijkere opstelling en de ongehoorde – en hartelijke – ontmoeting van zijn zus met de Zuid-Koreaanse president haalden het ventiel van de maximale druk van de VS en ondermijnden oproepen Noord-Korea een 'bloedneus' te bezorgen. Hoe meer Kim toenadering zocht, hoe lastiger het werd om voor een preventieve aanval te pleiten, zeker nu Seoel probeerde de olympische dooi voor te stellen als het begin van een nieuw tijdperk in de inter-Koreaanse betrekkingen.

KIMS MAXIMALE DRUK EN TOENADERING

Tijdens de eerste zes jaar van zijn bewind versnelde Kim genadeloos en zonder zich te verontschuldigen zijn programma's voor kernwapens en ballistische raketten, om de strategische relevantie van Noord-Korea te onderstrepen en om invloed te krijgen. Nu leek hij het met zijn toenadering net zo aan te pakken. Niet alleen was hij goed in het uitoefenen van maximale druk, maar hij bewees ook handig te zijn in maximale toenadering, waarbij hij gebruikmaakte van de nationale prioriteiten van de regionale spelers om de druk van sancties te verzachten.

Kims nieuwjaarstoespraak en de 'Vredesspelen' waren het begin van een heuse 'toppen-lente'. Van Jackson, een Aziëkenner en vroeger werkzaam op het Pentagon, beschreef de dooi in zijn boek *On the Brink*: 'De Olympische Spelen droegen eraan bij dat het overheersende narratief over Korea hoopvol werd, met diplomatieke vooruitgang, met voorop Zuid-Korea.'[17] Dat Kim zijn isolement afschudde, 'smoorde' de oorlogsachtige retoriek uit Washington. De zus van Kim overhandigde Moon een brief van haar broer met een uitnodiging voor een bezoek aan Pyongyang. Moon stuurde kort na de Olympische Spelen Chung Eui-yong, adviseur nationale veiligheid, en Suh Hoon, directeur van de nationale veiligheidsdienst, naar Pyongyang om met Kim te spreken. Ze voerden meer dan vier uur 'openhartige gesprekken'.[18]

De gezanten, opgetogen vanwege Kims woorden over het verbeteren van de inter-Koreaanse betrekkingen, het verminderen van militaire spanning op het Koreaans schiereiland en zijn bereidheid tot denuclearisering, kwamen met een triomfantelijke verklaring: 'Van Noord-Koreaanse kant sprak men duidelijk de bereidheid tot denucleariseren uit [...] Men maakte duidelijk dat men geen reden zou hebben kernwapens te houden als de militaire dreiging voor het Noorden wordt opgeheven en de veiligheid gegarandeerd.'[19] Noord-Korea zei ook een 'oprechte dialoog' te willen 'met de Verenigde Staten over de onderwerpen denuclearisering en normalisering van de betrekkingen met de Verenigde Staten', men zou afzien van testen met kernwapens en ballistische raketten 'zolang de dialoog doorgaat'. China verwelkomde de ontwikkeling en riep 'alle relevante partijen op de huidige kans te grijpen'.[20] En dat deed president Trump, die twitterde: 'Mogelijk vooruitgang geboekt in gesprekken met Noord-Korea. Voor de eerste keer in vele jaren spannen alle betrokken partijen zich serieus in. De wereld kijkt toe en wacht! Valse hoop misschien, maar de vs is bereid het uiterste te doen!'[21] Trump schokte vervolgens zijn adviseurs, de Zuid-Koreaanse gezanten, de kringen van academici en denktanks, en ook de wereldwijde media toen hij in maart aankondigde, blijkbaar in een impuls, dat hij op Kims aanbod voor een ontmoeting in zou gaan en dat hij dit voor eind mei wilde.[22]

In de tussentijd zou Kim toppen houden met Moon, waarbij de twee partijen de Verklaring van Panmunjeom uitbrachten[23]. Die behelsde het werken aan vereniging van het Koreaans schiereiland 'geleid door de Koreanen', het realiseren van economische projecten, het verminderen van militaire spanning door terughoudendheid te betrachten langs de Gedemilitariseerde Zone en de betwiste maritieme scheidslijn in de Gele Zee, waar vaak botsingen plaatsvinden, het instellen van een vredesregime en 'een eind maken aan de huidige onnatuurlijke staat van wapenstilstand', en het ondersteunen van 'denuclearisering van het Koreaans schiereiland'. Moon en Kim kwamen ook overeen elkaar regelmatig te ontmoeten en met elkaar te telefoneren om 'het wederzijds vertrouwen te versterken'.

Kims woorden over een vredesregime, denuclearisatie, economische samenwerking en veiligheidsgaranties waren niet nieuw – zijn vader had net zulke dingen beweerd als deel van zijn pogingen het afdwingen van sancties te ontmoedigen en een wig te drijven tussen de Verenigde Staten en de bondgenoten. Toch zag men het als een verbluffende ontwikkeling dat Kim, die heel zijn regeringsperiode toenadering had afgewezen, als een blad aan de boom omdraaide. De acties van Kim en de makkelijke, kritiekloze aanvaarding door Moon en Trump van zijn uitspraken,[24] en hun geloof in zijn 'oprechtheid', vertroebelden de conventionele ideeën over de intenties van Noord-Korea, verwarden en frustreerden Trumps eigen adviseurs en Koreakenners (die zeiden dat het regime nooit volledig zou denucleariseren) en stimuleerden de mensen die sinds lang meenden dat politieke en economische lokkertjes en Amerikaanse veiligheidsgaranties de enige weg waren om Noord-Korea de kernwapens te laten opgeven. Vrijwel iedereen die zich zorgen had gemaakt over het uitbreken van een kernoorlog op het Koreaans schiereiland was opgelucht over deze uitweg voor Kim, Trump en Moon om de retoriek te matigen. Maar zoals Jackson stelde: 'Zuid-Korea, de Verenigde Staten en de media reageerden totaal anders op de avances van Noord-Korea dan in voorbije decennia, maar de stijl en inhoud van de avances van Noord-Korea stemden helemaal overeen met wat ze in het verleden hadden gedaan.'[25] Hij noemde het scenario 'collectief geheugenverlies, vermomd als een hoogmoedige weigering je door het verleden te laten binden'.

Wat zat er achter Kims draai naar diplomatie? De president en anderen in Washington waren ervan overtuigd dat Kim was gezwicht voor Trumps harde woorden en het beleid van maximale druk. De Zuid-Koreaanse gezanten die de uitnodiging van Kim overbrachten hadden hem dit nu eenmaal verteld, en Trump leek opgewonden over de kans, zie zijn tweet: 'Grote vooruitgang wordt geboekt, maar sancties zullen blijven tot overeenstemming is bereikt. Ontmoeting wordt gepland!'[26] De Republikeinse voorzitter van de commissie Buitenlandse Zaken van het Huis van Afgevaardigden zei: 'Dat Kim Jong-un wil praten, laat zien dat de door de regering geïmplementeerde sancties beginnen te werken.'[27] En senator Lindsey Graham zei: 'Ik ben niet naïef. Ik besef dat als het verleden iets zegt over de toekomst, Noord-Korea veel zal zeggen en weinig zal doen. Maar volgens mij gelooft Noord-Korea inmiddels dat president Trump zo nodig militair geweld zal gebruiken.'[28] De president en deze functionarissen vertoonden de maar al te menselijke neiging naar causale verbanden te zoeken – Heuer waarschuwde zijn analisten die kritiekloos te aanvaarden – en hun aanname bracht hen er vervolgens toe de mogelijkheden van de VS om Kim te beïnvloeden te overschatten.[29] 'Wanneer een ander land handelt zoals de VS dat wil, is de meest voor de hand liggende verklaring,' schreef Heuer, 'dat het beleid van de VS het besluit daadwerkelijk heeft beïnvloed.'[30]

Washington had gelijk, maar slechts tot op zekere hoogte. Kim had ongetwijfeld in de gaten dat de internationale sancties nooit scherper waren geweest en de wereldwijde eensgezindheid om Noord-Korea onder druk te zetten nooit groter was geweest dan tijdens de campagne voor maximale druk van de VS, ontstaan tijdens het laatste jaar van de regering-Obama. Maar deze reactie kan hem nauwelijks hebben verbaasd, gezien de reikwijdte en het tempo van zijn strategische provocaties in 2017 en de bijbehorende krijgslustige taal. Door de sancties van de VN werden de meest lucratieve exportproducten van Noord-Korea beknot,[31] waaronder kolen, ijzererts, zeebanket en textiel, goed voor ongeveer 2,7 miljard dollar, en werd de Noord-Koreaanse olie-import beperkt.

Intensieve diplomatie door Washington bij landen die politieke, economische en militaire banden met Noord-Korea hadden, leidde ertoe dat meer dan twintig van hen de ambassades in Pyongyang sloten, Noord-Koreaanse ambassadeurs wegstuurden of hun status verlaagden, en de mogelijkheden beperkten van bedrijven die in het bezit waren van de Noord-Koreaanse overheid om geld binnen te halen voor prioriteiten van het regime zoals het kernwapenprogramma en luxeartikelen voor de elite. Een Amerikaans decreet uit september 2017, waarin brede secundaire sancties werden goedgekeurd tegen personen en bedrijven die zaken deden met de schurkenstaat, kon misschien Noord-Korea de pas afsnijden bij het binnenhalen van voldoende geld om het kernwapenprogramma en Kims andere prioriteiten te financieren. De maximale druk dreigde verder niet alleen de mogelijkheden van de elite te beperken om geld voor zichzelf te verdienen en dus om loyaliteitsbetalingen aan het regime te doen, maar dreigde ook Kims mogelijkheden te ondermijnen de elite te belonen, een belangrijk element om hen aan zijn regime te binden. Noord-Korea publiceert geen eigen statistieken, maar de Zuid-Koreaanse centrale bank schatte in dat de economie van het Noorden in 2017 3,5 procent kromp, de slechtste cijfers sinds 1997, tijdens de hongersnood.[32] De belangrijkste exportproducten van Noord-Korea – kolen, ijzererts en textiel – vertoonden een daling van 40 procent.

De sanctiedruk speelde beslist een rol bij Kims besluit een draai te maken, een vaste strategie van Noord-Korea om internationale druk te verlichten, al bleef het regime heimelijk doorgaan met het wapenprogramma. Kims vermeende instemming met denuclearisatie en bereidheid om de wapenstilstand in een vredesverdrag om te zetten is een herhaling van het tactiekboekje van zijn vader en grootvader, en een poging tot verdelen en heersen via bilaterale contacten met Zuid-Korea, China, de Verenigde Staten en mogelijk Rusland, terwijl Japan op afstand wordt gehouden. Kims belofte om samen met Zuid-Korea aan vrede te werken doet bijvoorbeeld denken aan pogingen van zijn voorgangers om Washington te verstrikken in lange, aanhoudende gesprekken over niet-nucleaire kwesties. Pyongyang rekent erop dat deze gesprekken de door het Noorden opgeëiste status van kernmacht versterken, het zou prestige opleveren om met een wereldmacht te onderhandelen. Een dergelijke draai in de richting van diplomatie pleegt ook het implementeren van sancties te verhinderen of in elk geval te verzwakken, internationale vragen over mensenrechten te laten verstommen, en natuurlijk kan Noord-Korea zo ook tijd kopen om de strategische slagkracht te vergroten. En wanneer ze in Pyongyang worden aangesproken op hun illegale en onmenselijke activiteiten, hebben ze een handig excuus – de sancties zelf – om Washington en critici in de schoenen te schuiven dat die de zaak laten aanslepen, terwijl ze zelf hun verplichtingen niet nakomen.

Kim kon ook op begrip rekenen in Seoel, nu ze in Zuid-Korea eindelijk een progressieve regering hadden na tien jaar presidenten van een harde conservatieve lijn die meer in druk dan in aanmoediging zagen. Nadat Moon Jae-in in mei 2017 was gekozen bij bijzondere verkiezingen na een procedure tegen de conservatieve presidente Park Geun-hye en haar afzetting, legde de nieuwe progressieve president de nadruk op het opbouwen van vertrouwen en op 'naast elkaar bestaan en naast elkaar bloeien'.[33] In een van zijn eerste belangrijke toespraken riep hij op tot inter-Koreaanse economische samenwerking, al wilde hij ook dat Noord-Korea denucleariseerde. Moon, de vroegere stafchef van de liberale president Roh Moo-hyun, die de zonneschijnpolitiek jegens het Noorden had voortgezet van zijn voorganger, Kim Dae-jung, spoorde Pyongyang aan om samen met Seoel de Olympische Winterspelen van Pyeongchang 'Vredesspelen' te maken, hij zei: 'Sport heeft het vermogen harten te verbinden.'[34] Moon, die ook was geschrokken door de spanningen in de zomer en het najaar van 2017, greep de bereidheid van Kim om te participeren in de Olympische Spelen graag aan als een positief teken voor meer toenadering tot het Noorden.

Maar Kim, die had gezegd dat hij het kernwapenprogramma van zijn land had voltooid, was misschien al van plan geweest een draai te maken en zich op de economie van zijn land te richten, ongeacht de maximale druk en Trumps dreigementen het regime te verwoesten. Hij stelde in zijn nieuwjaarstoespraak voor 2018 dat in 2017 'de grote, historische kwestie was gerealiseerd van het vervolmaken van de nationale kernmacht [...] en het bewijzen van het onmiskenbare succes ervan voor de ogen van de wereld [...] Onze Republiek is eindelijk in het bezit van een sterke en betrouwbare oorlogsafschrikking, wat geen enkele kracht ongedaan kan maken.'[35] Op een weinig voorkomende partijbijeenkomst in april 2018 van het Centrale Comité zei Kim dat Noord-Korea 'het voltooien van kernwapens had bekrachtigd'. Hij kondigde aan dat vanaf die maand het testen van kernwapens en raketten zou stoppen en beloofde dat Noord-Korea geen kernwapens zou prolifereren of gebruiken tenzij men met een nucleaire dreiging werd geconfronteerd.[36] Hij verklaarde verder dat hij het testgebied Punggye-ri, waar het regime zes kernproeven had uitgevoerd, zou sluiten: 'We hebben géén kernproef of proeflancering van ballistische raketten met een tussenbereik of een intercontinentaal bereik meer nodig.' Kortom: achter Kims agressieve inspanningen om zijn kunnen wat betreft intercontinentale raketten te demonstreren kan best zijn plan hebben gezeten zich vervolgens aan de economische kant te wijden van het tweesporige byungjin-beleid dat hij in 2013 had aangekondigd, en nu Noord-Korea klaar was met de nucleaire tak ervan richtte de natie zich op de economische tak.

Hij zag zijn draai waarschijnlijk ook als een gelegenheid om zijn strategische doelen te verwezenlijken: het onderstrepen van de nucleaire status van Noord-Korea en het verzwakken van de Amerikaanse aanwezigheid in Oost-Azië, het bondgenootschap met Zuid-Korea inclusis, nu hij meende een willig oor te kunnen vinden bij Moon, die liever aanmoediging zag dan druk, en bij Trump, die openlijk het bondgenootschap van de VS met Zuid-Korea belachelijk maakte. Toch ging Trump met de eer voor de toenadering strijken door de verklaringen van Kim te steunen en zijn bewondering voor de inter-Koreaanse top uit te spreken. Op de dag in april dat Kim de partij toesprak, twitterde Trump: 'Noord-Korea heeft ermee ingestemd alle kernproeven op te schorten en een belangrijk testgebied te sluiten. Dit is heel goed nieuws voor Noord-Korea en de Wereld – geweldige vooruitgang! Zie uit naar onze Top.'[37] Hij meende dat het optreden van Kim een direct gevolg was van zijn succesvolle druk. Toen er sceptisch werd gereageerd op de intenties van Kim (het ontging waarnemers niet dat hij geen enkele intentie leek te hebben zijn kernwapens op te geven en critici hekelden de president omdat hij een grote concessie aan Kim had gedaan: een gesprek met een zittende Amerikaanse president) twitterde Trump: 'Grappig dat alle experts die in de verste verte geen deal over Noord-Korea wisten te sluiten me nu ineens aan alle kanten vertellen hoe ik een deal moet sluiten!'[38]

Wat Kims precieze motieven om zijn isolement af te schudden ook waren, hij merkte dat het oude tactiekboekje nog werkte, meteen na zijn draai in elk geval. Nu Kim zogezegd de intentie had aan een nieuw tijdperk van vrede te werken, besloot de Zuid-Koreaanse regering te stoppen met het uitzenden van propaganda via luidsprekers langs de grens, en blijkbaar gaf president Moon aan Kim een USB-stick met een document met een 'nieuwe economische kaart' en met ideeën voor toekomstige samenwerking, waaronder mogelijke bijstand in de energiesector.[39] China begon intussen de implementatie van sancties los te laten, en volgens sommige berichten mochten Noord-Koreaanse arbeiders terugkeren naar China, een mogelijke schending van de VN-sancties.[40] Voor de eerste keer ontving Kim, begin mei 2018, de Chinese minister van Buitenlandse Zaken, Wang Yi.[41] Die zei dat Peking het eens was met de nadruk die Noord-Korea op economische ontwikkeling ging leggen en de 'legitieme zorgen voor veiligheid' van Pyongyang deelde. Zo werd Kim gesterkt in zijn vertrouwen dat hij nog altijd de steun van China had. Bovendien wakkerde Kims metamorfose van 'Rocket Man' tot internationale staatsman bij het publiek in Zuid-Korea en in de Verenigde Staten de hoop aan dat hij 'oprecht' was. Vrijwel zeker genoot Kim van de gunstige aandacht in de media. Zijn betrouwbaarheid steeg bij Zuid-Koreanen tot een verbluffende 78 procent na de inter-Koreaanse top in april, volgens een peiling van het Korea Research Centre, eerder in 2018 was het een treurige 10 procent geweest.[42] Zijn vermeende gevoel voor humor, zijn respect jegens president Moon, en zijn zelfkritiek zoals te zien in de op tv uitgezonden inter-Koreaanse top – naar verluidt zei hij tegen Moon: 'Ik schaam me voor de slechte transitinfrastructuur [van Noord-Korea]' – wekte ook de hoop dat Kim geen bulderende dictator meer was, maar een gelouterde, bescheiden jongeman die het juiste wilde doen.[43]

In de volgende maanden was te zien hoezeer Kim de dynamiek in Oost-Azië abrupt wist te veranderen, de Amerikaanse opties wist te beperken door gebruik te maken van verborgen breuken in de relatie tussen de vs en Zuid-Korea, en de nationale prioriteiten van regionale belanghebbenden in zijn voordeel wist om te buigen. Hij zou met succes zijn imago veranderen, van een strenge en onverzoenlijke dictator die met kernaanvallen dreigde tot een glimlachende, benaderbare jongeman, volgens sommigen een voorbeeld van een baanbreker met het potentieel geschiedenis te schrijven. En hij zou daarbij hulp krijgen, niet alleen van president Moon, maar ook van zijn vrouw, Ri Sol-ju.

14

DE KONINGIN VAN PYONGYANG

TOEN MOON JAE-IN en Kim Jong-un tijdens hun eerste inter-Koreaanse top op die open plek in het bos de koppen bij elkaar staken, leek Kim in de luisterstand te staan, hij had veel aandacht voor wat Moon zei. De Zuid-Koreaanse media hadden liplezers in de arm genomen en volgens hen leken de twee het voornamelijk te hebben over 'Trump', 'nucleaire faciliteiten' en 'de Verenigde Staten'.[1] Maar het gesprek werd ook persoonlijk, want de twee partijen wilden een verstandhouding opbouwen.[2] 'Vader keek naar me en volgens hem moest ik met die vrouw trouwen,' zei Kim naar verluidt, 'dus vertrouwde ik hem.' Het was een moment van uitzonderlijke openhartigheid: Kim Il-sung en Kim Jong-il hielden hun persoonlijke leven graag geheim en bijzonderheden over hun familieleden waren in mysterie gehuld. Misschien waren de woorden van Kim bedoeld om een verstandhouding en vertrouwelijkheid met president Moon op te bouwen. Mogelijk had hij het tijdens dit onderhoud ook over zijn vrouw om voor het banket van die avond, waarbij beide echtgenotes aanwezig zouden zijn, Ri Sol-ju alvast voor te stellen.

De aanwezigheid van Ri bij de top in april 2018 en de volgende ontmoetingen met Moon en de Chinese president Xi Jinping wekken de indruk dat Kim haar als een onderdeel van zijn macht beschouwt. Als de first lady van Pyongyang was zij de belichaming van de charme tijdens het spreekwoordelijke Noord-Koreaanse charmeoffensief: ze normaliseerde de status van Kim, niet slechts als leider van een kernmacht, maar ook als echtgenoot, vader en legitieme heerser op één hoogte met mensen als de presidenten Xi, Moon en Trump. De zorgvuldig voorbereide openbare optredens van Ri Sol-ju – die naar Koreaans gebruik haar meisjesnaam heeft gehouden – voorzien het regime van een zachtere zijde, een dun laagje stijl en goed humeur om de bruutheid, honger en ontbering te maskeren die het volk moet dulden. Intussen wijzen berichten over het bestaan van misschien meerdere kinderen op de vruchtbaarheid van het paar en de mogelijkheid dat weer een mannelijke erfgenaam in Kims familiedynastie wordt geboren. Voor de zwoegende massa en voor de elite is Ri, de echtgenote met glamour en toewijding, een voorbeeldfiguur. Voor wetenschappers van buitenaf bieden de publieke optredens van Ri nog iets anders – een kijkje in een ontluikende cultuur van materialisme en consumentendom, die door Kim kennelijk actief wordt gestimuleerd. Dat Kim pronkt met zijn vrouw wijst erop dat zij een binnenlands én een extern doel dient, en strookt met zijn verlangen zichzelf als een moderne leider voor te stellen.

DE VROUW IN HET ZWART. EN GROEN. EN ROZE. EN BLAUW

Slechts zeven maanden nadat Kim Jong-un leider werd van Noord-Korea, publiceerde het staatsnieuwsbureau van het regime foto's van Kim tijdens een concert met een mysterieuze vrouw. Het concert, met onder meer Noord-Koreaanse popsterren en Disney-figuren, was een verrassende keuze en leidde tot optimisme dat Kim sterker verwesterd was dan zijn teruggetrokken vader en misschien geneigd was Noord-Korea open te stellen. De fysieke nabijheid van de vrouw en Kim – ze zat naast hem op het concert – leidde in Zuid-Koreaanse en Amerikaanse media tot grote opwinding over haar identiteit en rol. Het regime noemde haar later Kims vrouw, 'Kameraad Ri Sol-ju', in de berichtgeving over het bezoek van Kim en Ri aan het

Volkspretpark Runga. Ze liepen er arm in arm en zwaaiden in het nieuwe amusementspark naar pretzoekers in badkleding. Ri was ook een heel andere verschijning dan in het verleden gebruikelijk was.[3] De grootvader van Kim had ooit 'make-up', 'krultangen', 'mooie jurken' en 'dure hoeden' afgekeurd omdat ze afleidden van de revolutionaire strijd, ook al eiste hij tegenstrijdig genoeg dat 'vrouwen wel vrouwelijk moeten blijven'.[4] En onder de heerschappij van Kim Jong-il was het voor vrouwen illegaal om een broek te dragen wanneer ze niet aan het werk waren.[5] Zelfs fietsen was verboden, wat deed denken aan Amerikaanse en Europese denkbeelden uit de negentiende eeuw dat fietsen te seksueel was voor vrouwen, de geslachtelijke normen schond en bijdroeg aan vrouwelijke bevrijding.

Analisten waren in 2012 de achtergrond van Kim aan het uitpuzzelen, maar door de fragmentarische informatie was het nog lastiger om een coherent verhaaltje in elkaar te flansen over Ri, nu geruchten en speculaties de paar schamele feiten die er eventueel waren overschaduwden. Volgens door de Zuid-Koreaanse overheid vergaarde informatie[6] werd Ri geboren in 1989 en trouwde ze in 2009 met Kim. Net als zijn vader trouwde Kim blijkbaar met een artieste. Naar verluidt hoorde Ri bij het Unhasu-orkest, een elitegezelschap met door de staat op uiterlijk, loyaliteit en talent geselecteerde leden. Ze kwam uit een 'normaal gezin' en ging in 2005 als cheerleader naar Zuid-Korea om Noord-Koreaanse sporters te steunen.

Als het Kim Jong-uns bedoeling was om opwinding te veroorzaken en commentaar uit te lokken over Ri om te laten zien dat hij het beeld van Noord-Korea als een naargeestige, bedreigende en autoritaire dictatuur per se wilde veranderen, is hem dat gelukt. Haar jeugd, aantrekkelijkheid en gevoel voor mode zorgden voor een heleboel aandacht in de media. Omdat er zo weinig informatie over haar is, móest men zich wel op haar uiterlijk richten. De vergelijking met andere vooraanstaande vrouwen was onvermijdelijk. Riep zij de legendarische elegantie op van Jackie Kennedy? Volgde ze aanwijzingen over mode van Kate Middleton, de hertogin van Cambridge? Tijdens het concert in juli 2012 droeg ze een chique, korte zwarte rok met bijpassend jasje, en door haar *cropped bob*-kapsel zag ze er heel modern uit. In het waterpark droeg ze een felgroene bloes met een op maat gemaakte rok en zwarte pumps met open neus – 'Stijl heeft ze zeker!' vond *The Huffington Post*.[7] Daar hebben we haar in 2014,[8] ze volgt een vliegwedstrijd tussen hoge officieren van de luchtmacht van het Koreaanse Volksleger: haar langere haar is deels naar achteren gekamd, haar lippenstift is gedempt roze, en ze draagt een blauwe jurk en een driekwartjasje versierd met een fonkelende broche.

In de zee van mannen met beige militaire uniformen of donkere pakken, bood haar kleurrijke kleding een enorm – en aangenaam – contrast.

LEVEN IN DE NOORD-KOREAANSE DROOM

Gezien de zeer geregisseerde aard van het Noord-Koreaanse regime is het vrijwel zeker geen toeval hoe men Ri presenteert en haar zo'n ongewoon zichtbare positie toebedeelt. Ri's onomwonden vrouwelijkheid, haar modevoorkeuren, moderne stijl en relatie met haar man zijn waarschijnlijk weerspiegelingen van bestaande trends in de Noord-Koreaanse samenleving, van hoe Kim Jong-un zichzelf en de plaats van zijn land in de wereld ziet, en van wat zijn visie op de toekomst is. Doordat Ri werd gebruikt als een vertegenwoordigster van deze idealen, als een voorbeeldfiguur, en haar rol zo snel nadat Kim aan de macht kwam werd geschapen, krijg je de indruk dat hij haar letterlijk en figuurlijk opmaakte om first lady van Pyongyang te worden.

Tientallen jaren lang prees het regime de moeder van Kim Il-sung, Kang Pan-sŏk, en de moeder van Kim Jong-il, Kim Jong-suk, als de boegbeelden van het Noord-Koreaanse vrouwelijke ideaal. Zoals de Koreakenners Bronwen Dalton, Kyungja

Jung en Jacqueline Willis hebben benadrukt in hun fascinerende artikel over mode en de sociale constructie van vrouwelijkheid in Noord-Korea, worden deze vrouwen 'bejubeld als gepassioneerde revolutionaire strijdsters en tegelijk als het toonbeeld van zichzelf opofferende en liefhebbende moeders'.[9] Het belang van Kang wordt gekoppeld aan het feit dat zij, figuurlijk en letterlijk, de natie baarde door de moeder te zijn van Kim Il-sung. Kim Jong-suk heeft de rol van een vrouw die niet alleen Kim Jong-il opvoedde, maar ook diende om de 'eerst-het-leger'-ideologie van haar zoon te versterken. Kang wordt in de hagiografie van het regime meestal afgebeeld in Koreaanse klederdracht,[10] terwijl de moeder van Kim Jong-il wordt afgebeeld in een militair uniform – vrouwelijk aangepast met een rok en een riem over het middel – om de revolutie te symboliseren.

Toen Kim Jong-un aan de macht kwam, verhief het regime tevens de status van zijn moeder, Ko Young-hee, door haar 'Onze gewaardeerde moeder' te noemen, een bevestiging van haar positie en van Kim Jong-uns legitimiteit door de jonge leider te verankeren in geschiedenis en biologie. Het regime bagatelliseerde de problematische achtergrond van Ko – ze was geboren in Japan, wat haar minder 'zuiver' zou maken en haar een lage status zou opleveren in het vereerde songbun-classificatiestelsel, om maar te zwijgen over het feit dat ze de derde vrouw van Kim Jong-il was. Het regime mythologiseerde Ko in 2011 juist, met een documentaire over haar leven. In de film zie je Ko als een vrouw die wacht tot haar zoon thuiskomt uit school, truien breit en goed met wapens kan omgaan. 'De moederrol belichaamt de symbolische rollen die vrouwen voor de natie dienen te spelen,' schreef Korea-onderzoekster Darcie Draudt,[11] en het belang van Ko zat in haar vermogen om 'Kim Jong-il te reproduceren in de vorm van Kim Jong-un (een vorm die teruggaat tot op Kim Il-sung), waardoor zij een gewaardeerde burgeres is die lof verdient'. Volgens de historica Suzy Kim wordt de moeder een 'ideale, onbaatzuchtige dienares van het publiek, een model voor iedereen in de Noord-Koreaanse natie om na te volgen bij het uitvoeren van je sociale verplichtingen'.[12]

Hoewel de verheffing van Ri overeenstemt met de visie op vrouwelijkheid van het regime, ziet zij er anders uit dan de revolutionaire, militaristische moederschapsbeelden van de eerdere vrouwenfiguren uit de familie Kim. Door haar een plaats te geven in het huidige Noord-Koreaanse narratief wekt men de indruk dat zij de prioriteiten en voorkeuren van Kim Jong-un dient, overeenkomstig zijn wens zich helemaal te conformeren aan de nalatenschap van zijn vader en zijn grootvader maar ook zijn eigen imago voor de eenentwintigste eeuw te scheppen.

In hun artikel stelden Dalton, Jung en Willis dat 'de aanhoudende instorting van de commando-economie, de opkomst van kapitalisme, toenemende blootstelling aan buitenlandse populaire cultuur en de groei van een nieuwe elite met geld invloed hebben op de visie op vrouwelijkheid, en wel op manieren die afwijken van idealen die de staat eerder voorschreef en controleerde'.[13] Terwijl Kim Jong-un probeerde een alternatief narratief van Noord-Korea te verzinnen als een modern, welvarend land, en fysieke structuren als waterparken en skigebieden aanlegde om die indruk te versterken, zorgde Ri voor wandelende reclame voor zijn programma. Door haar glamour, haar eerbiedwaardige positie (in april 2018 riep het regime haar uit tot 'gewaardeerde first lady'[14]) en volledige toewijding aan haar echtgenoot werd zij een voorbeeldfiguur, die vooraanstaande en gewone Noord-Koreanen moesten bewonderen en navolgen. De rol van Ri als first lady voorziet Kim van de ernst en achtergrond als een getrouwde man in een samenleving waar men een ongetrouwde man als een jongen blijft zien, zoals Draudt opmerkte.[15]

Het stel dat hand in hand liep, zwaaide naar bewonderende Noord-Koreaanse burgers en kronkelende baby's (niet hun eigen baby's) vasthield in een crèche, straalde een overtuigend beeld uit van jeugd, kracht en zelfvertrouwen. Haar kleurige outfit, glimmende accessoires en levendigheid versterkten dat beeld van hoop. John Park, een aan Harvard University verbonden Korea-expert,[16] vergeleek Kim en Ri met hoofdpersonen uit een Noord-Koreaanse versie van *Camelot* – de wereld waarvan de jeugdige John F. Kennedy en zijn elegante echtgenote, Jacqueline, zo genoten, en waarin zoveel van het optimisme van na de Tweede Wereldoorlog is vervat. 'Je hebt dit idee van een Noord-Koreaanse droom, met Kim Jong-un als de schepper van deze droom, en zijn vrouw, Ri Sol-ju, in wezen het gezicht van deze droom,' verklaarde hij. 'Dergelijke dynamiek is een soort analogie voor de toekomst van Noord-Korea in het algemeen.'

Bij die toekomst van Noord-Korea hoort het in vervulling gaan van byungjin, de tweesporenpolitiek van het ontwikkelen van kernwapens én van de economie. Ri verschijnt op zeer uiteenlopende locaties met haar echtgenoot: militaire faciliteiten, bouwterreinen, werkplaatsen, fabrieken, scholen en weeshuizen. Tijdens de piek van de spanningen met de Verenigde Staten, in oktober 2017, vond Kim toch tijd om met zijn vrouw een cosmeticafabriek in Pyongyang te bezoeken. Een glimlachende, bewonderende Kim prees de producten van 'wereldklasse' en de verpakking ervan, terwijl zijn vrouw stijfjes toekeek, met een blik op de machines en displays.[17] Dat het regime laat zien hoe hij kan omslaan van dreigen met oorlog naar het inspecteren van make-up voor vrouwen, met zijn echtgenote aan zijn zijde, wekt de indruk dat men de complementariteit – de onmisbaarheid zelfs – van kernwapens voor de welvaart van Noord-Korea probeerde te bewijzen, dat het volk beide kan hebben, zoals Kim heeft beloofd sinds hij aan de macht is. De aanwezigheid van Ri onderstreept die boodschap, gezien haar positie als een voorbeeldfiguur.

Ri als first lady geeft het regime ook een kans om de consumentenkracht te kanaliseren van de Noord-Koreaanse bevolking, vooral van vrouwen die niet tot de elite behoren en de officiële en onofficiële markten vullen, terwijl hun echtgenoten aan het werk zijn in door het regime geleide fabrieken of militaire plichten vervullen. Een overloper vertelde aan het onlineblad *Daily* NK: 'Vrouwen uit Pyongyang worden beïnvloed door Ri Sol-ju [...] dus dragen ze graag sandalen met hak.'[18] Maar Ri is niet de enige trendsetter voor Noord-Koreanen, want ook het doordringen van meer informatie en de Noord-Koreaanse voorliefde voor Zuid-Koreaanse en Chinese soaps bepalen de modevoorkeuren. Suki Kim, de journaliste die undercover ging als docente aan de Universiteit voor Wetenschap en Technologie in Pyongyang, zei dat 'de mensen op straat in Pyongyang op mij een Chinese indruk maakten [...] Het haar van vrouwen was steevast gepermanent en van glimmende haarspelden voorzien, zoals ik vrouwen in China hun haar had zien dragen.'[19] Overlopers uit Noord-Korea hebben verteld dat ze heimelijk comakeken naar buitenlandse media en mode van de vrouwelijke personages overnamen. Volgens een overloper die figureerde in een documentaire van de ngo Liberty in North Korea keken zijn landgenoten naar buitenlandse films en sitcoms, en vroegen dan een smokkelaar de spullen die ze hadden gezien te verwerven, vervolgens verkochten ze die op de markten.[20] Mensen imiteerden kapsels, haarspelden, kleding en accessoires. Het regime probeerde Ri te promoten als een model voor het alternatief uit eigen land: haar impliciete steun voor in Noord-Korea gemaakte producten, zoals die bleek uit haar bezoeken aan cosmetica- en schoenfabrieken, werd gebruikt om haar landgenoten in hun eigen land naar gewilde spullen te laten zoeken.

Maar in dit alles zit een spanning ingebakken. Wanneer de belangstelling van het volk voor mode en uiterlijke verschijning toeneemt, dan geldt dat ook voor hun verwachtingen over de vruchten kunnen plukken van economische ontwikkeling. De gevaren van niet aan deze verwachtingen kunnen voldoen volgen dan al snel. Zoals een Noord-Koreaanse bron het omschreef in *Daily* NK: 'De nieuwste Zuid-Koreaanse producten gebruiken wijst op sociale klasse en levensstandaard, dus mensen willen absoluut niet achteropraken.'[21] Verklaringen van overlopers wijzen op sociale conflicten en de groeiende kloof tussen rijken en armen, en er vormen zich kliekjes rond kinderen en gezinnen van de jangmadang-generatie, die het zichtbaar beter hebben dan hun buren – in andere samenlevingen uiteraard geen ongewoon verschijnsel. Ondanks alle inspanningen van Kims regime om een Noord-Koreaans merk te scheppen met Ri als voorbeeldmodel, kan men moeilijk op tegen goederen van meer geraffineerde bedrijven uit China en Zuid-Korea die bedrevener zijn in het inspelen op de nieuwste consumententrends. Kim heeft vrijwel zeker oog voor dit gebrek, en waarschijnlijk versterkt het slechts zijn overtuiging dat hij greep moet houden op de stroom buitenlandse producten en culturele invloeden.

EEN VROUWELIJKE TOETS

Ri Sol-ju maakte haar diplomatieke debuut op 5 maart 2018. Kim Jong-un ontving voor de allereerste keer een Zuid-Koreaanse delegatie, die bestond uit Chung Eui-yong, adviseur nationale veiligheid, en andere hoge functionarissen. Ze waren in Pyongyang om de eerste Moon-Kim-top te regelen, die een maand later zou plaatsvinden. De bijeenkomst had dus een groot belang en er stond veel op het spel. Naar verluidt zei Chung tegen Kim, misschien omdat hij moed had gevat door de bij het eten geserveerde alcohol, de voldoening en vriendschappelijkheid die de bijeenkomst had opgeroepen, of door een gevoel dat hij een veel jongere man raad moest geven: 'Zou je niet stoppen met roken? Het is slecht voor je gezondheid.'[22]

De aanzittenden verstijfden, volgens de berichten in de media. Niemand levert kritiek op Kim, die niets verkeerds kan doen in een land waar hij, zijn vader en zijn grootvader als volmaakt gelden. Je kunt je voorstellen dat de gezichten van de mensen verbleekten en de lucht zwaar van spanning werd. Maar knappe Ri klapte in haar handen en zei: 'Ik vraag hem de hele tijd om te stoppen met roken, maar hij luistert niet naar me.'[23] Zo ontlaadde ze moeiteloos de spanning, en hield ze, wie weet, de twee partijen op het spoor richting de leiderschapstop van 27 april.

Ri was met haar man op andere topontmoetingen aanwezig geweest, ze reisde met Kim in maart 2018 naar Peking voor een ontmoeting met president Xi – Kims eerste reis buiten het land als leider en zijn eerste ontmoeting met Xi, die hij de eerste zes jaar van zijn bewind had genegeerd. Ze was ook bij de inter-Koreaanse top in september 2018 in Pyongyang en ging later mee op reis naar China, zodat de vrouw van president Moon, Kim Jungsook, en de vrouw van president Xi, Peng Liyuan, een andere first lady naast zich hadden.

De Chinese en Zuid-Koreaanse media gaven opgewonden commentaar op haar kleding, wat aangaf dat Noord-Korea succes had met de pogingen het familiemerk Kim te exporteren. Omdat men Ri zag, en niet hoorde, was het weer onvermijdelijk dat het vooral over haar uiterlijk ging. Volgens de *South China Morning Post* was Ri 'met haar modieuze verschijning meteen een hit in China' tijdens dat eerste bezoek aan Peking in maart.[24] De krant berichtte dat Chinese internetgebruikers vol lof waren over Ri's uiterlijk, tot ongenoegen van de Chinese censuur die prompt alle discussies over Ri van socialmediaplatforms verwijderde waarin zij boven de vrouw van president Xi werd gesteld. Op Weibo, een van de grootste Chinese socialmediaplatforms, dweepte iemand: 'Ri is inderdaad mooi en aardig. Ik zie wel dat ze goed zou zijn in "first lady-diplomatie".'[25] Door een ander werd ze vergeleken met Zuid-Koreaanse beroemdheden – het Chinese publiek is erg enthousiast over Zuid-Koreaanse films, muziek en sitcoms[26] – en Ri zou 'even knap [zijn] als Song Hyekyo', een befaamde Zuid-Koreaanse actrice die populair is in China. De drie outfits die ze droeg tijdens de ontmoetingen werden doorgaans geprezen. Een camelkleurig cropped jasje met bijpassende rok, een groene jurk met een wit jasje, en een ivoorkleurige blazer met uitwaaierende driekwartmouwen vonden veel bijval. Met haar stijlvolle kleding, haar hoffelijke glimlach voor Xi en Peng, en haar warme wuiven naar de Chinese leider en zijn vrouw toen zij en Kim in hun auto stapten bij hun vertrek uit Peking, gaf Ri een vriendschappelijk en ongedwongen tintje aan een staatsbezoek, alsof zij en haar echtgenoot een jong stel waren dat vertrok na een etentje bij veel oudere buren thuis.

Ri kreeg ook positieve aandacht toen zij en Kim Jung-sook, de first lady van Zuid-Korea, hun eigen ontmoetingen hadden tijdens de derde top van Moon en Kim in Pyongyang.[27] Terwijl hun echtgenoten staatszaken bespraken, bezochten de twee vrouwen de universiteit voor muziek en dans in Pyongyang – misschien een hint naar hun gedeelde muzikale verleden (Kim studeerde vocale muziek aan de Kyung Hee Universiteit in Zuid-Korea). Ze bezochten ook het Okryu Kinderziekenhuis in de stad. Door hun bezoeken aan onderwijs- en medische instellingen in Pyongyang kon Noord-Korea pronken met de moderne faciliteiten, wat een toepasselijke, niet-politieke en niet-controversiële achtergrond bood. Deze plekken onderstreepten ook de normaliteit van Noord-Korea, waardoor de programma's voor kernwapens en ballistische raketten, de executies en zuiveringen, en de militaire bedreigingen naar de achtergrond konden vervagen.

Het huwelijk van Kim Jong-un en Ri Sol-ju is aldus een metafoor voor de byungjin-politiek, de organische, natuurlijke vereniging van militarisme en economische ontwikkeling, en een belofte voor de toekomst van Noord-Korea en de plaats van het land als een gelijke op het wereldtoneel. Zij sleep de scherpe randen weg van wat ruzieachtige ontmoetingen van leiders hadden kunnen worden, verschoof de media-aandacht van de kernwapens van Noord-Korea en de moorden naar haar kapsel en kleding: een jonge vrouwelijke verschijning die kansen bood voor toenadering met zachte kracht en – al dan niet terecht – de hoop op een ander Noord-Korea, vreedzamer, meegaander en charmanter.

GEZINSPLANNING

Het verheerlijken van Ri door het regime en haar grotere publieke profiel geven enig inzicht in Kims intenties voor de toekomst. Kim is zich terdege bewust van de machinaties van diverse groepen om de overhand te krijgen via bondgenootschappen met mogelijke opvolgers, gezien zijn eigen ervaring als de zoon van een vader die diverse kinderen had bij diverse echtgenotes en minnaressen. De publieke verheffing van Ri is misschien een bewuste poging alle potentiële uitdagers af te weren en verdere paleisintriges te voorkomen: men onderstreept dat de band van Kim en Ri de enige legitieme band is en garandeert zo dat hun nakomelingen hem zullen opvolgen. Een en ander wijst erop dat, ook al is hij pas half in de dertig, Kim plannen maakt voor de lange termijn en een strategie beraamt voor de duur van zijn leven én voor die van het leven van zijn kinderen. Het paar heeft minstens één bevestigd kind,[28] Dennis Rodman hield het bij zijn tweede bezoek in zijn armen. Maar volgens informatie van de Zuid-Koreaanse overheid hebben ze er nog twee. En gezien Kims evidente verlangen een onafhankelijk, sterk Noord-Korea over te dragen, zullen tot de erfenis van zijn opvolger beslist kernwapens horen.

Uiteraard hangen Ri's eigen status en prestige volledig af van Kim. Zonder hem zou ze slechts een artieste met een leuk gezichtje zijn. Ze heeft zijn verlangen ondersteund om het imago van Noord-Korea te herscheppen en het beeld aangevuld dat hij naar de buitenwereld wil uitstralen, maar Kims ultieme bevestiging zou van een andere man komen – Donald Trump. In juni 2018 zou Kim krijgen wat zijn grootvader en vader nooit wisten te krijgen – een ontmoeting met een zittende Amerikaanse president.

15

TOEN TRUMP KIM ONTMOETTE

KIMS ONTMOETINGEN MET de presidenten Xi en Moon waren slechts het voorprogramma voor het hoofdnummer: zijn top met Donald Trump. Toen Trump – die er ooit over had gedroomd de showbusiness in te gaan in plaats van het onroerend goed: hij had een studie voor filmmaker willen beginnen, volgens biograaf Tim O'Brien[1] – Kim Jong-un ontmoette, de zoon van een cinefiele dictator en een voormalige danseres, waren drama en amusement vrijwel gegarandeerd.

En de kijkcijfers waren geweldig. De wereldwijde media zonden de ongehoorde ontmoeting tussen een zittende Amerikaanse president en de leider van Noord-Korea uit om 21.00 uur EST, primetime voor de kijkers in Washington en New York. Wat de tijd ook was – het was 09.00 uur in Singapore voor Trump, Kim en de drieduizend journalisten – overal op aarde zaten mensen voor hun televisie genageld en leverden commentaar op social media. Intussen analyseerden experts ieder gebaar en woord van de twee hoofdrolspelers en hun aangevers. Volgens Trumps biografen Michael Kranish en Marc Fisher[2] viel hij terug op zijn tientallen jaren ervaring in talkshows en sitcoms, bij WrestleMania, en veertien jaar bij *The Apprentice*. Zijn gaven voor cinema bleken wel heel duidelijk in zijn laatste zet met Kim, die maar al te graag zijn rol speelde.

Zelfs de voorbereidingen voor de top hadden alle elementen van een goed drama. Je had twee uitzonderlijke hoofdrolspelers die bekendstonden om hun neiging tot verstoring en onvoorspelbaarheid. Er was verrassing, toen de toenmalige CIA-directeur Mike Pompeo eind maart tijdens de paasvakantie naar Pyongyang ging voor een ontmoeting met Kim Jong-un. Er werd gespeculeerd – waar zouden ze elkaar treffen, wat zouden ze bespreken, zouden ze het met elkaar kunnen vinden? Je had spionnen die een groot aandeel hadden bij het regelen van de ontmoeting. Er was een triomfantelijke vrijlating van gijzelaars: Noord-Korea liet drie Amerikanen gaan die vast zaten wegens diverse vormen van 'spionage en vijandige daden jegens de overheid'.[3] Er werd zelfs een beroep op het publiek gedaan – Trump twitterde op 30 april: 'Er wordt aan allerlei landen gedacht voor de ONTMOETING, maar zou Huis van de Vrede/ Huis van de Vrijheid op de grens van Noord & Zuid-Korea een representatiever, belangrijker en blijvender plaats zijn dan een derde land? Ik vraag het maar!'[4]

Er waren meer tweets en uitspraken van de Amerikaanse president waarin hij de aanstaande ontmoeting met Kim toejuichte in plaats van dat hij de verwachtingen temperde. Trump had alle reden de nogal magere uitspraken van het regime over denuclearisering van het Koreaans schiereiland, die ook nog eens afhingen van positieve Amerikaanse acties jegens Noord-Korea, op te pompen. Uitspraken die in de loop van de decennia nietszeggend waren gebleken: je zag dat de daden van Noord-Korea ermee in strijd waren en op vorige afspraken was men steeds weer teruggekomen. Volgens een peiling van het Pew Research Center van eind april, begin mei 2018 steunde 71 procent van de Amerikanen rechtstreekse gesprekken met Noord-Korea.[5] Een peiling van CNN, rond dezelfde tijd gehouden, echode de resultaten van Pew: men berichtte dat liefst 77 procent van de Amerikanen achter Trumps plannen voor een ontmoeting met Kim stond,[6] hoewel slechts zeven maanden eerder, toen de spanningen een hoogtepunt hadden bereikt, slechts 35 procent Trumps aanpak van de kwestie Noord-Korea goedkeurde. Ook Zuid-Koreanen oordeelden positief over Trump vanwege de geplande top, zijn populariteitscijfer steeg naar 32 procent, terwijl dat slechts een jaar eerder 9 procent was geweest.[7]

Voor Trump was zijn besluit Kim te ontmoeten een succes op het gebied van buitenlands beleid dat partijgrenzen en geografische grenzen oversteeg, en hij genoot van verhalen dat hij de Nobelprijs voor de Vrede zou krijgen.[8] Ook de populariteit van Kim steeg, een weerspiegeling van de hoop dat Noord-Korea eindelijk bereid was van koers te veranderen. Zijn groeiende aanzien op de wereld dankte hij aan de ongevraagde hulp die hij kreeg van de Amerikaanse president, die graag wilde laten zien dat hij de situatie in de hand had: hij verbond zijn politieke succes aan de vage geruststellingen waarmee Kim kwam om het narratief te versterken. Ook het publiek moest worden betrokken bij het succes van hun leiders. Volgens Trump, en volgens Moon, was Kim nu 'eerzaam' en 'oprecht' in zijn wens te denucleariseren en wilde hij een vreedzaam Koreaans schiereiland. Door hun uitspraken werd Kim menselijker en ze droegen bij aan zijn pogingen zijn imago als de irrationale dwaas en moordenaar uit Pyongyang af te schudden.

In de maanden die volgden, ontmoetten Trump en Kim elkaar een paar keer, schreven ze elkaar brieven en prezen ze hun persoonlijke chemie, terwijl de wereld intussen weinig beweging zag in de nucleaire kwestie.

KEN JE TEGENSTANDER

Terwijl de wereld de dagen aftelde voor de eerste top van Kim en Trump – op 10 mei kondigde president Trump aan dat de ontmoeting op 12 juni zou plaatsvinden in Singapore – wemelde het op radio en tv en in de geschreven pers van waarschuwingen, optimisme, voorbarige beweringen dat de vrede in zicht was, politieke adviezen en uitleg van experts. En gezien de uitzonderlijke gebeurtenissen die waren voorafgegaan aan Kims opmerkelijke draai naar toenadering, en de ongegronde verklaringen van Trump en Moon dat Kim bereid zou zijn om zijn nucleair arsenaal op te geven, keken Koreavolgers uiteraard naar hun oordelen over Kims motieven en of hij werkelijk van strategie was veranderd in zijn standpunten over kernwapens.

Terwijl Korea-experts het er onder elkaar en in het openbaar over hadden dat hun oordelen misschien waren gekleurd door hoe Korea in het verleden afspraken steeds weer verbrak en of er tekenen waren van echte verandering in de benadering van Pyongyang, was de enige persoon die kennelijk nergens aan twijfelde president Trump zelf. Zijn blijkbaar onwankelbare vertrouwen dat hij voor eens en altijd het probleem Noord-Korea zou weten op te lossen waar andere presidenten hadden gefaald, kan ongetwijfeld zijn gevoed doordat hij in Kim een spiegelbeeld zag – hij meende te weten wat zou aanslaan bij Kim, omdat die uiteindelijk op Trump leek of op de vele zakenlieden met wie Trump in het verleden had samengewerkt.

De voormalige medewerker van de CIA Richards Heuer zag dit verschijnsel als een situatie waarbij iemand 'gaten invult in [...] de veronderstelling dat de andere kant waarschijnlijk op een bepaalde manier zal handelen omdat de VS onder vergelijkbare omstandigheden zo zou handelen'.[9] Omdat Heuer had ontdekt dat 'een constante bron van problemen bij het analyseren van inlichtingen' was het 'niet doorhebben dat anderen hun nationale belangen anders zien dan zoals wij deze belangen zien', waren er binnen de inlichtingendiensten voor onze besluitvorming inherente leuningen en veiligheidsnetten – diverse meningen, creativiteit, gestructureerde analytische denkprocessen en grote expertise, om maar te zwijgen over de inbreng van beleidsmakers die onze analyse bestreden. Bij ons werk was een voortdurend verschuiven van perspectief nodig, waaronder het interpreteren van een feit en van de intenties van de andere kant vanuit het standpunt van een buitenlandse leider.

'Geesten zijn net parachutes. Ze werken alleen in geopende toestand,' schreef Heuer.[10] President Trump was bereid het over een andere boeg te gooien, wierp conventionele raadgevingen overboord om de Noord-Koreaanse leider niet met een top te belonen, de koers die vorige regeringen hadden gevolgd, en wilde Kim rechtstreeks benaderen, om te ontwarren hoe denuclearisering op gang kon worden gebracht. Trumps onconventionele benadering, zijn bereidheid een andere visie uit te proberen en het paradigma van de relatie met Noord-Korea te veranderen confronteerden doorgewinterde analisten met de oogkleppen van deskundigheid. In *A Tradecraft Primer. Structured Analytic Techniques for Improving Intelligence Analysis*[11], een van de referentiedocumenten waarmee alle CIA-analisten vertrouwd zijn, staat de waarschuwing: 'Doorgewinterde analisten zijn misschien gevoeliger voor deze problemen van hun mindset ten gevolge van hun deskundigheid en hun successen uit het verleden door het hanteren van door de tijd beproefde denkmodellen.' Het handboek geeft ook een overzicht van 'de belangrijkste risico's van mindsets': 'Analisten nemen waar wat ze verwachten waar te nemen [mindsets], verzetten zich tegen verandering, nieuwe informatie wordt opgenomen, soms onjuist, in bestaande denkmodellen, en strijdige informatie wordt vaak weggewuifd of genegeerd.' Direct contact met Kim, de hoogste beleidsmaker in een sterk gecentraliseerde autoritaire staat was logisch en zinnig, zeker omdat Kim duidelijk had gemaakt dat alleen hij over het kernwapenprogramma ging.

Maar het buitenlandse beleid van Trump verliep grillig, vaak raadpleegde hij zijn adviseurs niet, overtuigd door de mythologie van zijn persoonlijke zakelijke inzicht, door hem zelf gekoesterd en aangewakkerd door producenten van reality-tv met economische behoeften en een jacht op kijkers die samenvielen met Trumps eigen ego, als zou alleen hij weten wat de beste koers was. Zoals Patrick Radden Keefe van *The New Yorker* opmerkte: 'In 2003 was hij een opzichtige figuur van lokaal belang geworden – een grap [...] Door *The Apprentice* werd zijn mythologie nieuw leven ingeblazen, en dan op een veel grotere schaal, en werd hij een icoon van Amerikaans succes.'[12] Dit ondanks het feit dat het met Trumps bedrijf flink bergafwaarts was gegaan. Trump haalde de schouders op over rapporten van de CIA en andere veiligheidsdiensten, hij hekelde hun slecht uitkomende oordelen en veegde die van tafel.[13] Intussen getuigde Dan Coats, directeur van National Intelligence, in zijn jaarlijkse dreigingsrapportage over 2019 dat Noord-Korea 'waarschijnlijk niet alle kernwapens en productiemogelijkheden zal opgeven', door Kim gezien 'als essentieel voor het voortbestaan van het regime'. De media berichtten dat Trump 'woest' was en Coats als 'niet loyaal' zag, blijkbaar omdat deze zijn meer rooskleurige vooruitzichten voor het contact met Kim Jong-un ondergroef.[14]

Trump had zijn benadering van Kim steeds weer door de lens van een zakenman uit New York bekeken. In november 2017, toen hij de Nationale Vergadering van Zuid-Korea toesprak,[15] jubelde Trump over de transformatie van de natie van een verwoest, door oorlog verscheurd land naar een economische grootmacht – en over de Amerikaanse rol bij deze vooruitgang – en vergeleek Zuid-Korea met de Noord-Koreaanse 'hel die geen mens verdient'. Hij beloofde dat de VS klaarstond om Noord-Korea 'een mooier pad' te tonen 'als de leiders stoppen met hun dreigementen en hun atoomprogramma ontmantelen'. Dan zou Washington, net zoals het met Zuid-Korea had gedaan, vriendschap sluiten met Pyongyang om hetzelfde niveau van economisch succes te bereiken. In mei 2018 was hij nog duidelijker en stelde hij Kim gerust niet uit te zijn op het Libische model waarbij Moe'ammar al-Khaddafi zijn beginnende wapenprogramma had opgegeven, maar vervolgens werd opgepakt en gedood door pro-Amerikaanse rebellen. Trump zei vanuit het Oval Office:[16] 'Het Libische model is in het geheel geen model dat wij hebben wanneer we aan Noord-Korea denken [...] Met Kim Jong-un [...] hij zou er zijn, hij zou in zijn land zijn, hij zou zijn land leiden, zijn land zou heel rijk zijn.' (Minister van Buitenlandse Zaken Pompeo, ook een zakenman voor hij de politiek in ging en in het

Congres werd gekozen, echode vergelijkbare punten. Na zijn eerste ontmoeting met Kim in april 2018 zei hij in *Face the Nation* dat de VS het voor Kim financieel interessant zou maken als hij zijn kernwapens opgaf: 'Wat Voorzitter Kim van Amerika zal krijgen is het beste wat we hebben. Onze ondernemers [...] Ze zullen particulier kapitaal binnen krijgen.' Hij beloofde ook 'Amerikaanse knowhow, kennisondernemers, en mensen die risico nemen om samen met het Noord-Koreaanse volk te werken aan het scheppen van een robuuste economie.'[17])

Door zijn eigen voorkeuren op Kim te plakken, leek Trump zijn eigen vertrouwen op te vijzelen tot een deal te kunnen komen, in tegenstelling tot alle mislukte nucleaire onderhandelingen uit het verleden. 'Visie is mijn grootste kwaliteit,' zei hij in 1990 in *Playboy*.[18] 'Ik weet wat verkoopt en ik weet wat mensen willen.' Voor de ontmoeting met Kim berichtte *Time* half mei, op basis van wat een vooraanstaande functionaris zei, dat president Trump het niet nodig achtte zich voor te bereiden.[19] Een Republikeinse adviseur erkende tegenover *HuffPost*: 'Volgens hem is het enige dat hij hoeft te doen twee uur met Kim een kamer in gaan, en volgens hem heeft hij het dan allemaal geregeld.'[20] De adviseur zei ook dat Trump vrijwel niets weet van ontwapeningskwesties of het feit dat Kim een top wil met een zittende Amerikaanse president om zijn eigen ambities te bevorderen. En nog geen week voor de daadwerkelijke ontmoeting in Singapore schepte Trump zelfs op over zijn gebrek aan voorbereiding: 'Volgens mij ben ik heel goed voorbereid [...] Volgens mij is er niet al te veel voorbereiding nodig. Het gaat om de houding. Het gaat om de wil dingen voor elkaar te krijgen.'[21] Wat de indruk wekt dat volgens hem louter de kracht van zijn charme en zijn handigheid in het sluiten van deals Kim er uiteindelijk van konden overtuigen het licht te zien en zijn kernwapens op te geven. Blijkbaar had het Witte Huis geen ontmoeting op kabinetsniveau belegd om de top met Noord-Korea te bespreken:[22] president Trump bleef het traditionele besluitvormingsproces schuwen, opgezet om te zorgen dat nationale veiligheidsproblemen door heel de regering zouden worden bekeken. Dat waren zorgwekkende ontwikkelingen, want wanneer Trump met Kim in de kamer zat, zou er niemand zijn om zijn aannames te controleren over wat Kim wilde en wat Trump kon leveren.

Als Kim een zakenman was geweest, zoals een van de vele aannemers, projectontwikkelaars en beleggers met wie Trump in de loop van de jaren te maken had gehad, zou zo'n van-man-tot-manbenadering van onderhandelingen misschien hebben gewerkt. Je kunt je voorstellen dat de onroerendgoedmagnaat in Trump meende dat Kim dezelfde rijkdom, roem en bijval wilde die hij vroeger aan zijn zakelijke partners had beloofd. 'Ik geloof werkelijk dat Noord-Korea een geweldig potentieel heeft en op een dag een grote economische en financiële natie zal zijn,' twitterde de president in de aanloop naar de top.[23] Zijn regering bleef na Singapore vasthouden aan dit thema, ook al waren er weinig aanwijzingen dat Kim dit een onweerstaanbare reden vond om zijn kernwapens op te geven. Voor de tweede top, die op 27 en 28 februari 2019 werd gehouden in Hanoi, kondigde het Witte Huis aan: 'De president heeft duidelijk gemaakt dat wanneer Noord-Korea de toezegging zou waarmaken denuclearisatie te voltooien, we ons zullen inspannen om te zorgen voor opties op het gebied van economische ontwikkeling.'[24] Vier maanden later dacht de president nog steeds dat het oplossen van dit gecompliceerde nationale veiligheidsprobleem helemaal om zijn persoonlijke verstandhouding met Kim draaide.[25] Luttele uren voor hun derde ontmoeting, deze keer in de Gedemilitariseerde Zone, prees Trump zijn 'chemie' met Kim en onderstreepte het belang daarvan: 'En soms kan dat tot heel goede dingen leiden.'

Maar Kim is geen zakenman, en rijkdom – in Trumps zin van het woord – was niet wat hij nastreefde toen hij doorging met zijn strategie van maximale toenadering. Trumps idee dat Kim zijn spiegelbeeld was, zou mogelijk leiden tot beleidsvorming die niet paste bij de realiteit van dit netelige probleem. Het is hoogst onwaarschijnlijk dat Kim zijn kernwapens opgeeft om een McDonald's in Pyongyang te krijgen. En we beseffen inmiddels dat zijn draai naar toenadering er waarschijnlijk op was gericht te proberen de implementatie van sancties te verlichten en de economische en politieke afhankelijkheid van zijn land van China te verminderen, al probeert hij wel de steun van China te houden. Kim Jong-un heeft verklaard dat hij het door zijn grootvader begonnen en door zijn vader gekoesterde nucleaire project heeft afgerond. De identiteit van Noord-Korea zit verpakt in het idee een atoomstaat te zijn – zie de grondwet, de monumenten, de retoriek en de cultuur. Dát opgeven voor geld van Amerikanen zou de ultieme vorm zijn geweest van eerloosheid en verraad aan een van de basisbeginselen van zijn land.

Dus toen de regering-Trump de eerste top met Kim presenteerde als Amerikaans kapitalisme dat hielp om Noord-Korea te ontwikkelen, zag Kim dit waarschijnlijk als Amerikaanse 'imperialisten' die de bevolking en hulpbronnen van zijn land wilden exploiteren. Een hoge Noord-Koreaanse functionaris zei naar aanleiding van dergelijke Amerikaanse verklaringen: 'We hebben nooit enige verwachtingen gehad van Amerikaanse steun bij de uitvoering van onze economische visie en zullen in de toekomst beslist niet zoiets overeenkomen.'[26] Tegelijk vindt Kim het misschien de moeite waard gebruik te maken van Amerikaanse verhalen over investeringen en Amerikaanse knowhow naar Noord-Korea sturen, en van het optimisme van de president over hun persoonlijke chemie, in de hoop andere landen dit voorbeeld te laten volgen zodat hij de voordelen van toenadering opstrijkt zonder echte concessies te doen wat betreft zijn nucleaire programma.

Je eigen vooronderstellingen zijn lastig te herkennen en nog lastiger te controleren zonder een bereidheid te leren, en nieuwe of andere informatie te verwerken. Terwijl president Trump openlijk verkondigde dat hij niet al te veel voorbereidingen trof voor de ontmoeting, was Kim druk bezig met zijn huiswerk.

TRUMP KENNEN

Trump geloofde dat 'improviseren zijn kracht was', volgens Bob Woodward,[27] en dat het bij buitenlandse politiek om persoonlijke relaties ging. Intussen bereidde Kim zich voor, hij zal niet hebben verwacht dat hij de eerste helft van 2018 plannen kon maken voor een ontmoeting met de Amerikaanse president. Na Trumps onverwachte aankondiging in maart dat hij bereid was Kim te ontmoeten, liet Noord-Korea pas een maand later publiekelijk weten dat de mogelijkheid op een ontmoeting van Kim en Trump bestond. Kim zei op 9 april tijdens een bijeenkomst van het Politburo dat hij 'een grondige analyse en inschatting had gemaakt van de oriëntatie van de ontwikkeling van de huidige noord-zuidrelaties en het vooruitzicht van een dialoog tussen de Democratische Volksrepubliek Korea en de Verenigde Staten'.[28] De vertraging wijst erop dat Kim, verrast door Trumps eerste zet, zich op zijn reactie bezon. Ook benutte hij zijn gesprekken met president Moon om informatie over president Trump te vergaren. Liplezers die keken naar het persoonlijke onderhoud van Moon en Kim op hun top van maart 2018 berichtten dat Kim Moon vroeg naar de Amerikaanse intenties en zijn wens uitsprak voor 'positieve resultaten' van een gesprek met Trump. Tijdens zijn reis naar Peking eind maart sprak Kim vrijwel zeker met president Xi over de Verenigde Staten en de agenda van de president voor hij uiteindelijk publiekelijk bevestigde dat hij bereid was met Trump te overleggen.

Deze reeks toppen en gesprekken vóór de bijeenkomst in Singapore gaven Kim een aanzienlijk voordeel. Voor hij op 12 juni Trump ontmoette, had Kim twee ontmoetingen met Moon en Xi. En terwijl er geruchten gingen over een ontmoeting met Poetin, was Abe door zijn aandrang maximale druk te handhaven en de controverse op te lossen over het ontvoeren van Japanse burgers door Noord-Korea een buitenstaander in de tijd van verzoening en de geschiedenis willen vergeten. In wezen perste Kim een paar jaar aan toppen in de eerste vijf maanden van 2018, zonder dat hij enige concessie hoefde te doen over het kernwapenprogramma van Noord-Korea, de verschrikkelijke schendingen van de mensenrechten, of de cyberaanvallen die gewoon doorgingen. Bovendien beheerste elke stap van Kim het nieuws in de regio en de wereld. Beelden van hem trokken volop media-aandacht: hoe hij naast Xi over een rode loper wandelt, hij van oor tot oor glimlacht met Trump in Singapore, zich met Zuid-Koreaanse K-popmuzikanten onderhoudt, hartelijk de hand grijpt van een hoge Chinees die op bezoek komt, en hoe hij geniet van de scherts met gezanten van president Moon tijdens een banket waar de wijn rijkelijk vloeit.

Via zijn ontmoetingen met Zuid-Koreaanse en Chinese leiders probeerde Kim ongetwijfeld, deels, de agenda van zijn ontmoeting met Trump te bepalen en te beperken en zijn eigen vooronderstellingen te bevestigen over de Amerikaanse president en de intenties van regionale leiders. Zijn doelen waren waarschijnlijk steun uit Seoel en Peking loskrijgen over het opheffen van internationale sancties, hun hulp vragen om druk uit te oefenen op de Verenigde Staten voor beloningen wegens Noord-Koreaanse denuclearisatie, en de goede diplomatieke stemming handhaven. Tot zijn toenadering hoorden de bekende kalmeringsmiddelen die Koreawatchers en beleidsmakers al volop hadden gehoord van zijn vader en grootvader – verhalen over 'denuclearisering van het Koreaans schiereiland', de bereidheid geschillen op te lossen via dialoog, en bewonderende woorden over de Chinese vooruitgang op het gebied van wetenschap en technologie om de nog steeds niet uitgekomen Chinese verwachtingen over economische hervormingen in Noord-Korea aan te wakkeren.

Kims succes om Peking te overtuigen bleek uit wat Xi naar verluidt zou hebben gezegd:[29] 'China houdt vast aan denuclearisering van het schiereiland' (hij bezigde de door Noord-Korea geliefde term) en 'Ik roep alle partijen op de verbetering van de inter-Koreaanse betrekkingen te steunen en concrete stappen te zetten om vredesoverleg mogelijk te maken.' Door de vier volgende ontmoetingen met de Chinese leider, in mei en juni 2018 en vervolgens in januari en juni 2019, werd Kims zelfvertrouwen ongetwijfeld versterkt. De 'alle partijen'-constructie van Xi was ook in het verleden door Chinese leiders gebruikt, een weerspiegeling van hun overtuiging dat Washington evenveel verantwoordelijkheid draagt voor oplaaiende spanningen als Pyongyang. Deze woorden waren vrijwel zeker voor Trump bedoeld om zijn 'vuur en woede' van eind 2017 te veroordelen en een terugkeer daarnaar te ontmoedigen. Kim moet gerustgesteld zijn geweest door wat Xi naar verluidt vóór de top in Singapore zou hebben gezegd:[30] 'Ongeacht de veranderingen in de internationale en regionale situatie zullen we de globale trend én de algehele situatie van de relatie tussen China en Noord-Korea voortzetten, onze uitwisselingen op hoog niveau versterken, onze strategische communicatie verdiepen, en onze handel en samenwerking uitbreiden, waarbij de bevolking van beide landen en de bevolking van alle landen gebaat zullen zijn.' Ook al had Noord-Korea Peking meer dan zes jaar gemeden en getart, Xi had de natie toch niet laten vallen.

Met de wind in zijn rug – plus de verklaarde steun van Xi en Moon – had Kim een reden te meer te geloven dat hij voor hij naar Singapore vertrok in een sterke positie verkeerde. Hoewel de wereld enig inzicht in Kim wist te krijgen door zijn diplomatieke inspanningen, bleven zijn bedoelingen en voorkeuren ondoorzichtig. Maar Kim had tienduizenden tweets van Donald Trump tot zijn beschikking, en ook nog eens allerlei biografieën en autobiografieën van voormalige regeringsfunctionarissen, plus tientallen jaren met uitspraken en interviews over buitenlandse betrekkingen en hoe Trump onderhandelingen aanpakte – in al die tijd doorgaans heel rechtlijnig – om een indruk van zijn tegenstander te krijgen. Eind 2017 stuurde Kim zijn diplomaten eropuit om bij Amerikaanse denktankexperts en voormalige functionarissen 'te achterhalen hoe het zat met de onconventionele strategie van de president', zoals *The Washington Post* berichtte.[31] Half 2018 had Kim waarschijnlijk een goed beeld van de persoonlijkheid en mindset van de president, op basis van zijn gesprekken met Xi en Moon en het handjevol ontmoetingen dat hij en zijn hoge medewerkers met minister van Buitenlandse Zaken Mike Pompeo hadden gehad. In een interview met *Face the Nation* zei Pompeo nadat hij Kim had gesproken: 'Hij is zeer goed op de hoogte, in de zin dat hij de dossiers kent. Hij is uitstekend in staat aan [een] complexe reeks discussies mee te doen. Wanneer ik hem een vraag over iets stel [...] komen er geen aantekeningen. Voorzitter Kim heeft in dit geval rechtstreeks contact met mij en we voeren een stevig gesprek over hoe uiteindelijk de contouren van succesvol overleg tussen onze twee landen eruit zouden zien.'[32]

Pompeo's woorden over dat Kim zijn zaakjes kende en begreep hoe hij met de regering-Trump moest omgaan, waren waarschijnlijk ook gekleurd door het idee van de Noord-Koreaanse leider dat het loonde de aandacht op Trump zelf te richten. Zo profiteerde hij ervan dat de president de kwestie naar zich had toegetrokken, van diens verlangen met vooruitgang in het overleg te pronken, en van het feit dat deze persoonlijk achter het beleid zat. Kim zag vrijwel zeker het wegsturen half maart van Rex Tillerson als minister van Buitenlandse Zaken – Trump-loyalist Mike Pompeo, die directeur van de CIA was geweest, werd als zijn opvolger benoemd – en het vervangen in april van adviseur nationale veiligheid H.R. McMaster door John Bolton als tekenen van opschudding en onenigheid over het beleid in Trumps regering.[33] Tegelijk legde hij Trumps acties mogelijk uit als die van een harde, zelfverzekerde leider, niet bang, niet verkrampt en bereid om in te gaan tegen conventies – eigenschappen die Kim ongetwijfeld ook aan zichzelf toedichtte.

Deze eigenschappen van de twee mannen kwamen eind mei even tot uitbarsting, toen Noord-Korea fel reageerde op herhaalde verwijzingen naar het 'Libië-model' door vicepresident Pence en adviseur nationale veiligheid Bolton – Pyongyang noemde Pence een 'politiek onbenul' – en zinspeelde op de mogelijkheid de top af te zeggen.[34] Ook lieten de Noord-Koreaanse onderhandelaren hun Amerikaanse tegenhangers zitten, voor een voorbereidende bijeenkomst in Singapore, wat de zorgen aanwakkerde dat Kim zich op het laatste moment zou terugtrekken. Maar het was president Trump die de top afzei in een open brief aan Kim: 'Op basis van de enorme boosheid en openlijke vijandigheid in uw jongste verklaring is het, op dit moment, in mijn ogen ongepast deze lang voorbereide ontmoeting te laten plaatsvinden.'[35] Maar Trumps toon suggereerde onmiskenbaar dat hij de top wél wilde. 'Ik verheugde me er bijzonder op daar met u te zijn,' schreef hij, om de brief te besluiten met: 'Als u van gedachten verandert [...] bel of schrijf me dan vooral.'

Kim stuurde vervolgens Kim Yong-chol, voorheen de hoogste figuur van de Noord-Koreaanse inlichtingendiensten, die een nieuwe rol kreeg als zijn toponderhandelaar met de VS, naar het Witte Huis, waar deze bijna twee uur met Trump sprak.[36] Veel Korea-experts waren verbijsterd over de benoeming van Kim Yong-chol, volgens hen het brein achter een fatale aanval in 2010 op een Zuid-Koreaans korvet waarbij zesenveertig zeelieden omkwamen en de regisseur van de Sony-aanval in 2014. Ze wezen erop dat je hem én het regime dat hij vertegenwoordigde niet kon vertrouwen. Het was de eerste keer in twintig jaar dat een Noord-Koreaanse functionaris in het Witte Huis werd ontvangen. In wat een hartelijke ontmoeting leek – Kim gaf aan Trump een brief van jumboformaat van Kim Jong-un, wat Trump leuk leek te vinden – onderstreepten de twee partijen hun wil om de top in Singapore door te laten gaan.

Maar het was waarschijnlijk een verrassing voor Kim – en ook voor Koreawatchers en zelfs voor Trumps eigen adviseurs – dat na dit ultieme overleg Trump tegenover de pers een rooskleurig beeld gaf van de relatie: hij beweerde dat Noord-Korea en de Verenigde Staten met 'elkaar overweg kunnen' en dat 'de relatie die we nu met Noord-Korea hebben beter is dan die in lange tijd is geweest'.[37] Hij zei 'de term "maximale druk" niet eens meer' te willen gebruiken en riep de Noord-Koreanen op 'jullie tijd te nemen' – waarschijnlijk over denuclearisatie – waarmee hij eerdere verklaringen van zijn topfiguren over de urgentie van de kwestie van tafel veegde. Trump erkende verder het in zijn gesprek met Kim Yong-chol niet over mensenrechten te hebben gehad (wat hij vroeger als een centraal onderdeel van zijn Noord-Koreabeleid had voorgesteld), een onderwerp dat altijd harde commentaren uitlokt van Pyongyang. Hij had juist zijn al lang bestaande twijfels herhaald over het nut van een Amerikaanse aanwezigheid in Oost-Azië ('En, hoor eens, we zijn heel ver weg [...] Het is hun buurt') en gezegd dat hij ervoor open stond een document te tekenen over het beëindigen van de oorlog ('Ongelooflijk toch dat we het hebben over het beëindigen van de Koreaanse Oorlog? Dan hebben we het over 70 jaar').

Als Kim één indruk overhield aan het gesprek van zijn onderhandelaar in het Witte Huis, dan was het dat bij hem en de Amerikaanse president minstens sprake was van een potentiële convergentie van belangen, wat de top aantrekkelijk maakte. Met de achtergrond van Trumps al lang bestaande argwaan over Amerikaanse bondgenootschappen, zijn kennelijke enthousiasme over Korea 'vrede' brengen, en zijn zwijgen over het probleem van de mensenrechten, had Kim reden tot optimisme over de top in Singapore.

FANTASY ISLAND

Sentosa Island in Singapore (een stadsstaat met een bevolking van 6 miljoen mensen op ongeveer 725 vierkante kilometer) is een weelderig resort van slechts 5 vierkante kilometer, 'een eiland om pret te maken […] in het teken van schaamteloos plezier', volgens de reissite Lonely Planet,[38] met amusementsparken, aquariums, golf- en strandclubs, restaurants en bars. Het was warm en benauwd op 12 juni 2018, toen Donald Trump en Kim Jong-un elkaar ontmoetten. Je zag de journalisten die ter plaatse verslag deden hun bezwete voorhoofden afvegen en zichzelf koelte toe waaieren. Op het terrein van het luxueuze Capella Hotel, waar de top plaatsvond, liepen pauwen rond – een teken van nieuw begin, opperde het management in een reclametweet.[39]

Kim Jong-un stond al voor de top was begonnen in het middelpunt van de aandacht. De avond voordien maakte Kim, nadat hij een Boeing 747 van Air China had geleend, omdat zijn eigen oude vliegtuig de 5000 kilometer tussen Pyongyang en Singapore niet had kunnen halen, plotseling een avondwandeling, terwijl de media (ook de spreekbuis van het Noord-Koreaanse regime) en nieuwsgierige toeschouwers foto's maakten en applaudisseerden. Hij maakte zelfs een selfie met de ministers van Buitenlandse Zaken en van Onderwijs van Singapore, waarbij de drie mannen breed glimlachten. Kim zwaaide naar de menigte, zijn gezicht opgelicht door het flitsen van de camera's.[40] Hij bewonderde de ontwikkeling van Singapore – 'Singapore is schoon en mooi, en elk gebouw is stijlvol' – en zei dat hij 'in de toekomst op allerlei gebieden veel zou opsteken van de goede kennis en ervaring in Singapore'. Kim leek te genieten van de aandacht: die verhief hem tot een beroemdheid en een staatsman die op één hoogte stond met de president van de VS, en dit zette de toon van de ontmoeting van twaalf uur later.

Met de nogal botsende combinatie van de Noord-Koreaanse en Amerikaanse vlaggen naast een felrood kleed liepen Kim Jong-un en Donald Trump, allebei met hun kenmerkende kleding – Kim in zijn maopak en Trump in een donkerblauw kostuum met een rode stropdas – naar elkaar toe en schudden elkaar de hand, waarbij Trump zijn linkerhand gebruikte om Kims rechterarm te pakken. Ze wisselden beleefdheden uit en draaiden zich toen naar de camera's toe voor een foto. Er waren drieduizend journalisten aanwezig, die de historische ontmoeting naar alle hoeken van de wereld uitzonden. Later zei Kim, op een intiemer moment met hun ruggen naar de camera's, via een tolk tegen Trump: 'Veel mensen op aarde zullen dit zien als een scène uit een fantasie... uit een sciencefictionfilm.'[41] Zijn woorden weerspiegelden waarschijnlijk de historische betekenis van de eerste ontmoeting van de twee zittende leiders van Noord-Korea en de Verenigde Staten, en de extreme verandering sinds de confrontatie van luttele maanden voor de top. Misschien verrieden ze zijn eigen ongeloof over wat er nodig was geweest om hem op dat punt in ruimte en tijd te krijgen, alle historische krachten die hadden moeten samenvallen om hem naar deze plek te duwen, schouder aan schouder met de president van de Verenigde Staten, iets wat zijn grootvader én zijn vader heel hun leven niet hadden weten te presteren. Kim had het in nog geen zeven jaar voor elkaar, op zijn vierendertigste. Heel bijzonder was dat het regime, dat Kims overwinning maar al te graag met de 25 miljoen Noord-Koreanen wilde delen, de top live uitzond op televisie via het Centrale Persbureau van Noord-Korea in plaats van de gebruikelijke vertraagde uitzending.

Tijdens het bijna een uur durende gesprek onder vier ogen, met twee tolken erbij, liet Trump aan Kim een video zien, een fictieve filmtrailer die het fantasieachtige van de ontmoeting leek te onderstrepen.[42] In de kitscherige, sensationele en dramatische video van vier minuten zag je de twee mannen als hoofdrolspelers die de toekomst zouden bepalen. De taal was hoogdravend, om hun ontmoeting enorme historische betekenis te geven en hen te presenteren als uitzonderlijke helden tussen 7 miljard mensen: 'Met in de hoofdrol president Donald Trump en Voorzitter Kim Jong-un. In een ontmoeting die de geschiedenis zal herschrijven. In het volle licht. Eén moment. Eén keuze.' Trump en Kim hadden dan wel de hoofdrol, de film maakte duidelijk dat Kim de man was die voor een harde keuze stond. Je kreeg belofte en gevaar te zien. 'De geschiedenis ontwikkelt zich voortdurend,' zei de plechtige verteller. 'Het verleden hoeft niet de toekomst te zijn. Uit het duister kan het licht komen.' Beelden van volle supermarkten, een bruisende stad met wolkenkrabbers, wetenschappers die baanbrekende ontdekkingen doen in hypermoderne laboratoria, en mannen en vrouwen die hard aan het werk zijn in werkplaatsen en fabrieken begeleidden het verhaal. Aan de andere kant zou Kim, als hij kernwapens verkoos boven economische bloei en 'vriendschap', oorlog en diepere armoede te wachten staan.

Hoewel Trump zei: 'Volgens mij vond hij het prachtig,'[43] vatte Kim de video mogelijk als grievend op, een bekrachtiging van zijn visie waarom hij kernwapens nodig had om te voorkomen dat de VS tot de acties overging waarmee men niet alleen najaar 2017, maar ook in de video zelf dreigde. De film herhaalde het spiegelbeelddenken dat uit eerdere uitspraken van Trump en andere hoge functionarissen bleek: dat ze een uitweg uit de nucleaire impasse met Noord-Korea konden kopen. Trump beschreef later wat hij tegen Kim zei.[44] 'Ze hebben bijvoorbeeld geweldige stranden. Dat zie je iedere keer wanneer ze hun kanonnen in de oceaan afvuren, nietwaar? Ik zei: "Jongen, kijk naar het uitzicht. Daar zouden toch prachtige koopflats kunnen staan?" En ik legde uit, ik zei: "Weet je, in plaats van dat te doen, had je op die plek de beste hotels van de wereld kunnen hebben." Bekijk het vanuit een onroerendgoedperspectief. Je hebt Zuid-Korea, je hebt China, en zij hebben het land ertussen in bezit.' Uiteraard was Kim, vanuit zijn perspectief, niet door het bouwen van koopflats maar door het bouwen van kernwapens op deze top beland.

Het gemeenschappelijke communiqué van Singapore, Trumps zo te zien unilaterale concessies die op zijn persconferentie werden aangekondigd en zijn ererondes in de weken na de top ontkrachtten ook nog eens elk effect dat zijn regering had gehoopt met de film te bereiken. In het communiqué, door Azië-experts flink afgekraakt vanwege de vage ambitieuze inhoud, stond dat de Verenigde Staten en Noord-Korea zich zouden 'inspannen nieuwe relaties' tussen de twee landen aan te gaan en 'een duurzaam en stabiel vredesregime op te bouwen op het Koreaans schiereiland'.[45] Er stond verder dat de twee partijen zouden werken aan het bergen en repatriëren van de stoffelijke resten van tijdens de Koreaanse Oorlog omgekomen Amerikaanse militairen. Het belangrijkste en naar bleek het teleurstellendste was dat Noord-Korea beloofde te 'werken aan volledige denuclearisering van het Koreaans schiereiland', een karige uitspraak die wees op de zwakte van de Amerikaanse positie, en het onbegrip van Trump en het onvermogen van de regering onthulde om een meer gedetailleerde reeks stappen los te krijgen die Noord-Korea had moeten zetten om duidelijk te maken dat Pyongyang oprecht was over denuclearisering. Het communiqué bleef achter bij vorige verklaringen, zoals de 'Joint Statement of the Fourth Round of the Six-Party Talks' uit 2005 waarin Pyongyang zei te streven naar het 'opgeven van alle kernwapens en bestaande nucleaire programma's en het terugkeren, in een vroeg stadium, naar het Verdrag inzake de niet-verspreiding van kernwapens en naar de waarborgen van het Internationaal Atoomenergieagentschap'.[46]

Achter de oppervlakkige verklaringen, glimlachen en handdrukken produceerde de top weinig substantieels, nu Kim niet was gehouden te stoppen met zijn programma voor kernwapens en dat te ontmantelen. Trump maakte er een succesverhaal van, hij zei in Singapore: 'We hadden echt een fantastische ontmoeting, een heleboel vooruitgang [...] Beter dan iemand had kunnen verwachten.'[47] Hij wuifde vragen weg over de ontvoeringskwestie, zo belangrijk voor Japan, en over de mensenrechtenschendingen door Noord-Korea, waarop hij luttele maanden eerder de nadruk had gelegd. Trump riep ook twijfels op over de Amerikaanse inzet bij de bondgenootschappen met Zuid-Korea en

Japan, leverde kritiek op Zuid-Koreaans-Amerikaanse militaire oefeningen, en zette vraagtekens bij de toekomst van de aanwezigheid van Amerikaanse troepen in Zuid-Korea en Japan, een breuk met het Amerikaanse beleid en een dreun voor functionarissen van het Pentagon en uit Zuid-Korea die vervolgens ijlings de schade moesten beperken.

Wel maakte hij gratuite opmerkingen ten gunste van Kim[48] – 'Hij is zeer getalenteerd. Iedereen die een situatie overneemt zoals hij heeft gedaan, op zijn zesentwintigste, en kan leiden, hard kan leiden [...] Heel weinig mensen, op die leeftijd – waarschijnlijk lukt het slechts één op de tienduizend' – en had het over nog meer cadeautjes voor Kim, zoals een bezoek aan het Witte Huis. Trump negeerde vragen over meer concrete maatregelen, zoals inspecties en hoe hij de oprechtheid en vooruitgang van Kim zou bepalen, door te impliceren dat de kracht van hun persoonlijke relatie en de handigheid van de president in het sluiten van deals tot denuclearisering zou leiden. En de president leek Kim op zijn woord te geloven, hij beweerde dat Kim 'heeft gezegd dat we nooit zo ver zijn gegaan. Ik geloof, eerlijk gezegd, dat ze nooit zo veel vertrouwen in een president hadden dan ze nu hebben, dat de dingen voor elkaar komen en voor elkaar kunnen komen. En hij was heel duidelijk over het feit dat hij dit wil doen.'[49] Op de terugreis vanuit Singapore zou Trump twitteren: 'Net geland – een lange tocht, maar iedereen kan zich nu een stuk veiliger voelen dan op de dag dat ik president werd. Er is geen Nucleaire Dreiging meer vanuit Noord-Korea.'[50] Verbijsterend vanwege de oneerlijkheid, de naïviteit of allebei, omdat Kims steeds herhaalde praatjes, waarmee het regime de afgelopen twintig jaar kwam om denuclearisering te vertragen en te ontwijken, tot een succes op het gebied van nationale veiligheid werden uitgeroepen.

Hoewel een en ander beslist strookte met zijn persoonlijke stijl was Trumps nadrukkelijke zelfvertrouwen ook een product van wat Heuer het 'zelf-gezien-vooroordeel' noemde: 'Informatie die mensen direct waarnemen, die ze horen met hun eigen oren of zien met hun eigen ogen, zal waarschijnlijk meer effect hebben dan informatie uit de tweede hand die toch een grotere bewijskracht heeft.'[51] Trumps persoonlijke interactie met Kim, fysiek en via de brieven die Kim de president zou sturen, woog in zijn geest zwaarder dan de koele, objectieve analyse van zijn inlichtingendiensten en de waarschuwingen van doorgewinterde experts op het gebied van nationale veiligheid. Trump benadrukte de volgende dagen en maanden zijn vertrouwen over zijn succes, hij beweerde: 'Noord-Korea doet zoveel. En inmiddels zijn we behoorlijk op weg naar denuclearisering.'[52] Hij liet de kans niet lopen om nog eens naar onze bondgenoot Zuid-Korea uit te halen: 'Ik verafschuwde [de gemeenschappelijke militaire oefeningen] vanaf de dag dat ik aantrad. Ik zei, waarom krijgen we ons geld niet terug?' Verder noemde Trump de gemeenschappelijke oefeningen *war games*, een favoriete term van het Noord-Koreaanse regime vanwege de implicatie dat de oefeningen oorlogszuchtig zijn en een voorbereiding op een invasie.

Kim Jong-un liet intussen weinig van zich horen. Gezien het feit dat hij uitspraken van Trump los had kunnen krijgen die hem dichter bij zijn doel brachten om de Amerikaanse bondgenootschappen in de regio te ondergraven en erkenning te verwerven als een kernmacht, had Kim wellicht het idee dat hij niet al te veel hoefde te zeggen. Nadat hij had verklaard dat zijn programma voor kernwapens was voltooid en zijn slagkracht had laten zien, kon het voor hem weinig kwaad het sluiten van het gebied Punggye-ri voor kernproeven en het instemmen met de ontmanteling van een testgebied voor raketten in Sohae uitgebreid in de publiciteit te brengen.[53] Deze omkeerbare en symbolische stappen, gretig omhelsd door president Trump, president Moon en anderen als tekenen van Kims oprechtheid om zijn belofte tot denuclearisatie na te komen, versterkten waarschijnlijk slechts zijn overtuiging dat het theater rond denuclearisering belangrijker was dan iets feitelijks of controleerbaars doen. Tijdens de top negeerde Kim een vraag of hij ermee had ingestemd zijn kernwapens op te geven en sprak hij in algemene termen: 'De wereld zal een grote verandering zien. [...] Het was niet eenvoudig zo ver te komen. Het verleden werkte als ketens om onze ledematen, en de oude vooroordelen en praktijken waren obstakels op onze weg vooruit. Maar we hebben die vandaag allemaal overwonnen, en hier staan we vandaag.'[54]

Kim had het mogelijk eenvoudig over het feit van de ongehoorde ontmoeting op zich. Maar wie weet keek hij met trots en zelfvoldoening terug op hoe hij Noord-Korea in het middelpunt van de aandacht had gekregen, al was er aanvankelijk kritiek en twijfel over zijn leiderschap. Toen president Trump naast hem stond en journalisten vertelde dat Kim 'een zeer waardige, zeer slimme onderhandelaar' was, geloofde Kim misschien echt dat hij de held was in deze fantasie die realiteit leek te worden.[55]

Maar alle schone schijn, positieve praat en vertoon ten spijt doorprikt de realiteit nog steeds het verhaal van vooruitgang dat de regering van Trump en die van Moon proberen te verspreiden. Washington en Seoel blijven berichten bagatelliseren waaruit blijkt dat Kim uranium heeft verrijkt, de bases voor langeafstandsraketten heeft uitgebreid, nieuwe ballistische raketten heeft gebouwd en de met kernwapens verbonden faciliteiten heeft gemoderniseerd,[56] waarbij Trump verkoos vooruitgang op het gebied van denuclearisering te versmallen tot het uitblijven van kernproeven en het testen van ballistische raketten. Ook al zou het waar zijn dat Kim vanwege de maximale druk naar de onderhandelingstafel kwam, door zijn verheffing sinds 2018 tot ster op televisie en social media is de met zo veel pijn en moeite opgebouwde infrastructuur voor sancties afgekalfd. Omdat maximale druk veranderde in maximale flexibiliteit voor Noord-Korea heeft Kim waarschijnlijk door dat zijn openlijke provocerende acties én zijn passief-agressieve diplomatieke onbuigzaamheid volstaan als waarborg voor zijn overleven en voor de relevantie en onafhankelijkheid van zijn land. De Noord-Koreaanse dreiging bestaat nog steeds, en Trumps onwaarachtige ontkenningen maskeren de diverse risicodimensies daarvan voor de regionale en wereldwijde veiligheid.

Terwijl de regering-Trump aan de voorbereidingen begon voor een tweede Trump-Kim-top, gaf adviseur nationale veiligheid John Bolton begin december toe dat sinds Singapore Noord-Korea geen stappen had gezet die denuclearisering dichterbij brachten.[57] Vicepresident Pence erkende eveneens het gebrek aan vooruitgang toen hij *Fox News Sunday* vertelde dat president Trump op de volgende top bij Kim zou aandringen op 'concrete stappen' richting denuclearisering en dat hij 'onze verwachtingen voor Noord-Korea zou presenteren'.[58]

In de maanden na de top in Singapore bleef het nucleaire overleg tussen de VS en Noord-Korea muurvast zitten. Kim maakte duidelijk zijn kernwapens níet te willen opgeven. Alsof men gefrustreerd was over de volharding van vertegenwoordigers van Trumps regering dat 'volledige en definitieve geverifieerde denuclearisering' van Noord-Korea vooraf dient te gaan aan het opheffen van sancties, kwam het regime eind december met een verklaring waarin de bestaande positie werd herhaald dat men 'unilaterale ontwapening' weigerde.[59] Meteen werd duidelijk hoezeer Washington en Pyongyang van mening verschilden over wat 'denuclearisering' inhield: 'De juiste definitie van denuclearisering van het Koreaans schiereiland is "volledige verwijdering van de Amerikaanse nucleaire dreiging jegens Noord-Korea" alvorens wij ons van onze nucleaire afschrikking ontdoen.'

Om te onderstrepen wat hij wilde, herhaalde Kim in zijn nieuwjaarstoespraak van 2019[60] wat al heel lang de eisen zijn van het regime: stoppen met de Zuid-Koreaans-Amerikaanse militaire oefeningen, een vredesmechanisme ter vervanging van de wapenstilstand uit 1953 waarmee een einde kwam aan het militaire conflict van de Koreaanse Oorlog zonder dat de oorlog formeel werd beëindigd, plus het opheffen van sancties. Intussen verklaarde hij bereid te zijn 'op elk moment de Amerikaanse president opnieuw te ontmoeten'. In een wij-tegen-zijkader benadrukte Kim Koreaanse eenheid, naar alle waarschijnlijkheid een poging op het etnonationalisme in Noord én Zuid in te haken. 'We zullen nooit de bemoeienis en tussenkomst dulden van krachten van buitenaf die nationale verzoening in de weg staan,' zei Kim, en benadrukte dat Koreanen 'over vrede op het schiereiland' gaan. President Moon prees de toespraak, die zou een 'positief effect' hebben 'om de kwestie van het Koreaans schiereiland in het nieuwe jaar soepel op te lossen'. En president Trump twitterde: 'Ook ik verheug me op een ontmoeting met Voorzitter Kim, die zo goed begrijpt dat Noord-Korea een enorm economisch potentieel heeft!'[61]

Trump en Kim ontmoetten elkaar op 27-28 februari 2019 weer voor een tweede top in Hanoi. Ondanks het weer – de temperatuur was 23 graden maar met een benauwde, onaangename vochtigheid van boven de 90 procent – voelde Kim zich veel meer op zijn gemak tijdens deze ontmoeting, net als Trump. Hun lichaamstaal was synchroon: beide mannen lieten hun ellebogen nonchalant op de tafel rusten die tussen hen in stond. Hun ellebogen raakten elkaar tijdens hun gesprek en ze lachten snel, alsof ze oude vrienden waren. Toen ze van de ene plek naar de andere liepen, straalde de gang van Kim meer vertrouwen uit, hij zwaaide met zijn armen, zijn handgebaren waren licht en ontspannen. Hij leek te zijn aangekomen sinds Singapore, door zijn molligheid was zijn huid gladder getrokken, zijn grotere omvang was een metafoor voor zijn verhoogde status sinds hij was begonnen met toppen te experimenteren. Hij glimlachte vergenoegd en waarderend over president Trumps herhaalde opmerkingen dat hij Noord-Korea graag een 'economische grootmacht' zag worden.[62] En het ontging Kim stellig niet hoe Trump denuclearisering bagatelliseerde door te herhalen dat 'snelheid niet zo belangrijk voor me is [...] Belangrijk is dat we tot een goede deal komen', en naar volgende toppen verwees ('Ik weet zeker dat we in de loop van de jaren vaak samen zullen zijn'). Inderdaad zouden ze elkaar slechts een paar maanden later weer treffen.

Maar de top eindigde vroegtijdig. En er was geen gemeenschappelijke verklaring, zoals men in brede kring had verwacht. Duizenden verbijsterde journalisten die zich hadden opgesteld om het spektakel vast te leggen pakten hun spullen in en vertrokken, en de autostoet van Kim reed snel weg, leden van zijn entourage moesten haastig in rijdende auto's springen. Gezien de enorme kloof tussen de Amerikaanse en Noord-Koreaanse verwachtingen diende de top eigenlijk slechts om de ijdelheid te strelen: een product van de hybris en het overmatige vertrouwen van beide leiders dat louter de kracht van hun charisma en hun opbloeiende vriendschap een goede deal zou opleveren, ook al hadden ze vrijwel zeker van hun onderhandelaars op werkniveau te horen gekregen dat de parameters van wat de andere partij vroeg en wilde geven beperkt waren. Evenals Trump maakte Kim een misrekening door erop te gokken dat hij een plooibaardere partner had.[63] Door zijn idee dat hij overleg op werkniveau over de gevoelige kwestie denuclearisering kon dwarsbomen plus zijn koelheid over een vredesverklaring, waaronder het voorstel van de VS liaisonbureaus te openen in Washington en Pyongyang (een belangrijke stap om de diplomatieke betrekkingen te normaliseren), werd ook duidelijk dat Kim niet oprecht was over 'vrede' en dat opheffen van sancties belangrijker was dan het verbeteren van de relatie van Noord-Korea met de Verenigde Staten. Hij liep dus weg nadat het hem niet was gelukt in ruil voor de sluiting van een onbekend gedeelte van zijn oude atoomonderzoekcentrum in Yongbyon los te krijgen dat het leeuwendeel van de meest effectieve sancties op Noord-Koreaanse exportproducten zou worden opgeheven. Iets wat het regime miljarden dollars zou hebben opgeleverd, geld dat vervolgens in de door de VS verboden programma's kon worden gestoken.

Maar Trumps ideeën over de effectiviteit van zijn goede relatie met Kim en zijn voorliefde en talent voor grote symbolische stappen, improviseren en drama waren moeilijk te schokken. Vijf maanden na Hanoi twitterde de president, helemaal volgens zijn hoogstpersoonlijke vorm van diplomatie, een uitnodiging voor een ontmoeting met de Noord-Koreaanse president in de Gedemilitariseerde Zone, alleen om 'dag te zeggen'.[64] Trump was dat weekend toch al op het Koreaans schiereiland voor een top met Moon, maar door de Gedemilitariseerde Zone over te steken voor de ontmoeting met Kim werd hij de eerste zittende Amerikaanse president die voet zette in het Noorden. Net als in Singapore en Hanoi glimlachten de twee mannen breeduit voor de camera's, begroetten ze elkaar hartelijk en beloofden ze door te gaan met onderhandelen. Kim, die inmiddels door had dat het effectief was om op Trumps theatrale neigingen in te gaan, speelde mee, want hij zag stellig eveneens de waarde van de illusie van vooruitgang te scheppen, ook al werden de beloftes van de dictator over economische welvaart voor zijn volk steeds holler. Trumps voorkeur voor de top-downbenadering en nadrukkelijke verwijzingen naar een top in de toekomst – hij nodigde Kim uit naar het Witte Huis te komen – zonder enige nucleaire concessie van Kim, moedigden het regime slechts aan door te gaan met het opvoeren van de militaire slagkracht en vast te houden aan de op Trump geconcentreerde diplomatie.

Wat leverden, na de indrukwekkende stoeten auto's in Singapore en Hanoi, de historische 'eerste keren', de met vlaggetjes zwaaiende toeschouwers, de zich verdringende media, en de verklaringen van respect en bewondering die president Donald Trump en Kim Jong-un uitwisselden, de gesprekken tussen de VS en Noord-Korea op? De status quo.

Conclusie

UITZAAIING

IN NOVEMBER 2018 veroorzaakte EBS, een Zuid-Koreaanse publieke omroep, een controverse door het uitbrengen van een 3D-puzzel waarmee kinderen een Kim Jong-un figuur konden maken.[1] Op de puzzel heette Kim 'het jongste staatshoofd ter wereld' en 'een leider die een stapje meer deed voor wereldvrede door het denucleariseren van het Koreaans schiereiland'. Moons politieke tegenstanders, die kritiek hadden op de toenadering van Seoel tot Kim, hekelden EBS wegens het aanprijzen van 'een dictator, tegen wie kinderen nooit zouden mogen opkijken'. EBS krabbelde snel terug, het product zou van de markt worden gehaald en de al verkochte puzzels zouden worden teruggehaald.

Het feit dat EBS überhaupt bedacht om met een kinderpuzzel te komen die het imago van Kim verzachtte en zijn leiderschap prees, wees op een ingrijpende verandering van de perceptie. Het weerspiegelde de inspanningen van de regering van Moon om Kims rol te veranderen van tegenstander in partner in het streven naar vrede en eenheid op het schiereiland, en demonstreerde de effectiviteit van Kims eigen inspanningen om via diplomatie en vage verklaringen over denuclearisering zijn reputatie van moordlustige dictator af te schudden. Uiteraard had president Trump ook een rol gespeeld, door sinds de top in Singapore de make-over van Kims imago aan te prijzen en door alle diplomatieke activiteit.

Kim Jong-un terugbrengen tot een karikatuur lijkt ook nauwelijks te weerstaan. Als je naar deze kinderpuzzel lijkt, vergeet je misschien zelfs snel dat in 2019 Dan Coats, directeur van National Intelligence, voor het Congres verklaarde[2] dat Noord-Korea 'jarenlang heeft onderstreept aan kernwapens te hechten', een 'significante cyberdreiging' vormt, een bereidheid heeft getoond om te moorden met behulp van chemische wapens, en over 'conventionele slagkracht' beschikt 'die een dreiging blijft vormen' voor de regio en de Amerikaanse troepen daar. Het wordt een probleem wanneer we beleid baseren op deze verzachte karikaturen en uit het oog verliezen wie de man in feite is en wat de ware aard is van zijn strategische doelen, en aldus te sterk of te zwak reageren op zijn tactiek en hem ruimte geven de gang van zaken op het Koreaans schiereiland te bepalen.

DE DOELEN VAN KIM

Bij alle onzekerheden en drogredenen rond een van de lastigste nationale veiligheidsproblemen van de VS is één ding duidelijk: Kim Jong-un vindt het bezit van kernwapens essentieel om de economie van Noord-Korea te kunnen ontwikkelen en de strategische relevantie en autonomie van zijn land te versterken. Dit zijn belangrijke ingrediënten om zijn eigen macht te versterken en het bestendigen van de dynastie van de familie Kim te garanderen. Afgaande op de acties en propaganda van het regime sinds 2011 heeft Kim zich het programma niet alleen toegeëigend om zijn macht, onafhankelijkheid en nationale eensgezindheid te onderstrepen, maar ook om het contrast te laten zien tussen Noord-Korea en Zuid-Korea, dat zich ondanks de rijkdom en internationale status voor de nationale veiligheid moet verlaten op een bondgenootschap met de Verenigde Staten. Kim Jong-un ziet de militaire programma's van zijn land als een nationaal symbool van prestige en moderne vooruitgang, en heeft er zijn persoonlijke nalatenschap en de dynastie van de familie Kim aan verbonden. Daarnaast heeft hij kernwapens in zowel het bewustzijn van het volk als het ideologische, fysieke en culturele landschap verheven en verankerd, door ze vast te leggen in de grondwet en ze te koppelen aan de welvaart van Noord-Korea.

Naar buiten toe gebruikt Pyongyang het kernwapenprogramma om een Amerikaanse aanval en invasie af te schrikken en om dwingende diplomatie (het hanteren van beperkt geweld incluis) te kunnen bedrijven, om de bondgenootschappen van Washington met Seoel en Tokio te verzwakken, om onafhankelijk van Peking te kunnen blijven handelen en om de strategische relevantie van Noord-Korea te handhaven tussen buurlanden die rijker en machtiger zijn. Kim Jong-un heeft crisissituaties gearrangeerd en benut door provocerende acties uit te voeren en maakt slim gebruik van de vermeende onvoorspelbaarheid en wispelturigheid van het regime om economische en politieke concessies los te krijgen. Door zijn technologische vooruitgang en bewezen vermogen om de VS te kunnen raken met een van een kernkop voorziene intercontinentale ballistische raket houdt Kim de aandacht van Washington, wat hem weer een handvat biedt om de relatie met zijn buren te vormen en te bepalen. Hij kan op zijn termen toenadering zoeken door het exploiteren van: 1) het verlangen naar stabiliteit van Peking en de zorgen daar over een plaats aan de zijlijn bij onderhandelingen over kernwapens en vrede; 2) de binnenlandse prioriteiten van Seoel zoals het herenigen van families die door de Koreaanse Oorlog gescheiden zijn geraakt en de huidige ambitie daar om de economieën van de twee Korea's te verweven; 3) de angst van Japan te worden buitengesloten en de prioriteit daar de kwestie van de ontvoeringen op te lossen. Kim heeft – net als zijn vader – de voorkeur gegeven aan bilaterale relaties, wat hem de kans geeft regionale rivaliteit, strategische competitie en historische animositeit uit te spelen. Ook heeft hij bij het ondermijnen van sancties enig succes geboekt door ontwijkingstechnieken en met diplomatie.

Kim erfde een groot deel van zijn mindset en benadering van zijn vader, Kim Jong-il, maar het is Jong-un gelukt de slagkracht van Noord-Korea te versnellen en te benutten, een dieper isolement en een groeiende lijst sancties ten spijt. Zijn onbeschaamdheid en hoge risicotolerantie komen voort uit het feit dat toen hij aan de macht kwam er al een geavanceerd kernwapenprogramma was. Kim Il-sung en Kim Jong-il probeerden kernwapens te ontwikkelen – Kim Jong-un beweert dat hij het programma afrondde. Kim Il-sung en Kim Jong-il streefden naar internationaal aanzien – Kim Jong-un heeft op het moment van schrijven al drie ontmoetingen met een zittende Amerikaanse president binnengehaald. Kim Jong-il zwakte de vooruitzichten op economische ontwikkeling af en spoorde mensen aan de broekriem aan te halen – Kim Jong-un schiep een socialistisch sprookjesland en hield zijn volk voor dat ze kernwapens én welvaart kunnen hebben. Kim Jong-il klom op via de Noord-Koreaanse bureaucratie – Kim Jong-un belandde meteen aan de top. Kim Jong-il meed de schijnwerpers en was in verhouding behoedzamer, maar Kim Jong-un omhelsde net als zijn grootvader publiciteit en leurde actief met zijn imago als charismatische figuur van het volk. En gelukkig voor Kim Jong-un wist zijn vader 'zeggenschap [...] over het regime te houden toen de economie herstelde na de hongersnood, demonstreerde hij een werkend nucleair apparaat voor nationale veiligheid, en liet hij zijn zoon een intact staatsbestel na', zoals Patrick McEachern, analist van het Amerikaanse ministerie van Buitenlandse Zaken opmerkte.[3]

Dit alles wijst erop dat het hoogst onwaarschijnlijk is dat Kim zijn kernwapenprogramma zal opgeven: precies het oordeel dat men in inlichtingenkringen al heel lang heeft. De daaruit voortvloeiende conclusie heeft nu waarschijnlijk meer geldigheid dan ooit tevoren. Kim Jong-il had een grotere bereidheid over zijn kernwapens te onderhandelen in ruil voor economische hulp, waarschijnlijk om tijd te kopen terwijl hij heimelijk zijn slagkracht opvoerde, maar deze benadering was misschien ook een erkenning van de relatief geringe invloed van het regime vanwege de zieltogende economie en de onrijpheid van de strategische programma's. Maar tot de dag van vandaag is onduidelijk of Kim

Jong-un ook maar zou overwegen enig deel van het programma op de onderhandelingstafel te leggen, gezien de aanhoudende weigering van het regime de wapens te 'verkwanselen', Kims persoonlijke identificatie met de wapens, de koppeling ervan aan economische welvaart en nationale veiligheid, en het feit dat ze hem een plaats op het internationale podium bezorgen.

Tegelijkertijd is Kim geen irrationele jonge dictator die vastbesloten is een oorlog met de Verenigde Staten te beginnen. Senator Lindsey Graham verklaarde: 'We gaan deze idioot uit Noord-Korea niet de slagkracht laten hebben het vaderland te raken.'[4] Nikki Haley, de Amerikaanse ambassadrice bij de VN, zei tijdens een bijeenkomst van de VN-Veiligheidsraad dat Kim Jong-un 'om oorlog vroeg' en riep op tot de 'krachtigste maatregelen die mogelijk zijn'.[5] Minister van Defensie James Mattis zei dat 'elke bedreiging van de VS, de gebiedsdelen, ook Guam, of onze bondgenoten zal leiden tot een enorme militaire reactie'.[6] Zulke woorden waren waarschijnlijk bedoeld om Pyongyang te waarschuwen voor de gevolgen van Noord-Koreaanse acties en om de bondgenoten gerust te stellen, en ze weerspiegelen de spanningen van dat moment, maar ze drukken ook een denkwijze uit dat Kim irrationeel en roekeloos zou zijn, een opvatting die sinds hij in 2011 het roer overnam hardnekkig is blijven hangen in discussies over hem. Maar in deze overtuiging worden mogelijkheden met intenties verward, en gaat men van een strategische bedoeling uit – dat Kim uit is op een kernoorlog met de VS – die vrijwel zeker niet bestaat.

In de loop der jaren heeft men vanuit inlichtingenkringen steeds gezegd dat Kim rationeel is en dat zijn voornaamste doelen voor kernwapens afschrikking zijn en internationale status om het voortbestaan van het regime te garanderen. Naar alle waarschijnlijkheid zal Kim zijn kernwapens alleen tegen de VS of een bondgenoot van de VS gebruiken als hij meent dat een aanval op Noord-Korea aanstaande is. Kims persoonlijke stempel op het programma, het feit dat het regime in het openbaar diverse technische mijlpalen viert met parades, de gunsten voor wetenschappers en technici, foto's en verklaringen in de media wijzen er allemaal op dat kernwapens een bron zijn van grote nationale trots en een essentieel onderdeel van Kims imago. Bovendien heeft het regime voortdurend benadrukt, bijvoorbeeld in de wetgeving uit 2013 over 'het consolideren van het bezit van kernwapens', dat het nucleair arsenaal ter afschrikking dient en dat de reden voor de positie van Noord-Korea de VS is. Kim beweerde destijds:

> Wanneer je krachtig bent uitgerust met de slagkracht precisieaanvallen uit te voeren met kernwapens tegen agressors en bolwerken van agressie, ongeacht waar die zich op aarde bevinden, kan geen agressor het wagen roekeloos aan te vallen, en hoe omvangrijker en sterker de nucleaire aanvalskracht is, hoe groter de afschrikwekkende werking zal zijn. Met name in het geval van ons land dat als tegenstander de Verenigde Staten heeft [...] is het nodig de nucleaire strijdkrachten zowel kwantitatief als kwalitatief aanzienlijk te versterken.[7]

Latere uitspraken van het regime sloten steevast bij deze lijn aan. In zijn nieuwjaarstoespraak voor 2018 zei Kim dat Noord-Korea 'als een vredelievende kernmacht [...] geen kernwapen zal gebruiken zolang de agressieve vijandige krachten de soevereiniteit en de belangen van ons land niet aantasten, en geen enkel land of gebied zal bedreigen met kern[wapens]. Maar we zullen resoluut reageren op elke daad die de vrede en veiligheid op het Koreaans schiereiland verwoest.'[8] Kim heeft deze boodschap benadrukt maar intussen zorgvuldig zijn imago van staatsman opgebouwd, een identiteit die beslist is versterkt door al zijn toppen met leiders in de regio en de Amerikaanse president. Zijn nieuwjaarstoespraak voor 2019 leek bedoeld om zijn status als verantwoordelijk staatshoofd op te vijzelen. Hij sprak zijn land op televisie toe met een kostuum aan en een stropdas, zoals hij sinds 2017 had gedaan, in plaats van het donkere maojasje uit de jaren voordien, maar deze keer zat hij gerieflijk in een goed gestoffeerde leren stoel. Zijn voorkomen versterkte de zachtere toon en boodschap van de toespraak: Kim is een moderne leider, herkenbaar, machtig en een verantwoordelijke beheerder van een kernmacht. Evans Revere, een vroegere vooraanstaande Azië-expert op het ministerie van Buitenlandse Zaken, schreef in 2017 met vooruitziende blik: 'Het nieuwe doel, zoals Pyongyang het ziet, is de voorwaarden te bespreken waaronder de VS een Noord-Korea met kernwapens zal accepteren en daarmee wil leven, en zal instemmen met het beëindigen van de "vijandschap".'[9]

Gezien Kims verwijzingen naar de voltooiing van zijn nucleaire programma zal hij minder dan zijn vader geneigd zijn iets op te geven wat hij al bezit en zijn eigen legitimiteit en nalatenschap versterkt. En in zekere zin betekent de huidige positie van Kim Jong-un in de wereld een rehabilitatie van Kim Jong-il, die in de moeilijkste jaren bleef zwoegen om zijn zoon het geschenk van veiligheid en status te kunnen nalaten.

AANNAMES NAGAAN

De mindset van analisten was erop ingesteld oorlogszuchtigheid van Kim Jong-un te verwachten, en daarom was zijn abrupte ommezwaai naar diplomatie begin 2018 een probleem. 'Wanneer een waarnemer eenmaal een beeld [...] een mindset of een verwachting heeft gevormd,' waarschuwde Richards Heuer, 'conditioneert dit toekomstige percepties.'[10] In 2017 noemden Amerikaanse experts Kim 'idioot' en 'irrationeel'. Het jaar erna ging de slinger de andere kant op: vele Koreawatchers pleitten voor maatregelen die Kims zorgen over veiligheid zouden verlichten en hem een plaats in de internationale gemeenschap zouden geven. Verhalen over een Noord-Koreaanse 'gek' die kernwapens tegen de Verenigde Staten zou gebruiken werden afgewisseld met kijkjes op een Noord-Koreaanse staatsman wiens woorden over een 'nieuw tijdperk' van vrede en relaties met het buitenland optimisme voedden over het potentieel voor werkelijke verbeteringen in de relaties tussen de VS en Noord-Korea. De discussies binnen en tussen de inlichtingendiensten in de regio en in de VS weerspiegelen nog altijd deze zeer verschillende meningen over de intenties van Noord-Korea.

Sommige Korea-experts hebben, geboeid door de mogelijkheden van diplomatie, meer prioriteit aan aanmoediging dan aan druk toegekend. De toenadering door Noord-Korea kan een zet richting vrede lijken, zeker nu die wordt versterkt door de hartelijke tweets van de Amerikaanse president, berichten op social media met een glimlachende Kim Jong-un en zijn knappe, stijlvolle vrouw, en op televisie uitgezonden toppen waarin hij overkomt als een wereldleider die een oude rot is in onderhandelen met het buitenland.

Het idee van vrede op het Koreaans schiereiland en een economisch geïntegreerd Noord-Korea is verleidelijk. In de ogen van goedbedoelende vredesactivisten en academici die zijn bemoedigd door Kims ommezwaai naar diplomatie heeft Noord-Korea altijd een veiligheidsgarantie van de VS gewild, en is het ontwikkelen van kernwapens een logische reactie op de vermeende dreiging die Washington vormt voor Pyongyang, waar men een tweede oorlog vreest als men niet de bewapening heeft ter afschrikking van een militaire aanval. Volgens sommige van deze pleitbezorgers van vrede[11] draagt de VS verantwoordelijkheid voor de deling van het Koreaans schiereiland, omdat de aard van het Amerikaanse bondgenootschap met Zuid-Korea, met name het wederkerige defensieverdrag en de overweldigende militaire macht van de VS, de opkomst heeft veroorzaakt en bestendigd van een paranoïde en repressieve staat in Noord-Korea. Zij en anderen hebben gesteld[12] dat het verzet van Noord-Korea tegen denuclearisering zonder een vredesverdrag en het opheffen van sancties logisch zou zijn, daar de twee zijden formeel in staat van oorlog verkeren. Door de pijn van sancties als hefboom te gebruiken hoopten de regering-Moon en de regering-Trump dat Kim zich op economische ontwikkeling zou gaan richten, in een poging Noord-Korea te verlokken tot denuclearisering als het land maar genoeg economische aanmoediging kreeg. Sommige academici houden vol dat Kim een grote *economische* hervormer wil zijn. Volgens één Aziëkenner wil Kim dat 'Noord-Korea een normale Oost-Aziatische economie wordt, het land de regio inhaalt en daarin integreert'.[13]

Wie weet hebben ze gelijk, maar alleen als we de aanname accepteren dat Noord-Korea de VS als de enige bedreiging beschouwt en het kernwapenprogramma uitsluitend is opgezet voor defensieve en afschrikkingsdoeleinden. Maar dat is niet zo. De familie Kim ziet in werkelijkheid allerlei dreigingen voor het voortbestaan: de Verenigde Staten uiteraard, Zuid-Korea, China, en uiteindelijk de eigen bevolking. En sinds hij in december 2011 aan de macht kwam, heeft Kim Jong-un deze problemen systematisch aangepakt met het kernwapenprogramma van het regime, dwingende diplomatie en repressie.

Laat me uitleggen waarom Kim volgens mij géén vredesverdrag wil met de Verenigde Staten. In de eerste plaats hangt instemming door de Verenigde Staten met een vredesverklaring en het verlenen van veiligheidsgaranties af van de essentiële aanname dat Kims voorstelling van vrede verbonden is met het opgeven van zijn kernwapens. Een vredesverklaring en het uitwisselen van liaisonbureaus in Washington en Pyongyang kwamen zelfs allebei ter sprake op de top in Hanoi, tot de bijeenkomst abrupt eindigde, deels omdat Kim meer prioriteit toekende aan het opheffen van sancties dan aan stappen die de twee landen naar een normalere relatie zouden brengen. De geschiedenis van de nucleaire ambities van Noord-Korea, de ideologische infrastructuur die de familie Kim in de loop van tientallen jaren heeft opgebouwd, plus de eigen openbare verklaringen van het regime – ze wijzen er sterk op dat, vanuit het perspectief van Pyongyang, vrede haalbaar is *omdat* men kernwapens heeft.

Het regime heeft een 'vijandige' buitenwereld nodig om het toewijzen van schaarse hulpbronnen aan militaire programma's te rechtvaardigen, om anderen de schuld te kunnen geven voor de problemen in de economie, en om de mythologie vol te houden van de familie Kim als de beschermer van het bestaan van Noord-Korea. Sheila Miyoshi Jager, docente Oost-Aziëstudies, heeft gezegd dat 'de *ontwrichting* [cursivering in de oorspronkelijke tekst] van vrede sinds 1950, toen men Zuid-Korea binnenviel, het voornaamste strategische doel van Noord-Korea is geweest'.[14] Propaganda, onderwijs en monumenten voor de Koreaanse Oorlog en de guerrillastrijd dienen om voortdurend de angst voor de Verenigde Staten te herhalen en te laten herleven. Met name voor Kim Jong-un, die de onmin rond de opvolging en de twijfels over zijn leeftijd overwon, en 'vuur en woede' vanuit de VS weerstond, was de gemelde voltooiing van het kernwapenprogramma 'een grote overwinning' en een 'machtig, gekoesterd zwaard om de vrede te verdedigen', een 'betrouwbare garantie' voor veiligheid en welvaart van Noord-Korea.[15] Na de zesde kernproef in september 2017 en de tests met intercontinentale ballistische raketten later dat jaar berichtte NK News dat de Noord-Koreaanse staatsmedia bijeenkomsten hielden om de 'voltooiing van de nucleaire staatsmacht' te vieren en functionarissen toonde die Kim bedankten wegens het bieden van de 'eeuwig rooskleurige toekomst van het land'.[16]

Kim moet volop reden zien om te trachten zijn dictatuur te behouden. Met zelfvoorziening en zijn politieke wil en leiderschap kreeg hij de positie waar zijn regime zich kan beroemen op een aantal ontmoetingen met de Amerikaanse president na het verwerven van strategische equivalentie. Het waarborgen van de veiligheid van Noord-Korea en zijn eigen overleven vertrouwt hij alleen aan zichzelf toe. Kim maakte heel duidelijk dat de atoomknop op zíjn bureau staat. Als hij iets heeft geleerd van de geschiedenis van zijn land, is het dat je níemand kunt vertrouwen, ook bondgenoten als China en Rusland niet die ervoor kozen de betrekkingen met Zuid-Korea te normaliseren en hun handtekening onder de VN-sancties zetten. Natuurlijk kun je Japan, de vroegere imperiale macht en kolonisator, niet vertrouwen. En ook Zuid-Korea niet, met diverse presidenten die ervoor kozen het regime te straffen wegens terroristische activiteiten en het kernprogramma. Daarbij komt nog de tumultueuze politiek van democratische regeringen in de Verenigde Staten, Zuid-Korea en Japan – in de VS houden ze elke vier jaar presidentsverkiezingen met bijbehorende politieke veranderingen, in Zuid-Korea kiezen ze een president die slechts een eenmalige zittingstermijn heeft van vijf jaar – die bijdraagt aan een geringe kans op een langdurige houdbaarheid van beleid dat voor Noord-Korea gunstig zou kunnen uitpakken. Zo'n groot risico wil Noord-Korea waarschijnlijk niet nemen.

Kim vertrouwt ook zijn eigen volk niet, en net als zijn vader en grootvader vreest hij het doordringen van informatie, waarmee economische integratie van Noord-Korea in de regionale machten gepaard zou gaan. Hij hoeft niet ver te zoeken naar voorbeelden van wat er gebeurt wanneer het volk mondig wordt en zich verenigt. De één jaar aanhoudende kaarslichtprotesten in Zuid-Korea, ingegeven door legitieme grieven jegens de regering van Park Geun-hye vanwege corruptie, en aangewakkerd door de social media die een levendige maatschappij gebruikte, kostten in 2017 de dochter van de voormalige dictator – de eerste vrouwelijke president van de natie – de kop. Kims strengere grensbewaking, zijn draconische straffen voor mensen die proberen over te lopen, aan niet goedgekeurde marktactiviteit doen of Zuid-Koreaanse soaps, films, boeken en muziek consumeren, en ook zijn uitgebreide surveillancenetwerken maken duidelijk dat hij oog heeft voor de potentieel destabiliserende effecten die hervormingen en ontspanning van de repressieve maatregelen van zijn regime op zijn land kunnen hebben. Naast deze defensieve maatregelen begon Kim met zijn eigen intranet, steunde hij een consumentencultuur en de binnenlandse productie van luxegoederen en -diensten, en probeerde hij de propaganda van het regime te moderniseren om die verteerbaarder te maken voor een bevolking die zich steeds meer voelt aangetrokken tot Zuid-Koreaanse en Chinese genoegens: dingen die zijn offensieve pogingen weerspiegelen om de geesten van zijn burgers te vormen en te controleren.

Bovendien zouden, hoe graag de jonge leider ook welvaart voor Noord-Korea wil, economische hervormingen en integratie-investeringen uit het buitenland vergen, innovatie, ondernemerschap en bijbehorende stimulansen om ontwikkeling te bevorderen. Dit zou betekenen dat meer informatie het land in stroomde en naar de bevolking toe, wat waarschijnlijk zou leiden tot het uiteenvallen van de mythologie die het bewind van de familie Kim heeft omhuld en geschraagd. Een welvarend Zuid-Korea – een land met een economie die wereldwijd tot de top behoort; dat een grens, een geschiedenis en een taal deelt; met mensen die zogezegd onder het verstikkende juk van het Amerikaanse imperialisme leven – vormt een existentiële dreiging voor het regime van Kim. Jager vat dit bondig samen: 'Het wonderbaarlijke verhaal van de Zuid-Koreaanse economische groei en democratische vooruitgang bedreigt de macht van het regime, nu net omdat hoe meer Noord-Koreanen te weten komen over het Zuiden, hoe minder waarschijnlijk het wordt dat ze zich zullen neerleggen bij de armoede en onderdrukking in eigen land.'[17] Daarnaast zullen in een scenario na een vereniging de hoogste functionarissen van leger en partij die de handelsbedrijven in handen hebben en de minder grootschalige marktpartijen het afleggen tegen de meer bedreven, georganiseerde en opgeleide Zuid-Koreaanse kapitalisten.

Kims belangen zijn dus gebaat bij conflict en niet bij vrede, bij autarkie in plaats van integratie, en bij het bezit van kernwapens die zijn overleving mogelijk maken en op langere termijn de zeggenschap van de familie Kim over het land, en niet bij denuclearisering.

HYBRIS

We zouden ons eigenlijk zorgen moeten maken dat Kim de kant opgaat van een meer op expansie gerichte visie van hoe hij zijn programma's voor kernwapens en raketten voor offensieve doeleinden zou kunnen gebruiken – zoals het scheppen van omstandigheden die de vereniging zouden bevorderen van het Koreaans schiereiland, de droom van zijn grootvader. Hij is sinds 2011 aanzienlijk brutaler geworden, nu hij de grenzen van internationale tolerantie voor zijn wangedrag heeft opgerekt en heeft zich maar nét onthouden van acties die tot voor zijn regime bedreigende militaire reacties van de VS of bondgenoten zouden kunnen leiden. De daden, uitspraken, geschiedenis en ideologie van Noord-Korea stroken niet zozeer met een streven naar kernoorlog ofwel vrede en normalisering met de Verenigde Staten, maar met het sinds lang gekoesterde verlangen van het land naar hereniging op eigen voorwaarden. In elk geval lijken Kim Jong-uns inspanningen de kernwapens te diversifiëren, de nucleaire slagkracht te ontwikkelen voor een *second strike*, het moderniseren van conventionele bewapening en training, en het verbeteren van militaire verkenning veel verder te gaan dan de door Noord-Korea verklaarde wil louter af te schrikken. Een panel met voormalige veiligheidsbeambten, academische experts en CIA-analisten concludeerde in 1998 – maar het geldt nog steeds – dat 'het regime zijn ideologische legitimatie ontleent aan zijn missie Korea te verenigen'.[18]

Richard Bush, een geleerde van het Brookings Institution die zich vroeger bij de nationale veiligheidsdienst met Oost-Azië bezighield, schreef in 2017 dat 'het echte gevaar [van het tempo en het succes van Noord-Korea bij het ontwikkelen van kernwapens] zit in de mogelijkheid van verzwakte bondgenootschappen en onbeteugelde escalatie op het Koreaans schiereiland die uit de hand kan lopen'.[19] Bush sloeg alarm over het probleem van 'ontkoppeling': de mogelijkheid dat als Noord-Korea de middelen heeft om de vs te treffen Washington niet bereid zou zijn San Francisco in de waagschaal te stellen om Seoel te redden, wat de geloofwaardigheid en invloed van de vs in de regio zou ondermijnen. Bovendien zou Kims vertrouwen op zijn vermogen de vs af te schrikken hem tot de overtuiging kunnen brengen dat hij conventionele aanvallen op Zuid-Korea kan uitvoeren om de vastbeslotenheid van Seoel te testen, de ruimte voor zijn manoeuvres te vergroten, verdeeldheid in Zuid-Korea te zaaien en een wig te drijven tussen de Verenigde Staten en de bondgenoot. Noord-Korea zou dit allemaal kunnen doen zonder enig kernwapen te gebruiken – dan wel zijn artillerie in te zetten. Het is Kim met behulp van de vrede-en-diplomatie-kaart al gelukt om het Amerikaanse bondgenootschap met Zuid-Korea te schaden en zijn wereldwijde imago op te vijzelen door de nucleaire status van Noord-Korea en weerzinwekkende mensenrechtenschendingen te normaliseren, en we weten dat hij op die weg verder zal gaan.

Zijn zelfvertrouwen is misschien toegenomen door het feit dat hij nog niet met een echte 'crisis' te maken heeft gehad van het soort waarvoor zijn grootvader en zijn vader kwamen te staan. Kims overtuiging dat hij, in de toekomst, zijn tactiek kan herhalen van provocerende acties om zijn zin te krijgen en dan weer charmant gaan doen om internationale straf te ontlopen of te beperken, is ongetwijfeld versterkt door zijn succes om toppen binnen te halen zonder concessies te doen over zijn kernwapenprogramma. Zijn percepties over zijn vrijheid van handelen hangen af van zijn vermoedelijke veronderstellingen dat Washington zich zou laten afschrikken om tot militaire acties over te gaan, dat Peking en Moskou zijn regime niet zouden laten vallen, dat de vs en China zouden proberen agressieve Zuid-Koreaanse of Japanse militaire acties tegen Noord-Korea in te dammen, en dat Washington Seoel en Tokio ervan zou weerhouden hun eigen nucleaire middelen te ontwikkelen.

Tot nu toe zijn, sinds Kim aan de macht is gekomen, deze veronderstellingen bevestigd, ook in de periode van Kims meest luidruchtige retoriek en provocaties. In de loop van de jaren hebben de leiders in Peking vastgehouden aan hun verhaal dat 'alle partijen' – waarmee ze niet alleen Noord-Korea, maar ook de Verenigde Staten en Zuid-Korea bedoelen – 'kalm moeten blijven en terughoudendheid moeten betrachten' en problemen moeten oplossen langs de weg van de dialoog om 'vrede en stabiliteit in de regio te handhaven'.[20] Het eerste bezoek van Xi Jinping aan Pyongyang in juni 2019 – ondanks het uitblijven van vooruitgang wat betreft de denuclearisering van Noord-Korea – en zijn belofte dat Peking de banden met het Noorden zou versterken, verzachtten ongetwijfeld eventuele zorgen in het regime van Kim over de betrokkenheid van het buurland.[21] Ook Rusland is een relatief betrouwbare partner van het regime geweest: in september 2018 en ook weer in december 2019 sloot Rusland zich in de VN-Veiligheidsraad bijvoorbeeld aan bij China met een oproep de sancties te verzachten en concessies voor Noord-Korea aan te moedigen, ondanks berichten dat het land gewoon doorging met kernwapens.[22] In 2014 schrapte Moskou 90 procent van de Noord-Koreaanse schuld van 11 miljard dollar[23] en in april 2019 ontmoette Kim voor het eerst Poetin: voor Kim waarschijnlijk bewijzen dat zijn pogingen steun van zijn twee machtige buren te krijgen vrucht droegen, nu beide aangaven zijn land niet te laten vallen.

Kim zag ook met eigen ogen dat Washington geen zin had in een militair conflict, en dat zowel Zuid-Korea als de VS elkaar zouden weerhouden van acties die potentieel een oorlog konden uitlokken. President Moon heeft zich nadrukkelijk verzet tegen een Amerikaanse militaire aanval op het Noorden. Alle vorige Amerikaanse regeringen hadden nucleaire of conventionele militaire acties tegen het Noorden overwogen, maar krabbelden terug omdat de prijs aan levens verpletterend zou zijn geweest, en Kim weet dat ongetwijfeld.[24] Washington was ook tegen potentieel escalerende acties van Zuid-Korea gekant. Toen Kim Jong-un in 2010 werd ingewerkt, vuurde Noord-Korea artillerie af op een Zuid-Koreaans eiland, Yeonpyeong-do, toen Seoel militaire oefeningen hield. Nadat eerder dat jaar Noord-Korea het Zuid-Koreaanse oorlogsschip Cheonan tot zinken had gebracht, was Zuid-Korea niet in de stemming om terug te krabbelen voor de dreigementen uit Pyongyang dat men zou reageren als Seoel doorging met deze vooraf aangekondigde oefeningen. Zoals in *On the Brink* door Van Jackson wordt beschreven,[25] maakte de regering-Obama zich zorgen over wat de conservatieve regering van Lee Myung-bak zou doen en pleitte er met succes bij de Zuid-Koreanen voor geen vergeldingsmaatregelen tegen het Noorden te treffen.

Wanneer deze aannames eenmaal als feiten in zijn hoofd zitten, zal Kim waarschijnlijk doorgaan met beperkte daden van agressie, en cyber- en andere dwanginstrumenten aanwenden om rivalen van Noord-Korea uit hun evenwicht te brengen. We zouden er ons zorgen over moeten maken hoe hij de moed heeft gehad voor provocerende acties om de hypothese te testen dat hij er geen gevolgen van zal ondervinden. Wanneer Washington weer eens serieus de optie van een militaire aanval overweegt, krijgt de VS te maken met een hoger risico op misrekening die tot een onbedoelde botsing kan leiden, wanneer Kim een potentiële volgende confrontatie misleest als een papieren tijger, zoals de 'vuur en woede' uit 2017 bleek te zijn. Bovendien zullen, als de relaties tussen de VS en Noord-Korea tot dat niveau vervallen, en de VS alleen staat, niet gesteund door de bondgenoten, Kims zelfverzekerdheid en indruk van zijn relatieve kracht slechts toenemen.

Maar Kim is niet onkwetsbaar. 'De fundamentele handicaps van Noord-Korea zijn systemisch en constant,' heeft de heel ervaren Noord-Korea-expert Jonathan Pollack gezegd,[26] en 'de gedachte van een zelfvoorzienend land houdt nauwelijks verband met de werkelijke behoeften van Noord-Korea', zeker gezien Kims torenhoge beloftes over economische ontwikkeling én kernwapens. De consequenties van de acties van het regime en het isolement van het land eisen een tol: de groep handelspartners is gedaald tot in feite één land – China, goed voor meer dan 90 procent van de Noord-Koreaanse handel.

Door de maximale druk-sancties worden de problemen van Noord-Korea groter. In 2017 was de tweede handelspartner van Noord-Korea, India, goed voor slechts iets meer dan 7 miljoen dollar import en export (een afname van 10 procent ten opzichte van het jaar daarvoor),[27] en Rusland was op grote afstand nummer drie met ongeveer 2 miljoen dollar (een afname van 70 procent). De inter-Koreaanse handel daalde dat jaar scherp tot ongeveer 1 miljoen dollar, van 333 miljoen dollar in 2016[28] – wat de kloof tussen de Korea's verdiepte en ongetwijfeld de angst van Noord-Korea verergerde bij een verenigingsscenario te worden opgeslokt. (Volgens marktonderzoeksbureau IHS Markit bedroeg de totale handel van Noord-Korea in 2016 ongeveer 6,4 miljard dollar, minder dan die van Malta, dat slechts een fractie van de bevolking heeft – nog geen half miljoen, terwijl Noord-Korea 25 miljoen inwoners heeft.[29]) Het handelstekort van Noord-Korea met China liep in 2017 snel op tot bijna 2 miljard dollar,[30] met een daling van de export naar China met bijna 90 procent tot 210 miljoen dollar – het laagste bedrag sinds 2001 – en van de import met bijna 30 procent tot 2,2 miljard dollar. In 2018 liep, doordat Peking de sancties implementeerde, de Noord-Koreaanse handel met China vergeleken met het jaar ervoor met bijna 50 procent terug,[31] met als gevolg, vanwege de overweldigende afhankelijkheid van de machtige buur, een vergelijkbare daling in het algehele volume van de buitenlandse handel van het land. De economie van Noord-Korea kromp over de hele linie met ongeveer 5 procent in 2018 en werd zo teruggebracht tot een niveau dat vergelijkbaar is met de economische situatie van het regime in 1997, toen het land midden in een verwoestende hongersnood verkeerde.[32] En voor de eerste keer sinds hij aan de macht kwam, zag Kim de handel met het buitenland van Noord-Korea tot onder de 3 miljard dollar zakken. Kim is zich vrijwel zeker bewust van de tol die zijn wapenprogramma heeft geëist van zijn streven naar economische welvaart.

Noord-Korea publiceert natuurlijk niet de eigen economische statistieken, maar anekdotische informatie en berichten die begin 2019 het land uit druppelden,[33] wekken de indruk dat het regime de activiteiten en productie stopt of opschort in door de staat geleide fabrieken en mijnen, nu de handel opdroogt en er restricties zijn op de olie die het land binnen komt. Men probeert meer uit Noord-Koreaanse arbeiders in het buitenland te persen om allerlei projecten in het land te financieren. Dat Noord-Korea er diplomaten opuit stuurde om de relaties te bevorderen met de buren en ook met Europa en Zuidoost-Azië, is stellig bedoeld om investeringen en handelsbetrekkingen op te voeren. Deze interne ontwikkelingen en trends, zoals het doordringen van meer informatie, marktwerking, en de groei van een sinds kort rijke klasse waarvoor geld belangrijker is dan ideologie, maken Pyongyang waarschijnlijk zenuwachtig en vergroten de zorgen dat door deze omstandigheden het regime zou kunnen worden overweldigd, nu het wankelt onder het gewicht van interne tegenspraken en toenemende verwachtingen.

Kim Jong-un heeft ongetwijfeld oog voor minstens de grove omtrekken van de problemen waarvoor hij staat. En waarschijnlijk zal hij diplomatie gebruiken om de negatieve effecten van zijn daden te verzachten. Zo zal hij regelen dat China zijn land niet de rug zal toekeren, iedere breuk tussen de regionale spelers uitbuiten, buitenlandse investeringen en hulp uit Zuid-Korea en andere landen aanmoedigen om Pyongyangs afhankelijkheid van China te beperken, en zorgen dat de wereld minder zin krijgt om sancties te implementeren. Er bestaat weinig twijfel over dat Kim de economische ontwikkeling van Noord-Korea wil stimuleren in plaats van zomaar door te modderen als zijn vader, vooral ook omdat hij waarschijnlijk van plan is de komende tientallen jaren aan de macht te blijven en een stabiel, bloeiend, van kernwapens voorzien Noord-Korea aan een van zijn kinderen door te geven. Met de toenemende verwachtingen – zeker bij jonge mensen en de jangmadang-generatie, die individualistischer zijn dan hun ouders – de verlammende effecten van sancties en het opzettelijke isolement van Noord-Korea, zal het lastig worden voor Kim de realiteit in voldoende mate met zijn ambities en retoriek te laten stroken.

Maar zijn vermogen om snel een ommezwaai naar diplomatie te maken en binnen luttele maanden een reeks toppen binnen te halen met de VS, China, Zuid-Korea en Rusland heeft waarschijnlijk zijn vertrouwen versterkt dat hij deze doelen kan bereiken met weinig of geen nadelen voor zijn wapenprogramma. Kims kalibreren van provocaties en diplomatie, en zijn pientere gebruik van ambiguïteit en vleierij, onderstrepen ook dat we heel goed op zijn doelen moeten letten, terwijl we tevens analytische scherpte moeten behouden bij onze beoordeling van zijn intenties en het benoemen van de risico's en kansen in een gegeven scenario.

DE PUZZEL KRIJGT VORM

Als het achterhalen van Kims intenties zoiets is als het leggen van een puzzel, dan zou je het bedenken van een oplossing voor het Noord-Korea-probleem moeten vergelijken met de Rubiks kubus oplossen. Deze 3D-puzzel verwart spelers met ogenschijnlijk eindeloze verwisselingen, en ze raken nog gefrustreerder wanneer ze zien dat hoewel ze één zijde hebben opgelost de andere vijf zijdes een wirwar van kleuren zijn. Denuclearisering is een hoofddoel van elke oplossing, verder heeft hoge prioriteit het stoppen van het vermogen van Noord-Korea om geld binnen te halen voor het regime en het kernwapenprogramma, dat verbluffend snel is gegroeid sinds hij aan de macht kwam – meer diversiteit, meer mobiliteit, meer gevaar – en een onaanvaardbare dreiging vormt voor de wereldwijde veiligheid.

Maar we moeten ook de diverse dimensies van de Noord-Koreaanse dreiging in het oog houden die zich hebben uitgezaaid sinds Kim aan de macht kwam, evenals hoe zijn perceptie van de gevaren die ín en buiten zijn land op de loer liggen zich ontwikkelt en verandert. Kims verpersoonlijking van het kernwapenprogramma en beloftes over een socialistisch sprookjesland – en het zich toe-eigenen van de man-tot-mandiplomatie met Trump, Xi, Moon en Poetin – zou een onwelkome en gevaarlijke schijnwerper kunnen richten op het feit dat hij zijn belofte om de economie van Noord-Korea te verbeteren niet kan waarmaken. Wat is nodig om Kims belangrijkste veronderstellingen over zijn vrijheid van handelen aan het wankelen te brengen, om een langetermijnstrategie te handhaven die de cirkel van provocatie en beloning doorbreekt, en om de prijs voor zijn slechte gedrag op te drijven? Geloofwaardigheid dat Washington dóór zal zetten, nauwe samenwerking van de VS en de Noordoost-Aziatische landen, afweren en afschrikken door de internationale gemeenschap van Noord-Koreaans avonturisme, en misschien het meest frustrerend, tijd.

Om de interne tegenstrijdigheden van Noord-Korea te intensiveren, de keuzes die Kim moet maken te verscherpen en zijn risicoberekeningen te veranderen, dienen de VS, de bondgenoten in de regio en de wereldgemeenschap gecoördineerde en consistente maatregelen te treffen – een goede afweging van druk en overleg in het openbaar en onder vier ogen – om Kim ervan te overtuigen dat kernwapens zijn overleven mínder en niet meer garanderen. Door sancties en economische lokkertjes – en door te dreigen met militaire actie – krijg je hem waarschijnlijk niet zover zijn arsenaal op te geven, tenzij we ook de totaliteit van Kims angsten, zorgen en wensen onderkennen en gebruiken.

Ons beleid zou zich moeten richten op externe druk én op methodes om de binnenlandse prijs voor Kim op te drijven. De centrale vraag is dus niet hoe we Kim een 'veiliger' gevoel kunnen bezorgen door hem te geven wat hij vraagt, zoals sommige activisten en academici stellen, maar eerder hoe we Kims berekeningen zo kunnen wijzigen dat hij wordt gedwongen te geloven dat kernwapens eerder een dreiging zijn voor zijn bewind en het overeind houden van zijn dynastie dan een voordeel.

Daarom moeten we ons eerst richten op bondgenootschappen. Bij elke echte of vermeende breuk tussen bondgenoten en partners, en elke twijfel over de Amerikaanse geloofwaardigheid en betrokkenheid bij de regio is Kim alleen maar gebaat en krijgt hij de ruimte de regionale stabiliteit te ontwrichten en gewelddaden te plegen die nét onder de drempel blijven voor regionale of internationale militaire vergelding die het overleven van zijn regime zou kunnen bedreigen. Noord-Korea heeft gedreigd in de Stille Oceaan een proef te doen met een waterstofbom. Het land blijft de slagkracht opvoeren om Japan en Zuid-Korea aan te vallen, en heeft in het verleden fatale aanvallen tegen Zuid-Korea uitgevoerd. Het blijft bezig met cyberactiviteiten om geld voor het regime binnen te halen. En het land is verantwoordelijk voor de proliferatie van conventionele en niet-conventionele wapens, men heeft raketten en bijbehorende technologie overgebracht naar Iran en Syrië. Ook in periodes dat Noord-Korea aan diplomatie deed, heeft men deze tactieken gebruikt.

Ondubbelzinnige verklaringen en demonstraties van de Amerikaanse inzet voor de bondgenootschappen en de veiligheid van de bondgenoten, en het opvoeren van de regionale samenwerking op het gebied van defensie, met name tussen Zuid-Korea en Japan, zouden de neiging van Noord-Korea indammen om acties te ondernemen die de regionale stabiliteit ondermijnen. Zoals Ryan Hass, de voormalige directeur China van de Nationale Veiligheidsraad, en ik hebben gezegd in een 'Brookings Foreign Policy Brief',[34] is het eerste dat Washington en de bondgenoten Seoel en Tokio zouden moeten doen een lijst opties ontwikkelen die de drie landen gemeenschappelijk willen uitvoeren om de Noord-Koreaanse dreiging te beperken, en die lijst ook gebruiken om Peking de keuze te geven mee te werken of een stap opzij te doen als de drie partijen in actie komen. Op de lijst kunnen heimelijke en openlijke acties tegen Noord-Korea komen te staan, evenals stappen die Seoel en Tokio kunnen nemen om hun eigen veiligheid op te voeren als bepaalde dreigende omstandigheden zijn bereikt. Zo'n overeenkomst zou de mogelijkheid voor Japan en Zuid-Korea beperken unilaterale acties te ondernemen die wereldwijd optreden tegen Noord-Korea zouden kunnen ondergraven, en zou Peking aanmoedigen Pyongyang onder druk te zetten in plaats van bescherming te bieden.

In de tweede plaats moeten we maximale druk-sancties – bedoeld om bij onderhandelingen een pressiemiddel te hebben – handhaven en erop voortbouwen, de proliferatie voorkomen van de technologie van de Noord-Koreanen op het gebied van kernwapens en ballistische raketten, en hun pogingen vertragen verdere vooruitgang te boeken op nucleair gebied. Maar sancties implementeren zich niet zelf en hebben tijd nodig om te werken. Ze vereisen Amerikaans leiderschap en initiatief, vereisen dat bondgenoten en partners, ook China, waakzaam blijven voor Noord-Koreaanse schendingen, en vereisen een eensgezinde doelstelling en het inzicht dat het implementeren van sancties noodzakelijk is, wil er enige kans bestaan dat Noord-Korea de kernwapens opgeeft.

Het belang van gecoördineerde internationale actie werd duidelijk toen in maart 2019 het jaarlijkse rapport werd uitgebracht van het Panel of Experts van de VN,[35] de groep die is belast met het controleren van de implementatie van de sancties van de VN-Veiligheidsraad tegen Noord-Korea. In het rapport gaat men in op de ernst van sanctie-overtredingen en de ontwijkingstactieken die Noord-Korea en helpers van buitenaf gebruiken. Bedrijven uit Singapore hebben naar verluidt welbewust luxeartikelen naar Noord-Korea verscheept. Zuid-Koreaanse overheidsfunctionarissen hebben olieproducten naar het Noorden overgebracht, ondanks een waarschuwing van de VS dat Pyongyang de limiet voor zulke importen al had overschreden. Ook liet Seoel na deze overdrachten te melden, een schending van de regels en eisen van de VN. Noord-Koreaanse vertegenwoordigers van de financiële instellingen van het regime blijven vrijelijk rondreizen en zakendoen in een aantal verschillende landen, waaronder China, Syrië, de Verenigde Arabische Emiraten en Rusland. De internationale gemeenschap moet ook harder werken aan het afschrikken van Noord-Koreaanse cyberaanvallen, die zoals men in het VN-rapport aangeeft worden gebruikt om financiële sancties te ontwijken. De medewerking van met name Peking is vereist om kwaadaardige cyberspelers de pas af te snijden die Chinese netwerken gebruiken of in China opereren, een favoriete locatie vanwege de toegeeflijke omgeving daar. Door al deze schendingen bij elkaar kan het regime van Kim zich staande houden en blijven doorgaan met het tarten van internationale regels en normen.

In de derde plaats zou Washington de inspanningen moeten intensiveren tot voortdurende en geïnstitutionaliseerde dialoog met regionale belanghebbenden door middel van vijfpartijenoverleg met Zuid-Korea, Japan, China en Rusland, als een teken van internationale eensgezindheid. De groep kan dit forum gebruiken om de reikwijdte te bespreken van economische en andere voordelen die de gemeenschap bereid is te verlenen als Pyongyang het strategische besluit neemt het kernwapenprogramma op te geven, en de zorgen van Pyongyang te sussen over de houdbaarheid van enige afspraak na verkiezingen en leiderschapswisselingen in de regio en in de Verenigde Staten. De belanghebbenden zouden ook scenario's en reacties moeten ontwikkelen in afwachting van mogelijke toekomstige acties van Noord-Korea die bedoeld zijn om te verrassen, te verwarren en internationale samenwerking te verstoren.

In de vierde plaats moeten we ons best doen de infrastructuur van repressie die de familie Kim heeft opgebouwd en door Kim Jong-un is verstevigd met moderne instrumenten en technieken uit te hollen. De VS en de wereldgemeenschap dienen ernaar te streven de druk op het Noord-Koreaanse regime op te voeren en de Amerikaanse president zou een speciale afgezant voor de mensenrechten moeten benoemen, een positie die door de regering-Trump overboord is gegooid. Het opheffen van sancties zonder een zichtbare vermindering van Kims wrede greep op zijn volk zou verificatie van enige potentiële stap richting denuclearisering onmogelijk maken, door het ontbreken van een open informatieomgeving in Noord-Korea waarin wetenschappers, technici en militaire functionarissen vrij zijn betrouwbare gegevens te verstrekken zonder te hoeven vrezen voor represailles van de overheid.

Tenslotte zou de VS moeten investeren in programma's die het doordringen van informatie in Noord-Korea bevorderen, en een geloofwaardige, alternatieve visie voor een postnucleair tijdperk bedenken en verspreiden, die zou bijdragen aan het vergroten van de breekbaarheid van het regime of aan Kims perceptie van breekbaarheid van het regime, om hem en zijn leiderschap aan te moedigen gevoeliger te zijn voor interne druk. Het doel zou zijn een grotendeels genegeerde groep belanghebbenden te benutten: het Noord-Koreaanse volk. Na tien jaar studie en talloze uren honderden Noord-Koreaanse overlopers interviewen heeft Jieun Baek, de auteur van *North Korea's Hidden Revolution*, de noodzaak benadrukt van het opvoeren van de informatiestroom naar Noord-Korea om tot positieve verandering te komen: 'Het verspreiden van informatie is belangrijk omdat Noord-Koreanen erom vragen [...] Door toegang tot meer informatie krijgen Noord-Koreanen de kracht, de zelfbeschikking en kennis om hun eigen toekomst en lot als natie te schrijven.'[36] De vroegere directeur National Intelligence James Clapper, voor wie ik werkte als plaatsvervangend verantwoordelijke Korea bij de National Intelligence Council, zou met dit oordeel hebben ingestemd. In zijn autobiografie klaagde hij dat we 'beperkte middelen hadden om aan de honger naar informatie van [Noord-Koreaanse] burgers te voldoen' en concludeerde: 'Ik geloof, en heb ook bepleit, dat om Noord-Korea te stuiten de VS moet overwegen van onze sterkste punten te profiteren: openheid en informatie.'[37] De Noord-Koreaanse bevolking mondig genoeg maken om een binnenlandse omgeving te laten ontstaan die de keuzes van Kim in positieve richting dwingt is een noodzakelijk onderdeel van de externe druk via sancties en diplomatie.

Zilveren kogels bestaan niet, en ieder beleid moet je een poos volhouden voor er enig duidelijk effect is te zien. Een beleid langs de lijnen die ik zojuist heb opgesomd, vereist dus Amerikaans leiderschap, gedisciplineerde implementatie en een internationale coalitie met een gedeeld beeld van de bijbehorende risico's. Deze stappen zouden ook vergezeld moeten gaan van de Amerikaanse bereidheid de deuren open te houden voor gesprekken met het Noorden.

Een terugkeer van Kim naar provocerende acties is geen kwestie van óf maar van wanneer. Sinds de top in Hanoi lijkt plan B van Kim vorm te krijgen, en dat doet sterk denken aan de dwangdiplomatie uit de dagen van zijn vader: proberen Noord-Korea voor te stellen als de benadeelde partij, het afwegen van provocerende acties en uitspraken teneinde Washington onder druk te zetten om te zwichten, en bilateraal toenadering zoeken tot regionale leiders. Kim mag dan zijn goede persoonlijke relatie met Trump en het belang van dialoog en onderhandelingen aanprijzen, hij benadrukte op 12 april 2019 in een toespraak tot de Opperste Volksvergadering: 'De VS zal ons geen millimeter kunnen laten bewegen en zal absoluut niet krijgen wat men wil, ook al gaan ze honderd keer, duizend keer met ons om de tafel zitten.'[38] Hij waarschuwde voor een 'nare en zeer gevaarlijke situatie' als de VS de 'vijandige' politiek jegens

Noord-Korea niet wijzigt en stelde: 'We zullen geduldig zijn en tot het einde van dit jaar wachten om te zien of Amerika al dan niet een moedig besluit neemt.'

Kim had zijn harde woorden ook al waargemaakt, en liet doorschemeren hoe hij probeert zijn invloed te vergroten. In april 2018 volgde hij de test van een nieuw tactisch geleid wapen waar volgens de media van het regime een krachtige kop op kon.[39] De volgende maand kondigde Noord-Korea aan dat Kim Jong-un een oefening aan de Japanse Zee had bijgewoond waar 'lanceerinstallaties met groot kaliber voor meerdere langeafstandsraketten en tactische geleide wapens werden gedemonstreerd', de eerste tests van ballistische raketten sinds november 2017, een schending van de bestaande VN-sancties en van de Verklaring van Panmunjeom waarin de twee Korea's beloofden 'de heftige militaire spanning te verminderen'.[40] In juli 2019 berichtten de Noord-Koreaanse staatsmedia dat Kim een pas gebouwde onderzeeër inspecteerde,[41] mogelijk bedoeld om ballistische raketten te lanceren, en zijn medewerkers opdroeg 'de nationale defensie gestaag en betrouwbaar op te voeren'. Drie maanden later, in oktober 2019, testte het Noorden een ballistische raket vanaf een platform op zee,[42] een aanwijzing dat Kim zijn diplomatieke toenadering ten spijt bezig blijft de militaire slagkracht van het regime te verbeteren. Diezelfde maand leidde hij ook een reeks rakettests. In totaal heeft Noord-Korea, tot en met december 2019, een dozijn rondes tests met ballistische raketten uitgevoerd.[43] We kunnen meer agressie van Kim verwachten.[44] Bij het inluiden van het nieuwe jaar verklaarde Kim uitdagend dat 'de wereld een nieuw strategisch wapen zal zien' en zinspeelde hij erop weer kernproeven en tests met intercontinentale raketten te gaan doen. Kim lijkt vastbesloten zijn militaire opties te verbeteren, wat voor ons de grenzen van diplomatie onderstreept en de omtrekken van zijn ambities duidelijker uit laat komen.

In de schaduw van 'vuur en woede' is het potentieel voor een catastrofale misrekening groter, omdat Kim er inmiddels achter is dat Amerikaanse dreigementen over militaire actie niet geloofwaardig zijn. Bij iedere toekomstige confrontatie met de Verenigde Staten zal Kim misschien meer neiging hebben de spanningen te blijven laten oplopen, zonder te beseffen dat de dreigingsinschatting van Washington, Peking, Seoel en Tokio is veranderd en dat de drempel van deze landen om militair te reageren mogelijk is verlaagd. Oorlog is eenvoudig geen optie, hoe vaak Amerikaanse regeringen van nu, van vroeger en van later er ook aan hebben gedacht of eraan zullen denken, maar het is ook geen optie in te schikken voor een jonge, agressieve, risicotolerante dictator van wiens grillen en persoonlijke voorkeuren onze veiligheid niet kan afhangen. Zijn wolkenkrabbers en raketten prikken triomfantelijk door de lucht, maar Kim riskeert, zoals Icarus te dicht bij de zon vloog, beloftes te doen die hij niet kan vervullen en te overschatten hoe hoog hij kan vliegen.

Ook al hebben we meer inzichten vergaard over de dictator van Noord-Korea, er zitten nog altijd zo veel onduidelijkheden en gaten in onze kennis dat Korea-experts bezig zullen blijven om de jongste uitspraken van het regime te onderzoeken. Kims persoonlijke gezondheid en gewoontes, wie is in en wie is uit in de nooit eindigende reeksen zuiveringen, degradaties en promoties, de mogelijkheden van de nieuwste wapens, de opstelling van de marktgeneratie jegens de overheid, de invloed van sancties op de steun van de elite voor het regime – de lijst gaat door. Nieuwe leiders zullen komen en gaan in de hoofdsteden van de VS, Zuid-Korea en Japan, en zelfs in China en Rusland, maar in de voorzienbare toekomst zal de Kim-dynastie waarschijnlijk blijven.

Mijn exemplaar van Heuers boek heeft ezelsoren, allerlei passages zijn onderstreept en verschillende pagina's voorzien van kleurige post-itbriefjes. Nu Kim Jong-un zijn tweede decennium als leider van Noord-Korea nadert in 2021, zal de relevantie van Heuers inmiddels twintig jaar oude boek blijven, omdat de spelers, gebeurtenissen en omstandigheden zullen wijzigen, zo verandert de regionale dynamiek en politiek, en is nieuw onderzoek en hernieuwde analyse nodig, evenals het aanpassen van de aannames. Zijn waarschuwingen over het herkennen van onze vooroordelen zullen altijd blijven weerklinken voor analisten omdat, zoals hij opmerkte, 'mindsets niet goed en niet slecht zijn, ze zijn onvermijdelijk'.[45] Heuer, die in augustus 2018 op 91-jarige leeftijd overleed, schreef dat onze perceptie van de realiteit onontkoombaar is beïnvloed door 'vroegere ervaring, onderwijs, culturele waarden, rolvereisten en organisatienormen'.[46] Deze wijsheid is even goed van toepassing op de dictator in Pyongyang. De mindset van Kim Jong-un is gevormd door zijn opvatting over de geschiedenis van zijn familie en land en zijn rol daarin, de acties van zijn buren, zijn ervaringen bij het manipuleren van zijn interne en externe omgeving, en zijn inzicht in zijn relatieve sterke en zwakke punten ten opzichte van de politieke, militaire en economische problemen waarmee hij te maken heeft.

Maar Kim is nog steeds in wording – aan het leren, aanpassen en bijstellen. We moeten zijn ambities en illusies sturen en beteugelen, nu zijn ideeën over zijn nalatenschap en de toekomst van Noord-Korea nieuwe en nog gevaarlijker hoogten bereiken.

NOTEN

Afkortingen:
AP Associated Press
LAT *Los Angeles Times*
NPR National Public Radio
NYT *The New York Times*
SCMP *South China Morning Post*
WP *The Washington Post*
WSJ *The Wall Street Journal*

PROLOOG

1 Steven Erlanger, 'Doctor Confirms Kim Jong-il Stroke', *NYT*, 11 december 2008.

2 'North Korean Leader Kim Jong Il Dead after Heart Attack, State Media Reports', CNN, 19 december 2011; 'Reactions to Kim Jong Il's Death', *The Huffington Post*, 19 december 2011; 'North Koreans mourn Kim Jong-il after "heart attack"', BBC News, 19 december 2011.

3 'North Korea Agency Officially Informs Citizens about Dear Leader's Death', *BBC Monitoring Asia Pacific*, 19 december 2011, via LexisNexis.

4 Choe Sang-Hun, 'North Korea's "Dear Young General" Has Made His Mark', *NYT*, 30 september 2011.

5 Ibid.

6 Victor Cha, 'China's Newest Province?' *NYT*, 19 december 2011.

7 Andrew Salmon, 'Power Behind Kim Jong-Un's Throne: The

"Gang of Seven" Emerges from the Shadows', *The Telegraph*, 31 december 2011.

8 Patrick McEachern, 'Centralizing North Korean Policymaking under Kim Jong Un', *Asian Perspectives* 43, no. 1 (2019): 60-61, doi:10.1353/apr.2019.0001.

9 Chico Harlan, 'In North Korea, Kim Jong Un Rises and Advisers Are Shoved Aside', WP, 13 december 2013.

1 VAN BABY VAN DRIE METER TOT INTERNATIONALE STAATSMAN

1 Central Intelligence Agency, 'Analytic Positions', Careers & Internships, laatste update 12 april 2019, https://www.cia.gov/careers/opportunities/analytical.

2 Richards J. Heuer, Jr., *Psychology of Intelligence Analysis* (Washington, DC: Center for the Study of Intelligence, Central Intelligence Agency, 1999), 10.

3 Marc Fisher, 'Too Much Power for Young Hands?', WP, 23 december 2011.

4 Don Oberdorfer, *The Two Koreas: A Contemporary History* (New York: Basic Books, 2001), 349.

5 Martin Fackler, 'On North Korean TV, a Dash of (Unapproved) Disney Magic', NYT, 9 juli 2012.

6 'North Korea Threatens "Sea of Fire" for South Korea Presidential Office', *The Telegraph*, 22 november 2013.

7 Anna Fifield, 'Kim Jong Un Calls Trump a "Mentally Deranged U.S. Dotard"', WP, 21 september 2017.

8 Zachary Cohen en Kevin Liptak, 'Trump Praises Kim Jong Un as Honorable, Refuses to Explain Why', CNN, 25 april 2018.

2 GUERRILLA'S EN GODEN

1 Bradley K. Martin, *Under the Loving Care of the Fatherly Leader: North Korea and the Kim Dynasty* (New York: Thomas Dunne Books, 2006), 1.

2 Helen-Louise Hunter, *Kim Il-song's North Korea* (Westport, Conn.: Praeger, 1999), 27.

3 Martin, *Under the Loving Care of the Fatherly Leader*, 5.
4 Jung H. Pak, 'Disoriented in the Orient: A U.S. Historian Goes Transnational', in *Why We Write: The Politics and Practice of Writing for Social Change*, ed. Jim Downs (New York: Routledge, 2006), 56.
5 Isabella Bird Bishop, *Korea and Her Neighbours: A Narrative of Travel, with an Account of the Recent Vicissitudes and Present Position of the Country* (1898; herdruk Seoel: Yonsei University Press, 1970), 40.
6 Horace G. Underwood, 'Korea's Crisis Hour', *Korea Mission Field*, 15 september 1908.
7 Bishop, *Korea and Her Neighbors*, 43-44.
8 Carter J. Eckert, Ki-baik Lee, Young Ick Lew, Michael Robinson en Edward W. Wagner, *Korea Old and New: A History* (Cambridge, Mass.: Harvard University Press, 1990), 238.
9 Martin, *Under the Loving Care of the Fatherly Leader*, 14; *Kim Il Sung: Condensed Biography* (Pyongyang: Foreign Languages Publishing House, 2001), 5.
10 Kim Il Sung, *With the Century* (Pyongyang: Korea Friendship Association, 2003), hoofdstuk 1, http://www.korea-dpr.info/lib/202.pdf.
11 *Kim Il Sung: Condensed Biography*, 7.
12 Dae-sook Suh, *Kim Il Sung: The North Korean Leader* (New York: Columbia University Press, 1988), 5.
13 Ibid., 37-38.
14 Bruce Cumings, *Korea's Place in the Sun: A Modern History* (New York: W. W. Norton, 1997), 196.
15 Kim Il Sung, *With the Century*, hoofdstuk 1.
16 Ibid.
17 Eckert et al., *Korea Old and New*, 341.
18 James F. Schnabel, *Policy and Direction: The First Year* (Washington, DC: Center of Military History, United States Army, 1992), 11, https://history.army.mil/html/books/020/20-1/CMH_Pub_20-1.pdf.

19 Victor Cha, *The Impossible State: North Korea, Past and Future* (New York: HarperCollins, 2013), 70.
20 Cumings, *Korea's Place in the Sun*, 231-35.
21 Geciteerd in Paul J. Heer, *Mr. X and the Pacific: George F. Kennan and American Policy in East Asia* (Ithaca, N.Y.: Cornell University Press, 2018), 141.
22 Schnabel, *Policy and Direction*, 39.
23 Eckert et al., *Korea Old and New*, 344.
24 Central Intelligence Agency, 'The Korean War Controversy: An Intelligence Success or Failure?', laatste update 25 juni 2015, https://www.cia.gov/news-information/featured-story-archive/2015-featured-story-archive/korean-war-intelligence-success-or-failure.html.
25 Minnie Chan, 'China's Korean War Veterans Still Waiting for Answers, 60 Years On', SCMP, 28 juli 2013.
26 David Halberstam, *The Coldest Winter: America and the Korean War* (New York: Hyperion, 2007), 631.
27 Cumings, *Korea's Place in the Sun*, 290-93. Zie ook Schnabel, *Policy and Direction*, 288.
28 Charles K. Armstrong, 'The Destruction and Reconstruction of North Korea, 1950-1960', *Asia-Pacific Journal* 7 (16 maart 2009), https://apjjf.org/-Charles-K.-Armstrong/3460/article.html.
29 Oberdorfer, *Two Koreas*, 9-10.
30 Walter G. Hermes, *Truce Tent and Fighting Front: United States Army in the Korean War* (Washington, DC: Center of Military History, United States Army, 1992), 501, https://history.army.mil/html/books/020/20-3/CMH_Pub_20-3.pdf.
31 Armstrong, 'Destruction and Reconstruction of North Korea'.
32 *Military Situation in the Far East: Hearings before the Committee on Armed Services and the Committee on Foreign Relations, to Conduct an Inquiry into the Military Situation in the Far East and the Facts Surrounding the Relief of General of the Army Douglas MacArthur from His Assignments in That Area,* 82nd Congress, 1st session (Washington, DC: U.S. Government Printing Office, 1951), 82,

https://babel.hathitrust.org/cgi/pt?id=uc1.$b643205&view=1up-&seq=11.

33 'G.I.s Tell of a U.S. Massacre in Korean War', *NYT*, 30 september 1999.

34 Armstrong, 'Destruction and Reconstruction of North Korea'.

35 Martin, *Under the Loving Care of the Fatherly Leader*, 91.

36 Sung-Yoon Lee, 'Welcome to the Showdown over South Korea's Seoul', *National Interest*, 5 november 2018.

37 Andrei Lankov, 'Kim Takes Control: The "Great Purge" in North Korea, 1956-1960', *Korean Studies* 26, no. 1 (2002): 87-119, doi:10.1353/ks.2002.0010.

38 James Person ed., 'New Evidence on North Korea in 1956', *Cold War International History, Project Bulletin,* aflevering 16, https://www.wilsoncenter.org/sites/default/files/CWIHPBulletin16_p51.pdf.

39 Andrei Lankov, *The Real North Korea: Life and Politics in the Failed Stalinist Utopia* (New York: Oxford University Press, 2015), 69.

40 Robert Collins, *Marked for Life: Songbun, North Korea's Social Classification System* (Washington DC: Committee for Human Rights in North Korea, 2012).

41 Helen-Louise Hunter, 'The Society and Its Environment', in *North Korea: A Country Study*, 5de ed., ed. Robert L. Worden (Washington, DC: Library of Congress, Federal Research Division, 2008), 122.

42 Kang Chol-hwan en Pierre Rigoulot, *The Aquariums of Pyongyang: Ten Years in the North Korean Gulag* (New York: Basic Books, 2001), 4-5.

43 Hunter, *Kim Il-song's North Korea*, 26.

44 Central Intelligence Agency, *North Korea: A Sociological Perspective*, januari 1983, https://www.cia.gov/library/readingroom/document/cia-rdp84s00553r000100010001-7.

45 Hunter, *Kim Il-song's North Korea*, 26-27.

46 Kang en Rigoulot, *Aquariums of Pyongyang*, 5.

47 Cha, *Impossible State*, 7.

48 Yeonmi Park, *In Order to Live: A North Korean Girl's Journey to Freedom* (New York: Penguin Press, 2015), 49.
49 Ibid.
50 B. R. Myers, *The Cleanest Race: How North Koreans See Themselves – and Why It Matters* (Brooklyn, N.Y.: Melville House, 2010), 47.
51 Christine Kim, 'North Korea's Kim, the Second of His Line to Be Embalmed', Reuters, 20 december 2011.

3 DE ERFENIS

1 Anna Fifield, 'The Secret Life of Kim Jong Un's Aunt, Who Has Lived in the U.S. Since 1998', WP, 27 mei 2016.
2 Cha, *Impossible State*, 188.
3 *Kim Jong Il: Brief History* (Pyongyang: Foreign Languages Publishing House, 1998), 1.
4 Ibid.
5 Ibid., 1-2.
6 Paul Fischer, *A Kim Jong-Il Production: The Extraordinary True Story of a Kidnapped Filmmaker, His Star Actress, and a Young Dictator's Rise to Power* (New York: Flatiron Books, 2015), 34.
7 Choe In Su, *Kim Jong Il: The People's Leader*, deel 1 (Pyongyang: Foreign Languages Publishing House, 1983), 46, 75.
8 Park, *In Order to Live*, 47.
9 Ibid.
10 Jae-Cheon Lim, *Kim Jong Il's Leadership of North Korea* (Londen en New York: Routledge, 2009), 11-12; zie ook Kwang Joo Sohn, 'Kim Jong Il's Birth and Growth', *Daily* NK, 11 februari 2005.
11 Suh, *Kim Il Sung*, 51.
12 Kim, *With the Century*, hoofdstuk 23.
13 Martin, *Under the Loving Care of the Fatherly Leader*, 204.
14 Ibid., 187.
15 John Cha en K. J. Sohn, *Exit Emperor Kim Jong-il: Notes from His Former Mentor* (Bloomington, IN: Abbott Press, 2012), 17; Martin, Under the Loving Care of the Fatherly Leader, 208.
16 Lim, *Kim Jong Il's Leadership*, 23-28.

17 Ibid., 23.
18 Ra Jong-yil, *Inside North Korea's Theocracy: The Rise and Sudden Fall of Jang Song-Thaek*, vertaald door Jinna Park (Albany: State University of New York Press, 2019), 2.
19 Martin, *Under the Loving Care of the Fatherly Leader*, 196
20 Ibid.
21 Hunter, *Kim Il-song's North Korea*, 136-37.
22 Martin, *Under the Loving Care of the Fatherly Leader*, 216-17.
23 Fischer, *A Kim Jong-Il Production*, 42-43.
24 Lim, *Kim Jong Il's Leadership*, 27.
25 Lim Dong-won, *Peacemaker: Twenty Years of Inter-Korean Relations and the North Korean Nuclear Issue* (Stanford, Calif.: Walter H. Shorenstein Asia-Pacific Research Center, 2012), 64.
26 Hunter, *Kim Il-song's North Korea*, 133-34.
27 Lim, *Kim Jong Il's Leadership*, 23-28.
28 Martin, *Under the Loving Care of the Fatherly Leader*, 195.
29 Ra, *Inside North Korea's Theocracy*, 2.
30 Central Intelligence Agency, *The North Korean Succession: An Intelligence Assessment*, oktober 1978, https://www.cia.gov/library/readingroom/document/cia-rdp81b00401r002100110012-7.
31 Ibid.
32 Ibid.
33 Peter Maass, 'The Last Emperor', NYT *Magazine*, 19 oktober 2003.
34 Central Intelligence Agency, *North Korea: The Dynasty Takes Shape*, 3 maart 1982, https://www.cia.gov/library/readingroom/document/cia-rdp08s02113r000100210001-5.
35 Andrei Lankov, *North of the DMZ: Essays on Daily Life in North Korea* (Jefferson, N.C.: McFarland, 2007), 82-83.
36 Ibid.
37 Cha en Sohn, *Exit Emperor Kim Jong-il*, 28-30.
38 Mark Savage, 'Kim Jong-il: The Cinephile Despot', BBC News, 19 december 2011.
39 'Choi Eun-Hee: South Korean Actress Who Was Kidnapped by North Dies', BBC News, 17 april 2018.

40 Barbara Demick, 'Secret Tape Recordings of Kim Jong Il Provide Rare Insight into the Psyche of His North Korean Regime', *LAT*, 27 oktober 2016.
41 Fischer, *A Kim Jong-Il Production*, 273.
42 Ibid.
43 Cha, *Impossible State*, 53.
44 Central Intelligence Agency, *North Korean Military Capabilities and Intentions: A Special National Intelligence Estimate*, 23 mei 1979, https://www.cia.gov/library/readingroom/docs/DOC_0001171-647.pdf.
45 Ibid.
46 Ibid.
47 Geciteerd in Max Boot, *Invisible Armies: An Epic History of Guerrilla Warfare from Ancient Times to the Present* (New York: Liveright, 2013), xxiii.
48 Samuel Huntington, *The Clash of Civilizations and the Remaking of World Order* (New York: Simon & Schuster, 1996), 187-88.
49 National Intelligence Council memorandum, *North Korea: Likely Response to Economic Sanctions,* 10 december 1991, https://www.cia.gov/library/readingroom/docs/ DOC_0005380437.pdf.
50 Jonathan Pollack, *No Exit: North Korea, Nuclear Weapons and International Security* (New York: Routledge, 2011), 53-56.
51 Joel Wit, Daniel Poneman en Robert Gallucci, *Going Critical: The First North Korean Nuclear Crisis* (Washington, DC: Brookings Institution Press, 2004), 38; National Intelligence Council, *Foreign Missile Developments and the Ballistic Missile Threat to the United States through 2015*, september 1999, https://www.dni.gov/files/documents/Foreign%20Missile%20Developments_1999.pdf.
52 Kevin Sullivan, 'N. Korea Has A-Weapons, Defector Quoted as Saying', *WP*, 23 april 1997.
53 National Intelligence Council, *Foreign Missile Developments and the Ballistic Missile Threat*.
54 Kevin Sullivan, 'N. Korea Admits Selling Missiles', *WP*, 17 juni 1998.

4 DE OPKOMENDE ZOON

1 Jang Jin-sung, *Dear Leader: My Escape from North Korea*, vertaling Shirley Lee (New York: Atria Books, 2014), 111-12.
2 Lim, *Kim Jong Il's Leadership*, 100.
3 Ra, *Inside North Korea's Theocracy*, 16.
4 Martin, *Under the Loving Care of the Fatherly Leader*, 686.
5 Ibid., 686-88.
6 Cha en Sohn, *Exit Emperor Kim Jong-il*, 34.
7 Jenny Lee, 'Death of North Korea's Onetime Heir Sheds Light on Secretive Kim Dynasty', VOA News, 17 februari 2017.
8 Kim Hakjoon, *Dynasty: The Hereditary Succession Politics of North Korea* (Stanford, Calif.: Walter H. Shorenstein Asia-Pacific Research Center, 2015), 109.
9 Ralph Hassig en Kongdan Oh, *The Hidden People of North Korea: Everyday Life in the Hermit Kingdom* (Lanham, Md.: Rowman & Littlefield, 2009), 50-51.
10 Martin, *Under the Loving Care of the Fatherly Leader*, 688.
11 Ibid.
12 Cha en Sohn, *Exit Emperor Kim Jong-il*, 36.
13 Martin, *Under the Loving Care of the Fatherly Leader*, 689.
14 Kim, *Dynasty*, 109.
15 Ibid., 109-11; Lee, 'Death of North Korea's Onetime Heir'.
16 Het geboortejaar van Kim Yo-jong is te vinden in U.S. Treasury Department, 'North Korea Designations', Office of Foreign Assets Control, Special Designated Nationals List Update, 11 januari, 2017, https://www.treasury.gov/resource-center/sanctions/OFAC-Enforcement/Pages/20170111.aspx. Zie verder Cumings, *Korea's Place in the Sun*, 177, alsmede Tai-hwan Kwon, 'International Migration of Koreans and the Korean Community in China', *Korea Journal of Population and Development* 26, no. 1 (juli 1997): 6, http://s-space.snu.ac.kr/bit-stream/10371/85280/1/1.INTERNATIONAL_MIGRATION_OF_KOREANS_AND_THE_KOREAN_COMMUNITY_IN_CHINA%5DTAI-HWAN%20KWON.pdf.
17 Lee, 'Death of North Korea's Onetime Heir'.

18 Kim, *Dynasty*, 110.
19 Ibid., 110-11.
20 'Kim Jong-Nam Says N. Korean Regime Won't Last Long', *Chosun Ilbo*, 7 januari 2012.
21 Kim, *Dynasty*, 144.
22 Ibid., 145.
23 Ra, *Inside North Korea's Theocracy*, 139.
24 Kim, *Dynasty*, 146.
25 Choe Sang-Hun, 'Book Explores Kim Jong Un's Feelings about His Mother, and Other Family Tales', NYT, 24 mei 2018.
26 James Pearson, 'Wonderful Tonight: Taking Kim Jong Un's Brother to a Clapton Concert', Reuters, 3 februari 2017.
27 Fifield, 'The Secret Life of Kim Jong Un's Aunt'.
28 Kim, *Dynasty*, 145-47.
29 Allan Hall, '"He Couldn't Speak English, Didn't Pass Any Exams and Was Obsessed with Basketball and Computer Games": Kim Jong Un's Swiss School Days Revealed', *Daily Mail*, 22 december 2011.
30 Andrew Higgins, 'Who Will Succeed Kim Jong Il?' WP, 16 juli 2009; Anna Fifield, *The Great Successor: The Divinely Perfect Destiny of Brilliant Comrade Kim Jong Un* (New York: PublicAffairs, 2019), 58-59.
31 Higgins, 'Who Will Succeed Kim Jong Il?'
32 Ra, *Inside North Korea's Theocracy*, 139.
33 Keir Simmons, Amy Perrette, Serena Tinari en Stella Kim, 'Trump Can Win Over Kim Jong Un by Appealing to Sense of Humor, Teacher Says', NBC News, 11 juni 2018.
34 Fifield, 'The Secret Life of Kim Jong Un's Aunt'.
35 Kim, *Dynasty*, 147.
36 Fifield, 'The Secret Life of Kim Jong Un's Aunt'.
37 Cha, *Impossible State*, 188.
38 Sandra Fahy, *Marching through Suffering: Loss and Survival in North Korea* (New York: Columbia University Press, 2015), 106.
39 Ibid., 11.

40 Stephan Haggard en Marcus Noland, *Hunger and Human Rights: The Politics of Famine in North Korea* (Washington, DC: U.S. Committee for Human Rights in North Korea, 2005), 14, https://www.researchgate.net/publication/40904797_Hunger_and_Human_Rights_The_Politics_of_ Famine_in_North_Korea.
41 Cha, *Impossible State,* 355.
42 Fahy, *Marching through Suffering*, 10.
43 Haggard en Noland, *Hunger and Human Rights*, 14.
44 Ibid., 8.
45 Ibid., 28.
46 Fahy, *Marching through Suffering*, 40.
47 Ibid., 120.
48 Amnesty International, 'Starving North Koreans Forced to Survive on Diet of Grass and Tree Bark', 15 juli 2010.
49 Fahy, *Marching through Suffering*, 83.
50 Ibid., 71.
51 Barbara Demick, *Nothing to Envy: Ordinary Lives in North Korea* (New York: Spiegel & Grau, 2009), 169.
52 Fahy, *Marching through Suffering*, 53.
53 Terry Atlas, 'CIA Director Fears N. Korea's Collapse, New War', *Chicago Tribune,* 12 december 1996.
54 Mary Jordan, 'Speculation Grows on Demise of N. Korea', *WP*, 6 april 1996.
55 Central Intelligence Agency, *Exploring the Implications of Alternative North Korean Endgames: Results from a Discussion Panel on Continuing Coexistence between North and South Korea*, Intelligence Report, 21 januari 1998, https://www.cia.gov/library/readingroom/docs/DOC_0001085294.pdf.
56 Kim, *Dynasty*, 147.
57 Ibid., 155.

5 DE OPVOEDING VAN KIM JONG-UN

1 'Kim Jong-Un Attends North Korean Military Parade', *The Guardian*, 10 oktober 2010.

2 Chico Harlan, 'North Korean Ruler and Heir Attend Parade', *WP*, 11 oktober 2010.
3 'N. Korean Official: Nation Will Serve Kim Jong Un', NPR, 8 oktober 2010.
4 Mark Bowden, 'Understanding Kim Jong Un, the World's Most Enigmatic and Unpredictable Dictator', *Vanity Fair*, maart 2015.
5 The White House, The President's State of the Union Address, 29 januari 2002, https://georgewbush-whitehouse.archives.gov/news/releases/2002/01/20020129-11.html.
6 Mary-Beth Nikitin, 'North Korea's Nuclear Weapons: Technical Issues', Congressional Research Service Report for Congress, RL34256, 3 april 2013, https://fas.org/sgp/crs/nuke/RL34256.pdf.
7 R. Jeffrey Smith, 'Perry Sharply Warns North Korea', *WP*, 31 maart 1994.
8 Oberdorfer, *Two Koreas*, 306; zie ook Jamie McIntyre, 'Washington Was on Brink of War with North Korea 5 Years Ago', CNN, 4 oktober 1999.
9 Oberdorfer, *Two Koreas*, 313.
10 Ibid., 328-29.
11 Cha, *Impossible State*, 254-55.
12 B. R. Myers, *Cleanest Race*, 51.
13 'N. Korea Withdraws from Nuclear Pact', BBC News, 10 januari 2003.
14 Eric Schmitt, 'North Korea MIG's Intercept U.S. Jet on Spying Mission', *NYT*, 4 maart 2003.
15 Nikitin, 'North Korea's Nuclear Weapons', 4.
16 Volledige tekst (19 september 2005) van de 'Joint Statement of the Six Party Talks', https://www.ncnk.org/resources/publications/September_19_2005_Joint_Statement.doc.
17 U.S. Department of the Treasury, 'Treasury Designates Banco Delta Asia as Primary Money Laundering Concern under USA Patriot Act', 15 september 2005, https://www.treasury.gov/press-center/press-releases/Pages/js2720.aspx.
18 'North Korea Missile Tests – a Timeline', CBS News, 6 september 2017.

19 Sue Mi Terry, 'North Korea's Strategic Goals and Policy towards the United States and South Korea', *International Journal of Korean Studies* 17, no. 2 (najaar 2013), http://www.icks.org/data/ijks/1482461379_add_file_3.pdf.
20 Kim, *Dynasty*, 148.
21 Ibid., 168.
22 Geciteerd in Emma Chanlett-Avery en Sharon Squassoni, 'North Korea's Nuclear Test: Motivations, Implications, and U.S. Options', Congressional Research Service Report for Congress, RL33709, 24 oktober 2006, https://fas.org/sgp/crs/nuke/RL33709.pdf.
23 'North Korea Claims Nuclear Test', BBC News, 9 oktober 2006.
24 Chanlett-Avery en Squassoni, 'North Korea's Nuclear Test'.
25 Terry, 'North Korea's Strategic Goals', 71.
26 'North Korea says its nuclear weapons state status will remain unchanged', *BBC Monitoring Asia Pacific,* 17 januari 2009.
27 Choe Sang-Hun, 'North Korea Says It Tested Nuclear Device', *NYT*, 25 mei 2009.
28 Glenn Kessler, 'During Visit by Bill Clinton, North Korea Releases American Journalists', *WP*, 5 augustus 2009.
29 Cha, *Impossible State*, 388.
30 Jack Kim en Lee Jae-won, 'North Korea Shells South in Fiercest Attack in Decades', Reuters, 23 november 2010.
31 David Sanger, 'North Koreans Unveil New Plant for Nuclear Use', *NYT*, 20 november 2010.
32 Mark Manyin, 'Kim Jong-il's Death: Implications for North Korea's Stability and U.S. Policy', Congressional Research Service Report for Congress, R42126, 11 januari 2012, https://fas.org/sgp/crs/row/R42126.pdf; Ian E. Rinehart, Steven A. Hildreth en Susan V. Lawrence, 'Ballistic Missile Defense in the Asia-Pacific Region: Cooperation and Opposition', Congressional Research Service Report for Congress, R43116, April 3, 2015, https://fas.org/sgp/crs/nuke/R43116.pdf.

6 GROTER, SLECHTER, BRUTALER

1 'North Korean TV Shows Young Kim Threatening War in 2009', *The Journal*, 8 januari 2012, http://www.thejournal.ie/north-korean-tv-shows-young-kim-threatening-war-in-2009-323104-Jan2012/#slide-slideshow3.
2 Jack Kim en Sung-won Shim, 'North Korea Calls for "Human Shields" to Protect New Leader', Reuters, 31 december 2011.
3 'Report: Kim Jong Un Won't "Last Long", Half-Brother Says', NBC News, 17 januari 2012.
4 Ernesto Londoño, 'North Korean Leader Kim Jong Un Offers Many Faces, Many Threats', *WP*, 13 april 2013.
5 Barbara Demick en Jung-yoon Choi, 'North Korea Satellite Launch Fails Quickly after Liftoff', *LAT*, 13 april 2012.
6 Jonathan Marcus, 'New ICBM Missiles at North Korea Parade "Fake"', BBC News, 27 april 2012; Jeffrey Lewis en John Schilling, 'Real Fake Missiles: North Korea's ICBM Mockups Are Getting Scary Good', 38 North, 4 november 2013.
7 Choe Sang-Hun, 'North Korean Leader Stresses Need for Strong Military', *NYT*, 15 april 2012.
8 Chico Harlan, 'New North Korean Leader Kim Jong Eun Speaks Publicly for First Time', *WP*, 15 april 2012.
9 Choe Sang-Hun en David Sanger, 'North Koreans Launch Rocket in Defiant Act', *NYT*, 11 december 2012.
10 James R. Clapper, Director of National Intelligence, 'Statement for the Record. Worldwide Threat Assessment of the US Intelligence Community', Senate Committee on Armed Services, 18 april 2013, https://www.dni.gov/files/documents/Intelligence%20Reports/UNCLASS_2013%20ATA%20SFR%20FINAL%20for%20SASC%2018%20Apr%202013.pdf.
11 Leon Watson, 'We ARE a Nuclear Power: North Korea's Chilling Claim in New Constitution', *Daily Mail*, 31 mei 2012.
12 Will Ripley en Mariano Castillo, 'Report: North Korea Tests Ballistic Missile', CNN, 9 mei 2015.
13 'Kim Jong Un's Media Moments', CBS News, diverse data, https://

www.cbsnews.com/pictures/kim-jong-un-media-moments/2/.

14 Ibid.

15 U.S. Office of the Secretary of Defense, 'Report to Congress: Military and Security Developments Involving the Democratic People's Republic of Korea', 2017, https://fas.org/irp/world/dprk/dod-2017.pdf.

16 Barbara Demick, 'North Korea Has Long Put Weapons Ahead of Food for Its People', *LAT*, 13 april 2012.

17 'N.K. Leader Watches Rocket Firing Contest, Combat Flight Drill', Yonhap Persbureau, 21 december 2016.

18 U.S. Office of the Secretary of Defense, 'Military and Security Developments Involving the Democratic People's Republic of Korea'.

19 Ibid.

20 Ibid.

21 Ibid.

22 Choe Sang-Hun, 'North Korea Threatens South with Military Action', *NYT*, 23 april 2012.

23 Bonnie Berkowitz, Laris Karklis en Tim Meko, 'What Is North Korea Trying to Hit?' *WP*, 25 juli 2017.

24 'North Korea Suspends Works at Kaesong Industrial Zone', BBC News, 8 april 2013.

25 Choe Sang-Hun, 'U.S. and South Korea Put Forces on Alert for Missile Test by North', *NYT*, 11 april 2013.

26 Ibid.

27 Center for Strategic and International Studies, 'Musudan at a Glance', laatste update 15 juni 2018, https://missilethreat.csis.org/missile/musudan/.

28 Bill Gertz, 'On the Border: China Confirms Military Exercises near N. Korean Border', *The Washington Free Beacon*, 8 april 2013.

29 Center for Strategic and International Studies, 'Musudan at a Glance'.

30 Jack Kim, 'South Korea Extending Ballistic Missile Range to Counter North's Threat', Reuters, 3 april 2014.

31 Londoño, 'Kim Jong Un Offers Many Faces, Many Threats'.

32 Heuer, *Psychology of Intelligence Analysis*, 1.
33 Jon Schwarz, 'Trump Intel Chief: North Korea Learned from Libya War to "Never" Give Up Nukes', *The Intercept*, 29 juli 2017.
34 Peter Beaumont en Chris Stephen, 'Gaddafi's Last Words as He Begged for Mercy: "What Did I Do to You?"', *The Guardian*, 22 oktober 2011.
35 Schwarz, 'Trump Intel Chief'.

7 EEN DICTATUUR VAN DE EENENTWINTIGSTE EEUW

1 Adam Cathcart, 'Kim Jong-un Syndrome: North Korean Commemorative Culture and the Succession Process', in *Change and Continuity in North Korean Politics,* ed. Adam Cathcart, Robert Winstanley-Chesters en Christopher Green (Londen: Routledge, 2017), 13.
2 Suzy Kim, 'Specters of War in Pyongyang: The Victorious Fatherland Liberation War Museum in North Korea', *Cross-Currents: East Asian History and Culture Review,* e-journal no. 14 (maart 2015), 145, https://cross-currents.berkeley.edu/sites/default/files/e-journal/articles/s._kim. pdf.
3 Jean H. Lee, 'For North Koreans, the War Never Ended', *Wilson Quarterly*, voorjaar 2017, https://wilsonquarterly.com/quarterly/trump-and-a-watching-world/for-north-koreans-the-war-never-ended/.
4 Kim, 'Specters of War in Pyongyang', 145.
5 Cathcart, 'Kim Jong-un Syndrome', 15.
6 Choe Sang-Hun en Martin Fackler, 'North Korea's Heir Apparent Remains a Mystery', NYT, 14 juni 2009.
7 'North Korea Propaganda Slogans Urge "Socialist Fairyland"', BBC News, 12 februari 2015.
8 Megan Willett, 'North Korea Releases Photos of Colorful New Water Park in Pyongyang', *Business Insider*, 17 oktober 2013.
9 'Mirim Riding Club', Tongil Tours, bekeken 26 september 2018, https://tongiltours.com/travel-guide/pyongyang/attractions/mirim-riding-club.

10 'New DPRK Site Spotted: Mirim Equestrian Riding Club', Uri Tours, bekeken 26 september 2018, https://www.uritours.com/blog/new-dprk-site-spotted-mirim-equestrian-riding-club/.
11 Oliver Wainwright, 'The Pyonghattan Project: How North Korea's Capital Is Transforming into a "Socialist Fairyland"', *The Guardian*, 11 september 2015.
12 Kim Wall, 'A Tourist in North Korea', *The Atlantic*, 30 oktober 2014.
13 Mike Firn, 'British Diplomat Takes Roller Coaster Ride with North Korea's Leader Kim Jong-un', *The Telegraph*, 2 augustus 2012.
14 Wainwright, 'Pyonghattan Project'.
15 Rüdiger Frank, 'North Korea's Economic Policy in 2018 and Beyond: Reforms Inevitable, Delays Possible', 38 North, 8 augustus 2018, https://www.38north.org/2018/08/rfrank080818/; zie ook Elizabeth Shim, 'North Korea Legalizing Marketplaces to "Manage" Population', UPI, 29 maart 2017.
16 Wall, 'A Tourist in North Korea'.
17 Wainwright, 'Pyonghattan Project'.
18 Ju-min Park en James Pearson, 'In Kim Jong Un's Summer Retreat, Fun Meets Guns', Reuters, 10 oktober 2017.
19 Ibid.
20 Christopher Green, 'Wrapped in a Fog: On the DPRK Constitution and the Ten Principles', in *Change and Continuity in North Korean Politics*, ed. Adam Cathcart, Robert Winstanley-Chesters en Christopher Green (Londen: Routledge, 2017), 25.
21 *World Report 2019*, Human Rights Watch, bekeken 12 september 2019, https://www.hrw.org/sites/default/files/world_report_download/hrw_world_report_2019.pdf.
22 Christopher Richardson, 'Hagiography of the Kims and the Childhood of Saints', in *Change and Continuity in North Korean Politics*, ed. Adam Cathcart, Robert Winstanley-Chesters en Christopher Green (Londen: Routledge, 2017), 123.
23 'N. Korean TV Shows Childhood Photos of Kim Jong-un',

Chosun Ilbo, 23 april 2014.
24 Richardson, 'Hagiography of the Kims', 123.
25 Wainwright, 'Pyonghattan Project'.
26 Frank, 'North Korea's Economic Policy in 2018 and Beyond'.
27 Anna Fifield, 'Life under Kim Jong Un', *WP*, 17 november 2017, https://www.washingtonpost.com/graphics/2017/world/north-korea-defectors/?utm_term=.2be15641e8f4.
28 Ibid.
29 Ibid.
30 Barbara Demick, *Nothing to Envy*, 61-62.
31 John Everard, *Only Beautiful, Please: A British Diplomat in North Korea* (Stanford, Calif.: Walter H. Shorenstein Asia-Pacific Research Center, 2012), 94.
32 Park, *In Order to Live*, 50.
33 Demick, *Nothing to Envy*, 172.
34 Jieun Baek, *North Korea's Hidden Revolution: How the Information Underground Is Transforming a Closed Society* (New Haven: Yale University Press, 2016), 69-71.
35 Ibid., 71.
36 William A. Brown, 'North Korea's Economic Strategy, 2018', in *A Whirlwind of Change in East Asia: Assessing Shifts in Strategy, Trade, and the Role of North Korea*, vol. 29, *Joint U.S.-Korea Academic Studies*, ed. Gilbert Rozman (Washington, DC: Korea Economic Institute, 2018), 326-41, http://www.keia.org/sites/default/files/publications/kei_jointus-korea_2018_180801_final_digital.pdf.
37 Shim, 'North Korea Legalizing Marketplaces'.
38 U.S. National Geospatial-Intelligence Agency, 'Developments in North Korea's Sinuiju City under Kim Jong-un', laatste update 21 april 2018, https://pathfinder.geointservices.io/public_page/u-developments-in-north-koreas- sinuiju-city-under-kim-jong-un/.
39 Everard, *Only Beautiful, Please*, 100.
40 Robert E. Kelly, 'A New Economy for North Korea', Centre for International Governance Innovation, 3 augustus 2018, https://www.cigionline.org/articles/new-economy-north-korea.

41 Getuigenis van minister Thae Yong-ho, U.S. House Committee on Foreign Affairs, 1 november 2017, https://docs.house.gov/meetings/FA/FA00/20171101/106577/HHRG-115-FA00-Wstate-Yong-hoT-20171101.pdf.
42 Shim, 'North Korea Legalizing Marketplaces'; Baek, *North Korea's Hidden Revolution*, 38.
43 Park, *In Order to Live*, 58.
44 Daniel Tudor en James Pearson, *North Korea Confidential: Private Markets, Fashion Trends, Prison Camps, Dissenters and Defectors* (Tokio: Tuttle Publishing, 2015), 37.
45 Jean H. Lee, 'Soap Operas and Socialism: Dissecting Kim Jong-un's Evolving Policy Priorities through TV Dramas in North Korea', Korea Economic Institute Academic Paper Series, 30 november 2017, http://www.keia.org/sites/default/files/publications/lee_soap_operas_and_socialism.pdf.
46 Baek, *North Korea's Hidden Revolution*, 54-55.
47 Ibid., 59.
48 Fifield, 'Life under Kim Jong Un'.
49 Ibid.
50 Baek, *North Korea's Hidden Revolution*, 70.
51 United Nations, '2019 DPR Korea: Needs and Priorities', 6 maart 2019, https://www.undp.org/content/dam/unct/dprk/docs/DPRK_NP_2019_Final.pdf.

8 SNOEIEN IN DE STAMBOOM

1 De volledige tekst van de toespraak van 1 januari 2014 staat op https://www.ncnk.org/resources/publications/kju-ny2014.pdf/file_view.
2 Ra, *Inside North Korea's Theocracy*, 29.
3 De volledige tekst staat in Chad O'Carroll, 'North Korea Executes "Traitor" Jang Song Thaek', NK News, 12 december 2013, https://www.nknews.org/2013/12/north-korea-executes-jang-song-thaek-for-factionalism/.
4 Ra, *Inside North Korea's Theocracy*, 165.

5 Choe Sang-Hun, 'In Hail of Bullets and Fire, North Korea Killed Official Who Wanted Reform', NYT, 12 maart 2016.
6 Nicholas Eberstadt, 'North Korea Could Be In Store for a Purge – and Destabilization', WP, 13 december 2013.
7 Lankov, *Real North Korea*, 154.
8 'Pyongyang Recalls Senior Official', *Daily* NK, 31 december 2013; Shin Hyon-hee, 'N.K. Seen Spurring Leadership Shakeup', *The Korea Herald*, 6 januari 2014.
9 'N. Korea Purges 340 during 5-Year Rule of Kim Jong-un: Think Tank', Yonhap Persbureau, 29 december 2016.
10 Chico Harlan, 'North Korea Names Kim Jong Eun "Marshal" of the Military', WP, 18 juli 2012.
11 Choe Sang-Hun en David Sanger, 'Korea Execution Is Tied to Clash over Businesses', NYT, 23 december 2013.
12 Ra, *Inside North Korea's Theocracy,* 163.
13 Dick K. Nanto, 'North Korean Counterfeiting of U.S. Currency', Congressional Research Service Report for Congress, RL33324, 12 juni 2009, https://fas.org/sgp/crs/row/RL33324.pdf.
14 Justin V. Hastings, *A Most Enterprising Country: North Korea in the Global Economy* (Ithaca, N.Y.: Cornell University Press, 2016), 10-12.
15 Sheena Chestnut Greitens, *Illicit: North Korea's Evolving Operations to Earn Hard Currency* (Washington, DC: Committee for Human Rights in North Korea, 2014), https://www.hrnk.org/uploads/pdfs/SCG-FINAL-FINAL.pdf.
16 Carol Morello, 'U.N. Caps N. Korean Coal Sales in Bid to Deprive It of Hard Currency after Nuclear Tests', WP, 30 november 2016.
17 'N.K. Mineral Resources May Be Worth $9.7 Trillion', *The Korea Herald*, 26 augustus 2012; zie ook Leonid Petrov, 'Rare Earths Bankroll North Korea's Future', *Asia Times*, 8 augustus 2012.
18 U.S. Mission to the United Nations, 'Fact Sheet: Resolution 2371 (2017) Strengthening Sanctions on North Korea', 5 augustus 2017, https://usun.usmission.gov/fact-sheet-resolution-2371-2017-strengthening-sanctions-on-north-korea/?_ga=2.127536526.

220785168.1569552870707405175.1564779131.

19 U.S. Mission to the United Nations, 'Fact Sheet: Resolution 2397 on North Korea', 22 december 2017, https://usun.usmission.gov/fact-sheet-un-security-council-resolution-2397-on-north-korea/?_ga=2.15513014.1072312274.1569553067-22106-3855.1568833043.

20 Suki Kim, *Without You, There Is No Us: My Secret Life Teaching the Sons of North Korea's Elite* (Londen: Rider Books, 2015), 101.

21 United Nations, *Report of the Detailed Findings of the Commission of Inquiry on Human Rights in the Democratic People's Republic of Korea*, 7 februari 2014, 203, https://www.ohchr.org/EN/HRBodies/HRC/CoIDPRK/Pages/ReportoftheCommissionofInquiryDPRK.aspx.

22 Robert Collins, *Pyongyang Republic: North Korea's Capital of Human Rights Denial* (Washington, DC: Committee for Human Rights in North Korea, 2016), 71, 73, https://www.hrnk.org/uploads/pdfs/Collins_PyongyangRepublic_FINAL_WEB.pdf.

23 Hyonhee Shin, 'North Korea Bought at Least $640 Million in Luxury Goods from China in 2017, South Korea Lawmaker Says', Reuters, 22 oktober 2018.

24 United Nations, *Report of the Detailed Findings of the Commission of Inquiry*, 203.

25 United Nations, *Report of the Panel of Experts Established Pursuant to Resolution 1874* (2009), 27 februari 2017, https://www.undocs.org/S/2017/150; United Nations, *Report of the Panel of Experts Established Pursuant to Resolution 1874* (2009), 30 augustus 2019, https://undocs.org/S/2019/691.

26 Colin Zwirko en Oliver Hotham, 'High-End Appliances, Watches on Sale at Recently-Renovated N. Korean Dept. Store', NK News, 16 april 2019.

27 Ken E. Gause, *North Korean House of Cards: Leadership Dynamics under Kim Jong-un* (Washington, DC: Committee for Human Rights in North Korea, 2015), 68-69; Chico Harlan, 'N. Korea Says It Executed Leader's Uncle', *WP*, 12 december 2013.

28 Geciteerd in Ra, *Inside North Korea's Theocracy*, 157.
29 Lee Young-jong en Kang Jin-kyu, 'Pyongyang Purges More Jang Song Thaek Loyalists', *Korea JoongAng Daily*, 1 december 2014.
30 Kim Jong Un, 'Let Us Hasten the Final Victory through a Revolutionary Ideological Offensive', Eighth Conference of the Ideological Workers of the Korean Workers' Party, 27 februari 2014, https://www.ncnk.org/resources/publications/let-us-hasten-final-victory-through-revolutionary-ideological-offensive.pdf.
31 'Kim Jong Un Supervises KPAN Swim Test and Inspects Hwa Islet', North Korea Leadership Watch, 2 juli 2014, http://www.nkleadershipwatch.org/2014/07/02/kim-jong-un-supervises-kpan-swim- test-and-inspects-hwa-islet/.
32 'Kim Jong-un Sends Navy Officers for a Swim', *Chosun Ilbo*, 3 juli 2014.
33 'North Korean Leader Flays Officials during Amusement Park Visit', BBC *Monitoring Asia Pacific*, 10 mei 2012, via LexisNexis.
34 'North Korean Minister Offers Apology over Building Collapse to Bereaved Families', BBC *Monitoring Asia Pacific*, 18 mei 2014, via LexisNexis.
35 'North Korean Leader Flays Officials' Incompetence During Terrapin Farm Visit', BBC *Monitoring Asia Pacific,* 19 mei 2015, via LexisNexis.
36 Kang Mi Jin, 'Terrapin Farm Manager Executed Post Onsite Visit', *Daily* NK, 7 juli 2015.
37 Simon Denyer, 'North Korea Slams U.S. over Internet Shutdown, Calls Obama a "Monkey"', *WP*, 27 december 2014.
38 Tania Branigan, 'North Korea Labels South's President as "Crafty Prostitute" after Obama Visit', *The Guardian*, 27 april 2014.
39 Jane Perlez, 'North Korean Leader, Young and Defiant, Strains Ties with Chinese', *NYT*, 13 april 2013.
40 Julian Ryall, 'Kim Jong-un "Ordered Girl Group Home over Chinese Snub"', *The Telegraph*, 14 december 2015.
41 Mark Memmott, '"I Love Him", Dennis Rodman Says of North Korean Leader Kim Jong Un', NPR, 28 februari 2013; Fifield,

The Great Successor, hoofdstuk 11.

42 Ibid.

43 Peter Walker, 'Dennis Rodman Gives Away Name of Kim Jong-un's Daughter', *The Guardian*, 9 september 2013.

44 Curtis Melvin, 'Identifying the Ibiza of N. Korea: Where Kim Jong Un Met Rodman', NK News, 21 oktober 2013.

45 Heuer, *Psychology of Intelligence Analysis*, 33.

46 Anna Fifield, 'What Do We Know about Kim Jong Un? Very Little. That Makes This Guy an Expert', *WP*, 8 januari 2016.

47 David Hawk en Amanda Mortwedt Oh, *The Parallel Gulag: North Korea's 'An-jeon-bu' Prison Camps* (Washington, DC: Committee for Human Rights in North Korea, 2017), v, 57, https://www.hrnk.org/uploads/pdfs/Hawk_The_Parallel_Gulag_Web.pdf.

48 United Nations, *Report of the Detailed Findings of the Commission of Inquiry*, 365.

49 Ibid., 232.

50 Hyeonseo Lee, *The Girl with Seven Names* (Londen: William Collins, 2015), 67.

51 Ibid., 66.

52 United Nations, *Report of the Detailed Findings of the Commission of Inquiry*, 215.

53 Ibid., 220.

54 Ibid., 228-29.

55 Ibid., 228.

56 Ibid., 229.

57 Kang en Rigoulot, *Aquariums of Pyongyang*, 73.

58 'Report: Inquiry on Crimes against Humanity in North Korean Prison Camps', War Crimes Committee of the International Bar Association, 12 december 2017, https://www.ibanet.org/Article/NewDetail.aspx?ArticleUid=8aeof29d-4283-4151-a573-a66b-2c1ab480.

59 U.S. Department of the Treasury, 'Treasury Sanctions North Korean Senior Officials and Entities Associated with Human Rights Abuses', persbulletin, 6 juli 2016, https://www.treasury.gov/press-

center/press-releases/Pages/jl0506.aspx.

60 U.S. Department of the Treasury, 'Treasury Sanctions Additional North Korean Officials and Entities in Response to the North Korean Regime's Serious Human Rights Abuses and Censorship Activities', persbulletin, 11 januari 2017, https://www.treasury.gov/press-center/press-releases/Pages/jl0699.aspx.

61 Collins, *Pyongyang Republic*, 28. Gause, *North Korean House of Cards*. Zie sect. 2, hfd. 7.

62 Sheena Chestnut Greitens, *Dictators and Their Secret Police: Coercive Institutions and State Violence* (Cambridge: Cambridge University Press, 2016), 25.

63 Lee, *Girl with Seven Names*, 38.

9 KIMS HACKERS

1 Paul Fischer, 'North Korea's Fear of Hollywood', NYT, 4 juli 2014.

2 Martina Stewart, 'Activist to Drop 100,000 Copies of "The Interview" on North Korea by Balloon', WP, 31 december 2014.

3 Katie Engelhart, 'Former North Korean Poet Laureate Says "The Interview" Is as Explosive as a Real Bomb Being Dropped on Kim Jong-un', Vice News, 2 januari 2015.

4 Martyn Williams, 'Kim Jong Un Tries Out Virtual Reality', North Korea Tech, 2 april 2018.

5 Marc Prensky, 'Digital Natives, Digital Immigrants', oktober 2001, https://www.marcprensky.com/writing/Prensky%20-%20Digital%20Natives,%20Digital%20Immigrants%20-%20Part1.pdf.

6 Amanda Hess, 'Inside the Sony Hack', *Slate*, 22 november 2015.

7 Ju-min Park, 'North Korea Slams U.S. Movie on Leader Assassination Plot', Reuters, 25 juni 2014.

8 Choe Sang-Hun, 'North Korea Warns U.S. over Film Mocking Its Leader', NYT, 25 juni 2014.

9 'North Korea Threatens War on US over Kim Jong-un Movie', BBC News, 26 juni 2014.

10 Kim Zetter, 'Sony Got Hacked Hard: What We Know and Don't Know So Far', *Wired*, 3 december 2014.

11 Alexandra Alter, 'North Korea's Love-Hate of Movies', NYT, 31 december 2014, https://www.nytimes.com/2015/01/01/business/media/a-kim-jong-il-production-looks-at-north-koreas-film-past.html.
12 Ibid.
13 David Sanger, *The Perfect Weapon: War, Sabotage, and Fear in the Cyber Age* (New York: Crown, 2018), 127.
14 Hess, 'Inside the Sony Hack'.
15 Ibid.
16 Brooks Barnes en Nicole Perlroth, 'Sony Films Are Pirated, and Hackers Leak Studio Salaries', NYT, 2 december 2014.
17 Kahyun Yang en Jim Finkle, 'North Korea Says Its Supporters May Be Behind Sony Attack', Reuters, 7 december 2014.
18 Aldus de berichtgeving van Sean Gallagher, 'Sony Pictures Attackers Demand: "Stop the Terrorist Film!"', Ars Technica, 8 december 2014.
19 Choe Sang-Hun, 'North Korea Denies Role in Sony Pictures Hacking', NYT, 7 december 2014, https://www.nytimes.com/2014/12/08/business/north-korea-denies-hacking-sony-but-calls-attack-a-righteous-deed.html.
20 Seth Rosenblatt en Ian Sherr, 'Sony to Release *The Interview* After All?' CNET, 19 december 2014.
21 Michael Cieply en Brooks Barnes, 'Quandary for Sony in Threats over "The Interview"', NYT, 17 december 2014.
22 James R. Clapper met Trey Brown, *Facts and Fears: Hard Truths from a Life in Intelligence* (New York: Viking, 2018), 283.
23 U.S. Federal Bureau of Investigation, 'Update on Sony Investigation', persbulletin, 19 december 2014, https://www.fbi.gov/news/pressrel/press- releases/update-on-sony-investigation.
24 Elizabeth Weise, Kevin Johnson en Andrea Mandell, 'Obama: Sony "Did the Wrong Thing" When It Pulled Movie', USA *Today*, 9 december 2014.
25 Jose Pagliery, 'Why North Korea's Attack Should Leave Every Company Scared Stiff', CNN, 19 december 2014.

26 Engelhart, 'Former North Korean Poet Laureate'.
27 Sanger, *Perfect Weapon*, 136.
28 U.S. Congress, House Committee on Armed Services, 'Statement of General Curtis M. Scaparrotti, Commander, United Nations Command; Commander, United States-Republic of Korea Combined Forces Command, United States Forces Korea', 113th Congress, 2nd sess., 2 april 2014, https://docs. house.gov/meetings/AS/AS00/20140402/101985/HHRG-113-AS00-Wstate-Scaparrotti-USAC-20140402.pdf.
29 Aaron Boyd, 'DNI Clapper: Cyber Bigger Threat Than Terrorism', *Federal Times*, 4 februari 2016.
30 David Sanger, David Kirkpatrick en Nicole Perlroth, 'The World Once Laughed at North Korean Cyberpower. No More', *NYT*, 15 oktober 2017.
31 Ibid.
32 Matthew Ha en David Maxwell, 'Kim Jong-un's "All-Purpose Sword": North Korean Cyber-Enabled Economic Warfare', Foundation for Defense of Democracies, oktober 2018, https://www.fdd.org/analysis/2018/10/03/kim-jong-uns-all-purpose-sword/.
33 Ibid.
34 Emma Chanlett-Avery, Liana Rosen, John Rollins en Catherine Theohary, 'North Korean Cyber Capabilities: In Brief', Congressional Research Service Report for Congress, R44912, 3 augustus 2017, https://fas.org/sgp/crs/row/R44912.pdf.
35 Ha en Maxwell, 'Kim Jong-un's "All-Purpose Sword"'.
36 Ibid.
37 '$81 Million Bangladesh Bank Heist Sparks Push for Stepped-Up Cybersecurity', NPR, 24 mei 2016.
38 Chanlett-Avery et al., 'North Korean Cyber Capabilities'.
39 'North Korean Hackers Blamed for a Wave of Cyberattacks on Banks', *SCMP*, 3 oktober 2018.
40 Ha en Maxwell, 'Kim Jong-un's "All-Purpose Sword"'.
41 Ibid.
42 Ellen Nakashima en Philip Rucker, 'U.S. Declares North Korea

Carried Out Massive WannaCry Cyberattack', *WP*, 19 december 2017.

43 United Nations, *Report of the Panel of Experts Established Pursuant to Resolution 1874* (2009), 30 augustus 2019.

44 Laya Maheshwari, 'Pizzas, Pony Rides and Dolphin Shows: Balms for North Korea's Elite', *NYT*, 25 oktober 2016; Alexander Walter, '"Pyongyang Speed": North Korea Miraculously Cranks Out Massive Residential Development for Scientists in Only One Year', Archinect News, 18 december 2015.

45 Contact van de auteur met Nat Kretchun, 18 februari 2019.

46 James Griffiths, 'Inside North Korea: High-Tech Science Center Lauds Nuclear Advances', CNN, 8 januari 2016.

47 Sung-hui Moon, 'More North Koreans Become Scientists to Reap Privileges from the Regime', Radio Free Asia, 18 mei 2017.

48 Luke Dormehl, 'Kim Jong-Un Sure Looks Happy with His MacBook Pro', Cult of Mac, 15 februari 2016.

49 Nat Kretchun, Catherine Lee en Seamus Tuohy, 'Compromising Connectivity: Information Dynamics between the State and Society in a Digitizing North Korea', februari 2017, https://www.intermedia.org/wp-content/uploads/2017/02/Compromising-Connectivity-Final-Report_Soft-Copy.pdf.

50 Nat Kretchun en Jane Kim, 'A Quiet Opening: North Koreans in a Changing Media Environment', mei 2012, https://www.intermedia.org/wp-content/uploads/2013/05/A_Quiet_Opening_FINAL_InterMedia.pdf.

51 UNICEF, 'Multiple Indicator Cluster Survey 2017 Democratic People's Republic of Korea', juni 2018, 7, https://www.unicef.org/eap/sites/unicef.org.eap/files/2018-06/2017%20DPRK%20MICS%20Survey%20Findings%20Report_ July%202018.pdf.

52 Lankov, *Real North Korea*, 105.

53 Recorded Future, 'North Korea Cyber Activity', 25 juli 2017, https://go.recordedfuture.com/hubfs/reports/north-korea-activity.pdf.

54 Maheshwari, 'Pizza, Pony Rides and Dolphin Shows'.

55 Tudor en Pearson, *North Korea Confidential*, 148-49.
56 UNICEF, 'Multiple Indicator Cluster Survey 2017 Democratic People's Republic of Korea', 7.
57 Kim, *Without You, There Is No Us*, 170.
58 Martyn Williams, 'How the Internet Works in North Korea', *Slate*, 28 november 2016.
59 Rebecca Hersher, 'North Korea Accidentally Reveals It Only Has 28 Websites', NPR, 21 september 2016; Eric Talmadge, 'Only If It Serves the State: North Korea's Online Experience', AP, 9 november 2017.
60 Williams, 'How the Internet Works in North Korea'.
61 Eric Talmadge, 'Online Shopping Has Arrived in North Korea', AP, 6 mei 2015.
62 Contact van de auteur met Nat Kretchun, 18 februari 2019.
63 Recorded Future, 'North Korea Cyber Activity'.
64 U.S. Department of State, 'Democratic People's Republic of Korea 2018 Human Rights Report', https://www.state.gov/wp-content/uploads/2019/03/DEMOCRATIC-PEOPLE%e2%80%99S-REPUBLIC-OF-KOREA.pdf.
65 Peter W. Singer en Emerson T. Brooking, *LikeWar: The Weaponization of Social Media* (Boston: Houghton Mifflin Harcourt, 2018), 103.

10 MOORD IN MALEISIË

1 'CCTV Footage Appears to Show Attack on Kim Jong-nam', *The Guardian*, 19 februari 2017, https://www.theguardian.com/global/video/2017/feb/20/kim-jong-nam-killing-cctv-footage-appears-to-show-attack-on-north-korean. Met ook door Fuji News Network verworven video.
2 James Pomfret, 'Kim Jong Un's Murdered Half Brother Lived Quiet, Open Life in Macau', Reuters, 16 februari 2017.
3 U.S. Centers for Disease Control and Prevention, 'Facts about VX', laatste update 4 april 2018, https://emergency.cdc.gov/agent/vx/basics/facts.asp.

4 'Doctor: Kim Jong Nam's Underwear Soiled, Pupils Contracted', AP, 27 november 2017.
5 Pomfret, 'Kim Jong Un's Murdered Half Brother'.
6 Eileen Ng, 'Indonesian Woman Freed 2 Years after Killing of Kim Jong Nam', AP, 11 maart 2019.
7 Nicola Smith en Nga Nguyen, 'Doan Thi Huong: Vietnamese Suspect in Kim Jong Nam Murder Is Released', *The Telegraph*, 3 mei 2019.
8 Ben Westcott, 'Kim Jong Un "Ordered" Half Brother's Killing, South Korean Intelligence Says', CNN, 28 februari 2017.
9 Julian Ryall, 'North Korea "Tightens Security at Border to Stop News of Kim Jong-nam's Death from Spreading"', *The Telegraph*, 23 februari 2017.
10 'North Korea Agency Names "Citizen" Killed in Malaysia', *BBC Monitoring Asia Pacific,* 1 maart 2017, via LexisNexis.
11 'State Department Says North Korea Used Chemical Warfare Agent in Assassination', CBS News, 6 maart 2018; Westcott, 'Kim Jong Un "Ordered" Half Brother's Killing'.
12 Anna Fifield, 'For Kim Jong Nam, a Sad Ending to a Lonely Life', *WP*, 24 februari 2017.
13 Arthur Lim, Barney Henderson en Julian Ryall, 'Kim Jong-nam Murder: Woman Held over Assassination of North Korean Dictator's Brother amid Claims He "Begged Kim Jong-un to Spare His Life"', *The Telegraph*, 15 februari 2017.
14 Ibid.
15 Nadja Sayej, 'Kim Jong Nam's Facebook Page Offered a Glimpse into His Life outside North Korea', *Motherboard Vice*, 28 februari 2017.
16 Cristina Varriale, 'North Korea's Other Weapons of Mass Destruction', *Arms Control Today*, september 2018.
17 U.S. Office of the Director of National Intelligence, 'Unclassified Report to Congress on the Acquisition of Technology Relating to Weapons of Mass Destruction and Advanced Conventional Munitions, 1 January to 31 December 2006', 6, https://www.odni.gov/

files/documents/Newsroom/Reports%20and%20Pubs/Acquisition_Technology_Report_030308.pdf.

18 Nuclear Threat Initiative, 'North Korea Chemical', laatste update april 2018, https://www.nti.org/learn/countries/north-korea/chemical/.

19 Ibid.

20 Joseph S. Bermudez, Jr., 'North Korea's Chemical Warfare Capabilities', 38 North, 10 oktober 2013.

21 Melissa Hanham, 'Kim Jong Un Tours Pesticide Facility Capable of Producing Biological Weapons: A 38 North Special Report', 38 North, 9 juli 2015.

22 United Nations, *Report of the Panel of Experts Established Pursuant to Resolution 1874* (2009), 5 maart 2018, https://www.un.org/ga/search/view_doc.asp?symbol=S/2018/171.

23 Bermudez, 'North Korea's Chemical Warfare Capabilities'.

24 Ibid.

25 Adam Taylor, 'North Korea's On-Again-Off-Again Status as a State Sponsor of Terrorism', *WP*, 20 november 2017.

26 Jeff Mason en David Brunnstrom, 'Trump Declares North Korea State Sponsor of Terrorism, Triggers Sanctions', Reuters, 20 november 2017.

11 TRUMP TESTEN

1 Saba Hamedy en Joyce Tseng, 'All the Times President Trump Has Insulted North Korea', CNN, 9 maart 2018.

2 Ibid.

3 Ibid.

4 Ibid.

5 'Kim Jong Un's 2017 New Year's Address'; volledige tekst op https://www.ncnk.org/sites/default/files/KJU_2017_New_Years_Address.pdf.

6 'North Korea Claims Success in Fifth Nuclear Test', BBC News, 9 september 2016.

7 'Kim Jong Un's 2017 New Year's Address'.

8 @realDonaldTrump, 2 januari 2017, https://twitter.com/realDonaldTrump/status/816057920223846400.
9 Phil Helsel, Stella Kim en Courtney Kube, 'North Korea Launches Missile into Sea, First Since Trump Took Office', NBC News, 11 februari 2017.
10 Michael Kranish en Marc Fisher, *Trump Revealed: The Definitive Biography of the 45th President* (New York: Scribner, 2016), 34-35.
11 Ibid., 48.
12 Ibid., 35.
13 Timothy L. O'Brien, *TrumpNation: The Art of Being the Donald* (New York: Grand Central Publishing, 2016), 42.
14 Ibid., 58.
15 Ibid., 170.
16 Ibid., 74.
17 Jane Mayer, 'Donald Trump's Ghostwriter Tells All', *The New Yorker*, 25 juli 2016.
18 Kranish en Fisher, *Trump Revealed*, 52.
19 Stephen Adler, Steve Holland en Jeff Mason, 'Exclusive: Trump Says "Major, Major" Conflict with North Korea Possible, but Seeks Diplomacy', Reuters, 27 april 2017.
20 Kranish en Fisher, *Trump Revealed*, 4.
21 Ibid., 352.
22 Jieun Kim, 'North Korea Stokes Anti-China Sentiment in Response to Tougher Sanctions', Radio Free Asia, 4 januari 2018.
23 Thomas Wright, 'Trump's 19th Century Foreign Policy', *Politico*, 20 januari 2016.
24 The White House, 'Remarks by President Trump on the Administration's National Security Strategy', 18 december 2017, https://www.whitehouse.gov/briefings-statements/remarks-president-trump- administrations-national-security-strategy/.
25 Louis Jacobson, 'Donald Trump Mostly Wrong That "We Get Practically Nothing" from South Korea for U.S. Troop Presence', PolitiFact, 10 januari 2016.
26 John Power, 'Donald Trump's Problem with the US-Korea Alli-

ance', *The Diplomat*, 23 juli 2015.

27 Bob Woodward, *Fear: Trump in the White House* (New York: Simon & Schuster, 2018), 264.

28 Ibid., voorwerk.

29 Niraj Chokshi, 'The 100-Plus Times Donald Trump Assured Us That America Is a Laughingstock', *WP*, 27 januari 2016.

12 KIM TESTEN

1 Matthew Pennington, 'Trump Strategy on NKorea: "Maximum Pressure and Engagement"', AP, 14 april 2017.

2 @realDonaldTrump, 30 juni 2018, https://twitter.com/realDonaldTrump/status/880892632142143490.

3 Anthony Ruggiero, 'Maximum Pressure 2.0: How to Improve Sanctions on North Korea', Foundation for Defense of Democracies memorandum, 4 juni 2018, https://s3.us-east-2.amazonaws.com/defenddemocracy/uploads/documents/MEMO_Ruggiero_June2018.pdf.

4 U.S. Mission to the United Nations, 'Fact Sheet: Resolution 2371 (2017) Strengthening Sanctions on North Korea', 5 augustus 2017, https://usun.usmission.gov/fact-sheet-resolution-2371-2017-strengthening-sanctions-on-north-korea/?_ga=2.75938005.19508-39997.1564779402-587643110.1564779402.

5 Joby Warrick, 'Experts: North Korea's Missile Was a Real ICBM – and a Grave Milestone', *WP*, 4 juli 2017.

6 Dagyum Ji, 'North Korea Says ICBM Can Carry "Large-Size Heavy" Nuclear Warhead', NK News, 5 juli 2017.

7 'Russia, China to N. Korea: Stop All Missile Tests', *The Straits Times*, 5 juli 2017.

8 Elise Hu, 'Tillerson Confirms North Korea Missile an ICBM, Calls for Global Action', NPR, 3 juli 2017.

9 @realDonaldTrump, 3 juli 2017, https://twitter.com/realDonaldTrump/status/882061157900718081.

10 Foster Klug en Hyung-jin Kim, 'Kim Vows North Korea's Nukes Are Not on Negotiation Table', AP, 5 juli 2017.

11 Peter Economy, '11 Winning Negotiation Tactics from Donald Trump's "The Art of the Deal"', *Inc.*, 7 mei 2016.

12 Glenn Plaskin, 'Donald Trump', *Playboy*, 1 maart 1990.

13 Anna Fifield, 'Dennis Rodman Just Gave Kim Jong Un "The Art of the Deal". And It May Be a Genius Move', WP, 15 juni 2017.

14 'N. Korea Threatens "Physical" Actions over New U.N. Sanctions', Yonhap Persbureau, 8 augustus 2017.

15 Karen DeYoung en John Wagner, 'Trump Threatens "Fire and Fury" in Response to North Korean Threats', WP, 8 augustus 2017.

16 @realDonaldTrump, 11 augustus 2017, https://twitter.com/realDonaldTrump/status/895970429734711298; Dan Merica, Kevin Liptak en Angela Dewan, 'Trump Warns North Korea: US Military "Locked and Loaded"', CNN, 11 augustus 2017.

17 Mythili Sampathkumar, 'South Korea in Plea to Avoid North Korea War after Trump's "Locked and Loaded" Comment', *The Independent*, 14 augustus 2017.

18 'Chinese Paper Says China Should Stay Neutral If North Korea Attacks First', Reuters, 10 augustus 2017.

19 Eric Talmadge en Jonathan Lemire, 'Xi Calls for Calm after Trump Says US Is "Locked and Loaded"', AP, 12 augustus 2017.

20 David Nakamura en Anne Gearan, 'In U.N. Speech, Trump Threatens to "Totally Destroy North Korea" and Calls Kim Jong Un "Rocket Man"', WP, 19 september 2017.

21 @realDonaldTrump, 1 oktober 2017, https://twitter.com/realDonaldTrump/status/914497877543735296.

22 National Security Strategy of the United States of America, december 2017, https://www.whitehouse.gov/wp-content/uploads/2017/12/NSS-Final-12-18-2017-0905.pdf.

23 Steve Holland, 'World "Running Out of Time" on North Korea, Trump to Tell Asia: White House', Reuters, 2 november 2017.

24 Alex Pappas, 'H.R. McMaster: Potential for war with North Korea increases "every day"', Fox News, 2 december 2017.

25 National Security Strategy of the United States of America, december 2017.

26 @realDonaldTrump, 7 oktober 2017, https://twitter.com/realDonaldTrump/status/916751271960436737.
27 Jason Le Miere, 'U.S. Prepared to Launch "Preventive War" against North Korea, says H.R. McMaster', *Newsweek*, 5 augustus 2017; Jeff Daniels, 'Defense Secretary Mattis Urges US Army "to Be Ready" with North Korea Military Options', CNBC, 9 oktober 2017; Eli Watkins, 'Tillerson on North Korea: Diplomacy Will Continue "Until the First Bomb Drops"', CNN, 16 oktober 2017.
28 Sophie Tatum, 'Graham on North Korea: "We're Headed to a War If Things Don't Change"', CNN, 29 november 2017.
29 Conor Finnegan en Meghan Keneally, 'Timeline of Otto Warmbier's Saga in North Korea', ABC News, 19 juni 2017.
30 Kathleen McInnis, Andrew Feickert, Mark Manyin, Steven Hildreth, Mary Beth Nikitin, Emma Chanlett-Avery en Catherine Theohary, 'The North Korean Nuclear Challenge: Military Options and Issues for Congress', Congressional Research Service Report for Congress, R44994, 6 november 2017, https://fas.org/sgp/crs/nuke/R44994.pdf.
31 Yochi Dreazen, 'Here's What War with North Korea Would Look Like', Vox, 8 februari 2018.
32 Susan Southard, *Nagasaki: Life After Nuclear War* (New York: Viking, 2015).
33 Paul Park, 'Unpacking the Unthinkable: Experts Discuss North Korea Scenarios', The Brookings Institution Order from Chaos Blog, 26 april 2018, https://www.brookings.edu/blog/order-from-chaos/2018/04/26/unpacking-the-unthinkable-experts-discuss-north-korea-scenarios/.
34 Ibid.
35 'Full Text of Kim Jong-un's Response to President Trump', *NYT*, 22 september 2017.
36 'Kim Jong Un's 2018 New Year's Address'; volledige tekst op https://www.ncnk.org/node/1427.
37 @realDonaldTrump, 2 januari 2018, https://twitter.com/realdonaldtrump/status/948355557022420992.

38 Pamela Falk, 'Nikki Haley Says North Korean Regime "Will Be Utterly Destroyed" If War Comes', CBS News, 30 november 2017.
39 Alex Pappas, 'H.R. McMaster: Potential for War with North Korea Increases "Every Day"', Fox News, 2 december 2017.
40 @BulletinAtomic, 25 januari 2018, https://twitter.com/BulletinAtomic/status/956550260318285824.
41 Barbara Goldberg, '"Doomsday Clock" Closest to Midnight Since Cold War over Nuclear Threat', Reuters, 25 januari 2018.
42 Zachary Cohen, Nicole Gaouette, Barbara Starr en Kevin Liptak, 'Trump Advisers Clash over "Bloody Nose" Strike on North Korea', CNN, 1 februari 2018.
43 Maria Perez, 'Chilling Video: Child Placed in Storm Drain during Hawaii Missile Scare', *Newsweek*, 15 januari 2018.

13 DE METAMORFOSE

1 'Moon Jae-in: South Korea's President with Humble Roots', BBC, 26 april 2018; S. Nathan Park, 'The Man behind the North Korea Negotiations', *The Atlantic*, 12 maart 2018.
2 Michelle Ye Hee Lee, 'How My North Korean-Born Grandparents Taught Me about Loss, Memory and the Power of Pyongyang Cold Noodles', *WP*, 8 juni 2018.
3 'Korean Summit Sparks Cold Noodle Craze', BBC, 27 april 2018.
4 'Kim Jong Un's 2018 New Year's Address'.
5 Park, 'Man behind North Korea Negotiations'.
6 Alex Ward, 'The President of South Korea Has a Strong Message for Trump', Vox, 17 augustus 2017.
7 Lee Sun-young, 'Moon Calls for UN Role in North Korea Crisis', *The Korea Herald*, 21 september 2017.
8 'Moon Jae-in's Five-Year Road Map Unveiled', *The Korea Herald*, 19 juli 2017.
9 'Kim Jong Un's 2018 New Year's Address'.
10 Steve George en Taehoon Lee, 'South Korean Leader Welcomes North Korean Olympic Participation', CNN, 2 januari 2018.
11 Rachel Premack, 'South Korea Is Getting Seriously Worried about

Low Olympics Ticket Sales', *Forbes*, 14 december 2017.

12 Central Intelligence Agency, 'South Korea: Terrorist Threats to the Seoul Olympics', memorandum, 3 mei 1988, https://www.cia.gov/library/readingroom/docs/CIA-RDP90T00100R000201120001-7.pdf.

13 Hyonhee Shin, 'Ski Lift: North Korea May Capitalize on Joint Olympics Training Visit', Reuters, 21 januari 2018; Anna Fifield, 'South Korea Went Gaga over a North Korean Singer. Just Wait until the Rest Arrive', *WP*, 22 januari 2018.

14 'U.S. Has No Plans to Meet N.K. Officials around Olympics: State Department', Yonhap Persbureau, 4 januari 2019.

15 Carol Morello, 'North Korean Nuclear Weapons Crisis at a "Tenuous Stage", Tillerson says', *WP*, 16 januari 2018.

16 Josh Rogin, 'The United States and South Korea Now Openly Disagree on North Korea', *WP*, 8 februari 2018.

17 Van Jackson, *On the Brink: Trump, Kim, and the Threat of Nuclear War* (Cambridge: Cambridge University Press, 2018), 173.

18 Foster Klug, 'North Korean Dictator, Seoul Envoy Have "Open-hearted Talk"', AP, 5 maart 2018.

19 Choe Sang-Hun en Mark Landler, 'Raising Hopes, North Korea Offers to Talk about Its Nuclear Arsenal', *NYT*, 6 maart 2018.

20 Choe Sang-Hun en Mark Landler, 'North Korea Signals Willingness to "Denuclearize", South Says', *NYT*, 6 maart 2018.

21 @realDonaldTrump, 6 maart 2018, https://twitter.com/realdonaldtrump/status/971025582061424640?lang=en.

22 Anna Fifield, David Nakamura en Seung Min Kim, 'Trump Accepts Invitation to Meet with North Korean Leader Kim Jong Un', *WP*, 8 maart 2018.

23 Verklaring van Panmunjeom. Volledige tekst op http://documents.latimes.com/panmunjom-declaration-peace/.

24 The White House, 'Joint Statement of President Donald J. Trump of the United States of America and Chairman Kim Jong Un of the Democratic People's Republic of Korea at the Singapore Summit', 12 juni 2018, https://www.whitehouse.gov/briefings-statements/

joint-statement-president-donald-j-trump-united-states-america-chairman-kim-jong-un-democratic-peoples-republic-korea-singapore-summit/; Ingrid Melander, 'North Korea Leader Sincere, Must Be Rewarded for Move to Abandon Nuclear Weapons: South Korean President', Reuters, 14 oktober 2018.

25 Jackson, *On the Brink*, 175.

26 Nick Allen, Nicola Smith, Chris Graham, Neil Connor, Julian Ryall en Rob Crilly, 'Donald Trump to Meet Kim Jong-un: President Says "Deal Very Much in the Making" after Day of Mixed Messages', *The Telegraph*, 10 maart 2018; @realDonaldTrump, 8 maart 2018, https://twitter.com/realdonaldtrump/status/971915531346436096?lang=en.

27 U.S. House of Representatives, Committee on Foreign Affairs, 'Chairman Royce Statement on North Korea', persbulletin, 8 maart 2018. https://republicans-foreignaffairs.house.gov/press-release/chairman-royce-statement-north-korea-2/.

28 @LindseyGrahamSC, 8 maart 2018, https://twitter.com/lindseygrahamsc/status/971917045674766336.

29 Heuer, *Psychology of Intelligence Analysis*, 132.

30 Ibid., 139.

31 U.S. Mission to the United Nations, 'Fact Sheet: Resolution 2375 (2017) Strengthening Sanctions on North Korea', 11 september 2017, https://usun.usmission.gov/fact-sheet-resolution-2375-2017-strengthening-sanctions- on-north-korea/.

32 Daniel Shane, 'North Korea's Economy Just Had Its Worst Year in Two Decades', CNN, 20 juli 2018.

33 Bae Hyun-jung, 'Full text of Moon's speech at the Korber Foundation', *The Korea Herald,* 7 juli 2017.

34 S. Nathan Park, 'Moon's Secret Weapon Is Sunshine', *Foreign Policy*, 19 mei 2017.

35 'Kim Jong Un's 2018 New Year's Address'.

36 Anna Fifield, 'North Korea Says It Will Suspend Nuclear and Missile Tests, Shut Down Test Site', WP, 20 april 2018.

37 @realDonaldTrump, 20 april 2018, https://twitter.com/realdo-

naldtrump/status/987463564305797126?lang=en.

38 @realDonaldTrump, 22 april 2018, https://twitter.com/realdonaldtrump/status/988126197619068928?lang=en.

39 'South Korea Turns Off Loudspeaker Broadcasts into North', BBC News, 23 april 2018; Choe Sang-Hun, 'South Korea Hands Kim Jong-un a Path to Prosperity on a USB Drive', *NYT*, 10 mei 2018.

40 Joonho Kim, 'North Korean Workers Return to China in Defiance of UN Restrictions', Radio Free Asia, 4 april 2018, https://www.rfa.org/english/news/korea/workers-04042018134944.html.

41 Ben Westcott, 'Chinese Foreign Minister Meets with Kim Jong Un amid Warming Ties', CNN, 3 mei 2018.

42 Kanga Kong, 'Kim Jong Un Now Has a Nearly 80% Approval Rating ... in South Korea', *Time*, 2 mei 2018.

43 Michael Madden, 'Koreas Summit: Five Key Moments from the Kim-Moon Meeting', BBC News, 27 april 2018.

14 DE KONINGIN VAN PYONGYANG

1 Sofia Lotto Persio, 'Reading Kim Jong Un's Lips: North Korean Leader on His Marriage, Nuclear Weapons and Trump', *Newsweek*, 2 mei 2018.

2 Anna Fifield, 'What Did the Korean Leaders Talk about on Those Park Benches? Trump, Mainly', *WP*, 2 mei 2018.

3 Hollie McKay, 'North Korea's First Lady Ri Sol-ju Remains a Mystery', Fox News, 15 november 2017.

4 Geciteerd in Bronwen Dalton, Kyungja Jung en Jacqueline Willis, 'Fashion and the Social Construction of Femininity in North Korea', *Asian Studies Review* 41, no. 4 (2017), https://doi.org/10.1080/10357823.2017.1367757.

5 J.R. Thorpe, 'The Feminist History of Bicycles', *Bustle*, 12 mei 2017.

6 'N. Korean Leader's Wife Visits S. Korea in 2005: Spy Agency', Yonhap Persbureau, 26 juli 2012.

7 Erica Cheung, 'Ri Sol-Ju, North Korea's New First Lady, Remains a Style Mystery', *The Huffington Post*, 25 juli 2012.

8 Michelle Mark, 'The Mysterious Life of Kim Jong Un's Wife, Ri Sol Ju, Who Probably Has 3 Children and Frequently Disappears from the Public Eye', *Business Insider*, 27 september 2017.
9 Dalton, Jung en Willis, 'Fashion and the Social Construction', 512.
10 Ibid.
11 Darcie Draudt, 'Family Tradition: Modern Representation and the Ideal Woman in Kim Jong-un's First Year', in *Change and Continuity in North Korean Politics*, ed. Adam Cathcart, Robert Winstanley-Chesters en Christopher Green (Londen: Routledge, 2017), 46.
12 Suzy Kim, 'Revolutionary Mothers: Women in the North Korean Revolution, 1945-1950', *Comparative Studies in Society and History* 52, no. 4 (2010): 761.
13 Dalton, Jung en Willis, 'Fashion and the Social Construction', 507.
14 Rosie Perper, 'Kim Jong-un's Wife, Ri Sol-ju, Just Had Her Status Upgraded as North Korea Tries to Show It Has a Normal "First Couple"', *Business Insider*, 16 april 2018.
15 Draudt, 'Family Tradition', 47.
16 Tom O'Connor, 'Who Is Kim Jong Un's Wife? You Know Melania Trump, Meet North Korea's First Lady, Ri Sol Ju', *Newsweek*, 27 september 2017.
17 Justin McCurry, 'From Missiles to Moisturiser: Kim Jong-un Visits North Korean Cosmetics Factory', *The Guardian*, 30 oktober 2017.
18 'Report: Killer Heels Go Down a Storm in North', *Daily* NK, 31 juli 2014.
19 Kim, *Without You, There is No Us*, 187.
20 Liberty in North Korea, 'The Jangmadang Generation', video, bekeken 10 januari 2019, https://www.nkmillennials.com/?_ke=eyJrbF9lbWFpbCI6ICJvbmVmcmVla29yZWFAeWFob28uY29tIiwgImtsX2NvbXBhbnlfaWQiOiAibXpQNERlIno%3D.
21 Kang Mi Jin, 'Hairstyles and Hallyu as Security Steps Back', *Daily* NK, 31 juli 2014.
22 Jesse Johnson, 'Holy Smokes: South Korean Envoy Reportedly

Told Kim to Kick Cigarette Habit', *The Japan Times*, 9 april 2018.
23 Ibid.
24 Yujing Liu, 'Kim Jong-un Wife's Fashion Sense a Hit with China's Public', *SCMP*, 28 maart 2018.
25 Christina Zhao, 'Kim Jong Un Wife's Stylish Fashion Sense Is a Hit in China', *Newsweek*, 28 maart 2018.
26 Liu, 'Kim Jong-un Wife's Fashion Sense'.
27 Jung Da-min, 'Two Former Singers Hit Right Note in Pyongyang', *The Korea Times*, 18 september 2018.
28 Tom O'Connor, 'Who Are Kim Jong Un's Children and Does North Korea Have an Heir?' *Newsweek*, 30 december 2017.

15 TOEN TRUMP KIM ONTMOETTE

1 O'Brien, *TrumpNation*, 53.
2 Kranish en Fisher, *Trump Revealed*, 352.
3 Carol Morello, Anna Fifield en David Nakamura, 'North Korea Frees 3 American Prisoners Ahead of a Planned Trump-Kim Summit', *WP*, 9 mei 2018.
4 @realDonaldTrump, 30 april 2018, https://twitter.com/realDonaldTrump/status/990928644100034561.
5 Pew Research Center, 'Public Supports U.S. Talks with North Korea; Many Doubt Whether Its Leaders Are "Serious"', 10 mei 2018, http://www.people-press.org/2018/05/10/public-supports-u-s-talks-with-north-korea-many-doubt-whether-its-leaders-are-serious/.
6 Grace Sparks en Jennifer Agiesta, 'CNN Poll: Three-Quarters Approve of Trump's Plans to Meet with Kim Jong Un', CNN, 10 mei 2018.
7 Jessica Kwong, 'Donald Trump and Kim Jong Un Approval Ratings Reach Highest Ever Marks in South Korea, Poll Finds', *Newsweek*, 2 juni 2018.
8 Ryan Nobles, 'House Republicans Nominate Trump for Nobel Peace Prize', CNN, 2 mei 2018.
9 Heuer, *Psychology of Intelligence Analysis*, 70.
10 Ibid., 65.

11 U.S. Government, *A Tradecraft Primer: Structured Analytic Techniques for Improving Intelligence Analysis*, maart 2009, https://www.cia.gov/library/center-for-the-study-of-intelligence/csi-publications/books-and-monographs/Tradecraft%20Primer-apr09.pdf.

12 Patrick Radden Keefe, 'How Mark Burnett Resurrected Donald Trump as an Icon of American Success', *The New Yorker*, 7 januari 2019.

13 Shane Harris, 'Testimony by Intelligence Chiefs on Global Threats Highlights Differences with President', WP, 29 januari 2019.

14 Shane Harris, Josh Dawsey en Ellen Nakashima, 'Trump Grows Frustrated with Coats, Leading Some to Fear He Might Be Fired', WP, 19 februari 2019.

15 The White House, 'Remarks by President Trump to the National Assembly of the Republic of Korea, Seoul, Republic of Korea', 7 november 2017, https://www.whitehouse.gov/briefings-statements/remarks-president-trump-national-assembly-republic-korea-seoul-republic-korea/.

16 Cristina Maza, 'Trump Promises North Korea Can Be "Very Rich" with Kim Jong Un in Power', *Newsweek*, 17 mei 2018.

17 'Transcript: Secretary of State Mike Pompeo on "Face the Nation"', 13 mei 2018, https://www.cbsnews.com/news/transcript-secretary-of-state-mike-pompeo-on-face-the-nation-may-13-2018/.

18 Plaskin, 'Donald Trump'.

19 Brian Bennett en Tessa Berenson, 'President Trump "Doesn't Think He Needs" to Prepare Much for His Meeting with North Korea's Kim Jong Un', *Time*, 16 mei 2018.

20 S.V. Date, 'In Trump's Zero-Sum World, the Summit Already Has a Winner, and It's Not Trump', *HuffPost*, 1 juni 2018.

21 John Wagner, '"It's about the Attitude": Trump Says He Doesn't Have to Prepare Much for His Summit with North Korea's Leader', WP, 7 juni 2018.

22 Eliana Johnson, 'Trump and Bolton Spurn Top-Level North Korea Planning', *Politico*, 7 juni 2018.

23 @realDonaldTrump, 27 mei 2018, https://twitter.com/realdonald-

trump/status/1000831304836018176?lang=en.
24 The White House, 'Fact Sheet: President Trump Is Committed to Achieving Transformational Peace for the United States, the Korean Peninsula, and the World', 21 februari 2019, https://www.whitehouse.gov/briefings-statements/president-trump-committed-achieving-transformational-peace-united-states-korean-peninsula-world/.
25 The White House, 'Remarks by President Trump and President Moon of the Republic of Korea in Joint Press Conference', 30 juni 2019, https://www.whitehouse.gov/briefings-statements/remarks-president-trump-president-moon-republic-korea-joint-press-conference/.
26 'North Korea: Full Response to US Remarks on Trump-Kim Summit', BBC News, 16 mei 2018.
27 Woodward, *Fear*, 230-31.
28 Jonathan Cheng, 'North Korea's Kim Jong Un Confirms Summit with U.S.', *WSJ*, 9 april 2018.
29 Rick Noack, 'China's Official Release on Kim Jong Un's Visit, Annotated', *WP*, 28 maart 2018.
30 Ibid.
31 Anna Fifield, 'North Korea Taps GOP Analysts to Better Understand Trump and His Messages', *WP*, 26 september 2017.
32 'Transcript: Secretary of State Mike Pompeo on "Face the Nation"', 13 mei 2018.
33 Zachary Cohen, Nicole Gaouette en Kaitlan Collins, 'Trump Replaces H.R. McMaster as National Security Adviser with John Bolton', CNN, 23 maart 2018.
34 Joshua Berlinger, 'North Korea Warns of Nuclear Showdown, Calls Pence "Political Dummy"', CNN, 24 mei 2018.
35 'Trump's Letter to Kim Jong-un to Cancel Summit: Read It in Full', *The Guardian*, 24 mei 2018.
36 Joon-bum Hwang, 'Kim Yong-chol's Washington, DC, a Positive Signal for 2nd NK-US Summit', *The Hankyoreh*, 21 januari 2019.
37 The White House, 'Remarks by President Trump after Meeting

with Vice Chairman Kim Yong Chol of the Democratic People's Republic of Korea', 1 juni 2018, https://www.whitehouse.gov/briefings-statements/remarks-president-trump-meeting-vice-chairman-kim-yong-chol-democratic-peoples-republic-korea/.

38 'Sentosa Island', Lonely Planet, bekeken 18 januari 2019, https://www.lonelyplanet.com/singapore/singapore-city/sentosa-island.

39 Diane Leow, '5 Things You Might Not Know about Singapore's Capella Hotel, Venue of the Trump-Kim Summit', ChannelNewsAsia, 6 juni 2018.

40 Lauren Said-Moorhouse, 'Kim Jong Un Goes for Surprise Nighttime Walk Ahead of Summit', CNN, 11 juni 2018.

41 '"A Scene from a Sci-Fi Movie": What Kim Told Trump about Their Meeting – Video', *The Guardian*, 12 juni 2018, https://www.theguardian.com/world/video/2018/jun/12/a-scene-from-a-sci-fi-movie- what-kim-told-trump-about-their-meeting-video.

42 '"Will He Shake the Hand of Peace?" Here's the Video President Trump Showed to Kim Jong Un', *Time*, 12 juni 2018.

43 'Trump-Kim Summit: Journalists to Work from F1 Pit Building's Media Centre', *The Straits Times*, 6 juni 2018.

44 The White House, 'Press Conference by President Trump', 12 juni 2018, https://www.whitehouse.gov/briefings-statements/press-conference-president-trump/.

45 The White House, 'Joint Statement of President Donald J. Trump of the United States of America and Chairman Kim Jong Un of the Democratic People's Republic of Korea at the Singapore Summit', 12 juni 2018.

46 U.S. State Department, 'Joint Statement of the Fourth Round of the Six-Party Talks', 19 september 2005, https://www.state.gov/p/eap/regional/c15455.htm.

47 Everett Rosenfeld en Nyshka Chandran, 'Trump Says North Korea Will Keep Its Promises, and the US Will Stop War Games', CNBC, 12 juni 2018.

48 'Press Conference by President Trump', 12 juni 2018.

49 Ibid.

50 @realDonaldTrump, 13 juni 2018, https://twitter.com/realDonaldTrump/status/1006837823469735936.
51 Heuer, *Psychology of Intelligence Analysis*, 116.
52 The White House, 'Remarks by President Trump in Press Gaggle', 15 juni 2018, https://www.whitehouse.gov/briefings-statements/remarks-president-trump-press-gaggle/.
53 Matt Spetalnick, 'U.S. Identifies North Korea Missile Test Site It Says Kim Committed to Destroy', Reuters, 20 juni 2018.
54 Charlie Campbell, 'Kim Jong Un Promises "Major Change" after First Ever Summit between Leaders of U.S. and North Korea', *Time*, 12 juni 2018.
55 '"We Decided to Leave the Past Behind". Read What President Trump and Kim Jong Un Said While Signing Joint Agreement', *Time*, 12 juni 2018.
56 Benjamin Haas, 'North Korea Is Still Developing Nuclear Weapons, Says IAEA', *The Guardian*, 22 augustus 2018; Kirsti Knolle, 'No Indication North Korean Nuclear Activities Stopped: IAEA', Reuters, 21 augustus 2018; Zachary Cohen, 'New Satellite Images Reveal Activity at Unidentified North Korean Missile Base', CNN, 6 december 2018.
57 Donna Borak en Zachary Cohen, 'John Bolton Says North Korea Failure to Meet Commitments Requires Second Kim-Trump Summit', CNN, 4 december 2018.
58 Tsuyoshi Nagasawa, 'Trump-Kim Talks to Cover "Concrete" Denuclearization, Pence Says', *Nikkei Asian Review*, 21 januari 2019.
59 'N Korea commentary discusses US ties, denuclearization', *BBC Monitoring Asia Pacific*, 22 december 2018.
60 'Kim Jong Un's 2019 New Year's Address'; volledige tekst op https://www.ncnk.org/resources/publications/kimjongun_2019_newyearaddress.pdf/file_view.
61 'Cheong Wa Dae Hails NK Leader's Address', Yonhap Persbureau, 1 januari 2019, https://en.yna.co.kr/view/AEN20190101003600315; @realDonaldTrump, 1 januari 2019, https://twitter.com/realDonaldTrump/status/1080240049780940800.

62 Ben Westcott, James Griffiths, Meg Wagner en Veronica Rocha, 'President Trump Meets with Kim Jong Un', CNN, 28 februari 2019.

63 Zie: Jung Pak, 'The Good, the Bad, and the Ugly at the US-North Korea Summit in Hanoi', The Brookings Institution Order from Chaos Blog, 4 maart 2019, https://www.brookings.edu/blog/order-from-chaos/2019/03/04/the-good-the-bad-and-the-ugly-at-the-us-north-korea-summit-in-hanoi/.

64 @realDonaldTrump, 28 juni 2019, https://twitter.com/realdonaldtrump/status/1144740178948493314.

CONCLUSIE. UITZAAIING

1 Lee Tae-hee, 'EBS under Fire for Kids' Kim Jong-un Puzzle Kit', *The Korea Herald*, 26 november 2018.

2 U.S. Senate Select Committee on Intelligence, 'Statement for the Record: Worldwide Threat Assessment of the US Intelligence Community', 29 januari 2019, https://www.dni.gov/files/ODNI/documents/2019-ATA-SFR—SSCI.pdf.

3 McEachern, 'Centralizing North Korean Policymaking', 39.

4 Ellen Mitchell, 'Graham on North Korea: "We're Headed toward a War If Things Don't Change"', The Hill, 29 november 2017.

5 Ambassador Nikki Haley, Remarks at an Emergency UN Security Council Briefing on North Korea, 4 september 2017, https://usun.usmission.gov/remarks-at-an-emergency-un-security-council-briefing-on-north-korea/.

6 David Sanger en Choe Sang-Hun, 'North Korean Nuclear Test Draws U.S. Warning of "Massive Military Response"', *NYT*, 2 september 2017.

7 '2013 Plenary Meeting of the WPK Central Committee and 7th Session of Supreme People's Assembly', http://www.nkeconwatch.com/2013/04/01/.

8 'Kim Jong Un's 2018 New Year's address'.

9 Evans Revere, '2017: Year of Decision on the Korean Peninsula', Brookings Institution Report, 2 maart 2017, https://www.brookings.edu/research/2017-year-of-decision-on-the-korean-peninsula/.

10 Heuer, *Psychology of Intelligence Analysis*, 11.

11 Sarah Lazare, 'Liberals Go Hardline on Korea: An Interview with Christine Ahn', Verso, 19 juni 2018, https://www.versobooks.com/blogs/3889-liberals-go-hardline-on-korea-an-interview-with-christine-ahn.

12 @GBrazinsky, 13 december 2018, https://twitter.com/GBrazinsky/status/1073249132029140992.

13 John Delury, 'Kim Jong Un Has a Dream. The U.S. Should Help Him Realize It', *NYT*, 21 september 2018.

14 Sheila Miyoshi Jager, 'What Trump Needs to Know about North Korea's History', *Politico Magazine*, 9 augustus 2017.

15 Geciteerd in Josh Smith, '"Treasured Sword": North Korea Seen as Reliant as Ever on Nuclear Arsenal as Talks Stall', Reuters, 13 november 2018.

16 Seungmock Oh, 'DPRK Media Highlights Rallies Celebrating Completion of State Nuclear Force', NK News, 11 december 2017.

17 Sheila Miyoshi Jager, *Brothers at War: The Unending Conflict in Korea* (New York: W. W. Norton, 2013), 7.

18 Central Intelligence Agency, *Exploring the Implications of Alternative North Korea Endgames*, 21 januari 1998.

19 Richard Bush, 'The Real Reason a North Korean Nuclear Weapon is So Terrifying – and It's Not What You Think', The Brookings Institution Order from Chaos Blog, 9 augustus 2017.

20 'China Urges Calm on Korean Peninsula after DPRK, ROK Exchange Fire', *Global Times*, 1 april 2014; 'China's President Xi Jinping Calls for Calm, Restraint on Korean Peninsula in Meet with North Korean Envoy', *The Straits Times*, 1 juni 2016; 'China Calls for Restraint after US Bomber Flyover of ROK', CCTV, 14 september 2016, http://english.cctv.com/2016/09/14/VIDEmJR6zavbLb6u2R8svplg160914.shtml.

21 Joshua Berlinger, 'Xi Jinping and Kim Jong Un Pledge "Peace and Stability" during Historic Pyongyang Visit', CNN, 20 juni 2019.

22 'China and Russia Call for Easing of North Korea Sanctions', ChannelNewsAsia, 27 september 2018.

23 'Russia Forgives North Korean Debt', VOA News, 17 juni 2014.
24 Michael Rosenwald, 'The U.S. Did Nothing after North Korea Shot Down a Navy Spy Plane in 1969. Trump Vows That Won't Happen Again', *WP*, 7 november 2017; Andrew Glass, 'Truman Leaves Nuclear Option on the Table in Korean War, Nov. 30, 1950', *Politico*, 30 november 2017; Amanda Erickson, 'The Last Time the U.S. Was on "the Brink of War" with North Korea', *WP*, 9 augustus 2017; Jesse Johnson, 'Obama Weighed Pre-emptive Strike against North Korea after Fifth Nuclear Blast and Missile Tests near Japan in 2016, Woodward Book Claims', *The Japan Times*, 12 september 2018.
25 Jackson, *On the Brink*, 61-62.
26 Pollack, 'Economic Cooperation with North Korea'.
27 William Brown, 'Sanctions and Nuclear Weapons are Changing North Korea', *The Asan Open Forum*, 5 december 2017, http://www.theasanforum.org/sanctions-and-nuclear-weapons-are-changing-north-korea/.
28 South Korea Ministry of Unification, 'Inter-Korean Exchanges and Cooperation', bekeken 25 januari 2019, https://www.unikorea.go.kr/eng_unikorea/relations/statistics/exchanges/.
29 John Miller, 'The Trade Numerologist: Trading with North Korea', IHS Markit, 5 oktober 2017, https://ihsmarkit.com/research-analysis/the-trade-numerologist-trading-with-north-korea.html.
30 Lee Kil-seong, 'N. Korea's Trade Deficit with China Hits Record', *Chosun Ilbo*, 16 januari 2019.
31 Lee Jeong-ho, 'North Korean Trade with Biggest Partner China Dives 48 Percent amid Sanctions', *SCMP*, 19 juli 2019.
32 Schattingen van de Zuid-Koreaanse centrale bank, volgens de berichtgeving van Sam Kim en Jon Herskovitz, 'North Korea Likely Suffering Worst Downturn since 1990s Famine', Bloomberg, 16 juli 2019.
33 'Regime Squeezes North Korean Workers in China for Funds', *Daily NK*, 28 februari 2019; Tae-jun Kang, 'North Korea's Internal Struggles Hint That Sanctions Are Working', *The Diplomat*,

8 april 2019; Benjamin Katzeff Silberstein, 'The North Korean Economy and U.S. Policy: Stability Under "Maximum Pressure"', in *Joint U.S.-Korea Academic Studies*, ed. Gilbert Rozman (Washington, DC: Korea Economic Institute, 2019), 276-301.

34 Jung H. Pak en Ryan L. Hass, 'Beyond Maximum Pressure: A Pathway to North Korean Denuclearization', The Brookings Institution Foreign Policy Brief, december 2017, https://www.brookings.edu/wp-content/uploads/2017/12/north_korean_denuclearization.pdf.

35 United Nations, *Report of the Panel of Experts Established Pursuant to Resolution 1874 (2009)*, 5 maart 2019, https://www.undocs.org/S/2019/171.

36 Baek, *North Korea's Hidden Revolution*, 216-17.

37 Clapper, *Facts and Fears*, 50.

38 'On Socialist Construction and the Internal and External Policies of the Government of the Republic at the Present Stage', 12 april 2019; volledige tekst op https://www.ncnk.org/resources/publications/kju_april2019_policy_speech.pdf/file_view.

39 Simon Denyer en John Hudson, 'North Korea Announces Firing of Tactical Guided Weapon', *WP*, 17 april 2019.

40 Jihye Lee, 'North Korea Confirms Kim Jong Un Ordered Rocket-Launch Drill', Bloomberg, 3 mei 2019; Adam Taylor, 'The Full Text of North and South Korea's Agreement, Annotated', *WP*, 27 april 2018.

41 Joshua Berlinger, 'Kim Jong Un Seen Beside Apparent Submarine in State Media Photographs', CNN, 23 juli 2019.

42 Idrees Ali en Phil Stewart, 'N. Korea test was of short- to medium-range ballistic missile – Pentagon', Reuters, 3 oktober 2019.

43 Choe Sang-Hun, 'North Korea Fires 2 Projectiles in First Test Since Latest Talks Stalled', *NYT*, 31 oktober 2019.

44 'KCNA Releases Detailed Report on N. Korea Party Plenum', *BBC Monitoring Asia Pacific*, 1 januari 2020, via LexisNexis.

45 Heuer, *Psychology of Intelligence Analysis*, 10.

46 Ibid., 4.

SELECTIEVE BIBLIOGRAFIE

Kim Il Sung: Condensed Biography (Pyongyang: Foreign Languages Publishing House, 2001).

Kim Jong Il: Brief History (Pyongyang: Foreign Languages Publishing House, 1998).

Armstrong, Charles K. 'The Destruction and Reconstruction of North Korea, 1950-1960', *The Asia-Pacific Journal* 7, (16 maart 2009), https://apjjf.org/-Charles-K.-Armstrong/3460/article.html.

Baek, Jieun. *North Korea's Hidden Revolution: How the Information Underground Is Transforming a Closed Society* (New Haven: Yale University Press, 2016).

Bishop, Isabella Bird. *Korea and Her Neighbours: A Narrative of Travel, with an Account of the Recent Vicissitudes and Present Position of the Country* (1898; herdruk Seoel, Korea: Yonsei University Press, 1970).

Boot, Max. *Invisible Armies: An Epic History of Guerrilla Warfare from Ancient Times to the Present* (New York: Liveright, 2013).

Brown, William A. 'North Korea's Economic Strategy, 2018', *A Whirlwind of Change in East Asia: Assessing Shifts in Strategy, Trade, and the Role of North Korea*, vol. 29, *Joint U.S.-Korea Academic Studies*, ed. Gilbert Rozman (Washington, DC: Korea Economic Institute, 2018), 326-341, http://www.keia.org/sites/default/files/publications/kei_jointus-korea_2018_180801_final_digital.pdf.

Cathcart, Adam, Robert Winstanley-Chesters en Christopher Green, eds. *Change and Continuity in North Korean Politics* (Londen: Routledge, 2017).

Central Intelligence Agency. *The North Korean Succession: An Intelligence Assessment*, oktober 1978, https://www.cia.gov/library/readingroom/document/cia- rdp81b00401r002100110012-7.

—. *North Korean Military Capabilities and Intentions: A Special National Intelligence Estimate*, 23 mei 1979.

—. *North Korea: The Dynasty Takes Shape*, 3 maart 1982, https://www.cia.gov/library/readingroom/document/cia-rdp08s02113r000100210001-5.

—. *North Korea: A Sociological Perspective*, januari 1983, https:// www.cia.gov/library/readingroom/document/cia-rdp84s00553r000100010001-7.

—. *Exploring the Implications of Alternative North Korean Endgames*, 21 januari 1998, https://www.cia.gov/library/readingroom/docs/DOC_0001085294.pdf.

—. 'The Korean War Controversy: An Intelligence Success or Failure?' laatste update 25 juni 2015, https://www.cia.gov/news-information/featured-story-archive/2015-featured-story-archive/korean-war-intelligence-success-or-failure.html.

Cha, John en K. J. Sohn. *Exit Emperor Kim Jong-il: Notes from His Former Mentor* (Bloomington, IN: Abbott Press, 2012).

Cha, Victor. *The Impossible State: North Korea Past and Future* (New York: Harper Collins, 2013).

Chanlett-Avery, Emma en Sharon Squassoni. 'North Korea's Nuclear Test: Motivations, Implications, and U.S. Options', Congressional Research Service Report for Congress, RL33709, 24 oktober 2006, https://fas.org/sgp/crs/nuke/RL33709.pdf.

—, Liana Rosen, John Rollins en Catherine Theohary. 'North Korean Cyber Capabilities in Brief', Congressional Research Service Report for Congress, R44912, 3 augustus 2017, https://fas.org/sgp/crs/row/R44912.pdf.

Choe, In Su. *Kim Jong Il: The People's Leader*, deel 1 (Pyongyang: Foreign

Languages Publishing House, 1983).

Clapper, James R. 'Statement for the Record. Worldwide Threat Assessment of the US Intelligence Community', Senate Committee on Armed Services, 18 april 2013, https://www.dni.gov/files/documents/Intelligence%20Reports/UNCLASS_2013%20ATA%20-SFR%20FINAL%20for%20SASC%2018%20Apr%202013.pdf.

Clapper, James R. met Trey Brown. *Facts and Fears: Hard Truths from a Life in Intelligence* (New York: Viking, 2018).

Collins, Robert. *Marked for Life: Songbun, North Korea's Social Classification System* (Washington, DC: Committee for Human Rights in North Korea, 2012), https://www.hrnk.org/uploads/pdfs/HRNK_Songbun_Web.pdf.

—. *Pyongyang Republic: North Korea's Capital of Human Rights Denial* (Washington, DC: Committee for Human Rights in North Korea, 2016), https://www.hrnk.org/uploads/pdfs/Collins_PyongyangRepublic_FINAL_WEB.pdf.

Cumings, Bruce. *Korea's Place in the Sun: A Modern History* (New York en Londen: W. W. Norton, 1997).

Dalton, Bronwen, Kyungja Jung en Jacqueline Willis, 'Fashion and the Social Construction of Femininity in North Korea', *Asian Studies Review* 41, no. 4 (2017), https://doi.org/10.1080/10357823.2017.1367757.

Demick, Barbara. *Nothing to Envy: Ordinary Lives in North Korea* (New York: Spiegel & Grau, 2009).

Downs, Jim, ed. *Why We Write: The Politics and Practice of Writing for Social Change* (New York: Routledge, 2006).

Eckert, Carter J., Ki-baik Lee, Young Ick Lew, Michael Robinson en Edward W. Wagner. *Korea Old and New: A History* (Cambridge, MA: Harvard University Press, 1990)

Everard, John. *Only Beautiful, Please: A British Diplomat in North Korea* (Stanford, Calif.: Walter H. Shorenstein Asia-Pacific Research Center, 2012).

Fahy, Sandra. *Marching through Suffering: Loss and Survival in North Korea* (New York: Columbia University Press, 2015).

Fifield, Anna. *The Great Successor: The Divinely Perfect Destiny of Brilliant Comrade Kim Jong Un* (New York: PublicAffairs, 2019).

Fischer, Paul. *A Kim Jong-Il Production: The Extraordinary True Story of a Kidnapped Filmmaker, His Star Actress, and a Young Dictator's Rise to Power* (New York: Flatiron Books, 2015).

Gause, Ken E. *North Korean House of Cards: Leadership Dynamics under Kim Jong-un* (Washington, DC: Committee for Human Rights in North Korea, 2015).

Greitens, Sheena Chestnut. *Illicit; North Korea's Evolving Operations to Earn Hard Currency* (Washington, DC: Committee for Human Rights in North Korea, 2014), https://www.hrnk.org/uploads/pdfs/SCG-FINAL-FINAL.pdf.

—. *Dictators and Their Secret Police: Coercive Institutions and State Violence* (Cambridge: Cambridge University Press, 2016).

Ha, Matthew en David Maxwell. 'Kim Jong-un's "All-Purpose Sword": North Korean Cyber-Enabled Economic Warfare', Foundation for Defense of Democracies, oktober 2018, https://www.fdd.org/analysis/2018/10/03/kim-jong-uns-all-purpose-sword/.

Haggard, Stephan en Marcus Noland. *Hunger and Human Rights: The Politics of Famine in North Korea* (Washington, DC: U.S. Committee for Human Rights in North Korea, 2005), https://www.researchgate.net/publication/40904797_Hunger_and_Human_Rights_The_Politics_of_Famine_in_North_Korea.

Halberstam, David. *The Coldest Winter: America and the Korean War* (New York: Hyperion, 2007).

Hassig, Ralph en Kongdan Oh. *The Hidden People of North Korea: Everyday Life in the Hermit Kingdom* (Lanham, Md.: Rowman & Littlefield, 2009).

Hastings, Justin V. *A Most Enterprising Country: North Korea in the Global Economy* (Ithaca, N.Y.: Cornell University Press, 2016).

Hawk, David en Amanda Mortwedt Oh. *The Parallel Gulag: North Korea's 'An-jeon-bu' Prison Camps* (Washington, D. C.: Committee for Human Rights in North Korea, 2017).

Heer, Paul J. *Mr. X and the Pacific: George F. Kennan and American Policy in East Asia* (Ithaca, N.Y. en Londen: Cornell University Press, 2018).

Hermes, Walter G. *Truce Tent and Fighting Front: U.S. Army in the Korean War* (Washington, DC: Center of Military History, United States Army, 1992), https://history.army.mil/html/books/020/20-3/CMH_Pub_20- 3.pdf, 501.

Heuer, Jr., Richards J. *Psychology of Intelligence Analysis* (Washington, DC: Center for the Study of Intelligence, Central Intelligence Agency, 1999).

Hunter, Helen-Louise. *Kim Il-song's North Korea* (Westport, Conn: Praeger, 1999).

Huntington, Samuel. *The Clash of Civilizations and the Remaking of World Order* (New York: Simon & Schuster, 1996).

Jackson, Van. *On the Brink: Trump, Kim, and the Threat of Nuclear War* (Cambridge: Cambridge University Press, 2018).

Jager, Sheila Miyoshi. *Brothers at War: The Unending Conflict in Korea* (New York: W. W. Norton, 2013).

Jang, Jin-sung. *Dear Leader: My Escape from North Korea*, vertaling Shirley Lee (New York: Atria Books, 2014).

Kang, Chol-hwan en Pierre Rigoulot. *The Aquariums of Pyongyang: Ten Years in the North Korean Gulag* (New York: Basic Books, 2001). [Vertaling van *Les aquariums de Pyongyang* (Parijs: Laffont, 2000). Nederlandse uitgave: Kang Chol-wan. *De aquariums van Pyongyang: Tien jaar in de Noord-Koreaanse goelag. Zoals verteld aan Pierre Rigoulot* (Amsterdam: Contact, 2001)]

Kelly, Robert E. 'A New Economy for North Korea', Centre for International Governance Innovation, 3 augustus 2018, https://www.cigionline.org/articles/new- economy-north-korea.

Kim, Hakjoon. *Dynasty: The Hereditary Succession Politics of North Korea*

(Stanford, Calif.: Walter H. Shorenstein Asia-Pacific Research Center, 2015).

Kim, Il Sung, *With the Century* (Pyongyang: Korea Friendship Association, 2003).

Kim, Suki. *Without You, There Is No Us: My Secret Life Teaching the Sons of North Korea's Elite* (Londen: Rider Books, 2015).

Kim, Suzy. 'Revolutionary Mothers: Women in the North Korean Revolution, 1945-1950', *Comparative Studies in Society and History* 52, no. 4 (2010).

—. 'Specters of War in Pyongyang: The Victorious Fatherland Liberation War Museum in North Korea', *Cross-Currents: East Asian History and Culture Review*, e-journal no. 14 (maart 2015): 124-151, https://cross-currents.berkeley.edu/sites/default/files/e-journal/articles/s._kim.pdf.

Kranish, Michael en Marc Fisher. *Trump Revealed: The Definitive Biography of the 45th President* (New York: Scribner, 2016).

Kretchun, Nat en Jane Kim. 'A Quiet Opening: North Koreans in a Changing Media Environment', mei 2012, https://www.intermedia.org/wp-content/uploads/2013/05/A_Quiet_Opening_FINAL_InterMedia.pdf.

—, Catherine Lee en Seamus Tuohy. 'Compromising Connectivity: Information Dynamics between the State and Society in a Digitizing North Korea', februari 2017, https://www.intermedia.org/wp-content/uploads/2017/02/Compromising-Connectivity-Final-Report_Soft-Copy.pdf.

Lankov, Andrei. 'Kim Takes Control: The "Great Purge" in North Korea, 1956-1960', *Korean Studies* 26, no. 1 (2002): 87-119, doi:10.1353/ks.2002.0010.

—. *North of the DMZ: Essays on Daily Life in North Korea* (Jefferson N.C.: McFarland, 2007).

—. *The Real North Korea: Life and Politics in the Failed Stalinist Utopia* (New York: Oxford University Press, 2015).

Lee, Hyeonseo. *The Girl with Seven Names* (Londen: William Collins, 2015).

Lee, Jean H. 'For North Koreans, the War Never Ended', *Wilson Quarterly*, voorjaar 2017, https://wilsonquarterly.com/quarterly/trump-and-a-watching-world/for-north-koreans-the-war-never-ended/.

—. 'Soap Operas and Socialism: Dissecting Kim Jong-un's Evolving Policy Priorities through TV Dramas in North Korea', Korea Economic Institute Academic Paper Series, 30 november 2017, http://www.keia.org/sites/default/files/publications/lee_soap_operas_and_socialism.pdf.

Lim, Dong-won. *Peacemaker: Twenty Years of Inter-Korean Relations and the North Korean Nuclear Issue* (Stanford, Calif.: Walter H. Shorenstein Asia-Pacific Research Center, 2012).

Lim, Jae-Cheon. *Kim Jong Il's Leadership of North Korea* (Londen en New York: Routledge, 2009).

Manyin, Mark. 'Kim Jong-il's Death: Implications for North Korea's Stability and U.S. Policy', Congressional Research Service Report for Congress, R42126, 11 januari 2012, https://fas.org/sgp/crs/row/R42126.pdf.

Martin, Bradley K. *Under the Loving Care of the Fatherly Leader: North Korea and the Kim Dynasty* (New York: Thomas Dunne Books, 2006).

McEachern, Patrick. 'Centralizing North Korean Policymaking under Kim Jong Un', *Asian Perspectives* 43, no. 1 (2019): 35-67, doi:10.1353/apr.2019.0001.

McInnis, Kathleen, Andrew Feickert, Mark Manyin, Steven Hildreth, Mary Beth Nikitin, Emma Chanlett-Avery en Catherine Theohary. 'The North Korea Nuclear Challenge: Military Options and Issues for Congress', Congressional Research Service Report for Congress, R44994, 6 november 2017, https://fas.org/sgp/crs/nuke/R44994.pdf.

Myer, B. R. *The Cleanest Race: How North Koreans See Themselves – and What It Matters* (Brooklyn, N.Y.: Melville House, 2010).

Nanto, Dick K. 'North Korean Counterfeiting of U.S. Currency', Congressional Research Service Report for Congress, RL33324, 12 juni 2009, https://fas.org/sgp/crs/row/RL33324.pdf.

National Intelligence Council. *Foreign Missile Developments and the Ballistic Missile Threat to the United States through 2015*, september 1999, https://www.dni.gov/files/documents/Foreign%20Missile%20-Developments_1999.

—. *North Korea: Likely Response to Economic Sanctions*, 10 december 1991, https://www.cia.gov/library/readingroom/docs/DOC_0005380437.pdf.

Nikitin, Mary-Beth. 'North Korea's Nuclear Weapons: Technical Issues', Congressional Research Service Report for Congress, RL34256, 3 april 2013. https://fas.org/sgp/crs/nuke/RL34256.pdf.

Oberdorfer, Don. *The Two Koreas: A Contemporary History* (New York: Basic Books, 2001).

O'Brien, Timothy L. *TrumpNation: The Art of Being the Donald* (New York: Grand Central Publishing, 2016).

Park, Yeonmi. *In Order to Live: A North Korean Girl's Journey to Freedom* (New York: Penguin Press, 2015).

Pollack, Jonathan. *No Exit: North Korea, Nuclear Weapons and International Security* (New York: Routledge, 2011).

Ra, Jong-yil. *Inside North Korea's Theocracy: The Rise and Sudden Fall of Jang Song-Thaek*, vertaling Jinna Park (Albany: State University of New York Press, 2019).

Sanger, David E. *The Perfect Weapon: War, Sabotage, and Fear in the Cyber Age* (New York: Crown, 2018).

Schnabel, James F. *Policy and Direction: The First Year* (Washington, DC: Center for Military History, United States Army, 1992).

Singer, Peter W. en Emerson T. Brooking. *LikeWar: The Weaponization of Social Media* (Boston: Houghton Mifflin Harcourt, 2018).

Southard, Susan. *Nagasaki: Life After Nuclear War* (New York: Viking, 2015).

Suh, Dae-sook. *Kim Il Sung: The North Korean Leader* (New York: Columbia University Press, 1988).

Terry, Sue Mi. 'North Korea's Strategic Goals and Policy towards the United States and South Korea', *International Journal of Korean Studies* 17, no. 2 (najaar 2013), http://www.icks.org/data/ijks/1482461379_add_file_3.pdf.

Thae Yong-ho. Testimony to the U.S. House Committee on Foreign Affairs, 1 november 2017, https://docs.house.gov/meetings/FA/ FA 00/20171101/106577/HHRG-115-FA00-Wstate-Yong-hoT-20171101.pdf.

Tudor, Daniel en James Pearson. *North Korea Confidential: Private Markets, Fashion Trends, Prison Camps, Dissenters and Defectors* (Tokio: Tuttle Publishing, 2015).

U.N. *Report of the Detailed Findings of the Commission of Inquiry on Human Rights in the Democratic People's Republic of Korea*, 7 februari 2014, https://www.ohchr.org/EN/HRBodies/HRC/CoIDPRK/Pages/ReportoftheCommissionofInquiryDPRK.aspx.

—. *Report of the Panel of Experts Established Pursuant to Resolution 1874 (2009)*, 27 februari 2017, https://www.undocs.org/S/2017/150.

—. Ambassador Nikki Haley, Remarks at an Emergency UN Security Council Briefing on North Korea, 4 september 2017, https://usun.usmission.gov/remarks-at-an-emergency-un-security-council-briefing-on-north-korea/.

—. *Report of the Panel of Experts Established Pursuant to Resolution 1874 (2009)*, 5 maart 2018, https://www.un.org/ga/search/view_doc.asp?symbol=S/2018/171.

—. '2019 DPR Korea: Needs and Priorities', 6 maart 2019, https://www.undp.org/content/dam/unct/dprk/docs/DPRK_NP_2019_Final.pdf.

—. *Report of the Panel of Experts Established Pursuant to Resolution 1874 (2009)*, 30 augustus 2019, https://undocs.org/S/2019/691.

UNICEF. 'Multiple Indicator Cluster Survey 2017 Democratic People's Republic of Korea', juni 2018, https://www.unicef.org/eap/sites/unicef.org.eap/files/2018-06/2017%20DPRK%20MICS%20Survey%20Findings%20Report_July%202018.pdf.

U.S. Congress, House Committee on Armed Services, 'Statement of General Curtis M. Scaparrotti, Commander, United Nations Command; Commander, United States-Republic of Korea Combined Forces Command, United States Forces Korea', 113th Congress, 2nd sess., 2 april 2014, https://docs.house.gov/meetings/AS/ AS00/20140402/101985/HHRG-113-AS00-Wstate-ScaparrottiUSAC-20140402.pdf.

U.S. Department of State, 'Democratic People's Republic of Korea 2018 Human Rights Report', https://www.state.gov/wp-content/uploads/2019/03/DEMOCRATIC-PEOPLE%E2%80%99S-REPUBLIC-OF-KOREA.pdf.

U.S. Department of the Treasury. 'Treasury Designates Banco Delta Asia as Primary Money Laundering Concern under USA Patriot Act', persbulletin, 15 september 2005, https://www.treasury.gov/press-center/press-releases/Pages/js2720.aspx.

—. 'Treasury Sanctions Additional North Korean Officials and Entities in Response to the North Korean Regime's Human Rights Abuses and Censorship Activities', persbulletin, 11 januari 2017, https://www.treasury.gov/press-center/press-releases/Pages/jl0699.aspx.

U.S. Federal Bureau of Investigations. 'Update on Sony Investigation', persbulletin, 19 december 2014, https://www.fbi.gov/news/pressrel/press-releases/update-on-sony-investigation.

U.S. Government. *A Tradecraft Primer: Structured Analytic Techniques for Improving Intelligence Analysis*, maart 2009, https://www.cia.gov/library/center-for-the-study-of-intelligence/csi-publications/books-and-monographs/Tradecraft%20Primer-apr09.pdf.

U.S. Mission to the United Nations. 'Fact Sheet: Resolution 2371 (2017) Strengthening Sanctions on North Korea', 5 augustus 2017, https://usun.usmission.gov/fact-sheet-resolution-2371-2017-strengthening-sanctions-on-north-korea/?_ga=2.127536526.220785168.1569552870-707405175.1564779131.

—. 'Fact Sheet: Resolution 2375 (2017) Strengthening Sanctions on North Korea', 11 september 2017, https://usun.usmission.gov/fact-sheet-resolution-2375-2017-strengthening-sanctions-on-north-korea/.

—. 'Fact Sheet: Resolution 2397 on North Korea', 22 december 2017, https://usun.usmission.gov/fact-sheet-un-security-council-resolution-2397-on-north-korea/?_ga=2.15513014.1072312274.1569553067-221063855.1568833043.

U.S. National Geospatial-Intelligence Agency, 'Developments in North Korea's Sinuiju City under Kim Jong-un', 21 april 2018, https://pathfinder.geointservices.io/public_page/u-developments-in-north-koreas-sinuiju-city-under-kim-jong-un/.

U.S. Office of the Director of National Intelligence. 'Unclassified Report to Congress on the Acquisition of Technology Relating to Weapons of Mass Destruction and Advanced Conventional Munitions, 1 January to 31 December 2006', https://www.odni.gov/files/documents/Newsroom/Reports%20and%20Pubs/Acquisition_Technology_Report_030308.pdf.

U.S. Office of the Secretary of Defense, 'Report to Congress: Military and Security Developments Involving the Democratic People's Republic of Korea', 2017, https://fas.org/irp/world/dprk/dod-2017.pdf.

U.S. The White House. 'Remarks by President Trump to the National Assembly of the Republic of Korea, Seoul, Republic of Korea', 7 november 2017, https://www.whitehouse.gov/briefings-statements/remarks-president-trump-national-assembly-republic-korea-seoul-republic-korea/.

—. *National Security Strategy of the United States of America*, december 2017, https://www.whitehouse.gov/wp-content/uploads/2017/12/NSS-Final-12-18-2017-0905.pdf.

—. 'Remarks by President Trump on the Administration's National Security Strategy', 18 december 2017, https://www.whitehouse.gov/briefings-statements/remarks-president-trump-administrations-national-security-strategy/.

—. 'Remarks by President Trump after Meeting with Vice Chairman Kim Yong Chol of the Democratic People's Republic of Korea', 1 juni 2018, https://www.whitehouse.gov/briefings-statements/remarks-president-trump-meeting-vice-chairman-kim-yong-chol-democratic-peoples-republic-korea/.

—. 'Joint Statement of President Donald J. Trump of the United States of America and Chairman Kim Jong Un of the Democratic People's Republic of Korea at the Singapore Summit', 12 juni 2018, https://www.whitehouse.gov/briefings-statements/joint-state-ment-president-donald-j-trump-united-states-america-chairman-kim-jong-un-democratic-peoples-republic-korea-singapore-summit/.

—. 'Press Conference by President Trump', 12 juni 2018, https://www.whitehouse.gov/briefings-statements/press-conference-president-trump/.

—. 'Fact Sheet: President Trump Is Committed to Achieving Transformational Peace for the United States, the Korean Peninsula, and the World', 21 februari 2019, https://www.whitehouse.gov/briefings-statements/president-trump-committed-achieving-transformational-peace-united-states-korean-peninsula-world/.

—. 'Remarks by President Trump and President Moon of the Republic of Korea in Joint Press Conference', 30 juni 2019, https://www.whitehouse.gov/briefings-statements/remarks-president-trump-president-moon-republic-korea-joint-press-conference/.

War Crimes Committee of the International Bar Association. 'Report: Inquiry on Crimes against Humanity in North Korean Prison Camps', 12 december 2017, https://www.ibanet.org/Article/NewDetail.aspx?ArticleUid=8ae0f29d-4283-4151-a573-a66b2c1ab480.

Wit, Joel, Daniel Poneman en Robert Gallucci. *Going Critical: The First North Korean Nuclear Crisis* (Washington, DC: Brookings Institution Press, 2004).

Woodward, Bob. *Fear: Trump in the White House* (New York: Simon & Schuster, 2018). [Nederlandse uitgave: Woodward, Bob. *Angst: Trump in het Witte Huis* (Amsterdam: Prometheus, 2018)]

Worden, Robert L. *North Korea: A Country Study*, 5de ed. (Washington, DC: Library of Congress, Federal Research Division, 2008).

WOORD VAN DANK

DIT BOEK SCHRIJVEN zorgde voor opwinding en nederigheid. Intussen ben ik ook gaan inzien hoe gelukkig ik me mag prijzen de steun, de raad en vriendschap van zo veel mensen te hebben. Hun gulheid, kennis en gevoel voor humor voeden me en geven me kracht.

Ik ben dank verschuldigd aan Strobe Talbott, de toenmalige voorzitter van Brookings, die me aanspoorde het Brookings Essay te schrijven, *The Education of Kim Jong Un*, waaruit dit boek ontstond, en de middelen van de organisatie inzette en de enorme talenten van de redactionele, creatieve en communicatieteams om het succesvol te maken. Bruce Jones heeft zich voor me ingespannen vanaf het moment dat ik de deuren binnenliep en zorgde dat ik alles kreeg wat ik nodig had om te tieren bij Brookings. Mike O'Hanlon is mijn pleitbezorger, mentor en vriend geweest die het manuscript helemaal heeft gelezen en de externe proefleesprocedure heeft gefaciliteerd met drie anonieme proeflezers die suggesties deden waardoor dit een beter boek is geworden. De wijsheid van Richard Bush en Mireya Solis is een dagelijkse bron van kracht en inspiratie, en ik ben hun ook dankbaar voor hun opmerkingen bij mijn eerste opzet. Mijn goede vrienden en collega's Ryan Hass en Jonathan Pollack hebben delen van het boek gelezen en hun inzichten gedeeld. Nat Kretchun was zo edelmoedig een hoofdstuk te lezen en maakte belangrijke opmerkingen, en Mark Lippert bood nuttige suggesties en aanmoediging. Ook dank aan SK Group, de Korea Foundation en andere donoren vanwege hun gulle financiële ondersteuning van de Korea Chair.

Ik heb veel te danken aan Paul Park, een getalenteerde onderzoeker, schrijver en organisator, die mij hielp bij mijn overstap naar de denktankwereld en bij het jongleren met mijn diverse Koreaprojecten. Jasmine Zhao, Eun DuBois, Sam Crosby en Ethan Jewell boden ook waardevolle hulp voor het boek, en Brookings-bibliothecarissen Laura Mooney en Sarah Chilton handelden geduldig mijn verzoeken over onvindbare artikelen en boeken af. Alle fouten zijn aan mij te wijten.

Buiten Brookings trof ik tot mijn opwinding een collegiale gemeenschap van Koreawatchers en experts op het gebied van Azië en non-proliferatie, van wie velen voormalige collega's bij de Amerikaanse overheid waren.

Hoewel ik de inlichtingenwereld heb verlaten, heeft die mij niet verlaten. Ik heb nog steeds die roeping: objectieve, grondige, voor het beleid relevante analyse bieden. Het was een voorrecht te dienen bij het Central Intelligence Agency (CIA) en bij de National Intelligence Council. Tegen mijn mentoren, steunpilaren, managers en collega's die nog in de inlichtingenwereld zitten zeg ik: bedankt. En oprechte dank aan de Publications Review Board van de CIA, die dit manuscript in de gevraagde tijd beoordeelde.

Mijn agente, Bridget Matzie, leidde me door het totale proces en moedigde me de hele tijd aan. Mijn redactrice, de briljante Susanna Porter, en haar team bij Ballantine leverden meesterlijke bijdragen aan het manuscript en maakten het boek stukken beter dan ik me had kunnen voorstellen.

Ten slotte dank ik mijn echtgenoot, Jay, en mijn kinderen, die me zo veel vreugde bezorgen en mijn dagen met knuffels en gelach vullen, en Dick en Carol Habermann die me warm in hun leven hebben verwelkomd en me behandelen of ik een van hun eigen kinderen ben. Niets zou mogelijk zijn geweest zonder mijn ouders, Ok Sook en Kwan S. Pak, die alles opofferden om naar de Verenigde Staten te emigreren, en me moed en vasthoudendheid bijbrachten.

PERSONENREGISTER